EVANGELHOS SINÓTICOS E ATOS DOS APÓSTOLOS

Dados Internacionais de Catalogação na Publicação (CIP)
(Câmara Brasileira do Livro, SP, Brasil)

Mascilongo, Paolo
   Evangelhos sinóticos e Atos dos Apóstolos / Paolo Mascilongo, Antonio Landi ; tradução de Francisco Morás. – Petrópolis, RJ : Vozes, 2022. – (Introdução aos Estudos Bíblicos)
   Título original: "Tutto ciò che Gesù fece e insegnò".
   ISBN 978-65-5713-673-7
   1. Bíblia. N.T. Evangelhos – Crítica e interpretação 2. Bíblia. N.T. Atos dos Apóstolos – Crítica e interpretação I. Landi, Antonio. II. Título. III. Série.

22-115009   CDD-226.1

Índices para catálogo sistemático:

1. Evangelhos sinóticos : Bíblia : Novo Testamento
226.1

Eliete Marques da Silva – Bibliotecária – CRB-8/9380

EVANGELHOS SINÓTICOS E ATOS DOS APÓSTOLOS

PAOLO MASCILONGO
ANTONIO LANDI

INTRODUÇÃO AOS ESTUDOS BÍBLICOS

Tradução de Francisco Morás

EDITORA VOZES

Petrópolis

© 2021 Editrice ELLEDICI

Título do original em italiano: *"Tutto ciò Gesù fece e insegnò" – Introduzione ai Vangeli sinottici e agli Atti degli Apostoli*

Direitos de publicação em língua portuguesa – Brasil:
2022, Editora Vozes Ltda.
Rua Frei Luís, 100
25689-900 Petrópolis, RJ
www.vozes.com.br
Brasil

Todos os direitos reservados. Nenhuma parte desta obra poderá ser reproduzida ou transmitida por qualquer forma e/ou quaisquer meios (eletrônico ou mecânico, incluindo fotocópia e gravação) ou arquivada em qualquer sistema ou banco de dados sem permissão escrita da editora.

CONSELHO EDITORIAL

Diretor
Gilberto Gonçalves Garcia

Editores
Aline dos Santos Carneiro
Edrian Josué Pasini
Marilac Loraine Oleniki
Welder Lancieri Marchini

Conselheiros
Francisco Morás
Ludovico Garmus
Teobaldo Heidemann
Volney J. Berkenbrock

Secretário executivo
Leonardo A.R.T. dos Santos

Editoração: Fernando Sergio Olivetti da Rocha
Diagramação: Sheilandre Desenv. Gráfico
Revisão gráfica: Bárbara Kreischer
Capa: Editora Vozes

ISBN 978-65-5713-673-7 (Brasil)
ISBN 978-88-01-04714-1 (Itália)

Este livro foi composto e impresso pela Editora Vozes Ltda.

Índice

Prefácio, 13

I – Introdução geral (P. Mascilongo e A. Landi), 17
   O que é um evangelho (P. Mascilongo), 17
     Significado do termo, 18
     Um gênero literário novo?, 20
   História da interpretação dos evangelhos (P. Mascilongo), 21
     Os inícios da impostação crítica, 22
     O método histórico-crítico no século XX, 24
     Os novos métodos na exegese, 28
     Os métodos de análise narrativa aplicados aos evangelhos e aos *Atos dos Apóstolos*, 29
   A historicidade dos evangelhos: os dados (A. Landi), 33
     O problema crítico: as pesquisas, 35
     Critérios para a verificação da historicidade dos evangelhos, 37
     O ambiente histórico-religioso da vida de Jesus, 39
     Os evangelhos apócrifos, 42
   A questão sinótica e suas soluções (A. Landi), 44
     A questão sinótica: os dados, 44
     Interpretações principais, 48
     Relação entre os sinóticos e *João*, 51
   Bibliografia comentada, 53

II – O Evangelho segundo Marcos (P. Mascilongo), 61
   Introdução, 61
   Autor, data, lugar e destinatários, 63
   Estrutura da narração, 65
   Guia de leitura, 67
     Prólogo e introdução (Mc 1,1-15), 67
     Com os discípulos em busca da identidade de Jesus (Mc 1,16–8,30), 69
       As primeiras ações de Jesus no lago (1,16-34), 69
       Jesus deixa Cafarnaum e atravessa a Galileia (1,35-45), 70
   Excursus – Milagres e exorcismos, 71
       As cinco discussões entre Jesus e seus adversários (2,1–3,6), 72
       A atividade terapêutica de Jesus e a convocação dos Doze (3,7-19), 73
       O polêmica com a própria família e com os escribas (3,20-35), 73
       Jesus ensina em parábolas (4,1-34), 74
       A tempestade acalmada e os outros milagres ao redor do lago (4,35–5,43), 75

Excursus – Os personagens menores do evangelho, 77
    Jesus em sua pátria (6,1-6), 78
    Jesus, os Doze, Herodes e João (6,7-33), 79
    A primeira multiplicação dos pães e a nova travessia do lado (6,34-56), 80
    Pureza, lei, tradição dos antigos (7,1-23), 81
    Três milagres em terra pagã (7,24–8,10), 82
    Palavras enigmáticas (8,10-21), 83
    Um cego curado (8,22-26), 83
    A confissão de Pedro (8,27-30), 84
Excursus – A identidade de Jesus entre segredo messiânico e "filho do homem", 85
    Com os discípulos a caminho da cruz (Mc 8,31–10,52), 87
        Primeiro anúncio da paixão e novo chamado ao seguimento (8,31–9,1), 87
        A transfiguração (9,2-13), 87
        O endemoninhado mudo (9,14,29), 88
        Segundo anúncio da paixão e ensinamentos aos discípulos (9,33–10,16), 89
        O homem rico (10,17-31), 90
        Terceiro anúncio da paixão e reação dos discípulos (10,32-45), 90
        A cura do cego Bartimeu (10,46-52), 91
Excursus – Os discípulos e a incompreensão, 92
    Em Jerusalém (Mc 11,1–15,47), 93
        A entrada de Jesus em Jerusalém (11,1-11), 93
        A figueira secada e a ação de Jesus no templo (11,12-26), 94
        A questão da autoridade e da identidade de Jesus (11,27–12,12), 94
        As outras discussões e ações no templo (12,13-44), 95
        O discurso sobre "coisas que acontecerão" (13,1-37), 96
        A paixão e a morte de Jesus (14,1–15,47), 97
        O complô contra Jesus e a refeição em Betânia (14,1-11), 98
        Preparação e ceia pascal (14,10-26), 98
        Caminho e chegada ao Getsêmani (14,27-52), 99
        Jesus diante do sinédrio (14,53.55-65), 100
        A negação de Pedro (14,54.66-72), 101
        O processo diante de Pilatos (15,1-15), 101
        Jesus nas mãos dos soldados e crucificação (15,16-32), 102
        A morte na cruz (15,33-41), 103
        A deposição e o sepultamento (15,40-47), 104
Excursus – Citações e alusões ao Antigo Testamento, 105
    Conclusão (Mc 16,1-20), 106
        A aparição às mulheres (16,1-8), 106
        O segundo final (16,9-20), 107
Síntese teológica, 108
    Marcos como relato: por uma teologia narrativa, 108
    O discipulado, 109
    Uma trama de conflitos, 110
    O Reino de Deus, 110
    A escatologia de *Marcos*, 112
Bibliografia comentada, 113

III – O Evangelho segundo Mateus (P. Mascilongo), 119

Introdução, 119
Autor, data, lugar e destinatários, 121
Estrutura da narração, 122
Guia de leitura, 124
   Prólogo e introdução (Mt 1,1–4,22), 124
      A genealogia (1,1-17), 125
      Nascimento, magos, fuga para o Egito e retorno a Nazaré (1,18–2,23), 126
Excursus – Evangelhos da infância e citações de cumprimento, 127
      João e o batismo de Jesus (3,1-17), 129
      As tentações (4,1-11), 130
      A primeira pregação e os primeiros discípulos (4,12-22), 131
   Sobre o discurso da montanha (Mt 4,23–9,35), 131
      O discurso da montanha (5,1–7,27), 132
Excursus – Jesus, a lei e o povo judaico, 136
      Os primeiros três milagres e as condições para o seguimento (8,1-22), 138
      Prodígios e chamados de um pecador (8,23–9,17), 139
      Outras curas (9,18-34), 140
   Sobre o discurso aos Doze (Mt 9,36–12,50), 141
      Confirmação e discurso aos Doze (10,1-42), 141
      A pergunta de João e outros ensinamentos (11,1-30), 142
      Controvérsias, mas não só (12,1-50), 144
   Sobre o discurso em parábolas (Mt 13,1–17,27), 145
      O grande discurso em parábolas (13,1-53), 145
Excursus – Jesus mestre, 148
      Jesus em Nazaré – O fim de João (13,54–14,12), 150
      Dois sinais de grandeza e de identidade (14,13-36), 150
      Impureza e terra estrangeira: ensinamentos, milagres e discussões (15,1–16,12), 151
      A confissão de Pedro (16,13-20), 152
      O anúncio da paixão e suas consequências para os discípulos (16,21-28), 153
      A transfiguração no monte e a cura do jovem endemoninhado (17,1-21), 153
      O segundo anúncio da paixão e o tributo devido ao templo (17,22-27), 154
   Sobre o discurso para a comunidade (18,1–20,34), 155
      O discurso à comunidade (18,1-35), 155
Excursus – Pedro e a Igreja, 157
      A questão do divórcio e as crianças (19,1-16), 158
      O jovem, a riqueza e a Parábola dos Trabalhadores (19,16–20,16), 159
      Do terceiro anúncio da paixão ao último milagre em Jericó (20,17-34), 160
   Sobre o discurso escatológico (Mt 21,1–25,46), 161
      Entrada em Jerusalém e no templo (21,1-17), 161
      A figueira estéril e a autoridade sobre o templo (21,18-27), 162
      Três parábolas para os chefes judeus (21,28–22,14), 162
      Os outros ensinamentos no templo (22,15-46), 164
      As palavras sobre escribas e fariseus hipócritas (23,1-39), 164
      O grande discurso sobre os últimos tempos (24,1–25,46), 166

Paixão e ressurreição (Mt 26,1–28,20), 170
O relato da paixão (26,1–27,66), 170
Introdução e complô contra Jesus (26,1-16), 170
Preparação e ceia pascal (26,17-29), 171
Caminho e chegada ao Getsêmani (26,30-56), 172
Jesus diante do sinédrio e negação de Pedro (26,57-75), 172
Conselho matutino e arrependimento de Judas (27,1-10), 173
Jesus diante de Pilatos (27,11-26), 173
A caminho da crucificação (27,27-44), 174
A morte de cruz (27,45-56), 175
O sepultamento e o túmulo vigiado (27,57-66), 175
Os relatos da ressurreição (28,1-20), 176
Síntese teológica, 178
A cristologia, 178
O discipulado, 179
A eclesiologia, 180
A destinação universal da mensagem evangélica, 182
Bibliografia comentada, 183

IV – O Evangelho segundo Lucas e os Atos dos Apóstolos (A. Landi), 189
Introdução, 189
Autor, data, lugar e destinatários, 191
Estrutura da narração do *Evangelho segundo Lucas*, 195
Guia de leitura do *Evangelho segundo Lucas*, 196
Prólogo e relato da infância (Lc 1,1–2,52), 196
Prólogo (Lc 1,1-4), 196
Excursus – Os relatos da infância de Jesus na versão de Lucas, 197
O anúncio do nascimento de João (1,5-25), 198
O anúncio do nascimento de Jesus (1,26-38), 198
O encontro entre Maria e Isabel (1,39-56), 199
O nascimento de João (1,57-80), 200
O nascimento e o anúncio aos pastores (2,1-20), 200
A circuncisão de Jesus e a sua apresentação no templo (2,21-40), 201
Excursus – Jesus, salvador de Israel e das nações, 202
Jesus, aos doze anos, no templo (2,41-52), 202
A preparação do ministério público de Jesus (Lc 3,1–4,13), 203
O ministério de João, o Batista, e sua prisão (3,1-20), 203
Batismo e genealogia de Jesus (3,21-38), 204
As tentações de Jesus (4,1-13), 205
O ministério público de Jesus na Galileia (Lc 4,14–9,50), 205
A volta à Galileia e a pregação na sinagoga de Nazaré (4,14-30), 206
Jesus em Cafarnaum, Pedro e os pecadores (4,31–5,32), 206
As controvérsias com os adversários (5,33–6,11), 207
A escolha dos doze apóstolos (6,12-16), 208
O discurso da planície (6,17-49), 208
Fé e questionamentos (7,11-35), 209

A remissão dos pecados da pecadora e o seguimento feminino (7,36–8,3), 210
O ensinamento de Jesus em parábolas (8,4-21), 210
Jesus realiza milagres (8,32-56), 211
A missão dos discípulos e a identidade de Jesus (9,1-22), 212
As condições para o seguimento e a transfiguração (9,23-36), 213
A cura do filho endemoninhado e outros ensinamentos (9,37-50), 214
A viagem a Jerusalém (Lc 9,51–19,27), 214
Um discipulado exigente e instruções para a missão (9,51-62), 214
Excursus – A subida de Jesus a Jerusalém, 215
A missão dos setenta e dois (10,1-24), 215
O amor a Deus e ao próximo (10,25-42), 216
A importância da oração (11,1-13), 217
Controvérsias com escribas e fariseus (11,14-54), 217
Indicações para os discípulos e desprendimento dos bens terrenos (12,1-34), 218
Vigilância na expectativa da volta do Senhor no fim dos tempos (12,35-53), 219
A urgência da conversão (12,54–13,17), 220
As parábolas do reino e a porta estreita (13,18-30), 220
A necessidade de subir a Jerusalém (13,31-35), 221
Novas catequeses de Jesus (14,1-35), 221
As três parábolas da compaixão divina (15,1-32), 222
Catequese de Jesus sobre os bens materiais e a lei (16,1-18), 223
A Parábola do Rico e o escândalo (16,19–17,10), 224
A cura dos dez leprosos e o filho do homem (17,11-37), 225
Rezar na expectativa do reino e da recompensa (18,1-14), 226
O terceiro anúncio da paixão e os episódios em Jericó (18,31–19,11), 226
Excursus – Riqueza e pobreza, 228
A Parábola das Moedas (19,11-27), 228
O ministério em Jerusalém (Lc 19,28–21,38), 229
A entrada de Jesus em Jerusalém (19,28-40), 230
O choro de Jesus sobre Jerusalém e a expulsão dos vendilhões do templo (19,41-48), 230
A controvérsia sobre a autoridade de Jesus e a Parábola dos Vinhateiros (20,1-19), 231
Jesus discute com seus opositores (20,20-47), 232
A viúva e os discurso escatológico (2,1-38), 233
O relato da paixão (Lc 22,1–23,56), 235
Complô e traição de Judas (22,1-6), 236
A preparação da ceia (22,7-38), 236
A oração de Jesus no monte e a prisão (22,39-53), 238
A negação de Pedro e o processo no sinédrio (22,54-71), 239
Jesus perante Pilatos e Herodes (23,1-25), 240
A caminho da cruz (23,26-31), 241
A crucificação (23,32-38), 241
A morte de Jesus (23,44-49), 242

Excursus – A morte do Justo, 243
    O sepultamento de Jesus (23,50-56), 244
    Os relatos de ressurreição (24,1-53), 244
    As mulheres no sepulcro (24,1-12), 245
    O Ressuscitado encontra os discípulos a caminho de Emaús (24,13-35), 245
    O Ressuscitado aparece aos discípulos em Jerusalém (24,36-49), 246
Excursus – Os relatos das aparições do Ressuscitado, 247
    A assunção de Jesus ao céu (24,50-53), 247
    Estrutura da narração dos *Atos dos Apóstolos*, 248
Excursus – O texto dos Atos dos Apóstolos, 248
    Guia de leitura dos *Atos dos Apóstolos*, 249
    O prólogo (At 1,1-14), 249
Excursus – O caminho da palavra, 250
    O testemunho em Jerusalém (At 1,15–8,3), 251
        A reconstituição do grupo dos Doze (1,15-26), 251
        A efusão do Espírito e o discurso de Pedro (2,1-41), 252
        A vida da primeira comunidade cristã (2,42-47), 253
        A cura de um paralítico e o discurso de Pedro no templo (3,1-26), 253
        A reação hostil das autoridades judaicas (4,1-31), 254
        A partilha dos bens (4,32–5,11), 254
        Terceiro sumário e ulteriores ameaças (5,12-42), 255
        A instituição dos sete diáconos e o testemunho de Estêvão (6,1–8,3), 256
    A guinada em direção aos pagãos (At 8,4–12,25), 257
        A evangelização por obra de Filipe (8,4-40), 257
        De perseguidor a perseguido: a vocação de testemunha evangélica de Paulo (9,1-31), 258
        A missão pastoral de Pedro e a primeira abertura do evangelho aos pagãos (9,32–11,18), 259
Excursus – Pedro difunde o evangelho entre os pagãos, 261
        A Cristandade em Antioquia e Jerusalém (11,19–12,25), 261
    O caminho de Paulo e da palavra (At 13,1–15,35), 262
        A missão de Barnabé e Saulo (13,1-52), 262
        A missão em Icônio e em Listra e a volta para Antioquia (14,1-28), 264
        A assembleia de Jerusalém (15,1-35), 265
    A segunda e a terceira viagens de Paulo (At 15,36–21,14), 266
        O conflito com Barnabé e os preparativos da segunda viagem de Paulo (15,36–16,10), 267
        A missão em Filipos (16,11-40), 267
        A difusão do evangelho em Tessalônica e em Bereia (17,1-15), 268
        Paulo em Atenas: uma missão fracassada? (17,16-34), 269
        Paulo em Corinto e a conclusão da viagem (18,1-28), 270
        Paulo em Éfeso (19,1-40), 272
        De Éfeso a Mileto (20,1-38), 273
        Em viagem de Mileto para Jerusalém (21,1-14), 274
    Paulo, acorrentado, dá testemunho em Roma (At 21,15–28,31), 275
        Paulo em Jerusalém e no templo (21,15-39), 275

Paulo fala em sua defesa ao povo de Jerusalém (21,40–22,29), 276
Paulo interrogado perante o sinédrio (22,30–23,11), 277
Excursus – De perseguidor à testemunha: a figura de Paulo nos Atos, 278
O complô contra Paulo, que comparece perante o Governador Félix (23,12–24,27), 278
Paulo recorre a César (25,1-12), 279
Paulo perante o Rei Agripa (25,13–26,32), 280
A viagem de Paulo a Roma e o naufrágio (27,1–28,15), 282
Paulo em Roma (28,16-31), 283
Excursus – Um final reticente?, 285
  Síntese teológica, 286
    O Deus de todos e de cada um, 286
    Jesus, o Salvador de Israel e das nações, 287
    O Espírito Santo na obra lucana, 291
    A ética do discipulado, 293
    Qual relação entre Igreja e Israel?, 294
Bibliografia comentada, 296

V – Temáticas teológicas relevantes (P. Mascilongo e A. Landi), 301
Unidade e pluralidade dos evangelhos (A. Landi), 301
Testemunho, memória, escrita (A. Landi), 305
Para uma leitura canônica: a relação dos sinóticos e dos *Atos* com o Antigo Testamento e o resto do Novo Testamento (P. Mascilongo), 309
  Evangelhos sinóticos e Antigo Testamento: alguns dados, 310
  Evangelhos sinóticos e Antigo Testamento: uma avaliação, 312
  Implicações hermenêuticas e teológicas, 313
  A relação entre sinóticos e *Atos* e o restante do Novo Testamento, 317
O problema teológico do Jesus histórico (P. Mascilongo), 319
  As implicações teológicas da história da pesquisa, 319
  Uma precisão terminológica, 322
  A relação entre história e fé, 323
  Investigação histórica e dimensão de fé, 325
  Jesus histórico e cristologia, 327
Bibliografia comentada, 329

Prefácio

"Embora há tempo submetido a estudos críticos aprofundados, o Evangelho segundo Marcos continua sendo uma obra fascinante para o exegeta. Quando se tenta tomar alguma de suas perícopes e questioná-la com perguntas adequadas obtemos uma riqueza de respostas e um conjunto de novas interrogações que alargam o horizonte da pesquisa". Estas palavras de M.C. Martini – que sem dúvida podem ser referidas a todos os evangelhos e não apenas ao Evangelho de Marcos – expressam com exatidão a sensação (o fascínio) que sempre experimentamos ao imergirmos nas páginas destes extraordinários textos que há quase dois mil anos acompanham e guiam a vida dos fiéis e suscitam perguntas e questões inclusive naqueles homens e mulheres que, mesmo não sendo animados por algum interesse de fé, deles se aproximam com espírito aberto.

Portanto, é sempre possível – e talvez necessário – ler os evangelhos novamente, continuar interrogando aquelas páginas, e não cessar de questionar os relatos originais sobre "tudo o que Jesus fez e ensinou" (At 1,1), textos que os cristãos decidiram conservar e transmitir de geração em geração. Mas como ler hoje, neste atormentado início do terceiro milênio, os evangelhos? Como dar crédito a textos tão distantes da mentalidade ocidental (pós-)moderna, e tão distantes de nós em termos de conteúdo e linguagem? Como preencher o abismo que nos separa de uma concepção de vida e de mundo que se nos parece definitivamente superada?

Com estes sentimentos aceitamos escrever esta nova *Introdução aos evangelhos sinóticos e aos Atos dos Apóstolos*, cientes de que, diante de tantas interrogações e dificuldades, propor um texto de introdução aos evangelhos seria um desafio e uma aposta. Julgamos, entretanto, que o desafio pode ser enfrentado e a aposta ser feita e, quem sabe, vencida.

Além disso, em base à experiência de pesquisa e ensino, acreditamos ser necessário não deixar de propor o estudo dos evangelhos, sobretudo no intuito de acompanhar as novas gerações de estudantes e de leitores na descoberta destes quatro pequenos e precisos livros. Aliás, nos últimos anos abriram-se novos caminhos de leitura na pesquisa científica (como, p. ex., as metodologias narrativas) capazes de atualizar continuamente um processo de interpretação sempre inconcluso. Seria iludido, de fato, quem pensasse ter compreendido de uma vez por todas a mensagem dos evangelhos. A experiência mostra que em cada leitura, mesmo que seja a milésima, cada página do evangelho mantém viva a capacidade de suscitar novos acordes que alimentam o espírito humano.

Eis por que faz sentido acatar o desafio e tentar uma vez mais escrever sobre o Jesus de *Marcos*, de *Mateus* e de *Lucas*, e reler aquele livro excepcional dos *Atos dos Apóstolos*, único relato narrativo dos primeiros anos de vida da comunidade cristã.

Este volume é sobretudo uma espécie de guia de leitura. Seu uso é impensável sem a companhia do próprio texto bíblico. Ou seja, o estudo desta *Introdução* não pode e não deve substituir uma leitura atenta e apaixonada dos evangelhos, leitura que a parte mais importante e significativa deste livro (os três capítulos dedicados respectivamente a *Marcos, Mateus* e *Lucas*) pretende acompanhar página por página. Tal convicção também orientou outras publicações editoriais às quais este livro pertence, e com as quais estamos perfeitamente de acordo: nenhuma exegese aprofundada de perícopes escolhidas; uma certa essencialidade nas partes introdutórias; um breve mas sério aprofundamento teológico e hermenêutico no final do volume.

O mais importante é o texto bíblico. Texto explicado de modo essencial, mas, esperamos, de forma exaustiva. Cabe ao próprio leitor aprofundar aquelas passagens consideradas mais importantes, fazendo uso, quiçá, das indicações bibliográficas comentadas no final de cada capítulo. Também as partes introdutórias e os aprofundamentos teológicos estão a serviço do texto, fornecendo respectivamente os principais elementos preliminares e desenvolvendo aquelas temáticas que nos evangelhos emergem com maior força. Nestas seções evitamos o máximo possível aspectos tendenciosos ou controvertidos, mesmo não desdenhando os mais recentes resultados dos estudos e as questões exegéticas em aberto.

Em vista de sua utilização em sala de aula, este livro foi construído pensando tanto no professor quanto no aluno. Os alunos, mesmo os de primeira viagem, encontrarão o auxílio indispensável para ler cada capítulo dos evangelhos e dos Atos dos Apóstolos, com as indicações essenciais para interpretar as passagens mais difíceis graças, quiçá, àquelas sugestões e comentários que possam até passar despercebidos numa primeira leitura. Os professores encontrarão um instrumento ágil, quase completo, para introduzir todas as principais temáticas que dizem respeito aos sinóticos e, portanto, ao mesmo tempo desenvolver de modo autônomo e com liberdade as argumentações consideradas mais interessantes e as passagens mais adequadas, sem deixar os estudantes órfãos de uma apresentação de base e ao mesmo tempo exaustiva de todos os episódios dos evangelhos. Esta *Introdução* é pensada como um primeiro instrumento de trabalho. Nele buscamos manter em equilíbrio (nem sempre fácil) exaustividade e essencialidade.

O volume se compõe de cinco capítulos. Os temas relativos às principais questões introdutórias são desenvolvidos nos quatro parágrafos do primeiro capítulo, enquanto os aprofundamentos teológicos mais amplos estão no último, sempre em quatro parágrafos. A parte mais encorpada do livro é constituída, porém, como já referido, pelos três capítulos intermediários, dedicados a *Marcos, Mateus* e *Lucas-Atos*. Nestes se encontram algumas das principais informações preliminares relativas aos respectivos livros, um guia de leitura abrangente, e algumas breves notas teológicas conclusivas. Alguns aprofundamentos esporádicos, em forma de *excursus*, abordam temas interessantes que mereciam um tratamento separado; trata-se de sugestões breves que, no entanto, focam na essência dos problemas, convidando a um aprofundamento.

A bibliografia é atualizada e essencial. Indicamos muitos trabalhos publicados na Itália nos últimos anos, além dos textos mais clássicos. Estamos convencidos de que as indicações bibliográficas fornecidas são úteis tanto para os professores, que nelas encontrarão os mais recentes estudos, quanto para os alunos mais interessados, que poderão aprofundar seus conhecimentos aproximando-se dos textos mais complexos e saboreando páginas de exegese e de teologia do mais alto nível. Muitos outros textos, além dos indicados no final, foram usados para completar as páginas do volume, mas razões editoriais não permitiram (infelizmente) citar tudo. As notas de rodapé foram efetivamente reduzidas ao mínimo, para favorecer uma leitura fluente, mas é óbvio que muitas informações contidas no texto são fruto de pesquisas dos estudiosas que nos precederam.

> Jesus operou ante os olhos de seus discípulos muitos sinais que não estão consignados neste livro. Estes foram escritos para que creiais que Jesus é o Cristo, o Filho de Deus, e para que, crendo, tenhais vida em seu nome (Jo 20,30-31).

Muitas coisas – como em *João* – não foram escritas neste livro. Esperamos, no entanto, que tudo o que está aqui possa servir para conhecer sempre melhor os evangelhos e levar um número sempre maior de pessoas a apreciá-los e a compreendê-los.

I

Introdução geral
(P. Mascilongo e A. Landi)

O que é um evangelho (P. Mascilongo)

Os três sinóticos são há muitos séculos denominados "Evangelho segundo Mateus", "Evangelho segundo Marcos" e "Evangelho segundo Lucas". Entretanto, não é este o nome a eles dado no início; os evangelhos, de fato, são obras *anônimas*: nenhuma indicação sobre o autor está presente no texto, e o título (o "cognome") ao qual estamos habituados foi colocado posteriormente, não antes do século II, ou, no máximo, no final do primeiro. A denominação "segundo Mateus/Marcos/Lucas" – presente nos manuscritos mais antigos que chegaram até nós – teria surgido apenas quando, em razão da presença de mais um evangelho, tornou-se necessário distinguir, no interior das comunidades cristãs, os diversos livros.

Além disso, tal cognome não indica propriamente o *autor* do evangelho; neste caso, a antiguidade clássica teria normalmente servido do genitivo ("Evangelho *de Mateus*, "*de Marcos*", "*de Lucas*"). A forma empregada indica que o texto contém o relato do evangelho "de Jesus", narrado "segundo" (*katá* em grego) a "versão" de Mateus, Marcos e Lucas respectivamente. Existe uma única figura de Jesus, interpretada e relatada em quatro modos diferentes; cada um dos quatro relatos narra o único evangelho.

Deste uso pode-se deduzir que a palavra "evangelho" não indicava em primeiro lugar o livro ou os livros sobre Jesus, mas tinha um significado precedente mais amplo, sobre o qual ainda falaremos. Obviamente, a transposição de tal termo para os textos escritos não foi casual, mas, ao contrário, implicava uma visão teológica específica, enquanto significava atribuir àquela história biográfica totalmente particular uma ação de salvação, e aos textos que a narravam um valor de testemunho do agir de Deus.

Significado do termo

Que significado tem o substantivo "evangelho"? A palavra remonta ao latim *evangelium*, que, por sua vez, não traduz, mas transcreve a palavra grega correspondente *euanghélion*. Em geral, em grego, a palavra significa "boa notícia, boa-nova", e é composta por *eu* (bom) e *anghélion* (anúncio). Seu uso é atestado amplamente também em âmbito não religioso. Por exemplo: muitos historiadores lembram que no mundo greco-romano se utilizava "evangelho" para os anúncios oficiais ligados ao nascimento de um herdeiro do imperador. Em nenhum caso, porém, indicava um livro.

A maioria dos estudiosos considera que no tempo de Jesus e dos evangelistas o termo mantinha um valor ainda fluido e variável. O testemunho proveniente do NT vai nesta direção. Aqui o substantivo é utilizado 76 vezes, sobretudo por Paulo; nos evangelhos aparece 8 vezes em *Marcos* e 4 em *Mateus* (e 2 também nos *Atos*)[1].

Sua utilização, porém, não é uniforme; em algumas passagens dos sinóticos o termo é usado por Jesus; em versículos como Mc 1,14-15 (onde aparece "evangelho de Deus") "evangelho" indica a mensagem de Jesus, o que ele proclama, e não o que é anunciado por Ele. Naturalmente, aqui o termo não pode significar um livro. Também em outras passagens, como Mc 1,1 ("Início do evangelho de Jesus"), é possível um significado semelhante, mas é mais provável imaginar que se entenda aqui a mensagem que lhe diz respeito, segundo um uso análogo àquele que Paulo faz. O Apóstolo, de fato, usa amplamente o substantivo "evangelho" ao falar do anúncio *sobre Jesus*, sobretudo para indicar a boa notícia da salvação introduzida por Ele e pregada pela Igreja, que, por sua vez, o confessa messias e filho de Deus. Este uso é perfeitamente compreensível em relação ao verbo *euanghelízo*, presente no AT, particularmente em *Isaías* (Is 40,9; 52,7; 61,1.6), onde indicava a presença e a proximidade de Deus e do seu reino; são todos textos importantes,

---

[1]. O verbo correspondente, *euanghelízomai*, aparece 54 vezes no NT, das quais 10 em *Lucas*, 15 nos *Atos dos Apóstolos* e 1 em *Mateus*.

citados no NT (cf., p. ex., Lc 4,18), que certamente influenciaram a primeira tradição cristã. Também nestes casos, "evangelho" não indica o livro que reporta as ações e as palavras de Jesus[2].

A passagem entre mensagem "de" Jesus para mensagem "sobre" Jesus abre caminho para o desenvolvimento mais radical do termo, cujo uso habitual passa a ser comum a partir do século II. Aos poucos, de fato, o conteúdo do anúncio não será mais como em Paulo, restrito aos únicos elementos centrais da história do Nazareno, mas se estenderá a todo o complexo da tradição sobre o Nazareno, até finalmente indicar o *relato* que lhe concerne. Algumas passagens sinóticas, como Mc 14,9, ou ainda Mc 1,1, o sugerem:

> Este mesmo solene *"início (arché)"* pode ser considerado um indício da consciência que o evangelista tinha de *iniciar* um novo gênero literário, que também teria dado o título aos outros três "evangelhos" escritos depois dele. Era o início da passagem do "evangelho" querigmático para a forma mais perfeita do evangelho como "narração": narração da "boa notícia"[3].

Quando, a partir do século II, se utiliza "evangelho" para indicar os livros, esta ampliação semântica já está praticamente concluída. Trata-se do ponto de chegada de um processo pelo qual nos evangelhos o *kérygma* passa a ser "narrado"; de Jesus se narra inclusive (ao menos em parte) a vida, e não apenas a boa notícia de sua morte e ressurreição. Não obstante as diferenças, existe continuidade entre o uso em Paulo, onde o evangelho se limita ao *anúncio*; mesmo que *Marcos* integre com ensinamentos e ações o anúncio de morte e ressureição, com tal escolha não nega, mas, antes, reitera a importância destes eventos definitivos, tornando-os o ápice e a verdadeira chave interpretativa de toda a sua narrativa sobre Jesus.

No fundo o termo "evangelho" não tem, no NT, um significado único, e seu uso para indicar os livros que relatam a sucessão dos acontecimentos relativos a Jesus não foi imediato, tampouco casual. Trata-se de uma escolha consciente, feita pela comunidade cristã, segundo a qual o tal termo – presente

---

2. Qual uso é mais antigo? Acredita-se que o testemunho dos sinóticos confirme o uso pelo próprio Jesus, que precederia as cartas de Paulo; se, ao contrário, imaginarmos que o uso procede do evangelista, e não de Jesus, Paulo teria a precedência e teria sido ele a introduzir no vocabulário cristão este termo.

3. SEGALLA. *Evangelo e vangeli*, 18.

na cultura do tempo, sem muitas conotações religiosas, e já empregado no *kérygma* – podia indicar de modo eficaz o conteúdo e o tom destes livros particulares que a fé dos evangelistas havia produzido algum ano ou decênio antes.

Esclarecidos estes aspectos, é necessário interrogar-nos agora sobre o tipo de livro que a palavra "evangelho" indica: por que utilizar um termo novo para denominar os relatos sobre Jesus, quando existiam outros já em uso para livros semelhantes (como *biografia, bíos* etc.)? Em outras palavras: De que estranhos relatos se trata?

Um gênero literário novo?

Os cristãos de hoje partem do princípio que os evangelhos existem, e que são os livros que falam de Jesus segundo um estilo e um esquema bem definido; vale também lembrar que os evangelistas não tinham modelos precisos onde inspirar-se e tampouco imaginavam escrever uma obra original e inédita. Por enquanto, sem entrar na análise das diversas fases que levaram ao nascimento dos evangelhos[4], buscaremos responder à seguinte questão: Quando Marcos decidiu colocar por escrito as tradições sobre Jesus, que modelo escolheu? Que tipo de obra decidiu assumir como exemplo, se é que, de fato, fez tal escolha?

A discussão é ampla e animada. É possível identificar três posições principais: o "evangelho" como *novo gênero literário*, não existente antes, geralmente considerado obra de literatura não especializada; o "evangelho" como *história*, segundo um modelo substancialmente bíblico; o "evangelho" como *biografia*. Se o primeiro modelo é o mais tradicional (remonta à primeira metade do século passado), mas também foi defendido recentemente, e é inegável um certo vínculo com os relatos e as histórias bíblicas, como afirma o segundo modelo, nos últimos anos a maioria dos estudiosos está se orientando na direção da forma de biografia, ou melhor, da *Vida* (*Bíos*), gênero difundido no mundo greco-helenístico. A reviravolta é importante, pois reconhecer a natureza biográfica dos evangelhos tem consequências hermenêuticas muito interessantes, sobretudo em relação à cristologia:

> Se os evangelhos são uma forma da biografia antiga, então devem ser estudados com a mesma concentração biográfica sobre seu ob-

---

[4]. Cf., no último capítulo, os temas sobre *Unidade e pluralidade dos evangelhos* e *testemunho, memória, escrita*.

jeto, para ver o mundo particular no qual cada um delineia uma interpretação de Jesus. Os evangelhos nada mais são do que cristologia em forma narrativa. [...] A chave hermenêutica para compreender os evangelhos como biografia não deve estar, portanto, em supostos problemas de hipotéticas comunidades, ambientes ou relações textuais, mas antes em sua cristologia. Devemos interpretar cada passagem, perícope ou versículo à luz do gênero biográfico do todo, perguntando-nos sobre o que este relato diz sobre a concepção de Jesus própria do autor[5].

Só de modo imperfeito, porém, é possível falar dos evangelhos em termos de "vidas de Jesus"; além de algumas diferenças de tipo formal, são dois os elementos mais distanciados do modelo: o vínculo estreito com o mundo bíblico e sua dimensão de fé. A influência do AT não diz tanto respeito ao *gênero*, mas ao *conteúdo* e ao *estilo*. Em *Marcos*, por exemplo, o estilo tipicamente bíblico revela-se fundamental sobretudo para a interpretação da morte (ignominiosa) do protagonista, elemento estranho e, aliás, contrário ao gênero literário biográfico grego, morte relida segundo o modelo do justo sofredor e perseguido[6].

O outro elemento de originalidade presente nos escritos evangélicos é sua dimensão de fé, ou seja, a intencionalidade de dirigir-se à fé e de suscitá-la (cf., p. ex., Lc 1,4 ou Jo 20,30-31). As narrações sobre a vida de Jesus não foram escritas para fornecer informações de tipo biográfico, mas para anunciar e testemunhar a fé no Nazareno; é esta dimensão que caracteriza claramente os quatro relatos sobre Jesus, tanto que se poderia defini-los como "biografias de fé"[7]. Também neste caso, naturalmente, percebe-se sintonia com o estilo do AT, onde tal dimensão está presente de modo evidente também nas narrações de tipo histórico.

História da interpretação dos evangelhos (P. Mascilongo)

Os quatro evangelhos canônicos tiveram rapidamente – a partir do final do século I – uma larga difusão na comunidade cristã, e em curtíssimo espaço

---

5. BURRIDGE. *Che cosa sono i Vangeli?*, p. 288-289.

6. Cf. ALETTI. *Gesù, una vita da raccontare*, p. 39-65. *Mateus* e *Lucas* utilizam modelos diferentes, mais próximos ao gênero biográfico grego habitual.

7. BROCCARDO. *Vangeli*, p. 17.

de tempo se tornaram a principal fonte para o conhecimento e a compreensão teológica da pessoa e da obra de Jesus.

Sua importância é evidente para a teologia patrística, que desde o início foi profundamente bíblica, e que – embora não desenvolvendo metodologias científicas no sentido moderno – alcançou grande profundidade na leitura dos evangelhos, sobretudo em sentido espiritual. Também a teologia medieval permaneceu ligada à Escritura, embora com uma impostação diferente e às vezes segundo modelos hermenêuticos não totalmente respeitosos da integralidade dos textos. Só com o advento da época moderna, no entanto, é possível falar de interpretação científica, ou crítica, dos evangelhos.

Os inícios da impostação crítica

O estudo bíblico assume as características de cientificidade e sistematicidade próprias da época contemporânea com o advento dos métodos de tipo histórico-crítico no século XIX, embora os primeiros estudos críticos pioneiríssimos dos evangelhos só tenham surgido entre os séculos XVII e XVIII, a partir do Iluminismo e do nascimento da concepção moderna de história e de ciência.

Os primeiros passos nesta direção geralmente são atribuídos ao sacerdote francês R. Simon (1638-1712), que publicou, subsequentemente a uma obra importante sobre o AT, três volumes de estudos sobre o NT entre os anos de 1689-1693 (respectivamente relativos a texto, versões e comentários). Homem de grande erudição, Simon sempre permaneceu fiel ao catolicismo, não obstante as dificuldades sofridas em razão de suas conclusões, consideradas demasiadamente críticas e inovadoras. Seus resultados foram retomados e desenvolvidos pelo alemão J.D. Michaelis (1717-1791), que publicou em Londres, em 1750 (e depois na Alemanha, em 1788), uma introdução aos escritos do NT. Entretanto, segundo a maioria dos estudiosos, são os estudos do alemão H.S. Reimarus (1694-1768) que estabeleceram o verdadeiro ponto de partida da subsequente crítica científica ao NT[8]. Ele, que nada publicou em vida (seus trabalhos foram apresentados postumamente em 1778 pelo filósofo G.E. Lessing), exerceu uma notável influência, particularmente por distinguir, pela primeira vez, intenções e palavras

---

8. Uma interessante releitura das épocas precedentes é oferecida em PESCHE, M. Per una ricerca storica su Gesù nei secoli XVI-XVII: prima di H.S. Reimarus. *Annali di Storia dell'Esegesi*, 28, p. 433-464, 2011.

de Jesus (o Jesus histórico) e o relato dos evangelhos, considerados uma construção dos discípulos, que transformaram o homem de Nazaré num redentor espiritual.

No final do século XVIII emergiram também as primeiras obras importantes de crítica textual, indispensáveis para um melhor conhecimento do texto, e que levaram à rejeição do *textus receptus* utilizado até então pelos estudiosos, considerado insuficiente para uma exegese científica; entre os autores cita-se ao menos J.J. Griesbach (1745-1812), que por primeiro teve a ideia de ler em modo sinótico os três evangelhos.

Entretanto, como já foi aventado, é no século XIX que os estudos sobre o NT assumiram a forma que ainda hoje os caracterizam. Limitando-nos aos evangelhos (os estudos, de fato, se desenvolveram em relação à totalidade do NT e do AT), lembramos em primeiro lugar os exegetas e teólogos de Tubinga, que deram origem a uma verdadeira escola; em particular F.Ch. Baur (1792-1860) e D.F. Strauss (1808-874), seu aluno, que publicou em Tubinga, em 1835, uma vida de Jesus (posteriormente reelaborada mais vezes). Para este autor o NT apresenta as características de um relato mítico, construído particularmente a partir do AT, e os evangelhos não refletem a história de Jesus, mas a imagem teológica que os evangelistas queriam dar-lhe; portanto, a crítica não deve buscar nos evangelhos a história ou a explicação natural.

Não obstante Strauss compile a ideia de outros, sua obra tornou-se peça fundamental na pesquisa moderna dos evangelhos. De um lado oposto lembramos H. Paulus (1761-1851), que representa um aspecto diferente do racionalismo alemão do século XIX; ele, de fato, em sua *Vida de Jesus*, publicada em Heidelberg, em 1828, releu os evangelhos em chave meramente histórica e tentou explicar tudo aquilo que neles aparece de modo não racional, ou seja, com uma explicação natural.

Para completar o quadro do século XIX, lembramos também, além dos estudos sobre a dependência recíproca dos evangelhos, dos quais se serviam os resultados da *crítica das fontes* (ou *crítica literária*)[9], J. Weiss (1863-1914) e W. Bousset (1865-1920), expoentes da escola de história das religiões de Gotinga. Ambos publicaram nesta cidade alemã suas obras principais, em

---

9. Para a *questão sinótica* confira mais adiante, ainda neste capítulo, o item sobre *A questão sinótica e suas soluções*.

1892; para Weiss a pregação de Jesus deve ser entendida à luz da categoria de "Reino de Deus", em chave apocalíptica (em comparação com as correntes apocalípticas do judaísmo); segundo Bousset, é decisivo o confronto com o mundo religioso do tempo, portanto, com o judaísmo, do qual, no entanto, ressalta a distância. Enfim, sempre no século XIX, citamos um controvertido autor católico, o francês E. Renan (1823-1892), que, com sua *Vida de Jesus* (Paris, 1863), suscitou um amplo debate, mesmo não apresentando ideias particularmente novas em relação aos seus antecessores.

O método histórico-crítico no século XX

O início do século XX marca uma reviravolta nos estudos neotestamentários. A partir da grande riqueza dos trabalhos produzidos nos séculos precedentes, sempre mais difundidos e conhecidos, sobretudo no mundo protestante[10], e graças às novas perspectivas metodológicas levadas a cabo pela *crítica textual*, pela *crítica das fontes* e pela *escola de história das religiões*, como já acenamos, o momento era propício para uma nova fase. O ponto de partida teve origem em dois trabalhos: mais importante é a obra de A. Schweitzer, dedicada à história da pesquisa sobre Jesus (de Reimarus a Wrede), publicada em Tubinga, em 1906[11], na qual o autor franco-alemão mostrava que as incontáveis tentativas dos decênios precedentes de reconstituir uma vida de Jesus coerente e confiável tinham levado a resultados totalmente insatisfatórios. Poucos anos antes, o trabalho de W. Wrede sobre *Marcos* havia provado de forma convincente que o evangelho mais antigo também teria nascido de um interesse teológico, e não histórico, e, portanto, ele não seria mais confiável do que os outros evangelhos para reconstruir a história de Jesus.

---

10. A grande maioria dos estudiosos envolvidos no desenvolvimento do método histórico-crítico é de matriz protestante. No interior da Igreja Católica, de fato, até o final da primeira metade do século XX, prevaleceu uma postura defensiva em relação às metodologias e aos resultados que pareciam minar a credibilidade do texto sagrado e, por consequência, de muitos aspectos fundamentais da fé. Somente com a encíclica de Pio XII, *Divino Afflante Spiritu* (1943), chegou-se a uma mudança de tendência, sancionada pelo documento da Pontifícia Comissão Bíblica *Sancta Mater Ecclesia* (1964), e de forma definitiva pela *Dei Verbum*. Dentre os estudiosos católicos não podemos esquecer a figura imponente de M.-J. Lagrange (1855-1938), um dos fundadores da *École Biblique* de Jerusalém, autor de estudos ainda atuais sobre os evangelhos, mas que em vida teve inúmeros obstáculos no prosseguimento de suas ideias, consideradas demasiadamente abertas.

11. Edição italiana: SCHWEITZER, A. *Storia della ricerca sulla vita di Gesù* (Biblioteca di Storia e Storiografia dei Tempi Biblici 4). Bréscia: Paideia, 1986.

Para sair do impasse provocado por estes trabalhos, o método histórico-crítico teve que evoluir de forma significativa; dessa forma o estudo dos evangelhos entrou em uma nova fase. Em particular, depois da crítica literária ter identificado as fontes dos evangelhos e a história das religiões ter buscado fora do NT formas e modelos úteis para compreender seu conteúdo, faltava-lhe ainda afinar e completar o estudo diacrônico dos textos. Careciam do rigor necessário, portanto, as análises das passagens intermediárias entre Jesus e os evangelhos, e era particularmente importante encontrar novos instrumentos para indagar o processo de formação dos evangelhos, remontando assim às formas pré-literárias mais antigas bem como estudar sua transmissão.

A esta exigência responde a incipiente *crítica das fontes* (ou *dos gêneros*), que é a etapa sucessiva do método, que veio à luz graças aos estudos de K.L. Schmidt (1891-1956) e de M. Dibelius (1883-1947), publicados respectivamente em 1919, e, sobretudo, de R. Bultmann (1884-1976), que em 1921 publica a primeira edição de sua *História da tradição sinótica*. Esta fase do método histórico-crítico estuda exatamente a origem e o desenvolvimento das tradições pré-literárias que as comunidades e os evangelistas recolheram para compor os diversos evangelhos, após um processo mais ou menos longo de transmissão (para este aspecto particular também se usa a expressão *crítica das tradições*). Para estes autores, em sua maioria tais formas são formuladas mediante perícopes breves, que tiveram origem e circulação autônoma antes de serem postas por escrito e inseridas nos evangelhos. De cada unidade é possível reconstruir o ambiente de origem (o *Sitz im Leben*), procedimento fundamental para julgar sua antiguidade, sua originalidade e, em última análise, seu valor de certificação histórica sobre Jesus. Segundo Bultmann, tais unidades de tradição refletem mais a situação das comunidades que as conservaram, as transmitiram e as reuniram do que o contexto originário da história de Jesus; neste sentido elas geralmente contêm um fraco valor histórico. Desta visão também deriva a consideração de que o evangelista não passa de um simples compilador, incapaz de dar à sua obra uma marca significativa e, de certa forma, distante (tanto do tempo quanto da compreensão) dos fatos que está narrando.

A abordagem de Bultmann deixou marcas profundas, e por muitos anos os estudos histórico-críticos não desenvolveram elementos novos. Na mudança e complementação do quadro do método, por volta dos anos 50 do século XX, houve uma última e importante transição: a *crítica da redação*, que levou a importantes resultados graças aos estudos de H. Conzelmann sobre *Lucas* em 1954, de W. Marxsen sobre *Marcos* em 1956 e de W. Trilling sobre *Mateus* em 1958. Essa mudança dá um valor totalmente novo à figura do evangelista, concebido agora como um *redator*, verdadeira personalidade teológica, de quem depende o texto atual do evangelho. Apoiando-se em outras mudanças de método, e após determinar o desenvolvimento diacrônico do evangelho (fontes, tradições etc.), a crítica da redação indaga os indícios deixados pelo redator, seja de tipo literário, seja de tipo teológico. Exatamente para os evangelhos, dos quais dispomos de várias "redações" de muitas tradições que neles confluem, foi possível aplicar com proveito este aspecto do método, individuando e confrontando as diversas perspectivas.

Com a crítica da redação o conjunto de métodos denominados histórico-críticos alcança seu aspecto definitivo. Em síntese:

> Nesta fase de seu desenvolvimento, o método histórico-crítico atravessa as seguintes etapas: a *crítica textual*, praticada há mais tempo, abre a série das operações científicas [...]. Em seguida o texto é submetido a uma *análise linguística* (morfologia e síntese) e *semântica*, que usa os conhecimentos obtidos graças aos estudos de filologia histórica. A *crítica literária* se esforça então para identificar o início e o fim das unidades textuais, grandes e pequenas, e para verificar a coerência interna dos textos. A existência de duplicações, de divergências incompatíveis e de outros indícios manifesta o caráter multifacetário de certos textos, que são então divididos em pequenas unidades, das quais se estuda a possível pertença a fontes diferentes. A *crítica dos gêneros* busca determinar os gêneros literários, seu ambiente de origem, suas características específicas e sua evolução. A *crítica das tradições* situa os textos nas correntes de tradição, das quais busca precisar a evolução ao longo da história. Enfim, a *crítica da redação* estuda as modificações sofridas pelos textos antes de terem sido fixados em seu estado final e analisa esse estado final, esforçando-se para discernir as orientações que lhe são próprias[12].

---

12. PONTIFICIA COMMISSIONE BIBLICA. *Interpretazione*, I A 3.

Para uma *avaliação* do método podemos partir da apreciação, positiva, que o documento pontifício citado acima oferece:

> O estudo diacrônico permanece indispensável para fazer compreender o dinamismo histórico que anima a Sagrada Escritura e para manifestar sua rica complexidade [...]. O objetivo do método histórico-crítico é o de trazer à luz, em modo sobretudo diacrônico, o sentido expresso pelos autores e redatores. Com a ajuda de outros métodos e abordagens, este método abre ao leitor moderno o acesso ao significado do texto da Bíblia, da forma como o temos[13].

Diante de testemunhos que pertencem a uma época histórica tão distante de nós, como os evangelhos, a abordagem histórica é, portanto, necessária. E diante de textos nascidos de modo fragmentário, como são os bíblicos, um método que tem como objetivo o de ler os textos com olhos *críticos* e colocá-los em seu contexto *histórico* não pode deixar de indagar as fontes, o desenvolvimento das tradições e a forma da redação final.

Não faltaram, entretanto, sobretudo nos anos mais recentes, algumas reservas. Um primeiro elemento frequentemente sublinhado é a grande fragmentariedade de hipóteses e de resultados que anos de estudos críticos provocaram. De forma mais profunda, segundo alguns estudiosos, o método negligencia elementos não secundários de exegese cristã; particularmente, sua abordagem tipicamente analítica tem como consequência a desvalorização do contexto global de interpretação do texto e geralmente não leva suficientemente em consideração o texto em sua redação final[14]. Daí por que o documento da Pontifícia Comissão Bíblica, por sua vez, afirme que

> o uso do método histórico-crítico revela certos limites, já que se restringe à busca do sentido do texto bíblico nas circunstâncias históricas de sua produção e não se interessa pelas outras poten-

---

13. Ibid., I A 4.

14. Outra consequência que pode ser considerada é a perda de acesso ao sentido espiritual, por muito tempo considerado fundamental na teologia, que pode produzir um desdobramento entre leitura eclesial e leitura individual (do próprio estudioso), e – em última análise – entre leitura de fé e leitura científica; cf., BOVATI, P. *Richerche Storico Biblique*, 22, p. 231-241, 2010.

cialidades de significado que se manifestaram ao longo das épocas posteriores da revelação bíblica e da história da Igreja[15].

Também após dúvidas como estas é possível explicar o emergir, em épocas recentes, de novos métodos e abordagens do estudo dos evangelhos.

Os novos métodos na exegese

Muitos são os novos métodos surgidos depois da metade do século XX. Em geral esses se definem como *sincrônicos,* justamente para distingui-los do método histórico-crítico, tipicamente *diacrônico*:

> [Os métodos histórico-críticos] leem o texto sobretudo sob o aspecto diacrônico, isto é, do ponto de vista de sua formação. Esses veem sobretudo na reconstrução da história da formação um caminho que leva ao significado do texto. Ultimamente a estes métodos já clássicos somaram-se [...] métodos mais recentes [que] buscam sobretudo compreender o texto sob o aspecto sincrônico. [...] Na análise textual sincrônica de textos do Novo Testamento se analisa o texto na forma em que se apresenta num determinado momento de sua história[16].

Não é possível prestar contas adequadamente de todas as novas metodologias; a situação é hoje extremamente fluida. Uma breve descrição de muitas delas se encontra no já citado documento da Pontifícia Comissão Bíblica, do qual retomamos um sintético elenco, útil, embora não exaustivo. Segundo o documento, os novos métodos são assim classificados:

- *novos métodos de análise literária*: análise retórica, análise narrativa, análise semiótica;

---

15. PONTIFICIA COMMISSIONE BIBLICA. *Interpretazione,* I A 4. Quanto à cristologia, vale mencionar as dúvidas de J. Ratzinger: "Os progressos da pesquisa histórico-crítica levaram a distinções sempre mais sutis entre os diversos estratos da tradição. Por trás delas, a figura de Jesus, sobre o qual a fé se apoia, e que se torna sempre mais nebulosa, tomou contornos menos definidos. [...]. Como resultado comum de todas estas tentativas ficou a impressão de que, não obstante tudo, sabemos bem pouco sobre Jesus, e que só posteriormente a fé em sua divindade formou a sua imagem" (RATZINGER, J. *Gesù di Nazaret.* Milão: Rizzoli, 2007, p. 8).

16. EGGER; WICK, *Metodologia,* p. 24-25. Trata-se de uma terminologia já em uso, embora não totalmente perfeita e sujeita à crítica; talvez fosse preferível falar respectivamente de pesquisa *source-oriented* e pesquisa *discurse-oriented* para evitar mal-entendidos. A diferença, de fato, diz respeito ao tipo de abordagem, orientada respectivamente para a pesquisa das "fontes" das quais nascem os textos, e ao texto assim como é agora, segundo a forma com a qual o autor final o pensou e o redigiu.

- *abordagens baseadas na Tradição*: abordagem canônica (lembrando aqui os estudos de B.S. Childs), abordagem mediante o recurso às tradições interpretativas judaicas, abordagem através da história dos efeitos do texto;
- *abordagens através das ciências humanas*: abordagem sociológica, abordagem através da antropologia cultural, abordagens psicológicas e psicoanalíticas;
- *abordagens contextuais*: abordagem liberacionista, abordagem feminista.

Não é possível determinar *a priori* a validade dos novos métodos. Em muitos casos sua eficácia depende do tipo de texto para os quais são utilizados. Por exemplo: muitos dos estudos válidos sobre o epistolário paulino foram desenvolvidos com métodos retóricos que, por sua vez, são menos eficazes para outros tipos de livros do NT. Pelo mesmo motivo, o método mais utilizado e promissor para os relatos evangélicos é o que assume por base a metodologia narrativa.

Os métodos de análise narrativa aplicados aos evangelhos e aos *Atos dos Apóstolos*

A análise narrativa (ou *narratologia*) se inspira nos métodos de crítica literária utilizados no estudo dos textos não bíblicos; de tais métodos ela emprestou a própria linguagem e uma certa variedade de orientações (em base à preeminência dada ao *texto*, ao *autor* ou ao *leitor* é possível falar respectivamente de orientação de tipo *retórica, narrativa* em sentido estrito ou atento à *recepção*). Usando uma conhecida metáfora, a diferença de fundo com os métodos históricos pode ser expressa dessa forma:

> Enquanto o método histórico-crítico considera o texto mais como uma "janela", que permite dedicar-se a várias observações sobre uma determinada época (não apenas sobre fatos relatados, mas também sobre a situação da comunidade para a qual foram relatados), [na análise narrativa] se sublinha que o texto funciona também como "espelho", no sentido que apresenta uma certa imagem do mundo, o "mundo do relato", que exerce sua influência sobre os modos de ver do leitor e o leva a adotar certos valores e não outros[17].

---

17. PONTIFICIA COMMISSIONE BIBLICA. *Interpretazione*, I B 2.

A análise narrativa foi aplicada aos evangelhos a partir dos anos 70 do século XX, desenvolvendo-se seja no mundo norte-americano, seja no francês; neste caso, segundo um modelo mais próximo ao estruturalismo. Os primeiros estudos sobre os evangelhos (podemos lembrar R. Perrin, R.C. Tannehill e N.R. Petersen) foram dedicados a *Marcos*. A narratologia estuda e interpreta os evangelhos substancialmente como relatos, portanto, prestando atenção a todos aqueles elementos que diferenciam cada texto narrativo.

São principalmente dois os *pressupostos* do método: a consideração dada ao texto em sua forma final, independentemente de qual tenha sido a origem (sem, portanto, uma específica atenção aos aspectos *diacrônicos*) e o valor dado ao papel do evangelista, considerado aqui o verdadeiro *autor* do evangelho e o responsável pelas estratégias narrativas presentes nele. Neste particular o método representa um desenvolvimento previsível da *crítica da redação*, levando a cabo o estudo sincrônico do texto em sua redação final. Além disso, quanto aos evangelhos, a análise narrativa sabe o que deve fazer com textos de caráter "histórico" (em *lato senso*: relatam fatos ocorridos e não invenções fantasiosas), e, portanto, que apresentam um estatuto particular. Ou seja, o evangelista não criou do nada os fatos relatados, mas narrou fatos interpretando-os teologicamente e adaptando-os narrativamente, compondo assim as que poderíamos denominar "narrações teológicas".

Em conformidade com cada método bem desenvolvido, a análise narrativa utiliza uma série de instrumentos e conceitos específicos. Um primeiro elemento diz respeito às noções de *autor* e *leitor implícito* (ou *ideal*). Cada relato, de fato, é o meio com o qual um *autor* transmite a própria mensagem a um *leitor*, que, por outro lado, a narratologia não considera na concreção de pessoas físicas (autor ou leitor *real*), mas simplesmente como instâncias abstratas úteis para a formação do quadro conceitual usado. O *autor* se distingue, em termos teóricos[18], do *narrador*, a voz que narra cada relato, responsável pela modalidade com que a história é relatada: cabe ao narrador decidir de que modo fornecer (ou esconder) as informações, apresentar os personagens (se através do discurso direto, isto é, *in showing*, ou se através de apresentações indiretas, *in telling*) e quais estratégias aplicar

---

18. Normalmente nos evangelhos não existe distinção entre *autor* e *narrador*, mas em muitas obras literárias as duas instâncias não coincidem (o narrador poderia ser um personagem do relato, p. ex.).

no desenvolvimento da trama. Geralmente o narrador dos evangelhos é um personagem onisciente e fidedigno.

Fundamentalmente trata-se da distinção entre mundo da *história* e *discurso* (ou *relato*), já que cada narração constrói um mundo em si, que é o mundo em que acontecem as ações narradas, e o leitor deve ser informado sobre a distância entre esse mundo e o texto que o representa:

> A *história* se refere à finalidade de um relato, ao seu ambiente, aos seus personagens, eventos e ações; o *discurso* se refere ao como do relato. A *história* se refere ao conteúdo do relato, e o *discurso* incide na maneira como o conteúdo é comunicado[19].

Os elementos centrais de cada narração são a trama e os personagens. A trama (ou *enredo*) é a estrutura que unifica e encadeia os diversos acontecimentos do relato, formando uma história contínua. O leitor percebe imediatamente o desenvolvimento da trama, e a eficácia de um relato reside grandemente na capacidade do narrador de construir um enredo fascinante, capaz de entrelaçar os episódios de modo coerente, mas não banal, construindo expectativas, surpresas e *suspense*. As tramas são as *resoluções*; nas primeiras a concentração reside na ação a realizar, nas segundas o acento recai sobre os conhecimentos adquiridos ao longo do relato. Também se fala de tramas *unificadas* e *episódicas*; estas últimas são características dos relatos construídos através de uma série de episódios geralmente desconexos, embora ao redor de um único protagonista, como no caso dos evangelhos. No modelo mais clássico, que remonta a Aristóteles, a trama é enfim descrita como uma sucessão de ao menos cinco elementos: exposição, abertura, problematização, resolução e conclusão.

O estudo dos *personagens* é denominado caracterização. Mesmo que os relatos evangélicos não apresentem personagens complexos do ponto de vista moral ou psicológico, é importante entender seu papel no interior do relato assim como seu valor narrativo e teológico em relação à trama. Fala-se assim de personagens *básicos* e *complexos*, em base à sua complexidade, mas também se fala, relativamente à função, em *protagonista, antagonista, personagens de contraste* ou *figurantes*. Na narrativa bíblica, são justamente os personagens que introduzem uma complexidade totalmente particular nos

---

19. VAN IERSEL. *Marco*, 16.

relatos; também nos evangelhos, inúmeros são os personagens que aparecem ao redor de Jesus, e que contribuem na riqueza e variedade do relato[20].

A análise narrativa pode ser um instrumento precioso para valorizar elementos do texto por muito tempo negligenciados pela exegese. A atenção às modalidades de construção do relato ajuda, por exemplo, a superar uma certa divisão excessiva entre conteúdo e forma, que acaba por ser enganosa. Para compreender quem é Jesus temos à disposição apenas aqueles relatos, construídos num modo específico, e o estudo da modalidade narrativa utilizada pelos evangelistas é relevadora da mensagem que eles quiseram transmitir. Além disso, que a Igreja tenha escolhido (também) a modalidade do relato para proclamar sua fé em Jesus garante, por um lado, um vínculo estreito com as vicissitudes concretas de Jesus e, por outro, faz com que o discípulo ou leitor se implique no anúncio de uma forma totalmente particular, como testemunha primeira, e em seguida como objeto do testemunho que vem continuamente lido e relido, evitando assim um enclausuramento no passado.

Obviamente, também a narratologia apresenta riscos e defeitos, em particular por uma certa tendência em desvalorizar o aspecto histórico das narrações e por negligenciar excessivamente a dimensão diacrônica dos textos, fator, aliás, sempre presente em relatos provenientes do passado e surgidos de forma complexa, como o são, em geral, os relatos evangélicos[21].

---

20. Existem outros conceitos próprios da análise narrativa. O *ponto de vista* exprime acima de tudo o ponto a partir do qual é narrada uma determinada cena (fala-se também de *focalização*), mas também o juízo de valor que o narrador, ou os protagonistas do relato, exprimem sobre personagens e situações. É sempre o narrador o responsável do ponto de vista segundo o qual cada cena é narrada. O *tempo narrativo* é estudado com atenção, pois cada relato institui a distinção entre o *tempo da história*, segundo o qual acontecem e são mensurados os fatos da história narrada e o *tempo do relato*, isto é, o tempo que mede a duração do relatar/escrever (e do ler). Estes, em geral, não coincidem, assim como a *ordem* temporal da narração pode estar defasada, dando lugar a antecipações narrativas (*prolepse*) e "restaurações" (*analepse*, quando se narra em seguida um acontecimento já ocorrido na *história*). Enfim, pode ser útil analisar o modo com que o narrador constrói e descreve o *espaço* narrativo que fornece a *ambientação* (ou *setting*) do relato; nos evangelhos, por exemplo, lugares como montanha, templo ou lago assumem uma relevância narrativa particularmente própria.

21. Em geral, entre os exegetas narrativos é difundida a consciência de que ler os evangelhos "como um romance" em nenhum caso deve levar a considerá-los como relatos pura e simplesmente fictícios, mas serve antes para realçar a diferença, e a distância, entre a narrativa e a crônica: "O *relato* não é o *fato*. Este relato foi escrito por alguém para que fosse formativo para nós: não corresponde nua e cruamente ao evento em si. O narrador necessariamente deve escolher quais frases relatar num episódio, com quais palavras construir o texto e em que ordem

Como se observa, sempre é necessário, pois, harmonizar os diversos métodos científicos, aproximando os relatos evangélicos tanto do ponto de vista da análise histórica quanto da análise de seu valor narrativo, confiando assim na possibilidade de integrar os dois aspectos, e inclusive contrapondo-os aprioristicamente. Só uma visão aberta e atenta a todas as características dos textos pode levar a uma compreensão sempre melhor dos evangelhos:

> Para a exegese bíblica, a análise narrativa apresenta uma evidente utilidade, pois ela corresponde à natureza narrativa de um grande número de textos bíblicos. Ela pode contribuir na facilitação da passagem, muitas vezes difícil, do sentido do texto em seu contexto histórico, da forma como o método histórico-crítico busca defini-lo, para o sentido que ele tem para o leitor de hoje [...]. Sua abordagem sincrônica exige ser completada com estudos diacrônicos[22].

A historicidade dos evangelhos: os dados (A. Landi)

Seriam os evangelistas historicamente fidedignos quanto aos fatos que relatam? Existiriam critérios que permitem estabelecer o nível de historicidade dos documentos evangélicos? Além disso, seria a historicidade garantia de verdade? Na história da interpretação, o quesito sobre a historicidade dos evangelhos canônicos representa um eixo essencial da pesquisa sobre Jesus, dado que os evangelhos constituem

> a principal fonte histórica sobre Jesus, praticamente a única, visto que os outros escritos neotestamentários se concentram apenas na morte e na ressurreição, os apócrifos acrescentam elementos limitados e incertos, e as fontes hebraicas aludem a Jesus apenas de passagem[23].

Urge partir, pois, de duas premissas, interessantes e paradoxais: de um lado, a certeza de que a história de Jesus "está intimamente ligada à ordem histórica, pois nos diz de que modo Deus, para redimir o mundo, entrou na

---

apresentar as particularidades" (DOGLIO, C. *Imparare Cristo – La figura di Gesù Maestro nei vangeli* (Parola di Dio. Seconda serie 72). Cinisello Balsamo: San Paolo, 2014, p. 62). Outros elementos considerados mais problemáticos da narratologia, identificados pela Pontifícia Comissão Bíblica, são o uso de modelos fixos e preestabelecidos, o fraco interesse pela elaboração doutrinal dos relatos e um certo subjetivismo.

22. PONTIFICIA COMMISSIONE BIBLICA. *Interpretazione*, I B 2.
23. LACONI. *Vangeli sinottici e Atti degli Apostoli*, p. 123-124.

história, de que forma o eterno entrou na história"[24], e, de outro lado, no entanto, "há vinte séculos Jesus continua entre os homens como um sinal de contradição, e igualmente sua história, visto que ela não pode ser escrita como a de outro homem, por mais ilustre que ele possa ser"[25].

Seja como for, a pesquisa moderna afirma que, no estado atual das coisas, é praticamente impossível estabelecer com absoluta certeza quais foram as frases que Jesus pronunciou ou os atos que efetivamente realizou. A fase que precedeu a redação dos evangelhos foi caracterizada pela transmissão oral e pela pluralidade de testemunhos e de comunidades que receberam, guardaram e transmitiram o patrimônio do ensinamento sobre Jesus.

Seriam esses testemunhos confiáveis? A proclamação *sobre* Jesus, seguida pela pregação, desde o início foi feita por aqueles que foram os primeiros a testemunhar as palavras e os fatos jesuânicos, ou seja, seus discípulos. Estes são os guardiães responsáveis pela transmissão historicamente confiável da história do Nazareno; a ação deles deve ser entendida enquanto categoria de testemunho[26]. Com o progressivo desaparecimento dos discípulos, sentiu-se mais prementemente ainda a exigência de redigir por escrito as tradições, selecionando o material que já circulava entre as primeiras comunidades cristãs, preservando apenas o mais confiável, com o objetivo de estimular a fé dos leitores em Jesus, messias e filho de Deus (cf. Jo 20,30-31), e de atestar a solidez e a coerência dos ensinamentos recebidos (cf. Lc 1,2-4).

Daqui resulta a impossibilidade de entender a historicidade dos evangelhos à semelhança da concepção historiográfica moderna, da forma como ela se impôs a partir do positivismo do Oitocentos. De fato, os evangelistas não se colocam por objetivo relatar as fontes e os documentos que utilizaram, tampouco pretendem examinar as causas e os efeitos subjacentes aos acontecimentos da vida de Jesus. Em certo sentido, os evangelhos oferecem uma documentação selecionada da *pregação apostólica*, com o escopo de preservá-la e transmiti-la inalterada, visando a reavivar nos destinatários a fé

---

24. BRUCE. *Possiamo fidarci?*, p. 16.

25. LÉON-DUFOUR, X. *I vangeli e la storia di Gesù* (Parola di Dio). 3. ed. Milão: Paoline, 1970, p. 15.

26. A este propósito vale a pena recuperar uma afirmação de BAUCKHAM, *Gesù e i testemoni oculari*, p. 7, segundo a qual, "historicamente falando, o testemunho é um incomparável, e incomparavelmente válido, meio de acesso à verdade histórica". Cf. o último capítulo da presente obra, o item *Testemunho, memória, escrita*.

em Cristo. A história acaba sendo assim subordinada ao *kérygma*, e este, por sua vez, pressupõe a realidade dos eventos relatados.

O problema crítico: as pesquisas

O estatuto histórico e verdadeiro dos relatos evangélicos nunca foi colocado seriamente em discussão até o advento do Iluminismo[27]: para os iluministas, a razão representava o único critério de interpretação da realidade, e excluíam a possibilidade que o sobrenatural pudesse incidir sobre as vicissitudes humanas. Segundo H.S. Reimarus, é normal discernir nos evangelhos o que é verdadeiramente atribuível a Jesus daquilo que, ao contrário, remonta à interpretação dos apóstolos. Para ele, a causa de Jesus foi um projeto político-messiânico para libertar Israel do jugo romano, falido em razão da crucificação. Suas ambições foram levadas adiante, porém, pelos discípulos, que roubaram o corpo do sepulcro e inventaram a história da ressurreição para encobrir seu fracasso. H.E.G. Paulus, ao contrário, estava convencido de que os evangelhos eram substancialmente objetivos na exposição dos fatos. No entanto, buscou explicar de forma racional os milagres de Jesus e negou a ressurreição, já que, para ele, sua morte teria sido apenas aparente.

Para D.F. Strauss, o primeiro a aplicar sistematicamente os princípios da crítica literária aos evangelhos, Jesus deve ser equiparado a um símbolo mítico, e seus milagres devem ser explicados em base racional; os relatos evangélicos foram modificados e reconstruídos em base às profecias bíblicas pelas comunidades traidoras.

Uma reviravolta significativa na história da pesquisa sobre o Jesus histórico é representada pelo trabalho de M. Kähler (1835-1912), que propunha distinguir o Cristo da fé, bíblico (*geschichtlich, biblische*), do Jesus da história (*historisch*). Para ele os evangelhos representam uma proclamação de fé da parte dos discípulos do messias crucificado e não permitem reconstruir objetivamente sua vida[28].

Mais tarde, W. Wrede, embora admitindo que o relato marciano fosse o mais aderente à realidade histórica, estudando-o segundo a teoria do *segredo*

---

27. Sobre a história da pesquisa sobre os evangelhos, cf. JOSSA. *La verità dei vangeli*, p. 13-67. Cf. tb. na *Introdução geral* da presente obra o item *História das interpretações dos evangelhos*.

28. KÄHLER, M. *Il cosiddetto Gesù storico e l'autentico Cristo biblico* (Collana di Classici neotestamentari 1). Nápoles: D'Auria, 1992 [orig. em alemão, 1892].

messiânico destacou a origem da fé pascal dos discípulos. Portanto, não podia ser considerado um documento imparcial, já que representava uma interpretação teológica visando a provar apologeticamente a messianidade de Jesus. A. von Harnack (1851-1930), por sua vez, considerava impossível reconstruir a vida de Jesus, dado que os evangelhos são livros de propaganda religiosa e não documentos objetivos. Era importante, portanto, compreender o perfil moral de Jesus como mestre da humanidade[29].

A estas interpretações de sabor moral dos evangelhos se opôs a escola "escatológica", que sublinhou a marca apocalíptica da pregação de Jesus: a essência do evangelho não girava ao redor de seus valores morais, mas do anúncio do advento do Reino de Deus, que Jesus considerava iminente; em sintonia, portanto, com a tensão apocalíptica que caracterizava o ambiente judaico de sua época. O duro golpe desferido por A. Schweitzer à crítica liberal demonstrou o quanto fazia-se necessária a superação da mentalidade positivista, chegada a um beco sem saída.

À pretensão da escola liberal de poder determinar o documento objetivo e neutro sobre a vida terrena de Jesus sucedeu-lhe o ceticismo radical da escola das formas (*Formgeschichte*), ceticismo alimentado pela convicção de que os evangelhos transmitem apenas a fé da Igreja primitiva e não podem fornecer alguma informação historicamente válida para conhecer a vida de Jesus. É famosa a posição extrema de R. Bultmann: não podemos saber nada do Jesus histórico, porque entre Ele e os evangelhos existe uma barreira intransponível, constituída pela fé da comunidade, que determinou sua formação. O Jesus da história foi completamente absorvido pelo Cristo da fé, que se fundamenta não sobre aquilo que Jesus disse e fez concretamente, mas sobre o *kérygma* apostólico.

Por volta de meados do século XX, a dicotomia entre o Jesus da história e o Cristo da fé foi contestada por E. Käsemann, aluno de Bultmann, num famoso artigo[30]. Para ele, a fé cristã não pode prescindir de um vínculo histórico com a vida de Jesus e não existe contraposição radical entre o anúncio e

---

29. VON HARNACK, A. *L'essenza del cristianesimo* (Giornale di teologia 121). Bréscia: Queriniana, 1980 [orig. em alemão, 1899].

30. KÄSEMANN E. Das Problem des historischen Jesus. *Zeitschrift für Theologie und Kirche*, 51, p. 125-153, 1954 [ed. em italiano: Il problema del Gesù storico. In: KÄSEMANN, E. *Saggi esegetici*. Casale Monferrato: Marietti, 1985, p. 30-57). O artigo nasce de uma aula dada em Jugenheim no ano precedente.

a história. Também o evento pascal pode ser compreendido só em referência à sua vida terrena; é bem verdade que a pesquisa histórica só pode fornecer os fatos registrados da vida de Jesus, e somente na fé sua vida terrena se torna viva e significativa, mas esta última nasce da iniciativa de Deus, que se fez concretamente presente no mundo através da figura e da obra de Jesus, e não é uma simples autocompreensão do homem, de caráter gnóstico.

Critérios para a verificação da historicidade dos evangelhos

O resultado mais importante desta nova fase de estudos é a elaboração de uma série de critérios que permitem sondar o nível de credibilidade histórica dos relatos evangélicos:

> por *critérios* entendemos os argumentos que nos dão a certeza histórica que um determinado dado do evangelho é autêntico e pertence a Jesus. Tal certeza, porém, não é em sentido metafísico, mas moral: é possível falar de certeza quando se tem argumentos seguros para afirmar a realidade de um fato[31].

Em primeiro lugar, pode ser considerado historicamente confiável um fato ou um dito atribuído a Jesus que seja atestado por mais documentos independentes entre si: é o critério da *múltipla certificação*. Os quatro evangelhos, ainda que com diversos acentos e matizes, atestam que a última parte do ministério público de Jesus se desenvolveu em Jerusalém, onde foi crucificado. Pense-se também nos episódios que caracterizaram sua pregação na Galileia e que são referidos nos três relatos sinóticos, e que preservam o núcleo daquilo que Jesus disse e fez (cf., p. ex., a cura do paralítico e a remissão dos pecados em Mc 2,1-12; Mt 9,1-8; Lc 5,17-26).

Da mesma forma, deve ser considerado presumivelmente histórico um fato ou um dito de Jesus que poderia ter criado *constrangimento* ou *escândalo* entre os primeiros cristãos. É o caso da recriminação movida contra Pedro, rotulado de "satanás", por ter obstaculizado o caminho do messias rumo à sua paixão (Mc 8,33), ou da censura do mestre pela incompreensão

---

31. LAMBIASI, F. *L'autenticità storica dei Vangeli*, p. 139. J.D.G. Dunn prefere falar de "traços": "se um traço na tradição de Jesus é característico dessa tradição, a explicação mais óbvia de sua presença em tal tradição é que isso reflete a sustentável impressão que o mesmo Jesus fez em muitos de seus seguidores primitivos" (DUNN. *Dal Vangelo ai vangeli*, p. 41); p. ex., a relevância histórica do encontro entre Jesus e João, o Batista, ou a localização no contexto galilaico da primeira parte de seu ministério público.

de seus discípulos (cf., p. ex., Mc 8,17), ou por sua ausência de fé (cf., p. ex., Mc 4,40).

Jesus viveu em estreito contato com o ambiente social, político e religioso palestinense. Um contexto, aliás, não imune à influência da cultura greco-romana. Por conseguinte, também é possível considerar fidedigno um gesto ou um dito de Jesus que não encontre fundamento no ambiente palestinense ou greco-romano (*critério da descontinuidade*), como é o caso do discipulado ou da comensalidade com os pecadores. Da mesma forma podemos considerar historicamente plausível uma palavra ou um gesto de Jesus que se revele conforme ao ambiente judaico (*critério da continuidade*): Jesus frequenta a sinagoga, o templo; conhece e cita a Escritura; sara os leprosos, mas os envia aos sacerdotes para que possam comprovar sua cura[32].

Enfim, é possível fazer um juízo positivo sobre o valor histórico dos evangelhos: de um ponto de vista *histórico-político*, os relatos evangélicos refletem sem defeitos de precisão ou de aproximação o quadro histórico e a situação política da Judeia dos primeiros decênios do século I[33]. O sincronismo histórico preposto por *Lucas* (3,1-2) à atividade penitencial do Batista, com o elenco das autoridades civis e religiosas da época, corresponde exatamente aos dados da história profana. Flávio Josefo, além disso, confirma o estado de tensão causado pela dominação romana, a situação de rivalidade entre os vários grupos religiosos, como entre Jesus e os samaritanos, entre os saduceus e os fariseus.

Também sobre o aspecto *geográfico*, ao menos em relação a algumas imprecisões ligadas a um conhecimento imperfeito dos lugares, as indicações evangélicas correspondem à topografia palestinense, descrita pelas fontes profanas e comprovada pelas escavações arqueológicas.

Enfim, o cenário *religioso* descrito nos evangelhos (festas, peregrinações, culto no Templo de Jerusalém, reuniões sinagogais etc.) encontra respaldo na literatura judaica e qumrânica. As expectativas messiânicas e escatológicas, a tensão apocalíptica, as correntes de pensamento teológico, inclusive contrastantes entre si, são respeitadas pelas páginas evangélicas[34].

---

32. MEIER. *Un ebreo marginale*, I, 174-184 acrescenta outros cinco critérios que caracteriza como secundários: 1) indícios aramaicos; 2) ambiente palestinense; 3) vivacidade da narração; 4) tendência de desenvolvimento da tradição sinótica; 5) presunção histórica.

33. GNILKA. *Gesù di Nazaret*, p. 47-96. Cf. tb. SEGALLA, G. *Panorama storico del Nuovo Testamento* (Leggere oggi la Bibbia). 4. ed. Bréscia: Queriniana, 1996.

34. Para os aspectos teológicos da questão, cf., nesta obra, cap. V, o item *O problema teológico do Jesus histórico*.

O ambiente histórico-religioso da vida de Jesus

No tempo de Jesus a Judeia era em todos os aspectos dependente da província romana da Síria, sobretudo a partir da intervenção das tropas imperiais em Jerusalém para acalmar a oposição entre Aristóbulo II e o irmão Ircano II (63 a.C.). O governo da Judeia, no entanto, foi concedido aos asmoneus, cujo último rei pode ser considerado Antígono (40-37 a.C.), deposto por *Herodes o Grande* (37-4 a.C.), visando a angariar primeiramente a simpatia de Antônio e, em seguida, a de Otaviano; proclamado pelo Senado romano *rex amicus et socius populi romani* (40 a.C.), só conseguiu conquistar o poder no verão de 37, após ter derrotado Antígono, em Jerusalém.

Sua imagem de tirano cruel e impiedoso é confirmada pela crueldade com que não hesitou em eliminar a mulher e os filhos por temor de conspiração e traições contra ele. Sua grandeza está ligada à exorbitância de gastos em construções e obras arquitetônicas pioneiras e em fortificações militares, dignas dos monarcas helenísticos. Entretanto, os custos de sua generosidade, que também incluía dádivas em benefício de países vizinhos e consentia aos hebreus da diáspora um tratamento respeitoso para com as populações que os "hospedavam", recaíram sobre os judeus residentes em pátria. Isto não lhe valeu estima entre os judeus; embora detestado principalmente pelos fariseus, mostrou-se particularmente hostil em relação aos saduceus, historicamente favoráveis à dinastia dos asmoneus.

A morte de Herodes decretou a divisão do reino entre seus filhos: o governo da Judeia, da Samaria e da Idumeia foi atribuído a *Arquelau*, mas devido às queixas dos judeus por sua crueldade, Augusto o nomeou etnarca; no ano 6 d.C. foi deposto e seu território foi confiado a um governador de província (prefeito) sob a autoridade do governador da Síria (a partir de Cláudio passará a assumir o título de "procurador"). *Herodes Antipas*, ao contrário, obteve a Galileia e a Pereia com o título de tetrarca; foi contestado por João Batista por sua convivência com a cunhada Herodíades (Mc 6,17-29). Demonstrou-se monarca sábio e tolerante, até ser deposto em 39 d.C. *Filipe* foi tetrarca da Itureia e da Traconídite e morreu em 34 d.C. Toda a Judeia só chegaria a ser reunificada graças à *Agripa I* (41-44 d.C.), filho de Aristóbulo (morto por Herodes o Grande em 7 a.C.), que obteve do Imperador Cláudio o título de rei. Para fazer o que era agradável aos judeus, fez morrer pela espada o Apóstolo Tiago e encarcerou Pedro (At 12,2-4). Com sua morte (44 d.C.), toda a nação judaica passou a ser diretamente dominada por Roma.

Após a deposição de Arquelau (6 d.C.), os territórios da Judeia, da Samaria e da Idumeia foram governados por *prefeitos romanos* (6-41 d.C.); conforme inscrição na lápide com o nome de Pôncio Pilatos, encontrada em Cesareia Marítima em 1961, usava-se o título de *praefectus Judaeae*. Após o breve interlúdio do reinado de Agripa I (41-44 d.C.), toda a Judeia foi anexada à província romana da Síria e passou a ser administrada diretamente por um procurador, *epítropos* (44-66 d.C.), título geralmente atribuído anacronicamente também aos prefeitos (*éparchos*), como, por exemplo, a Pôncio Pilatos. Os procuradores, embora dependentes do governador da Síria, gozavam de plena autonomia no exercício do poder em campo militar e também administrativo. A atividade judiciária era confiada ao sinédrio de Jerusalém e aos pequenos tribunais judaicos locais. Entretanto, o direito de vida ou morte (*jus gladii*) era reservado ao prefeito (ou procurador) romano. Este geralmente morava em Cesareia Marítima, mas para as grandes festividades se transferia para Jerusalém para prevenir desordens e tumultos. Não obstante algumas restrições impostas pela governança a partir do estrangeiro, os judeus, dada a tolerância de Roma, continuaram a ser de fato administrados por alguns notáveis do lugar, pelos anciãos e pela aristocracia sacerdotal.

Já durante a dominação selêucida na Judeia, sobretudo sob Antíoco IV Epífanes (175-164 a.C.), formaram-se movimentos religioso-políticos, que se organizaram em oposição à helenização dos asmoneus e, por fim, dos romanos. Descrevendo a revolta macabaica (145 a.C.), o historiador judeu Flávio Josefo relata:

> naquele tempo existiam três *hairéseis* (*partidos, seitas, escolas de pensamento*) dos judeus, que tinham opiniões diferentes em questões humanas: a primeira seita era denominada fariseus, a segunda saduceus e a terceira essênios[35].

O grupo dos *fariseus* não se configura como um movimento sacerdotal, mesmo que seu próprio nome, que lembra o conceito de separação (*prsh*),

---

35. GIUSEPPE FLAVIO. *Antichità giudaiche* 13,9,171-173. Para uma primeira abordagem sobre judaísmos no tempo de Jesus cf. BOCCACCINI, G. *I giudaismi del Secondo Tempio – Da Ezechiele a Daniele* (Antico e Nuovo Testamento 1). Bréscia: Morcelliana, 2008 [orig. em inglês, 2002]. • NEUSNER, J. *Il giudaismo nei primi secoli del cristianesimo* (Pellicano Rosso, 195). 2. ed. Bréscia: Morcelliana, 2013 [orig. em inglês, 1989]. • SANDERS, E.P. *Il Giudaismo, Fede e prassi (63 a.C-66 d.C)* (Scienze delle Religioni). Bréscia: Morcelliana, 1999 [orig. em inglês, 1992]. • STEBERGER, G. *Farisei, sadducei, esseni* (Studi Biblici 105). Bréscia: Paideia, 1993 [orig. em alemão, 1991].

derive provavelmente do fato de que também eles assumiram uma postura crítica em relação aos descendentes asmoneus dos macabeus, que se tornaram governantes sempre mais escolarizados, e se separaram deles. Eles se notabilizaram por serem particularmente zelosos na observância da *Toráh* e da lei oral, considerada igualmente inspirada e vinculativa.

O segundo grupo a quem faz referência Flávio Josefo é representado pelos *saduceus*, cujas origens remontam ao sacerdócio sadocita do templo e aos seus simpatizantes. Parecem ter surgido como grupo distinto no período macabaico, continuando identificados com o sacerdócio do Templo de Jerusalém quando outros se afastaram dele. Mesmo que os documentos sobre sua doutrina sejam escassos, eles foram identificados com a aristocracia dominante helenizada.

Por fim, os *essênios* são geralmente identificados com os "assideus", ou "piedosos", que se juntaram na revolta macabaica (1Mc 2,42), dando vida a uma comunidade com características monásticas, com um rígido protocolo tanto de admissão quanto de gestão interna[36]. Nos rolos encontrados em 1947 junto ao Mar Morto, em Qumran, faz-se referência à figura do "Mestre de Justiça", que poderia ser um sacerdote sadocita à frente de um grupo de homens contrários ao templo jerosolimitano; a comunidade se propunha a observar rigorosamente os preceitos da lei, interpretados pelo Mestre, e alimentava a expectativa de um advento messiânico iminente, no qual Deus destruiria toda iniquidade e puniria seus inimigos.

Os evangelhos não relatam nenhum episódio no qual Jesus se tenha confrontado com os *essênios*, ao passo que, com os *saduceus*, teve um embate relativo à concepção da ressurreição dos mortos (Mc 12,18-27 e par.). Decididamente mais frequentes são as controvérsias que opunham Jesus aos fariseus, muitas vezes associados aos escribas, isto é, aos estudiosos da lei. As motivações do embate estão ligadas à interpretação da norma que disciplina a observância do sábado (cf., p. ex., Mc 3,1-6), ao jejum (cf. Mc 2,18-22), à separação dos pecadores (cf., p. ex., Mc 2,15-17; Lc 7,36-50; 15,1-2), ao perdão dos pecados (cf. Mc 2,1-12). Embora o retrato que emerge do fariseísmo pareça um tanto quanto condicionado pelo antagonismo entre o judaísmo rabínico, herdeiro do grupo farisaico, que se impôs depois dos anos 70 d.C., e o movimento cristão das origens (cf. a feroz invectiva antifarisaica

---

36. GIUSEPPE FLAVIO. *La guerra giudaica* 2,8,2-13.119-161.

de Mt 23,2-36), a descrição dos evangelhos insere o confronto entre Jesus e os fariseus num contexto historicamente confiável.

Os evangelhos apócrifos

Ao lado dos evangelhos que a Igreja oferecerá e reconhecerá como "canônicos", ou seja, vinculantes para a correta e genuína fé das comunidades cristãs em base à sua origem apostólica e em conformidade com o ensinamento autêntico de Jesus, nos primeiros dois séculos vemos uma significativa redação de documentos que se propõem a transmitir palavras e eventos atribuídos a Jesus. Com o adjetivo "apócrifo" entenda-se o que é e deve permanecer "secreto", "velado"; no caso dos evangelhos denominados "apócrifos", mais do que o conteúdo, é o processo de transmissão que está envolto em uma nevoa sigilosa[37], diferentemente dos escritos acolhidos mais tarde como "canônicos", cuja cadeia de transmissão pode ser verificada e remonta à pregação dos apóstolos.

Os evangelhos apócrifos testemunham a pluralidade de tradições e de intepretações que caracteriza o cristianismo das origens, e se inserem no fluxo dos documentos, orais e escritos, que contribuem no discernimento da verdade histórica e teológica sobre a vida e o ensinamento de Jesus. Sobre eles, no entanto, pesará de forma significativa o juízo emitido por Irineu de Lyon e Eusébio de Cesareia. Para o bispo de Lyon, devem ser consideradas "apócrifas e ilegítimas as Escrituras inventadas pelos heréticos para impressionar os estultos"[38]. A opinião expressa por Eusébio é decididamente mais drástica:

> o caráter do discurso se distancia da forma apostólica; o pensamento e a doutrina estão totalmente em desacordo com a verdadeira ortodoxia; isto prova de modo inequívoco que estes livros são produto de hereges [...]. Portanto, é necessário rejeitá-los como inteiramente absurdos e profanos[39].

A pesquisa moderna, no entanto, está inclinada a acreditar que os evangelhos *apócrifos* não devem ser considerados póstumos ou, em certos casos, dependentes dos textos *canônicos*. Aliás, para alguns versículos é possível

---

37. GIANOTTO. *I vangeli apocrifi*, p. 50.
38. IRENEO DI LIONE. *Contro le eresie* 1,20,1.
39. EUSEBIO DI CESAREA. *Storia ecclesiastica* 2,25,27.

que esses contenham material mais antigo e sucessivamente retomado pelos documentos reconhecidos como canônicos[40]. É possível classificar os evangelhos apócrifos em duas categorias segundo a presença ou não de um cenário narrativo. Existem, portanto, evangelhos *sem* cenário narrativo, nos quais são transmitidas palavras e sentenças atribuídas a Jesus: a esse grupo pertencem, por exemplo, a hipotética *fonte Q*, provavelmente utilizada por *Mateus* e *Lucas*; o *Evangelho de Tomé*, no qual são certificados 114 ditos de presumível origem jesuânica, introduzidos pela fórmula: "Jesus disse"; os assim chamados *Ágrapha*, isto é, palavras de Jesus testemunhadas por escritores cristãos antigos e presentes em escritos datáveis dos primeiros dois séculos da Era Cristã. Enfim, a tal grupo são associados também textos dialógicos de matriz gnóstica, também denominados *diálogos de revelação*, como *A sabedoria de Jesus Cristo*, o *Apócryphon de João*, a *Pístis Sophía*, o *Diálogo do Salvador*.

Mais famosos são os evangelhos apócrifos nos quais a transmissão das palavras e dos eventos relativos a Jesus é inserida no contexto de uma narração: ao movimento judeu-cristão são atribuídos o *Evangelho dos Ebionitas*, no qual se atesta que Jesus se torna Cristo só a partir do batismo recebido junto ao Jordão, e que constitui uma das primeiras tentativas de harmonizar a pluralidade das tradições evangélicas; o *Evangelho dos Nazarenos* (ou *Nazorei*), do qual nos chegaram alguns fragmentos que consentem identificar uma estrutura similar àquela dos sinóticos; o *Evangelho segundo os Hebreus*, no qual teriam sido inseridos episódios da vida de Jesus ausentes nos evangelhos canônicos. O manuscrito do *Evangelho de Pedro*, encontrado entre 1886-1887, remonta aos séculos VIII e IX, e contém um longo fragmento sobre a paixão e a ressurreição de Jesus, descritas em primeira mão por Pedro. O *Evangelho secreto de Marcos* conteria glosas ao evangelho homônimo, destinadas a um grupo de eleitos, visando a iniciá-los nos grandes mistérios. Enfim, o *Protoevangelho de Tomé* e a breve composição denominada *A infância de Jesus* nos oferecem informações interessantes sobre tudo aquilo que diz respeito ao nascimento e à infância de Jesus, fornecendo detalhes inéditos sobre os evangelhos de *Mateus* e de *Lucas*.

---

40. DESTRO, A.; PESCE, M. *Il racconto e la Scrittura – Introduzione alla lettura dei vangeli* (Sfere). Roma: Carocci, 2014, p. 21. Para PENNA. *Vangeli*, p. 108, "a distinção entre *canônicos* e *apócrifos* inclui a dimensão confessional, mas não abrange nem a historicidade nem o nível dos respetivos escritos". Cf. tb. KOESTER. *Da Gesù ai Vangeli*, p. 17-38.

A questão sinótica e suas soluções (A. Landi)

Os evangelhos de *Mateus, Marcos* e *Lucas,* na ordem com que aparecem no Cânon, são denominados "sinóticos" – palavra que procede do termo grego *syn-ópsis* – porque, ao oferecerem em três colunas lado a lado um versículo relatado pelos três evangelistas, é possível perceber, "num relance" simultâneo, as analogias e as divergências de seus relatos. A problemática inclui o nível de relação entre os três documentos: dadas as frequentes analogias e divergências lexicais, conteudísticas e narrativas, a pesquisa se perguntou sobre a prioridade cronológica e literária e as relações de dependência entre si.

Na verdade, a necessidade de enfrentar de forma rigorosa e científica a questão sinótica só nasceu na época moderna (séc. XVIII). Os Padres da Igreja, de fato, embora constatando discordâncias entre os evangelhos, estavam mais interessados em aprofundar a autoridade apostólica por detrás de cada evangelho canônico, considerando-os testemunhos autênticos para a correta compreensão da fé.

O panorama da tradição patrística sobre os evangelhos é amplo, mas, ao mesmo tempo, bastante incoerente: basta pensar que, segundo Pápias de Hierápolis, *Marcos* é a transcrição da pregação feita por Pedro em Roma ("Marcos, intérprete de Pedro, referiu com precisão, mas desordenadamente, o que se lembrava dos ditos e ações realizadas pelo Senhor")[41]; Agostinho, ao contrário, sustenta que *Marcos* sintetizou o texto de *Mateus* ("Marcos seguiu Mateus, e parece ser um de seus alunos e sintetizador")[42]; *Lucas,* por sua vez, parece ter se servido tanto de *Mateus* quanto de *Marcos* como fontes. Muitos Padres tendem a considerar a prioridade de Mateus, identificando o autor do evangelho com o homônimo discípulo de Jesus.

A questão sinótica: os dados

Nos evangelhos sinóticos confluíram pequenas unidades literárias contendo ensinamentos, milagres, controvérsias e parábolas relativas ao ministério público de Jesus.

A crítica das formas (*Formgeschichte*) evidenciou a singularidade de tais unidades e analisou o contexto vital (*Sitz im Leben*) no interior do

---

41. EUSERIO DI CESAREA. *Storia ecclesiastica* 3,39,16.

42. AGOSTINO. *De Consensu Evangelistarum* 1,2,4.

qual estas foram preservadas e utilizadas antes de terem sido inseridas nos relatos evangélicos.

Em base a uma correspondência sinótica, percebe-se que alguns materiais são comuns aos três evangelhos ou, ao menos, a dois deles. Não faltam, no entanto, conteúdos exclusivos a uma única redação. No primeiro caso, portanto, usa-se a expressão *tríplice comprovação*, ou seja, quando um episódio ou um dito jesuânico é relatado respectivamente por Mateus, Marcos e Lucas; a *dupla comprovação* faz referência a um material presente em apenas dois textos evangélicos, concretamente em Mateus e Lucas; enfim, o *material próprio* (*Sondergut*) se refere aos conteúdos relatados exclusivamente por um evangelista, sem qualquer correspondência com os outros dois.

Em termos estatísticos, o Evangelho de *Marcos* tem 661 versículos, dos quais 330 constam também em *Mateus* e *Lucas*, 325 em *Mateus* ou *Lucas* e 26 sem nenhuma correspondência com *Mateus* ou com *Lucas*. A soma dos versículos do relato de *Mateus* é de 1.068, dos quais 523 estão presentes também em *Marcos* e *Lucas*, 235 só em *Lucas* e 310 exclusivos de *Mateus*. Enfim, *Lucas* soma 1.149 versículos, dos quais 364 constam também em *Marcos* e *Mateus*, 235 são compartilhados apenas com *Mateus* e 550 são atribuídos às suas fontes[43].

O estudo de um texto em sinopse faz emergir analogias e diferenças entre as três versões evangélicas. Em termos de estrutura e de conteúdo os sinóticos, são unânimes em estabelecer as principais etapas do relato evangélico adotando o mesmo esquema sequencial: a pregação do Batista é apresentada como preparatória ao advento do messias (Mc 1,2-8; Mt 3,1-12; Lc 3,1-20); o batismo de Jesus no Jordão (Mc 1,9-11; Mt 3,13-17; Lc 3,21-22) e as tentações no deserto (Mc 1,12-13; Mt 4,1-11; Lc 4,1-13) constituem o prólogo do ministério público jesuânico. A atividade na Galileia é caracterizada por sinais prodigiosos e discursos pronunciados também sob a forma de apotegmas (i. é, breves narrações que terminam com uma sentença de Jesus) ou parábolas (Mc 1,14–8,30; Mt 4,12–16,20; Lc 4,14–9,50); na sequência vem a viagem rumo à paixão (Mc 8,31–10,52; Mt 16,21–20,34; Lc 9,51–19,47) e o confronto em Jerusalém com as autoridades religiosas (Mc 11,1–13,37; Mt 21,1–25,46; Lc 20,1–21,38), culminando na paixão e morte (Mc 14,1–15,47; Mt 26,1–27,66; Lc 22,1–23,55) que, por sua vez, conjuntamente

---

43. MARGUERAT. *Introduzione*, p. 14-15.

com a ressurreição (Mc 16,1-20; Mt 28,1-20; Lc 24,1-53), apresenta o ápice da exposição relativa à vida de Jesus.

Entretanto, as divergências não são menos numerosas e importantes: em comparação com *Marcos, Mateus* e *Lucas* adverte-se a exigência de fazer preceder a pregação do Batista da narração da infância de Jesus (Mt 1–2 e Lc 1–2). É plausível que eles tenham lançado mão de fontes e tradições diferentes, que convergem em seus aspectos principais: os pais de Jesus são José e Maria; a concepção de Maria acontece por obra do Espírito Santo; o nascimento de Jesus é situado em Belém; sucessivamente faz-se referência à sua volta para Nazaré. Os evangelhos de *Mateus* e *Lucas* informam também a genealogia de Jesus (Mt 1,1-17; Lc 3,23-38), que permite enraizar o Filho de Deus na história de seu povo e na humanidade inteira.

Além disso, só nos textos de *Mateus* e de *Lucas* é relatado o sermão das bem-aventuranças (Mt 5,1–7,29 e Lc 6,20-49). *Mateus*, no entanto, apresenta uma versão decididamente mais ampla e descreve Jesus instruindo os discípulos e a multidão na montanha, como o novo Moisés, enquanto que para *Lucas* Jesus está numa planície. *Marcos, Mateus* e *Lucas* oferecem inúmeros discursos de Jesus, embora com algumas divergências de ordem lexical e conteudística[44]. Enfim, *Marcos* não relata a aparição do Ressuscitado (cf. Mc 16,1-8), ao passo que *Mateus* a contextualiza na Galileia (Mt 28,16-20) e *Lucas* em Jerusalém (Lc 24,13-53).

Os relatos sinóticos se correspondem, *grosso modo*, não apenas sob o aspecto da trama, mas também na sequência das perícopes e do léxico. A cadeia narrativa de Mc 2,1-22 – na qual se sucedem os episódios da cura e da remissão dos pecados do paralítico, a vocação de Levi, a refeição em sua casa e a controvérsia sobre o jejum – é retomada de maneira substancialmente idêntica, mesmo que não faltem alguns retoques redacionais, em Mt 9,1-17 e Lc 5,17-39. As quatro controvérsias descritas em Mc 12,13-38 são relatadas na mesma ordem também em Mt 22,15-46 e em Lc 20,20-44. O ensinamento de Jesus sobre a árvore e seus frutos e a Parábola das Casas Construídas sobre a Areia e sobre a Rocha recorrem à mesma disposição em Mt 7,15-27 e em Lc 6,43-49, e servem como conclusão do discurso sobre as

---

44. Vale ressaltar, além disso, que *Lucas* relata muitas parábolas testemunhadas apenas em seu escrito: o bom samaritano em 10,30-35; o rico insensato em 12,16-21; a moeda perdida em 15,8-10; o filho reencontrado em 15,11-32; o administrador desonesto em 16,1-8; Lázaro e o rico opulento em 16,19-31; o juiz e a viúva em 18,1-8; o fariseu e o publicano em 18,9-14.

bem-aventuranças. De forma análoga, a sequência: confissão de fé petrina, anúncio da paixão e transfiguração está presente em Mc 8,27–9,8, em Mt 16,13–17,8 e em Lc 9,18-36.

Mais interessantes ainda são as semelhanças de ordem lexical: em alguns casos os termos usados são quase idênticos, como se pode deduzir das palavras de Jesus dirigidas aos escribas, que o acusam de blasfêmia por ter declarado perdoados os pecados do paralítico (Mc 2,9; Mt 9,5; Lc 5,23); ou o dito jesuânico sobre a salvação garantida a quem está disposto a perder a própria vida por causa do evangelho (Mc 8,35; Mt 16,25; Lc 9,24); também a descrição da disposição de José de Arimateia de dirigir-se a Pilatos para reivindicar o corpo de Jesus (Mc 15,43; Mt 27,58; Lc 23,52) é feita com as mesmas palavras. Idêntica é também a citação da passagem de Is 40,3 em Mc 1,3, Mt 3,2 e Lc 9,24. Este caso é ainda mais interessante visto que o texto citado nos sinóticos é diferente da versão descrita na LXX (Septuaginta).

Por outro lado, existem também frequentes variações no plano lexical e conteudístico atribuíveis ao uso de fontes diferentes ou a razões de ordem teológica, segundo a mensagem que o autor pretende comunicar a seus destinatários. Basta lembrar que *Lucas* faz seguir o resumo do ministério público de Jesus na Galileia (Lc 4,14-15; Mc 1,14-15; Mt 4,12-17) pela descrição detalhada do discurso proferido na sinagoga de Nazaré (Lc 4,16-30), que em Mc 6,1-6 e Mt 13,53-58 aparece em versão mais reduzida. O chamado dos primeiros quatro discípulos, duas duplas de irmãos pescadores (Simão e André, Tiago e João), é descrito de forma substancialmente idêntica em Mc 1,16-20 e Mt 4,18-22, mas radicalmente diferente em Lc 5,1-11. Divergências significativas são atestadas também no âmbito das tradições paralelas, como no caso do episódio do rico: diferentemente de Mc 10,19 e Lc 18,20, em Mt 19,17 Jesus une a possibilidade de acesso à vida eterna à observância dos mandamentos. Da mesma forma a confissão do centurião aos pés da cruz: em Mc 15,39 e Mt 27,54 Jesus é aclamado Filho de Deus, ao passo que em Lc 23,47 é reconhecido enquanto justo/inocente.

Se as diferenças que emergem do confronto sinótico podem ser atribuídas à variedade das lembranças de cada evangelista, considerados no passado testemunhas oculares diretas dos fatos ocorridos, as semelhanças impõem uma reflexão crítica mais aprofundada, que chegue a postular a possibilidade de uma dependência literária entre os relatos evangélicos. Teria existido um modelo comum, escrito ou oral, ao qual os evangelistas se ativeram, acrescentando-lhe outro material tradicional? Ou seria plausível demonstrar que existe uma relação de dependência genealógica entre os evangelhos?[45]

Interpretações principais

O estudo das relações de dependência entre os evangelhos sinóticos começou de forma científica no final do século XVIII, quando G.E. Lessing (1729-1781) defendeu a necessidade de postular a existência de um evangelho primitivo (*Evangelho dos Hebreus* ou *Evangelho dos Nazarenos*), atribuível aos apóstolos e redigido originariamente em hebraico ou aramaico. Isto explicaria as analogias encontráveis nos documentos; e a menor extensão de *Marcos*, em relação a *Mateus* e *Lucas*, seria atribuível à possibilidade de ter usado uma versão reduzida. No entanto, esta não seria a razão das divergências, que também estão presentes, e não ofereceria uma explicação plausível da presença de material próprio, atestado sobretudo por *Mateus* e *Lucas*.

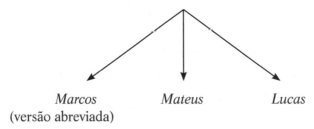

F.D.E. Schleiermacher (1768-1834) identificou na origem da redação dos evangelhos a compilação de episódios individuais (relato da paixão, histórias de milagres etc.) e discursos (parábolas etc.) atribuídos pela tradição a Jesus, e sucessivamente dispostos numa ordem sequencial que responde à seleção que cada evangelista fez em relação ao material coletado. Tal pro-

---

45. Interessante é a observação de BRUCE. *Possiamo fidarci?*, p. 49-50, para quem "o ponto de vista segundo o qual Marcos está na base dos outros evangelhos sinóticos não é, substancialmente, muito diferente daquele mais antigo segundo o qual o elemento comum a todos os três é a pregação oral em uso na Igreja primitiva; Marcos é, no conjunto, a transcrição daquela pregação". São sempre mais numerosos os estudiosos que atribuem um valor crescente à tradição oral, rejeitando ou ao menos criticando a lógica da dependência como única possível explicação da questão sinótica. Cf. WENHAM, D. *Dalla buona novela ai vangeli – Cosa dissero i primi cristiani su Gesù?* Bréscia: Queriniana, 2019 [orig. em inglês, 2018].

posta tem o mérito de colocar em evidência o nível das divergências entre os sinóticos, mas não garante explicações plausíveis para as convergências.

J.G. Herder (1744-1803), J.C.L. Gieseler (1792-1854) e, mais recentemente, B. Reicke (1914-1987) defenderam a ideia de que a composição dos evangelhos responde à fixação por escrito de tradições orais preexistentes. Entretanto, é difícil demonstrar que as analogias e as diferenças sejam atribuíveis exclusivamente à criatividade literária e ao projeto teológico de cada evangelista.

Nos modelos explicativos até aqui expostos aparece o reconhecimento da existência das convergências e das divergências que emergem ao compararmos os textos sinóticos. No entanto, não revelou-se satisfatória a hipótese de enquadrar tudo num modelo comum, oral ou escrito. J.J. Griesbach (1745-1812) foi o primeiro, em seu volume de 1783, a utilizar o termo "sinótico"; ele postulou a dependência do texto de *Marcos* de *Mateus* e de *Lucas*, dos quais teria apresentado uma versão abreviada. F.C. Baur (1792-1860), e a Escola de Tubinga por ele fundada, relançou a tese de Griesbach, argumentando que *Mateus* era a expressão do judeu-cristianismo conservador, ao passo que a redação de *Lucas* seria favorecida pela reação da Cristandade de origem pagã e de inspiração liberal em relação à lei mosaica. Nesse sentido, *Marcos* representaria a síntese da Igreja protocatólica do século II.

K. Lachmann (1793-1851), ao contrário, acreditava que *Mateus* e *Lucas* fossem versões ampliadas do texto marciano, enquanto que W.R. Farmer (1921-2000) especulou a anterioridade de *Mateus* em relação à versão de *Lucas* e de *Marcos*. As fraquezas do *modelo da dependência* são evidentes: como se explicam as diferenças entre *Lucas* e *Mateus* em termos de léxico, de disposição das perícopes, das sequências narrativas e dos conteúdos? Seria lícito pensar que *Marcos* teria sintetizado o conteúdo de *Mateus* e de *Lucas* recorrendo a uma linguagem e a um estilo decididamente mais evoluídos?

C.H. Weisse (1801-1866) foi o primeiro a oferecer argumentos válidos para a sustentação da hipótese relativa à prioridade marciana, que está na base do modelo que atualmente reúne o maior consenso entre os estudiosos, modelo denominado *duas fontes* (H.G.A. Ewald, 1803-1875; H.J. Holtzmann, 1832-1910; B.H. Streeter, 1874-1937; P. Wernle, 1872-1939). Segundo estes estudiosos, *Marcos* é o evangelho mais antigo; *Mateus* e *Lucas* teriam utilizado o texto de *Marcos*, recorrendo outrossim a uma fonte comum a ambos, denominada Q (do alemão *Quelle* = *fonte*), contendo discursos, e usando tradições próprias. A hipótese das duas fontes explica, de maneira plausível, a existência da tríplice tradição, isto é, de um episódio ou de um dito jesuânico atestado pelos três sinóticos, à luz da prioridade marciana. Na verdade, *Mateus* e *Lucas* adotam o esquema biográfico marciano e, quando se afastam dele, divergem em geral um do outro, como aparece com clara evidência nos relatos da infância e das aparições pascais.

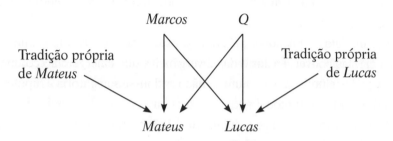

Mateus, mais do que *Lucas*, se respalda abundantemente no material presente em *Marcos*. *Lucas*, ao contrário, em algumas ocasiões opta por tradições paralelas a *Marcos*, como no caso da pregação de Jesus na sinagoga de Nazaré, acenada rapidamente em Mc 6,1-6, mas ampliada e enriquecida em Lc 4,16-31. Em outras situações, é bem provável que *Lucas* tenha lançado mão de uma fonte não marciana, justificando assim a omissão de uma sequência marciana inteira (cf. Mc 6,5–8,26). Razões de ordem teológica e redacional levam a justificar a omissão de alguns versículos ou de perícopes marcianas inteiras em *Mateus* e em *Lucas*.

A linguagem e o estilo adotados por *Marcos* refletem uma redação final claramente mais simples, que dá preferência à paratexe, ligando os períodos através de conjunções coordenativas (*kai*) e adversativas (*allá*). Nota-se, além disso, uma predileção por semitismos e pelo presente histórico. *Mateus* e *Lucas* mostram claramente a vontade de aperfeiçoar o grego de *Marcos*, omitindo expressões semíticas e empregando o aoristo ao invés do presente histórico. A estrutura sintáxica, sobretudo em *Lucas*, é mais esmerada, e usa com maior frequência frases subordinadas.

Quando *Mateus* e *Lucas* de distanciam da trama e dos conteúdos do texto marciano, em geral apresentam um material comum. Segundo os estudiosos, provavelmente os dois evangelistas tiveram à disposição uma fonte comum, denominada *Q*, contendo sobretudo palavras e ensinamentos de Jesus transmitidos na pregação apostólica e reunidos posteriormente em forma escrita, quase certamente em língua grega, hipótese que justificaria as analogias lexicais. Não é possível, em base aos dados à nossa disposição, reconstruir a trajetória da formação da fonte Q. Não é improvável, no entanto, supor que houve uma progressiva reunião de sentenças mais breves (cf. Lc 11,52; 16,17) até chegar a composições narrativas (cf. Mt 4,1-11), passando pelo agrupamento de *lóghia* (cf. Lc 9,57-60; 11,39-51), num período de gestação que vai, segundo a opinião dos estudiosos, dos anos 40 à década de 70 d.C., em ambiente palestino.

Os evangelhos de *Mateus* e de *Lucas*, além de recorrerem a documentos escritos como *Marcos* e à fonte Q, também apresentam material tradicional próprio. A insuficiência e a heterogeneidade de materiais utilizados não autorizam a hipótese da existência de fontes escritas. É provável que se trate de um patrimônio de tradições transmitido no interior das próprias comunidades a que pertenciam os evangelistas, ou obtido após acuradas pesquisas.

Entretanto, mesmo que o modelo das duas fontes pareça o mais plausível, ele é um tanto quanto inadequado para justificar a presença de concordâncias menores (*minor agreements*) introduzidas por *Mateus* e *Lucas*, quando comparadas ao texto de *Marcos*. Na teoria das duas fontes é excluído um contato literário direto entre *Mateus* e *Lucas*; no entanto, alguns estudiosos tendem a priorizar mais *Mateus* do que *Lucas*, embora não se sintam em condições de explicar as divergências de ordem linguística e teológica entre as duas versões. Também a hipótese de uma versão arcaica dos relatos de *Mateus* (*Proto-Mateus*) e de *Lucas* (*Proto-Lucas*), posteriormente enriquecida ao ser confrontada com o texto de *Marcos* e a fonte Q, parece uma elaboração teórica demasiadamente artificial e complexa.

Não podemos excluir a hipótese de que *Mateus* e *Lucas* tenham feito, cada um a seu modo, uma correção do texto marciano em termos linguísticos, estilísticos e conteudísticos. Impressiona, no entanto, o fato que as correções feitas ao texto de *Marcos* girem ao redor de 700 emendas. Isto poderia justificar a hipótese de que *Mateus* e *Lucas* teriam utilizado uma versão póstuma ao texto marciano, da qual não temos hoje qualquer vestígio.

Relação entre os sinóticos e *João*

Se a exposição do relato de *Mateus* e de *Lucas* apresenta uma estrutura análoga à trama do *evangelho segundo Marcos*, o *evangelho segundo João* assume um esquema redacional claramente diferente. Haveria uma relação de dependência literária do quarto evangelho dos sinóticos? Ou as divergências seriam tais e tamanhas que excluem a possibilidade de qualquer contato e/ ou dependência literária?

Os defensores da *dependência literária* afirmam que, no momento da elaboração do quarto evangelho, o autor pode ter tido contato com um ou mais relatos sinóticos, com o objetivo de escrever uma obra mais complexa e exaustiva quanto às informações e aos conteúdos. De fato, *João* adota o gênero literário *evangelho*; faz preceder a pregação pública de Jesus do testemunho de João Batista; descreve os sinais milagrosos que Jesus realiza e as palavras que proclama perante as multidões e seus discípulos; faz culminar seu relato com a narração da paixão, morte e ressurreição de Jesus.

Outros pesquisadores, ao contrário, excluem a possibilidade de *João* ter conhecido ou usado os evangelhos sinóticos; e as analogias se justificariam em nível de tradições preexistentes comuns, posteriormente incorporadas, de maneira independente, às redações evangélicas. De fato, *João* não re-propõe a trama narrativa de *Marcos*, como se verifica, ao contrário, em *Mateus* e *Lucas*. Além disso, as analogias relativas ao léxico e às sequências narrativas são insignificantes. Por fim, no quarto evangelho estão ausentes os relatos da infância, as parábolas, os ditos associados à fonte *Q* e a pregação de Jesus relativa à apocalíptica e ao Reino de Deus.

Os temas examinados permitem excluir uma relação de dependência literária direta de *João* dos sinóticos. Isto, no entanto, não significa que *João* ignore a existência das outras três versões evangélicas. É plausível presumir que, embora conhecendo-as, tenha preferido trabalhar com fontes e tradições que circulavam em seu entorno, em vista de uma concepção teológica e cristológica diferente. Há também quem sustente que seria preferível supor que o *Evangelho segundo Marcos* e, provavelmente, *Lucas*, mas não *Mateus*, fossem conhecidos e utilizados pelo quarto evangelista pela extensão de seu relato, dando prova de grande liberdade na reconfiguração de todo o material à sua disposição "para integrá-lo em sua estratégia narrativa e em sua concepção teológica"[46].

---

46. Cf. ZUMSTEIN, J. *Il Vangelo secondo Giovanni: I. 1,1-12,50*. Turim: Claudiana, 2017, p. 43-45.

Bibliografia comentada

Edições críticas

Para o estudo dos evangelhos em língua original é necessário consultar as obras de referência – atualmente duas – que apresentam um texto grego idêntico. Seus aparatos críticos e avaliações sobre a fiabilidade das passagens controvertidas variam. Trata-se das obras rubricadas em geral como GNT e NA, associadas respectivamente à quinta (GNT[5]) e à vigésima oitava edição (NA[28]). Ambas trazem, além do texto grego reconstruído, todas as variantes maiores presentes nos principais manuscritos. Os estudiosos aguardam também a publicação de um novo texto de todo o Novo Testamento, denominado *Editio Critica Maior*, que já está sendo preparada.

São muito úteis para quem não tem um domínio satisfatório do grego as traduções interlineares, presentes em italiano em duas séries, respectivamente junto às edições San Paolo e EDB. No texto sob a direção de R. Reggi aparece o texto grego do GNT com uma tradução interlinear calcográfica, muito literal, e em seguida a tradução da CEI [Conferência Episcopal Italiana]. No texto da Editora San Paolo aparece, além do texto grego NA[28], também o latino da *Vulgata* e uma tradução italiana completa, em paralelo. Ambos têm notas textuais, referências às passagens paralelas e outros instrumentos de estudo e de consulta úteis.

Para uma introdução à crítica textual, não limitada aos sinóticos, mas com referências também à situação do texto dos evangelhos, existem os manuais de B. Metzger (atualizado por B.D. Ehrman) e aquele mais antigo, sob a direção dos cônjuges Aland, ambos em edição italiana.

ALAND, K.; ALAND, B. *Il Texto del Nuovo Testamento*. Gênova: Marietti, 1987 [orig. alemão, 1982].

ALAND, K.; ALAND, B.; METZGER, B.M.; KARAVIDOPOULOS, J.; MARTINI, C.M. *The Greek New Testament*. 5. ed. Stuttgart/Nova York: Deutsche Bibelgesellschaft/American Bible Society/United Bible Societies, Stuttgart, 2014 [Em edição italiana: BETORI, G.; BERTALOT, V. (orgs.). *Il Nuovo Testamento, Greco-Latino-Italiano*. Fondazione di religione Santi Francesco d'Assisi e Caterina da Siena, 2020].

METZGER, B.M.; EHRMAN, B.D. *Il testo del Nuovo Testamento – Trasmissione, corruzione e restituzione* (Introduzione allo studio della Bibbia, Supplementi 1). Bréscia: Paideia, 2013 [orig. ingl., 2005].

NESTLE, E.; ALAND, K.; ALAND, B.; KARVIDOPOULOS, J.; MARTINI, C.M.; METZGER, B.M. *Novum Testamentum Graece*. 28. ed. Stuttgart: Deutsche Bibelgesellschaft, 2012.

POGGI, F.; ZAPPELLA, M. (orgs.). *Vangeli e Atti degli apostoli – Versione interlineare in italiano*. Cinisello Balsamo: San Paolo, 2014.

REGGI, R. *Vangeli e Atti – Versione interlineare in italiano*. Bolonha: EDB, 2013.

Introdução

Para o estudo dos sinóticos, podem ser úteis os manuais de introdução abrangente ao NT. Escolhemos alguns, sobretudo recentes, dentre os muitos estudos que poderiam ser considerados. A ampla obra de R. Brown surgiu há uns vinte anos em tradução italiana; alguns anos depois foi publicada a obra coletiva organizada por M. Ebner, com contribuições de estudiosos alemães da área. As duas obras se assemelham por sua exaustividade. Aquela de Brown, no entanto, está escrita em linguagem mais simples. Ainda mais recente, a obra de E.M. Boring, igualmente muito extensa. Mais sintética, ao contrário, a obra organizada por D. Marguerat, com contribuições de domínio francófono.

BORING, E.M. *Introduzione al Nuovo Testamento* (Biblioteca del commentario Paideia 2-3). Bréscia: Paideia, 2016 [orig. em inglês. 2012].

BROWN, R.E. *Introduzione al Nuovo Testamento*. Bréscia: Queriniana, 2001 [orig. em inglês, 1997].

EBNER, M.; SCHREIBER, S. (orgs.), *Introduzione al Nuovo Testamento*. Bréscia: Queriniana, 2012 [orig. em alemão, 2008].

MARGUERAT, D. (org.). *Introduzione al Nuovo Testamento* (Strumenti. Biblica 14). Turim: Claudiana, 2004 [orig. em francês, 2. ed., 2001].

Mais específicas são as introduções aos evangelhos sinóticos (e aos *Atos*) já amplamente presentes na literatura, e até com uma particular vivacidade nos últimos anos. Sublinhamos aqui todas as introduções surgidas recentemente em italiano, e algumas mais antigas, mas ainda válidas (como a reimpressão de C.M. Martini ou a boa apresentação de G. Segalla). Permanece com certeza válida também a introdução feita por vários autores, organizada por Laconi, surgida em segunda edição em 2002 (a primeira era de 1994), com algumas contribuições de grande valor. Dentre as mais recentes aqui descritas, ressaltamos o valor sintético, que nada tolhe ao rigor, a obra de C. Broccardo (que trata também do evangelho de *João*), ao passo que muito vasta e documentada é a segunda edição da obra da Associação Bíblica Espanhola editada na Itália pela Paideia (R. Aguirre Monasterio e A. Rodríguez Carmona). Além disso, sublinhamos que o texto de Fricker não trata, infelizmente, dos *Atos dos Apóstolos*, bem como o texto de Pitta-Filannino, que, porém, se ocupa também do *Evangelho segundo João*.

AGUIRRE MONASTERIO, R.; RODRÍGUEZ CARMONA, A. *Vangeli sinottici e Atti degli Apostoli* (Nuova Introduzione allo Studio della Bibbia 6). 2. ed. Bréscia: Paideia, 2019 [orig. em espanhol, 3. ed., 2012].

BROCCARDO, C. *I Vangeli – Una guida alla lettura* (Quality paperbacks 512). 2. ed. Roma: Carocci, 2017.

FRICKER, D. *"Vangelo di Gesù il Cristo, il Figlio di Dio" – Introduzione ai Vangeli sinottici* (Parola di Dio. Seconda serie 47). Cinisello Balsamo: San Paolo, 2016.

GRILLI, M. *Vangeli sinottici e Atti degli Apostoli* (Fondamenta). Bolonha: EDB, 2016.

GUIJARRO, S. *I quattro vangeli* (Antico e Nuovo Testamento 26). Bréscia: Morcelliana, 2019 [orig. em espanhol, 2010].

LACONI, M. (org.). *Vangeli Sinottici e Atti degli Apostoli* (Logos 5). 2. ed. Turim: Elledici, 2002.

MARTINI, C.M. *Introduzione ai vangeli sinottici*. Milão: Garzanti, 2017 [ed. orig., 1968].

MAZZEO, M. *Vangeli sinottici e Atti degli Apostoli – Introduzione, esegesi e percorsi tematici* (La Parola di Dio e la sua ricchezza 3). Milão: Paoline, 2017.

PITTA, A.; FILANNINO, F. *La vita nel suo nome – Tradizioni e redazioni dei vangeli* (Guida alla Bibbia). Cinisello Balsamo: San Paolo, 2017.

SEGALLA, G. *Evangelo e vangeli*. Bolonha: EDB, 1992.

O que é o evangelho

Amplo debate se desenvolveu nos últimos decênios sobre o gênero literário dos evangelhos. A obra mais importante é a de R. Burridge, que suscitou muitas reações. Uma útil atualização dos estudos está disponível agora na obra de Keener. Em termos mais gerais, e nem sempre simples, é o estudo de K. Berger sobre os gêneros literários no NT, muito amplo e com posições muitas vezes bastante originais. Recentemente foi publicado o ensaio de J.-N. Aletti que encara e resume toda a questão, propondo uma nova tese bem argumentada. A obra é breve e de fácil leitura. O mesmo pode ser dito dos estudos de R. Penna e de G.N. Stanton.

ALETTI, J.-N. *Gesù, una vita da raccontare – Il genere letterario dei vangeli di Matteo, Marco e Luca* (Lectio 11). Roma/Cinesello Balsamo: Gregorian & Biblical Press/San Paolo, 2017 [orig. francês, 2016].

BERGER, K. *Forme e generi nel Nuovo Testamento* (Biblioteca del Commentario Paideia 1). Bréscia: Paideia, 2016 [orig. em alemão, 2005].

BURRIDGE, R.A. *Che cosa sono i Vangeli? – Studio comparativo 59 con la biografia greco-romana* (Introduzione allo studio della Bibbia. Supplementi 37). Bréscia: Paideia, 2008 [orig. em inglês, 2. ed., 2004].

ESTRADA, B. *Così sono nati i Vangeli*. Roma: Edusc, 2016.

KEENER, C.S. *Christobiography – Memory, History, and the Reliability of the Gospels*. Grand Rapids: Eerdmans, 2019.

PENNA, R. *Vangelo* (Le parole della fede). Assis: Cittadella, 2014.

STANTON, G.N. *Gesù e il "vangelo"* (Studi Biblici 180). Bréscia: Paideia, 2015 [orig. em inglês, 2004].

História da interpretação dos evangelhos

Para um conhecimento sintético da pesquisa moderna sobre os evangelhos (e sobre o NT em geral) é oportuno consultar o documento da Pontifícia Comissão Bíblica publicado em 1993, que dedica algumas páginas à problemática. Analogamente, seções dedicadas à pesquisa podem ser encontradas nos manuais de W. Egger (posteriormente atualizado por P. Wick) e de V. Mannucci (totalmente atualizado por L. Mazzinghi). Um clássico é o texto de W.G. Kümmel, já muito antigo, mas que permite, com as amplas citações, acessar diretamente ao pensamento de muitos autores. Mais breves e atualizadas são as obras de H.G. Reventlow e P. Gibert.

EGGER, W.; WICK, P. *Metodologia del Nuovo Testamento – Introduzione allo studio scientifico dei testi biblici* (Studi Biblici 70). 2. ed. Bolonha: EDB, 2015.

GIBERT, P. *Breve storia dell'esegesi biblica* (Giornale di teologia 238). Bréscia: Queriniana, 1995 [orig. em francês, 1992].

KÜMMEL, W.G. *Il Nuovo Testamento – Storia dell'indagine scientifica sul problema neotestamentario* (Collana di studi religiosi). Bolonha: Il Mulino, 1976 [orig. em alemão, 1958].

MANNUCCI, V.; MAZZINGHI, L. *Bibbia come parola di Dio – Introduzione generale alla Sacra Scrittura*. 21. ed. Bréscia: Queriniana, 2016.

PONTIFICIA COMMISSIONE BIBLICA. *L'interpretazione della Bibbia nella Chiesa*. Cidade do Vaticano: Libreria Editrice Vaticana, 1993.

REVENTLOW, H.G. *Storia dell'interpretazione bíblica – IV: Dall'illuminismo fino al XX secolo*. Casale Monferrato: Piemme, 2004 [orig. em alemão, 2001].

Para o conhecimento específico dos métodos, destacamos alguns manuais tanto para o método histórico-crítico quanto para a narrativa. Este último, sobretudo, foi objeto de estudos nos anos mais recentes, e surgiram manuais de bom nível, ótimos para o aprofundamento.

ALETTI, J.-N.; GILBERT, M.; SKA, J.L.; DE VULPILLIÈRES, S. *Lessico ragionato dell'esegesi bíblica*. 2. ed. Bréscia: Queriniana, 2012.

BROWN, J.K. *The Gospels as Stories – A Narrative Approach to Mattew, Mark, Luke, and John*. Grand Rapids: Baker, 2020.

GUILLEMETTE, P.; BRISEBOIS, M. *Introduzione ai metodi storico-critici* (Studi e ricerche bibliche). Roma: Borla, 1990 [orig. em francês, 1987].

MARGUERAT, D.; BOURQUIN, Y. *Per leggere i Racconti Biblici: La Bibbia si racconta – Iniziazione all'analisi narrativa*. 2. ed. Roma: Borla, 2011 [orig. em francês, 2009].

PARMENTIER, E. *La scrittura viva – Guida alle interpretazioni cristiane della Bibbia* (Lettura pastorale della Bibbia 96). Bolonha: EDB, 2007 [orig. em francês, 2004].

POWELL, M.A. *What is Narrative Criticism? – A New Approach to the Bible*. Mineápolis: Cambridge, 1993.

RESSEGUIE, J.L. *Narratologia del Nuovo Testamento* (Introduzione allo studio della Bibbia 38). Bréscia: Paideia, 2008 [orig. em inglês, 2005].

ZAPPELLA, L. *Manuale di analisi narrativa biblica* (Strummenti. Iblica 65). Turim: Claudina, 2014.

A historicidade dos evangelhos: os dados

O valor histórico dos evangelhos é analisado também nos volumes de introdução acima elencados. Acrescentamos algumas bibliografias publicadas em italiano que permitem aprofundar a metodologia da pesquisa e os resultados mais amadurecidos a que se chegou nos últimos tempos. Outros textos serão indicados na Bibliografia do quinto capítulo.

BRUCE, F.F. *Possiamo fidarci dei documenti del Nuovo Testamento?* Chieti/Roma: GBU, 2017 [orig. em inglês, 6. ed., 1981].

GNILKA, J. *Gesù di Nazaret – Annuncio e storia* (Supplementi al Commentario teologico del Nuovo Testamento). Bréscia: Paideia, 1993 [orig. em alemão, 2. ed., 1993].

JOSSA, G. *La verità dei vangeli – Gesù di Nazaret tra storia e fede.* Roma: Carocci, 2001.

KOESTER, H. *Da Gesù ai vangeli* (Introduzione allo studio della Bibbia. Supplementi 60). Bréscia: Paideia, 2014 [orig. em inglês, 2007].

LAMBIASI, F. *L'autenticità storica dei Vangeli* (Studi Biblici 4). Bolonha: EDB, 1979.

MANNS, F. *L'ebreo di Nazaret – Indagine sulle radici del cristianesimo* (La Bibbia e le parole). Milão: Terra Santa, 2019.

RINALDI, G. *Archeologia del Nuovo Testamento – Un'introduzione* (Studi Superiori 1245). Roma: Carocci, 2020.

Em períodos mais recentes ganhou crescente interesse o estudo dos evangelhos apócrifos, com o objetivo não apenas de comparar seus conteúdos com os documentos evangélicos canônicos, mas sobretudo com o escopo de reconstruir as trajetórias e os contextos das tradições subjacentes a eles, visando a verificar sua consistência e a autenticidade histórico-verdadeira.

ERBETTA, M. (org.). *Gli Apocrifi del Nuovo Testamento – Vangeli: Testi giudeo-cristiani e gnostici, I-III.* Gênova: Marietti, 1966-1981.

GIANOTTO, C. *I vangeli apocrifi – Un'altra immagine di Gesù.* Bolonha: Il Mulino, 2009.

PIÑERO, A. *Gesù nei Vangeli apocrifi.* Bolonha: EDB, 2010 [orig. em espanhol, 1993].

PUIG I TÀRRECH, A. (org.). *I Vangeli apocrifi.* I-II. Cinisello Balsamo: San Paolo, 2010; 2017 [orig. catal. 2007; 2012].

A questão sinótica

Para o estudo sinótico precisamos nos dirigir ao instrumento específico das sinopses. A mais exata em termos científicos é a de K. Aland. Útil (sempre em grego) é também a de M.-É. Boismard e A. Lamouille. Em italiano existem diversas edições organizadas por A. Poppi, tanto na própria língua italiana quanto na grega.

ALAND, K. *Synopsis Quattuor Evangeliorum – Locis parallelis evangeliorum apocryphorum et patrum adhibitis edidit*. 15. ed. Stuttgart: Deutsche Bibelgesellschaft, 2001.

BOISMARD, M.-É.; LAMOUILLE, A. *Synopsis graeca quattuor Evangeliorum*. Lovaina/Paris: Peeters, 1986.

POPPI, A. *Sinossi quadriforme dei quattro vangeli – Greco-italiano I:* Texto. 2. ed. Pádova: Messaggero, 1999.

O estudo das relações entre os sinóticos caracterizou a pesquisa sobre os evangelhos desde a época patrística e caracterizou os primórdios da pesquisa crítica (séc. XVIII). Nos manuais de introdução ao NT e aos sinóticos acima mencionados se percorre panoramicamente as principais etapas da história da pesquisa. Indicamos apenas algumas das contribuições mais recentes que oferecem um *status quaestionis* mais abrangente.

AGUIRRE MONASTERIO, R.; RODRÍGUEZ CARMONA, A. *Vangeli sinottici e Atti degli Apostoli* (Nuova Introduzione alla Studio della Bibbia 6). 2. ed. Bréscia: Paideia, 2019, p. 59-71 [orig. em espanhol, 3. ed., 2012].

BROWN, R.E. *Introduzione al Nuovo Testamento*. Bréscia: Queriniana, 2001, p. 176-183 [orig. em inglês, 1997].

FUSCO, V. La questione sinottica. In: LACONI, M. (org.). *Vangeli sinottici e Atti degli Apostoli* (Logos 5). 2. ed. Turim: Elledici, 2002, p. 91-102.

PITTA, A.; FILANNINO, F. *La vita nel suo nome – Tradizioni e redazioni dei vangeli*. Cinisello Balsamo: San Paolo, 2017, p. 20-25.

TUCKETT, C. The Current State of the Synoptic Problem. *From the Sayings to the Gospels* (Wissenschaftliche Untersuchungen zum Neuen Testament 2. Reihe 328). Tubingen: Mohr Siebeck, 2014, p. 77-118.

A propósito da fonte Q, ressaltamos tanto a edição crítica (de J.S. KLOPPENBORG e outros) quanto a algumas valiosas introduções em língua italiana.

Edição crítica da fonte Q

ROBINSON, J.M.; HOFFMANN, P.; KLOPPENBORG, J.S. (orgs.). *The Critical Edition of Q – Synopsis including the Gospels of Matthew and Luke, Mark and Thomas* (Hermeneia). Lovaina: Peeters, 2000.

Introdução à fonte Q

GUIJARRO, S. *I detti di Gesù – Introduzione allo studio del documento Q*. Roma: Carocci, 2016 [orig. em espanol. 2014].

KRIEGER, K.-S. *I veri "detti di Gesù" – Il messaggio della fonte Q*. Cinisello Balsamo: San Paolo, 2006 [orig. em alemão, 2003].

SCHIAVO, L. *Il vangelo perduto e ritrovato – La fonte Q e le origini cristiane* (Studi biblici 59). Bolonha: EDB, 2010.

SIFFER, N.; FRICKER, D. *La fonte Q – Il "vangelo" ritrovato di Gesù, figlio dell'uomo* (Parola di Dio. Seconda serie 36). Cinisello Balsamo: San Paolo, 2011 [orig. em francês, 2010]

II

O Evangelho segundo Marcos
(P. Mascilongo)

Introdução

Marcos, segundo a opinião mais difundida entre os estudiosos contemporâneos, foi composto antes de *Mateus, Lucas* e *João*. Por essa razão é aqui apresentado por primeiro, segundo um costume geralmente adotado pelos manuais. Essa escolha não implica – obviamente – o desconhecimento da antiga tradição eclesial e canônica, que atribuiu a *Mateus* a precedência no NT. Colocar *Marcos* no início, além disso, facilita o estudo, pois consente partir do evangelho mais simples, o que favorece o confronto gradual de temas e questões, bem como compará-lo com os outros sinóticos, mais amplos e articulados.

Até onde sabemos, a acolhida do *Evangelho segundo Marcos* nos primeiros séculos foi bastante fria. Os Padres da Igreja preferiram comentar outros evangelhos; nítido é o juízo de Agostinho, para quem *Marcos* não fez senão "sintetizador Mateus". Esse pequeno livro, enxuto e desprovido de grandes ensinamentos éticos e espirituais de Jesus, foi relegado a uma posição menos evidente, tanto que não conhecemos comentários completos de *Marcos* no período patrístico que chegaram até nós. Tudo mudou com a pesquisa moderna, quando, em conjunto com a convicção de que *Marcos* era o evangelho mais antigo, cresceram enormemente os estudos sobre ele, até chegar a ser, provavelmente, nos dias de hoje, o evangelho mais comentado. De fato, exatamente por *Marcos* ter utilizado por primeiro o gênero "evangelho", a análise do relato marciano se tornou particularmente importante na percepção da modalidade original com que foi narrada a história de Jesus.

Admitido o fato de que *Marcos* foi escrito antes de *Mateus* e *Lucas*, e que se tenha transformado em fonte para ambos, vale lembrar que as eventuais fontes de *Marcos* nos são desconhecidas; certamente, no entanto, o evangelista se serviu de material de tradições que o precederam, provavelmente em forma oral, mesmo que não tenham faltado hipóteses em sentido contrário (uma das mais importantes prevê a existência de um relato pré-marciano da paixão, em forma escrita, e que remonta a R. Pesch).

Marcos foi escrito em grego. Portanto, é expressão de uma comunidade cristã que conhecia e utilizava a língua mais comum em todo o Oriente Médio, Palestina incluída. Apenas pouquíssimas palavras ou expressões em aramaico são conservadas neste evangelho. O grego de *Marcos* é muito próximo ao grego não literário do tempo, com características que lembram o linguajar falado. O estilo é pobre, com uma sintaxe às vezes áspera, mas também vibrante e eficaz em sua simplicidade. Nota-se nele as influências semíticas e as da LXX; mais do que um grego de tradição, é possível supor um autor de língua materna aramaica. Se a linguagem de *Marcos* é antes modesta, o mesmo não se pode dizer da composição literária: quarenta anos de estudos narrativos evidenciaram que o evangelista foi muito hábil em construir um relato rico e envolvente na trama, onde temas e personagens são capazes de suscitar atenção, interesse e curiosidade no leitor, embora mantendo uma simplicidade de fundo.

Como os demais textos da Antiguidade, *Marcos* chegou até nós através de cópias manuscritas muito tempo depois de sua data de composição[1]. Os manuscritos mais utilizados para a reconstrução do texto crítico são os grandes códices completos dos séculos IV e V, que contêm também o resto do NT, e muitas vezes o texto da LXX: *Sinaiticus* (= N, séc. IV), *Alexandrinus* (= A, séc. V), *Vaticanus* (= B, séc. IV), *Ephraemi rescriptus* (= C, séc. V, incompleto), *Bezae* (= D, séc. V). O texto hoje utilizado pelos estudiosos é

---

1. Diferentemente de todos os outros textos de literatura antiga, o NT possui um número impressionantemente alto de manuscritos (cerda de 5.000) que são extremamente antigos (os mais antigos, em papiros e incompletos, remontam ao séc. II). Em termos comparativos, basta lembrar que para a *Ilíada*, de Homero, existem pouco mais de 600 testemunhos; para as obras de Eurípedes, pouco mais de 300; quanto aos primeiros seis livros dos *Annali* de Tácito, eles só constam em um manuscrito do século IX. Cf. METZGER; EHRMAN. *Il testo del Nuovo Testamento*, p. 41.

uma reconstrução crítica feita a partir do confronto entre os manuscritos e as versões antigas. O confronto é necessário porque não existem duas cópias idênticas de nenhum evangelho. O mais sucinto, *Marcos*, contém, de fato, mais 11.000 palavras, e é totalmente compreensível que não existam, palavra por palavra, manuscritos equivalentes. Dessa forma, o texto das edições modernas não coincide com nenhuma das antigas cópias do evangelho, mas nasce das avaliações dos comitês de peritos responsáveis pelas edições, que tentaram fornecer, na ausência de um texto que se possa definir como "original", o melhor texto possível[2].

Autor, data, lugar e destinatários

Como já foi dito, a sobrescrita com o nome do evangelista ("segundo Marcos") foi acrescentada ao texto num segundo momento; também por este motivo os estudiosos modernos não estão seguros sobre a identidade do autor do evangelho. O nome associado desde a Antiguidade ao segundo evangelho, "Marcos", com extrema probabilidade se refere ao "João Marcos" de quem se fala mais vezes no NT[3]. Não existem provas irrefutáveis a favor, mas, de fato, a identificação proposta no século II mediante tal sobrescrita apontava certamente para esta direção, associando, outrossim, o indivíduo "Marcos", de quem falam os *Atos* e as cartas, à figura apostólica de Pedro, como seu intérprete autêntico. Tal opinião permaneceu incontestável nos primeiros séculos do cristianismo, e foi acolhida por toda a Igreja já em seus primórdios[4]. Não existem muitos elementos para justificar criticamente tal atribuição, dadas as insuficientes indicações que possuímos sobre João Marcos. Um primeiro elemento a ser considerado é que se trata de uma figura bastante conhecida do NT, embora secundária: para muitos estudiosos, é pouco provável que a atribuição tenha sido "inventada" *a posteriori*, exatamente pela pouca relevância

---

2. Não se trata de uma situação desejável, já que o texto hoje usado jamais existiu e nunca foi lido na Igreja. Além disso, o "texto original" não é apenas inacessível, mas talvez jamais tenha existido no sentido em que o entendemos hoje. Cf. CARRAJOSA, I. *Dalla fede nasce l'esegese – L'interpretazione della Scrittura alla luce della storia della ricerca sull'Antico Testamento*. Veneza: Marcianum, 2017, p. 227-234 [orig. em espanhol, 2011].

3. Cf. Cl 4,10; Fm 24; 2Tm 4,11; 1Pd 5,13 e At 12,12.25; 15,36-41; só "João" em At 13,5.13.

4. Cf. PILARA. Introduzione a Marco. In: ODEN; HALL (orgs.). *Marco*, 15. Como testemunhas desta posição podemos citar os nomes de Pápias de Hierápolis, na Frígia, Clemente de Alexandria, Irineu de Lyon e Orígenes, para os séculos II e III; para o século IV lembramos os nomes de Eusébio de Cesareia, Atanásio, Jerônimo e Agostino.

que teria sido dada ao escrito. Outro dado discutível é a relação com Pedro (afirmada com força por Pápias de Hierápolis, que fala de Marcos como "intérprete" do apóstolo em Roma). Um certo número de indícios que favorecem um vínculo com a tradição petrina aparecem no evangelho, mas alguns autores consideram tais indícios demasiadamente reduzidos e pouco significativos. Em última análise, não é possível nem acolher sem interrogações a tradição patrística, nem refutá-la categoricamente: a falta de alternativas seguras, no entanto, leva muitos autores a afirmar que esta continua sendo a hipótese mais provável.

Quanto ao lugar de origem, a situação é semelhante: para quem aceita os dados tradicionais, de fato, o evangelho teria sido escrito em Roma. Também neste caso, alguns dados internos apontam para esta direção. Não faltam, no entanto, hipóteses contrárias, também estas corroboradas por válidas considerações. Dentre as principais propostas, lembramos a Galileia, particularmente pela inquestionável importância que em *Marcos* esta região adquire, e a região da Síria (Antioquia?), seja por motivos linguísticos (presença de "aramaísmos"), seja por motivos de ordem sociológica.

Quando foi escrito o evangelho? Além das considerações sobre o longo processo de elaboração dos evangelhos, que remetem a algumas décadas dos fatos narrados, também a tradição dos Padres é unânime: Marcos escreveu o evangelho a partir da pregação de Pedro, quando a isto sentiu-se obrigado, após o desaparecimento do apóstolo. Desta forma, não deve impressionar que o nascimento de *Marcos* seja situado, salvo raríssimas exceções, não antes do ano 60 d.C. Já que o evangelho não fornece nenhuma indicação explícita sobre o momento de sua composição, muitas análises modernas se concentram nos dados fornecidos pelo capítulo 13, que, para alguns, é o momento da destruição de Jerusalém, por obra dos romanos (por volta do ano 70 d.C.); a maioria dos estudiosos, no entanto, não concorda com esta afirmação.

Quem são os destinatários de *Marcos*? Também neste caso, suas características são deduzidas do evangelho: trata-se de uma comunidade que conhece a língua grega, e não necessariamente a aramaica (cf. as explicações em 3,17; 5,41 etc.); é uma comunidade que tem uma boa familiaridade com a Escritura, sempre em língua grega; interessa-se pelas questões relativas à lei e às tradições judaicas (sábado, tributos, templo etc.); conhece termos da língua latina; não está (ainda) interessada em questões propriamente eclesiológicas; tem familiaridade com o mundo pagão. Nenhuma destas características permite estabelecer com exatidão a localização da comunidade de *Marcos*, que permanece configurada em modo "diáfano e incerto"[5]. Mais compartilhada entre os estudiosos é a ideia de que a comunidade à qual *Marcos* se dirige esteja submetida a provações e perseguições. Também neste caso recorre-se às provas internas, ou seja, parte-se da análise de versículos nos quais o vocabulário específico aponta para este sentido[6]. A indicação permanece genérica, mas uma localização em Roma seria adaptada ao quadro delineado.

Estrutura da narração

Para reconstruir a estrutura de *Marcos* não é possível recorrer a alguma indicação explícita do texto grego: o evangelho não tem títulos, partes, seções, capítulos ou parágrafos. Desta forma, os estudiosos modernos, para fornecer um esquema geral do relato, elaboram suas hipóteses a partir daquilo que o texto tenta sugerir; existem, pois, reconstruções muito diferentes. No caso de *Marcos*, a dificuldade é ressaltada por seu caráter fortemente episódico e pela falta de elementos formais (repetições, inclusões etc.); não esqueçamos que, segundo o antigo testemunho de Pápias de Hierápolis, Marcos escreveu "sem ordem". Mesmo assim, tentativas existem, partindo dos sinais deixados aqui e acolá no texto.

A título preliminar, observa-se que toda a narrativa segue uma linha muito simples: narra-se a história de Jesus que vai de seu batismo por obra do Batista à morte na cruz e ressurreição, através de uma série de ações realizadas na Galileia (e algumas também fora do vilarejo), com uma única viagem a Jerusalém, que se conclui com as ações e ensinamentos no templo e os acontecimentos da paixão. Se considerarmos alguns modelos do anúncio apostólico presentes nos *Atos dos Apóstolos*, a semelhança é notável (cf., p. ex., At 10,37-40).

O evangelho apresenta claramente uma parte introdutória e outra conclusiva, identificáveis nos primeiros versículos (1,1-15) e nos últimos (16,1-20). De modo igualmente simples, é possível identificar outras seções bem estruturadas: o relato da paixão, que coincide com os capítulos 14-15; uma

---

5. SEGALLA. *Evangelo e vangeli*, p. 158.

6. No evangelho aparecem com certa frequência palavras como "perseguição", "cruz" etc. Cf. 4,16-17; 8,34-38; 9,42-48; 10,17-31.38-39; 13,9-13.

seção dedicada às palavras e às ações de Jesus no templo (cap. 11-12) e outra ao discurso sobre "as coisas que virão" (cap. 13), ambas unidas ao redor da temática relativa à permanência de Jesus em Jerusalém (cap. 11-15). Mais variedade existe na subdivisão do material intermediário; muitos autores identificam nos capítulos 8-10 uma seção central delimitada tanto formalmente, pela viagem (o "caminho") para Jerusalém, quanto tematicamente, pelas instruções aos discípulos (começa em 8,22 ou 8,31 e termina em 10,52). Quanto aos primeiros capítulos, a situação é um pouco mais complexa, já que os indícios são menos evidentes. Em geral são identificadas três seções intermediárias: a primeira, que inicia em 1,16 e termina em 3,1-6; a segunda, que termina com a ida de Jesus a Nazaré em 6,1-6; a terceira, que continua até o final da primeira parte, em 8,27-30 (ou em 8,21 ou em 8,26). Vale sublinhar a importância do ponto de articulação de 8,27-30 entre a primeira e a segunda partes do relato. A proposta de estrutura pode, portanto, ser simplificada conforme o esquema abaixo, atribuindo-se também um título para cada parte[7].

1,1-15: Prólogo e introdução
1,16–8,30: Primeira parte – Os discípulos buscando a identidade de Jesus
1,16–3,6: Jesus e seus discípulos na Galileia
3,7–6,6: Jesus com os Doze até o retorno a Nazaré
6,7–8,30: Jesus, os discípulos e o pão
8,31–10,52: Segunda parte – Com os discípulos a caminho para a cruz
11,1–15,47: Terceira parte – Em Jerusalém
11–12: Palavras e ações de Jesus em Jerusalém
13: O discurso sobre "as coisas que virão"
14–15: O relato da paixão
16,1-20: Conclusão

A vantagem desta subdivisão é que ela privilegia a progressiva narrativa do evangelho. Ela busca, portanto, evidenciar as articulações fundamentais da trama. O critério usado, portanto, está ligado à valorização de *Marcos* como relato, segundo as indicações dos métodos narrativos, pelos quais o principal elemento a ser considerado na identificação da estrutura é a ação.

---

7. Cf. MARCILONGO. *Marco*, 16-17.

Guia de leitura
Prólogo e introdução (Mc 1,1-15)

Os primeiros quinze versículos de *Marcos* têm a função de prólogo e de introdução. *Marcos* começa com um *título* propriamente dito (1,1), e sintaticamente separado da sequência do relato. Em seguida aparecem uma citação bíblica (v. 2-3), a descrição do Batista (v. 4-7a) e suas palavras (v. 7b-8), o relato do batismo (v. 9-10) e do deserto (v. 12-13) e, por fim, o sumário inicial (v. 14-15) da atividade de Jesus. Em seu conjunto, estes versículos iniciais têm a função de apresentar o protagonista ao leitor, com uma particular riqueza de termos, conceitos e títulos[8].

No título aparecem o substantivo "início" (*arché*), provável referência ao início do Livro do Gênesis, e o termo "evangelho", *euanghélion*. O evangelho é "de Jesus": seja no sentido que lhe diz respeito – isto é, que se refere à história do Nazareno em seu conjunto –, seja no sentido de anúncio proclamado por Jesus (cf. v. 14-15), segundo um duplo uso possível do genitivo grego. De Jesus é dito que é "filho de Deus", expressão não presente em todos os manuscritos, mas que podemos considerar originária. Assim, de imediato *Marcos* revela ao leitor a identidade do protagonista; trata-se de uma estratégia clara, de uma espécie de *pacto narrativo* instituído entre narrador e leitor, típico da página inicial de cada relato.

A partir do versículo 2 impressiona o uso da Escritura, formalmente introduzida ("como está escrito"); *Marcos* sublinha imediatamente a continuidade com a história de Israel. O primeiro personagem a aparecer não é Jesus, mas João Batista, testemunha excepcional chamada a introduzir o protagonista. Jesus tem um mentor respeitável, que a seu respeito usa palavras importantes e se define muito inferior àquele que há de vir[9]. João é apresentado como profeta, tanto por suas vestes quanto por seus hábitos alimentares. Sua

---

[8]. "A introdução oferece informações precisas acerca da identidade de João e de Jesus, acerca da mútua relação entre si e acerca da relação de cada um com Deus. [...] estes dados influenciam, em *nível extradiegético*, a sequência da narração, garantindo ao leitor uma posição privilegiada em relação à dos atores, mas ao mesmo tempo forçando sua interpretação na direção determinada pela introdução. A título de exemplo: quando o leitor ouvir um ator se interrogar acerca da identidade de Jesus, não poderá fazer senão lembrar a declaração divina "Tu és o meu Filho predileto" e considerar erradas, ou ao menos insuficientes, outras possibilidades de identificação" (VIRONDA. *Gesù*, p. 95).

[9]. João, de fato, era conhecido no mundo judaico de então, sobretudo por ser profeta capaz de atrair multidões e de fazer seguidores.

ação, o batismo, pode ser comparada, a distância, aos banhos rituais difundidos no judaísmo do tempo, mesmo se a motivação exata do rito (conversão e perdão dos pecados) e sua modalidade, que um "batizador" oferece, tornem inédito o gesto de João.

Sem grande ênfase, o v. 9 introduz a figura de Jesus, que "vem" de Nazaré, da Galileia. *Marcos* relata seu batismo, embora além do gesto em si realce a revelação de uma verdadeira epifania divina, que em seguida aparece. Este é o centro do episódio: a voz atesta que Jesus é "filho" (de Deus), recorrendo mais uma vez à autoridade da Escritura (existem alusões relativas ao Sl 2,7, a Gn 22 e a Is 42,1). Vale lembrar, porém, que na história narrada ninguém parece ouvir aquelas palavras; reservadas, portanto, a Jesus e ao leitor, que, por sua vez, recebe aqui uma importante revelação.

A cena das tentações é apenas esboçada por *Marcos*; sublinha-se em particular o papel do Espírito, citado pela terceira vez em poucos versículos (1,8.10.12), que conduz Jesus ao deserto, por aquele período de quarenta dias que lembram, uma vez mais, tantos acontecimentos da história de Israel. Jesus é em seguida "testado por satanás"; o nome remete a Jó 1,6 e é o preferido de *Marcos* para apontar o príncipe das potências do mal (cf. 3,23.26; 4,15; 8,33)[10]. Também as imagens de anjos e animais selvagens remetem a cenas bíblicas, e provavelmente indicam a proximidade de Jesus com Deus, prelúdio de uma iminente renovação messiânica (cf. Is 11,6-9; Sl 91,11-13).

Os v. 14-15 podem ser considerados a conclusão da precedente narração e inauguração do relato subsequente; a citação inicial de João, por exemplo, remete para trás, mas, por outro lado, a notícia de sua "prisão" (ou melhor, de sua "entrega", o verbo tem este significado, é o importante *paradídomi*) sublinha um distanciamento claro daquilo que precede. Em forma de esboço, *Marcos* apresenta o início da pregação de Jesus na Galileia, falando sinteticamente em "evangelho de Deus". Voltam à cena palavras importantes: após uma declaração solene ("completou-se o tempo, e aproximou-se o Reino de Deus"), segue o duplo convite: "convertei-vos e crede no evangelho". O "tempo" é *kairós*, vocábulo utilizado também alhures (cf. 1Cor 4,5; 7,29; Ef 1,10 etc.) e serve para indicar o tempo da vinda de Cristo; importante também é o verbo correspondente, "completou-se" (*pleróo*). Pela primeira vez *Marcos* introduz a expressão "Reino de Deus", uma das expressões-cha-

---

10. Trata-se da transliteração do aramaico que significa "adversário".

ve de todo o evangelho; o substantivo *basileia* é o lema que normalmente indica o ato de reinar, o senhorio de Deus. Aqui Jesus afirma que isto se "aproxima" (*enghíken*): não existe ainda, mas brevemente será realizado. Na dupla ordem que segue, Jesus retoma expressões já usadas (o verbo "convertei-vos", "mudem de mentalidade", *metanoéo* e o substantivo "evangelho") e introduz novas (o verbo "crede", *pistéuo*); somente aqui, em todo o NT, temos a forma "crede" + "no" (*en*) + *euanghélion*.

Com os discípulos em busca da identidade de Jesus (Mc 1,16–8,30)

Todos os episódios presentes nesta longa e primeira parte, embora aparentemente pouco relacionados entre si, estabelecem de fato um percurso bem delineado, que se desenvolve segundo duas principais linhas narrativas: a busca pela identidade de Jesus e a relação entre o protagonista e seus discípulos. Para ambas as linhas, a confissão de Pedro em 8,27-30 constitui o divisor de águas. Ulteriores divisões podem ser vistas após a série de disputas que se concluem em 3,1-6 e no final de uma importante série de milagres, com a volta de Jesus para Nazaré, em 6,1-6.

As primeiras ações de Jesus no lago (1,16-34)

O primeiro episódio (1,16-20) descreve, de forma rápida, mas eficaz, o chamado dos pescadores Simão, André, Tiago e João, que "seguem" a Jesus. O verbo é *akolouthéo*, próprio para o discipulado. A cena acontece ao largo do "Mar da Galileia" – isto é, o grande lago que em sua margem norte-ocidental pertence à região da Galileia –, atravessado pelo Rio Jordão. No relato, a grande autoridade do mestre emerge do confronto com episódios bíblicos semelhantes (como o chamado de Eliseu por Elias; cf. 1Rs 19,19-21). Importante é sua posição dentro da trama: *Marcos* coloca o episódio antes de qualquer outra ação, ensinamento ou milagre, garantindo assim, de agora em diante, a constante presença dos discípulos ao lado de seu mestre.

Seguem alguns episódios ambientados em Cafarnaum: o exorcismo na sinagoga (1,21-28), a cura da sogra de Simão (1,29-31) e um resumo das curas no entardecer do sábado (1,32-34). Também a cidade de Cafarnaum se situa às margens do Lago da Galileia; a ligação com o que precede é tênue, já que o episódio é introduzido com um simples "e imediatamente" (*kai euthýs* é expressão típica de *Marcos*). A sinagoga era o habitual lugar de encontro e de oração para os hebreus observantes, e ali, no sábado, ouvia-se a Escritura; parece que Jesus se inseria perfeitamente nesta prática religiosa, visto que acima de tudo ele "ensina" (verbo *didásko*). Entretanto, o que é narrado é sobretudo uma ação de Jesus contra um espírito impuro, que mostra conhecer perfeitamente sua identidade escondida: o "santo de Deus". *Marcos* fecha a cena ressaltando o grande estupor dos presentes, que ainda realçam a questão da identidade: "Quem é este?"

Jesus se dirige em seguida, muito familiarmente, à casa de Simão, e faz sua primeira cura de uma doença; cena breve e íntima, narrada sem nenhuma ênfase. Logo em seguida, *Marcos* declara que todos os doentes e endemoninhados da cidade foram levados até Jesus ao entardecer (ou seja, após o fim do repouso sabático), e ainda afirma que aos demônios era imposto o silêncio sobre sua identidade. Estes últimos versículos devem ser considerados um *sumário* – isto é, um breve parágrafo sintético – que, mediante uma terminologia precisa (*todos* os doentes, *toda* a cidade, *várias* doenças, *muitos* demônios), têm o efeito de uma amplificação eficaz da atividade de Jesus.

Jesus deixa Cafarnaum e atravessa a Galileia (1,35-45)

Com eficaz contraste, *Marcos* agora descreve Jesus que, de noite, se retira para um lugar solitário para rezar (1,35-39). O uso do adjetivo "deserto" pode lembrar o episódio das tentações, e Jesus parece buscar a mesma paz e solidão. Rapidamente, porém, tudo muda, porque Simão e os demais não lhe permitem continuar sua oração, e Jesus declara então a vontade de anunciar (o vocábulo é o já utilizado *kerýsso*) também para além de Cafarnaum, juntamente com seus seguidores (o verbo está no plural: "Vamos").

Ao longo do caminho, um leproso se dirige a Jesus para ser curado, e é atendido (1,40-45). Mais do que a rápida cura, sobressaem-se outros elementos. Primeiramente, a questão da pureza, ligada à condição de leproso e manifestada pela linguagem empregada (o verbo que aparece é, de fato, *katharízo*, que significa exatamente "purificar"); o gesto de Jesus que "toca" o homem antes de curá-lo é sublinhado, pois contrasta com a atitude legal para com os leprosos. O segundo tema que emerge no final é, de novo, o silêncio que Jesus impõe sobre seus feitos: pela primeira vez Jesus silencia uma pessoa curada; surpreende sobremaneira, portanto, a observação conclusiva pela qual o homem não respeita o convite, e assim a fama do Nazareno se difunde ainda mais.

EXCURSUS – MILAGRES E EXORCISMOS

Uma coisa que salta aos olhos no *Evangelho de Marcos* é o notável número de relatos de milagres [...]. Em nenhum outro evangelho os relatos de milagres ocupam tanto espaço. A isto se juntam várias discussões sobre milagres. A temática do milagre é central para o *Evangelho de Marcos*[11].

Para *Marcos*, Jesus foi inegavelmente um operador de prodígios (o termo usado é "ação poderosa", *dýnamis*). A modalidade com que os milagres são narrados, por outro lado, nunca cede ao espetacular, e sua função é principalmente suscitar a pergunta por sua identidade. Segundo muitos estudiosos, os milagres mostram a irrupção do Reino de Deus no mundo dos homens, graças às obras de Jesus. Juntamente com a pregação, eles manifestam o realizar-se da promessa divina de libertar do mal os seres humanos doentes e pecadores e, desta forma, fazem parte do grande mosaico cristológico que passo a passo o relato constrói.

Os milagres em *Marcos* apresentam duas características específicas. A primeira é a ligação como o *segredo messiânico*[12]. Em geral, neste evangelho, o milagre é acompanhado pela ordem de Jesus de não divulgar o fato; como as parábolas, também os milagres revelam e escondem ao mesmo tempo, suscitando reações diferentes, e inclusive hostis. Desta forma, a análise dos milagres mostra como em *Marcos* existe um paradoxal entrelaçamento entre teologia *gloriae* e teologia *crucis*, não sobrepostas ou antagônicas, mas conjugadas.

O segundo elemento a considerar é o entrelaçamento entre estudo dos milagres e temática da "fé", que emerge em muitos relatos (cf. 2,5; 5,34; 10,52). Não há por que impressionar-se, dada a relação presente entre os milagres e a identidade de Jesus: a fé é vista acima de tudo como confiança no taumaturgo, mas se alarga até o reconhecimento da fonte de sua autoridade (divina). Além disso, a fé se liga também à responsabilidade da pessoa curada: para que o milagre aconteça é necessário também a colaboração da parte interessada (um pedido, uma súplica, um desejo). À ação poderosa de Jesus deve corresponder o poder da fé humana, e na ausência da fé o milagre não acontece (cf. 6,5-6).

---

11. DORMEYER, D. Introduzione. In: ZIMMERMANN, R. (org.). *Compendio dei miracoli di Gesù* (Grandi Opere). Bréscia: Queriniana, 2018, p. 275. Também por esta razão os estudiosos consideram hoje que, do ponto de vista histórico, é impossível negar que Jesus tenha agido neste sentido, superando o forte ceticismo dos estudiosos críticos mais antigos.

12. Cf. o próximo *excursus*.

As cinco discussões entre Jesus e seus adversários (2,1–3,6)

O segundo capítulo do evangelho começa com a volta de Jesus a Cafarnaum, onde uma grande multidão se reúne ao seu redor, de forma a impedir a entrada de um doente e de seus carregadores na casa onde Jesus se encontra (2,1-12). A cena do paralítico permite a *Marcos* introduzir o tema da "fé" e o do "perdão dos pecados"[13], que suscita uma acirrada discussão com a qual se conclui o episódio. Os escribas ali presentes, de fato, percebem logo a enormidade do que é afirmado: só Deus pode remeter os pecados. Jesus reafirma assim, curando o doente, a própria pretensão cristológica, reforçada aqui, pela primeira vez, pela importante expressão "filho do homem".

A série de episódios continua imediatamente com outra discussão suscitada pelo chamado e seguimento de Levi, o publicano, e a consequente refeição de Jesus na casa de um pecador (2,13-17). A breve imagem utilizada para justificar-se ("não são os sadios que necessitam de um médico") introduz a linguagem parabólica e sapiencial que tantas vezes reaparecerá no evangelho.

A narração prossegue com uma discussão (2,18-22), dessa vez originada pela não observância do jejum por parte de seus discípulos. Interessante é a articulada resposta de Jesus, que recorre mais uma vez às similaridades para expressar a própria posição: esposo e vestes são as imagens utilizadas. Em seu conjunto, a ideia é que, com a vinda de Jesus, foi inaugurado um tempo de festa, um tempo tão novo que exige a superação de tudo quanto é ordinário e usual, já que envelhecido e destinado a desaparecer (as vestes, o odre).

As duas últimas discussões da seção (2,23-38 e 3,1-6) têm por tema a observância do sábado, preceito seguramente dos mais relevantes no mundo judaico, dada sua presença nos dois decálogos (Ex 20,8-11; Dt 5,12-15). Do ponto de vista da progressão narrativa, o sábado é apresentado como elemento culminante do contraste com os adversários, que provocará inclusive a decisão de eliminar Jesus. Para o Nazareno, também o preceito do sábado é relativizado, pois a autoridade do "filho do homem" é mais importante. Também aqui, portanto, é principalmente a cristologia que está em questão; o que está em jogo é muito mais do que uma simples discussão sobre como interpretar a lei.

---

13. Jesus afirma: "teus pecados estão perdoados"; da frase emerge não tanto que Ele perdoe diretamente o pecado, mas que constata e declara a vinda do perdão por obra de Deus.

Na última passagem, onde a discussão se entrelaça de novo com um milagre de cura, vale ressaltar sobretudo o surpreendente final: a notícia dada em 3,6 (o complô para matar Jesus), com uma poderosa prolepse narrativa, antecipa a conclusão de todo o relato. E, mais do que isso: tal afirmação só é disponível ao leitor, já que presente num aparte que nenhum outro personagem, nem mesmo Jesus, pode ouvir.

A atividade terapêutica de Jesus e a convocação dos Doze (3,7-19)

Seguem os versículos em que o narrador relata, condensando-as em poucas linhas, uma série de ações, centradas na necessidade de os discípulos arranjarem um barco para que Jesus possa ensinar melhor. Mc 3,7-12 tem, portanto, características de um sumário, e introduz uma nova seção do evangelho. Não falta, tampouco, uma nova declaração por obra dos demônios relativa à identidade do protagonista, também muito direta ("Tu és o filho de Deus"), e novamente silenciada por Jesus.

Em seguida temos o trecho talvez mais relevante para compreender a teologia do discipulado de *Marcos*, no qual o autor não apenas descreve a escolha e o nome dos Doze, mas fornece ao leitor os elementos específicos de sua caracterização e missão (3,13-19). Jesus, na montanha, "chamou os que Ele quis". Como grupo restrito, os Doze têm uma missão específica, comunicada aqui ao leitor por *Marcos*: 1) *estar com Jesus* e 2) *ser enviados* para: a) *anunciar;* b) *ter poder sobre os demônios*. "Estar com" e "ir": seja onde for, o grupo é caracterizado a partir de Jesus, também pelo fato de que a missão atribuída coincide com o repetir o que, até o momento, o próprio mestre fez. Formaliza-se aqui a relação descrita desde a fase inicial do evangelho, com a criação de um grupo que doravante será mais vezes nominado, embora deva ser dito que parte dos nomes aqui elencados nunca os encontraremos de novo. O número doze evoca imediatamente, no leitor bíblico, um valor simbólico forte, ligado às tribos de Israel. Enfim, não podemos esquecer a tentativa de evidenciar a figura de Simão, ao qual é atribuído o nome de Pedro (este também simbólico), como figura central do grupo.

A polêmica com a própria família e com os escribas (3,20-35)

Este episódio se compõe de três cenas bem diferentes entre si, mas pertencentes a uma única unidade narrativa: reconhecemos aqui o primeiro exemplo do típico intercalar marciano; isto é, onde uma cena é enquadrada entre outras duas com argumentos ou protagonistas semelhantes. Aqui o elemento que se repete é a presença, ao redor de Jesus, de seus familiares, identificados inicialmente com o termo genérico "os seus", e destacados em seguida com os substantivos "mãe e irmãos". Esta denominação levanta algumas perguntas de caráter histórico[14], mas para *Marcos* interessa particularmente sublinhar a incompreensão que também os seus manifestam em relação a Jesus, em favor de uma mais ampla concepção de fraternidade: "Aquele que fizer a vontade de Deus, esse é meu irmão, minha irmã e minha mãe". *Marcos* mostra assim a passagem de uma família de tipo parental para uma família de outro tipo, não determinada por laços de sangue[15]. No meio do episódio (3,22-30) retorna a questão da autoridade de Jesus sobre os demônios, posta em discussão pelos escribas chegados em Jerusalém[16]; acusação que provoca uma dura réplica de Jesus, que reivindica para si a ação do Espírito Santo.

Jesus ensina em parábolas (4,1-34)

A narrativa prossegue com uma longa série de versículos dedicados ao ensinamento "em parábolas" de Jesus (a expressão *en paroboláis* se encontra no v. 2), reunidas numa única e ampla unidade narrativa, que contém seis ensinamentos diferentes (o semeador, 4,3-9; a explicação, 4,14-20; a lamparina, 4,21-23; a medida 4,24-25; a semente, 4,26-29; o grão de mostarda, 4,30-32), além da introdução (4,1-2), da conclusão (4,33-34) e de um importante diálogo (4,10-13). Do capítulo emerge uma mensagem clara: as parábolas permitem que Jesus fale de forma enigmática às multidões, mas

---

14. É ainda útil a análise de J. Blinzler sobre esta questão, que resume de forma clara a posição mais antiga da Igreja: "Os assim chamados irmãos e irmãs de Jesus eram seus primos e primas. Para Simão e Judas, seu parentesco com Jesus procedia do pai Cléofas, que era irmão de São José e, como este, da linhagem davídica; o nome de sua mãe não é conhecido. A mãe dos irmãos do Senhor, Tiago e José, era uma Maria, mas não a mãe do Senhor; ela (ou seu marido) era parente da família de Jesus, mas não podemos afirmar com certeza seu grau de parentesco" (BLINZLER, J. *I fratelli e le sorelle di Gesù* (Studi biblici 29). Bréscia: Paideia, 1974, p. 164). Cf. tb. MEIER. *Un Ebreo Marginale*, I, p. 302-325, para quem, ao contrário, é mais provável que se trate de verdadeiros irmãos, embora as fontes sejam insuficientes para qualquer decisão definitiva.

15. Cf. RESCIO. *La famiglia alternativa di Gesù*, p. 131.

16. Não está em discussão se o Nazareno expulsa efetivamente os espíritos impuros, mas teme-se que este poder proceda do chefe dos demônios, *Beelzeboul* (nome de significado incerto, de origem aramaica).

compreensível (graças às explicações) aos seus; o todo se apresenta como um modelo já presente na Escritura, como o sugere a citação de Is 6,9-10 em 4,11-12. Também o leitor é implicado na mesma dinâmica: graças ao pedido dos discípulos, ele tem acesso à explicação, ao menos no primeiro caso (suficiente para compreender a lógica), e em seguida é chamado a interpretar por si mesmo o "mistério do reino" (v. 11).

O "reino" é justamente o tema central, o coração do ensinamento de Jesus (cf. 1,14-15), agora, finalmente, exposto de forma mais abrangente. A primeira parábola – numa espécie de *discurso sobre o discurso* – ilustra as condições para que a palavra seja acolhida. Isto não é automático, pois, como no tempo do Profeta Isaías, a Palavra de Deus divide ("vocês" e os "de fora", v. 11). Os discípulos são chamados a escolher o lado certo, compreendendo o mistério do reino, vedado aos outros (v. 33-34); daqui os muitos chamamentos à escuta, com o verbo "escutar"/*akúo*, que aparece onze vezes, e à compreensão. O papel dos discípulos é fortemente enfatizado, e a proximidade deles com Jesus sublinhada.

A imagem do reino se desenvolve ao longo do capítulo: se nas primeiras parábolas se fala das condições de acesso, nas imagens seguintes é descrito como dotado de uma força de desenvolvimento irrefreável e misteriosa, independente do agir humano. Assim, aquilo que brilha não pode ser escondido, e a menor das sementes se torna o maior dos arbustos; o reino virá, disse Jesus, de forma misteriosa, mas incerta[17].

A tempestade acalmada e os outros milagres ao redor do lago (4,35-5,43)

Logo após o ensinamento em parábolas, com uma mudança repentina de cenário, com a qual o leitor já está quase acostumado, *Marcos* narra uma série de quatro milagres que, conforme o relato, acontecem em questão de horas. O primeiro (4,35-41) se passa durante uma travessia noturna do lago, sobre o qual desaba subitamente uma tempestade que espanta os discípulos, em que, Jesus, recém-despertado do sono, acalma as águas com a força de sua palavra. Mesmo que aqui seja narrado o primeiro *milagre sobre a natureza* do evangelho, não é este o aspecto mais importante da breve narração, que ainda aponta, e enfaticamente, para a cristologia. Muitos indícios apontam para esta direção: ao caráter epifânico da passagem, tornado mais evidente

---

17. Para um ulterior aprofundamento sobre as parábolas, cf. cap. III, *Excursus: Jesus mestre*.

pelas inúmeras remissões ao AT, acrescenta-se a pergunta com a qual se conclui a passagem: "Quem é este que até o vento e o mar lhe obedecem?" (4,41). E são os discípulos, tachados aqui de "incrédulos", que tornam evidente o interesse cristológico, num singular entrelaçamento de temas feito pelo autor.

Terminada a tempestade, Jesus e "os seus" desembarcam na margem oriental do lago, em território pagão[18]. O longo episódio (5,1-20) é muito original: junto à atracação em terra estrangeira, a descrição do endemoninhado é pintada em cores fortes, com um acentuado interesse por elementos de impureza. O próprio final é incomum: Jesus não aceita que o curado o siga, mas o envia a anunciar as obras de Deus, numa espécie de primeiro "missionário" em terra estrangeira. Não poucos estudiosos veem nisto uma velada referência à missão em terras pagãs que, desde o início, caracterizou a Igreja nascente.

O terceiro e o quarto milagres são narrados de forma intercalada, segundo um formato já presente. O primeiro milagre diz respeito à doença (e em seguida à morte) de uma menina, filha de Jairo (5,21-24.35-43), e o outro à cura de uma mulher doente (5,25-34); neste caso, existem evidentes vínculos tanto de vocabulário (a palavra "fé", o número "doze") quanto, sobretudo, de trama: a grande multidão inicial oferece o quadro ideal para o segundo relato, uma espécie de obstáculo ao redor de Jesus, ao passo que o atraso causado pela mulher do segundo relato se transforma em motivo central para explicar a morte da menina no primeiro relato. Uma vez mais, entretanto, não é tanto o poder de Jesus que é enfatizado, mas fala-se em "fé" e "salvação", ligando ambas à concreta possibilidade de "tocar" ou de ser tocados por Jesus. É sobretudo a mulher hemorroíssa que aparece com maior evidência: *Marcos* descreve sua dramática situação em termos medicinais, religiosos (aquele tipo de doença levava a um permanente estado de impureza) e sociais, e, em seguida, acompanha o leitor em seus pensamentos íntimos a fim de mostrar a firmeza e a determinação para se alcançar a "salvação", atitude que Jesus caracterizará precisamente com o termo "fé".

---

18. A região é denominada "dos gerasenos"; o nome deixa perplexos os estudiosos, pois a cidade de Gerasa se encontra a mais de 50km do lago (também o texto grego é incerto, e aparecem em alguns manuscritos os termos gadarenos, como em *Mateus*, e gergesenos).

Esta seção de quatro milagres transportou Jesus para fora da terra de Israel, mostrando-o em condições de vencer qualquer forma de adversidade e doença, não excluída a morte. Além disso, após os enfrentamentos do capítulo 2 e a adversidade crescente no capítulo 3, também neste capítulo, como no precedente, ninguém se opõe a Jesus e à sua ação, que parece difundir-se sem contestações.

EXCURSUS – OS PERSONAGENS MENORES DO EVANGELHO

O endemoninhado, a mulher hemorríssa e Jairo, protagonistas dos relatos do capítulo 5 do evangelho, evidenciam a importância que os "personagens menores" têm no relato de *Marcos*. Seu estudo e sua valorização são uma conquista recente da exegese devido ao surgimento dos métodos narrativos. Com frequência trata-se de figuras profundas e positivas, exemplo de um modo de relacionar-se com Jesus proposto como válido e justo pelo evangelista. Todos os personagens menores sempre são apresentados em referência a Jesus: é o personagem principal que caracteriza todos os demais personagens.

A função desses personagens pode ser muito variada. No capítulo 5, a mulher que sofria de hemorragia mostra que Jesus pode curar mesmo sem que ela o saiba, ou seja, apenas pela força do pedido implícito da pessoa doente. Além disso, é ela que introduz na passagem a ligação entre cura, corporeidade e salvação, que Jesus relê à luz da "fé". A ação dessa mulher se coloca em contraste com o personagem dos discípulos, pouco antes acusados por Jesus de incredulidade ou pouca fé.

Outra mulher, a mãe que mora em Tiro, emerge no capítulo 7. Esta mulher estrangeira se aproxima de Jesus com insistência e inteligência: ela, uma não judia, dialoga de igual para igual com o mestre, e assim, com suas palavras "extorque" de Jesus um milagre. No episódio, sua função narrativa parece ser a de favorecer em Jesus sua abertura ao mundo pagão, marcando uma passagem importante na trama do evangelho.

No capítulo 9 fala-se do pai de um rapaz endemoninhado, protagonista de um longo intercâmbio de palavras com Jesus, que consente a *Marcos* sublinhar o tema da oração e, uma vez mais, o tema da fé. Desta forma, também essa figura menor é descrita como portadora de uma visão e de valores que, naquele momento, não eram encarnados pelos discípulos, incapazes de curar aquele rapaz.

Sempre em relação aos discípulos geralmente é também lida a figura de Bartimeu, última pessoa curada por Jesus neste evangelho. Alguns detalhes narrativos presentes no relato (o verbo "curar", o abandono do manto etc.) e sua posição no conjunto da trama, justamente no final de uma seção em que Jesus introduz "os seus" no caminho do discipulado, tornam sua figura exemplar. Este homem doente e inábil mostra uma prontidão no seguimento de Jesus que lembra aquela demonstrada no início do evangelho pelos primeiros quatro, e que, ao contrário, os Doze parecem ter perdido de vista nos capítulos centrais do relato, cuja dificuldade de dirigir-se para Jerusalém (e em direção à cruz) foi várias vezes sublinhada.

Enfim, podemos apontar as delicadas figuras de mulher que norteiam o capítulo 13 do evangelho: a viúva no templo (cap. 12), que conclui a seção dos ensinamentos em Jerusalém, e a mulher de Betânia (cap. 14), que abre o relato da paixão. Suas ações são narradas uma vez mais como exemplo mais geral, embora mantendo toda a concretude dos gestos realizados. Em ambos os casos é o próprio Jesus que declara o valor a ser atribuído às suas ações. Notável é sua função na trama geral: a viúva fecha a seção dos ensinamentos de Jesus no templo, oferecendo uma figura de contraste muito forte para as várias autoridades judaicas que haviam desafiado Jesus até aquele momento. A mulher de Betânia, ao contrário, abre o relato da paixão.

Os personagens menores – dos quais só foi feito um breve aceno –, não obstante a ausência de seus nomes, não exercem, portanto, um papel secundário no evangelho, tanto pela quantidade quanto pela função narrativa, e o estudo relativo à caracterização desses personagens é certamente hoje um dos campos mais promissores da exegese de *Marcos*.

Jesus em sua pátria (6,1-6)

Jesus é descrito em seguida em "sua pátria" (*pátris*, termo que geralmente indica a cidade natal). *Marcos* não especifica de que cidade se trata, mas tudo leva a crer que seja Nazaré, tendo em conta a declaração em 1,9. De fato, *Marcos* nunca acena para o nascimento em Belém. No episódio, pela única vez, o evangelho traz o nome da mãe de Jesus, Maria, e a atividade profissional de Jesus: *tektón*, expressão que indica um artesão, em geral de madeira ("marceneiro", ou, talvez melhor, "carpinteiro"). Dois são os elementos que se destacam: a hostilidade de seus conterrâneos, que também conhecem perfeitamente a atividade de Jesus, e o uso do termo "profeta" para falar de Jesus, que serve para criar um confronto com as antigas figuras bíblicas, em particular pela hostilidade e incompreensão que tantas vezes estes homens de Deus tiveram que sofrer da parte do povo e de seus chefes.

Jesus, os Doze, Herodes e João (6,7-33)

Também os episódios aqui narrados podem ser considerados um exemplo de intercalação, no qual as duas cenas externas com protagonistas e discípulos (6,7-12 e 6,30-33), duas outras cenas dedicadas a Herodes são colocadas lado a lado (6,14-16 e 6,17-29). Para os Doze trata-se de uma passagem importante e esperada. Aqui acontece, de fato, o envio missionário, já preanunciado no capítulo 3, no momento da formação do grupo. Jesus também oferece algumas instruções, com indicações para a concretização do anúncio: poucas palavras, em comparação a *Mateus* e *Lucas*, mas suficientes para delinear um estilo sóbrio e determinado. A impressão é a de um período de tempo impreciso em que os Doze são enviados sozinhos – isto é, sem o seu Mestre – a realizar em seu lugar curas e exorcismos, bem como anunciar e ensinar.

Logo em seguida, a surpresa: é introduzido no relato o "rei" Herodes[19]. Também Herodes, diz *Marcos*, se pergunta sobre quem Jesus poderia ser, já que sua fama se difundia por toda parte, e a identificação que Herodes propõe é com João Batista, por ele assassinado. Com estupor o leitor se dá conta de que o evangelho nunca havia mencionado a morte do Batista (ele havia sido "entregue", segundo Mc 1,14); e é por isso que *Marcos*, após ter relatado as opiniões das pessoas sobre o Nazareno, dentre as quais novamente sobressai sua identificação profética, já apresentada poucos versículos antes, deve relatar também como esta morte aconteceu. O episódio é muito conhecido, inclusive pela vivacidade como é narrado, e apresenta evidentes ligações com o Livro de *Ester*, com as vicissitudes de Elias e Jezabel (cf. 1Rs 19–21),

---

19. O personagem de quem se fala aqui é Herodes Antipas, que se torna "tetrarca", não "rei", da Galileia e da Pereia, após a morte de seu pai Herodes o Grande, reinando de 4 a.C. até 39 d.C.

além de ter paralelos no mundo clássico. A notícia do assassinato de João por obra de Herodes – confirmada também por Flávio Josefo – é aqui justificada pelas características populares do banquete e do juramento do rei. Mais do que sobre os detalhes, porém, é importante fixar-se nas motivações do relato: Por que *Marcos* considerou importante narrar este episódio? A passagem recoloca novamente em evidência o Batista, sempre na dependência de Jesus. Em particular, impressiona o uso de termos que voltarão depois no relato da paixão: palavras como "captura", "ligar", "cair" e "sepulcro" associam fortemente o destino do precursor ao do protagonista.

Nos versículos finais voltam ao palco os discípulos, concluindo sua missão, descrita em termos diferentes da primeira (aqui emerge o verbo "ensinar"), e descreve-se a atitude de Jesus em relação aos discípulos: carinhoso e atento. A brevíssima cena, na qual aparece também o barco já utilizado mais vezes, é ao mesmo tempo o fechamento do episódio e a abertura da sucessiva multiplicação dos pães, cujo cenário fornece.

A primeira multiplicação dos pães e a nova travessia do lago (6,34-56)

Em estreita ligação com o precedente, *Marcos* narra outro episódio bem conhecido: a primeira multiplicação dos pães (6,34-44). A narração realça alguns elementos que favorecem o vínculo com o relato da Última Ceia (cf. 14-22), em particular pelo emprego de vocábulos semelhantes ou iguais: o verbo "tomar" (*lambáno*), "bendizer" (*eulogheó*), "partir" (aqui é *katakláo*; em 14,22, ao contrário, é usada a forma simples *kláo*) e "dar" (*dídomi*). Outro elemento destacado é a semelhança com alguns episódios do AT: existem alusões a 1Rs 17,7-16 (Elias que sacia a fome da viúva de Sarepta), 2Rs 4,1-7 (Eliseu que multiplica o óleo da viúva) e, sobretudo, 2Rs 4,42-44, onde Eliseu oferece insignificativa quantidade de pão a um grande número de pessoas, de forma milagrosa. A passagem, no entanto, apresenta algo novo, seja pelo tipo de milagre, seja pelo modo como é relatado. Mais do que sobre o elemento espetacular, *Marcos* insiste no cuidado que Jesus tem pela multidão, sublinhando a "compaixão" inicial por um "povo sem pastor", e mostra assim que o Nazareno, como o Deus de Israel, pode saciar a fome do povo no deserto. Interessante é também a colaboração solicitada aos Doze, que neste episódio se mostram à altura da tarefa atribuída. O tema dos "pães" caracteriza, portanto, estes capítulos de *Marcos*, voltando a esta temática mais vezes, não raro com significação simbólica.

Também o episódio subsequente (6,45-52), novamente ambientado no barco, mostra muitas características próximas às do AT, ainda em chave cristológica. Por exemplo: o caminho pelo mar é associado a Deus em Jó 9,8 e 38,16, além de estar presente no Sl 77,20, em Is 43,16, em Eclo 24,5. Em razão da riqueza destas remissões, é provavelmente melhor considerar no próprio centro da descrição o elemento revelador ou epifânico: não se trata apenas de uma poderosa *performance* de Jesus, mas de um momento de revelação particular, destinado aos discípulos e ao leitor. E, uma vez mais, a trama com os discípulos emerge de forma clara, pois estes parecem incapazes de entender a revelação, e, no fim, são acusados de dureza de coração e de mente.

O capítulo se conclui com um ulterior sumário (6,53-56) no qual volta o tema dos muitos doentes que acorriam a Jesus, muitos dos quais mal "o tocavam" e "ficavam curados".

Pureza, lei, tradição dos antigos (7,1-23)

O texto relativo ao ensinamento de Jesus sobre a pureza, a lei e a tradição dos antigos é separado do curso narrativo dos acontecimentos que o precedem. A presença de fariseus e escribas de Jerusalém é uma surpresa, mesmo porque há tempo não são colocados em cena os adversários de Jesus. Trata-se de um discurso que tem por tema algumas questões ligadas à lei judaica relativa à pureza, que Jesus complementa com um ensinamento de características morais mais gerais.

O início do capítulo lembra as discussões do capítulo 2: partindo das normas sobre as abluções antes das refeições, típicas do mundo judaico e farisaico, como *Marcos* explica no interessante inciso 7,3-4, evidentemente dirigido a não judeus, Jesus direciona o discurso contra o costume dos fariseus de substituir as normas de Moisés pela "tradição dos antigos". A partir do v. 14, ao contrário, a questão se torna mais abrangente: O que tornaria a pessoa impura? E aqui a resposta faz-se mais radical, pois todo o sistema de purificação, próprio ao judaísmo, é questionado: de fato, a pureza é algo que diz respeito ao coração, diz Jesus, e não exterioridade humana. Impressiona o elenco dos vícios colocado no final da passagem evangélica, que remete tanto às páginas do AT, a partir naturalmente do decálogo, quanto a algumas passagens do NT[20].

---

20. Cf. Gl 5,19-21; 1Cor 5,10-11; 2Cor 12,20-21; Ef 5,3-5; Cl 3,5-8; 1Tm 1,9-10; Ap 9,21; 21,8; 22,15.

O tema da relação entre Jesus e a lei judaica, muito debatido nos estudos recentes, mostra aqui o Nazareno com posições próximas ao mundo profético, onde não falta a crítica à interpretação da lei; mais do que uma superação ou de um abandono da *Toráh*, Jesus propõe uma observância mais radical e originária, livre de construções demasiadamente humanas.

Três milagres em terra pagã (7,24-8,10)

Os três milagres narrados na sequência de *Marcos*, heterogêneos em termos de conteúdo, têm em comum o fato de terem sido realizados em terra pagã. Estamos diante do elemento central do primeiro relato (7,24-30). A figura da mulher grega é um belo exemplo de personagem menor: ela se destaca de modo claro diante de Jesus, fazendo frente às argumentações iniciais do Nazareno, e recebe no final um elogio em razão de sua palavra. Nesta passagem, graças a um jogo de contrastes entre os dois protagonistas, *Marcos* consegue afirmar, ao mesmo tempo, tanto o primado do povo judaico em relação aos pagãos quanto a necessidade de que a salvação alcance também estas pessoas, sem discriminações e exclusões.

Também o segundo milagre (7,31-36) é situado em terra pagã (a já mencionada Decápole). Aqui sobressaem dois elementos: a modalidade de cura, muito física, dado que Jesus, para curar o surdo-mudo deve tocar os órgãos doentes do homem; e, em seguida, a conclusão com a manifestação de estupor e louvor, com que os presentes – em contraste com a intenção de Jesus de permanecer no anonimato – louvam a Deus: nada de especial, não fosse o fato de estarmos diante de homens pagãos que exaltam o Deus de Israel com palavras das Escrituras!

O terceiro milagre (8,1-10) traz à cena o "pão", que em geral é protagonista da seção, repetindo o milagre da multiplicação. Não é fácil explicar a duplicação do relato, mas alguns elementos ajudam na compreensão: em primeiro lugar, existe interesse em mostrar um Jesus que tem a mesma solicitude tanto para com o mundo judaico (como no cap. 6) quanto para o mundo pagão (aqui); além disso, a passagem caracteriza de modo ambíguo os discípulos, que colaboram com o mestre na realização do milagre, mas mostram um incompreensível esquecimento do ocorrido pouco antes, com o notável ceticismo que lhes é peculiar sobre a possibilidade de saciar a fome de todos os presentes; neste caso podemos falar de *ignorância narrativa*.

Palavras enigmáticas (8,10-21)

Segue um brevíssimo episódio (8,12-13), que traz à tona novamente o contraste entre Jesus e seus adversários, neste caso ainda os fariseus (como em 7,1), quase para enquadrar a estada de Jesus em território pagão. O pedido de um sinal também está presente nos outros evangelistas, sempre marcado por uma rejeição; *Mateus* e *Lucas* relatam também as palavras sobre o "sinal de Jonas", ausente aqui (cf. Mt 12,38-41; Lc 11,29-32). *Marcos* quer reiterar a dimensão do contraste, sempre mais claro e radical, entre Jesus e as autoridades. O uso do termo "esta geração" constitui uma ampliação do discurso a todo o povo de Israel, mediante uma expressão de claro sabor bíblico (cf. Sl 85,1-11; Nm 14,30). O contraste é, portanto, sempre mais profundo e, uma vez mais, tem a ver justamente com a identidade de Jesus.

A seguir, pela terceira vez em poucos capítulos, *Marcos* descreve Jesus e os discípulos num barco, pretendendo atravessar o lago (8,14-21). Nesta ocasião, no entanto, não acontece nenhum episódio particular, e tudo se concentra no diálogo que se desenvolve ao redor do tema relativo ao "pão". Não é fácil situar e classificar uma passagem como esta; em geral, atribuiu-se um valor simbólico ao pão, individuando no único pão a pessoa de Jesus, cuja identidade deve ser compreendida pelos discípulos que, ao contrário, parecem mais preocupados com o pão material. E impressiona a dureza de Jesus para com eles, com as repetidas acusações de incompreensão. Também o leitor se encontra em dificuldade, e não consegue, a esta altura, intuir o que se passa pela cabeça do Senhor; assim como os discípulos, também ele deve fazer o seu caminho

Um cego curado (8,22-26)

As perguntas e os símbolos continuam também no relato de cura do cego. Jesus precisa de uma dupla intervenção para levar o doente à plena visão, e isto sugere uma interpretação simbólica: a descrição de uma transformação complexa que, graças à intervenção de Jesus, é superada. Dada a localização do episódio no Evangelho de *Marcos*, entre a repreensão dos Doze no barco e a confissão de Pedro, a simbologia é vinculada à passagem dos discípulos da cegueira à compreensão[21]. Mas o texto é significativo também para a cristologia: curando um cego, e esta é a primeira vez, Jesus mostra poder realizar todas as ações que a tradição judaica atribuía ao tempo messiânico, que previa a ação em favor de leprosos, mortos, surdos, cegos, assumindo sempre mais as conotações do consagrado aguardado por Israel. E, talvez não por acaso, o próprio termo "messias" volte à cena logo em seguida.

A confissão de Pedro (8,27-30)

Com este episódio se conclui a primeira grande parte de *Marcos*, e o evangelho atinge uma de suas articulações fundamentais. O leitor logo se impressiona com sua ambientação, fora, portanto, da terra de Israel: Cesareia de Filipe se situa ao norte da Galileia, perto das nascentes do Jordão. Aqui Jesus interroga os discípulos, a sós com Ele, sobre a própria identidade. A dupla pergunta serve justamente para separar os sujeitos chamados a dar a resposta: primeiro, genericamente, o povo, em seguida os discípulos, indicados aqui pelo termo "vós": "Mas, vós, quem dizeis que eu sou?" E as respostas recolhidas pelos discípulos como opiniões comuns (aliás, já percebidas alhures pelo leitor em 6,14-16) não podem ser consideradas suficientes. Daí por que a palavra de Pedro ressoe com tamanha exatidão: "Tu és o Cristo". O apóstolo responde sozinho, distanciando-se do grupo dos discípulos, que pela primeira vez faz ressoar no Evangelho de *Marcos* a palavra "messias", depois do título (1,1). Como lá, trata-se aqui também de um termo adequado para falar de Jesus.

Chegamos assim a um evidente ponto culminante da narração, em relação à longa busca pela identidade de Jesus: ao menos um personagem da história conseguiu perceber a verdadeira natureza do protagonista. Mas na perícope acontece também algo maior: chega-se também a uma primeira conclusão sobre a incompreensão geral dos discípulos, justamente por um deles ter feito a confissão. Assim, quem lê sabe perfeitamente que estamos num ponto de desdobramento do relato. De desdobramento, mas não de chegada: o episódio é ambientado ao "longo do caminho", bem longe de Jerusalém e, como a ordem de silêncio conclusiva deixa a entender, há muito caminho a ser feito ainda, e muita coisa deve acontecer.

---

21. Cf. SALVATORE. *Vedeva*, p. 216-217.

EXCURSUS – A IDENTIDADE DE JESUS ENTRE SEGREDO MESSIÂNICO E "FILHO DO HOMEM"

Um dos temas mais fascinantes do *Evangelho segundo Marcos* é sem dúvida aquele que, a partir de 1901, os estudiosos chamam de *o segredo messiânico*[22]. A ideia de que a identidade de Jesus deva manter-se escondida surge bem cedo no evangelho, desde os primeiríssimos episódios, mas tem em 8,30 uma de suas passagens principais, seja porque aqui, pela primeira vez, o silêncio é imposto aos discípulos, seja porque se refere propriamente ao termo "messias", que Pedro acaba de empregar. O evangelho contém nove mandados de silêncio, dirigidos a demônios (1,25; 1,34; 3,12), a pessoas curadas (1,44; 5,43; 7,36; 8,26) e aos discípulos (8,30; 9,9). E a ordem diz respeito tanto à identidade de Jesus (1,25; 1,34; 3,12; 8,30; 9,9) quanto à sua ação de taumaturgo (1,44; 5,43; 7,36; 8,26). É um tema tipicamente marciano, pois muitas destas ordens não aparecem em *Mateus* e *Lucas*, que não acrescentam novas. As ordens de silêncio se encontram sobretudo na primeira parte do evangelho, onde a temática da busca pela identidade de Jesus é mais forte; sua função narrativa mais evidente é a de criar um *suspense* para o leitor, que não sabe quando tal identidade será revelada no relato[23].

O segredo sublinha a distância entre o conhecimento do leitor e o dos personagens. Ao leitor, de fato, é revelada desde o início a identidade do protagonista; por isso, seu problema será não tanto o de compreender quem é Jesus, mas descobrir de que modo Ele se manifestará e como será reconhecido. Além disso, este conhecimento leva quem lê a identificar-se positivamente com os personagens que confessam corretamente sua fé, afastando-se ao mesmo tempo de quem não reconhece em Jesus o próprio salvador. Mas, exatamente porque na história muitos personagens não compreendem a identidade de Jesus e, se a conhecem, são silenciados pelo protagonista, o leitor compreende que, na estratégia do evangelista, a identidade do protagonista não deve ser muito facilmente percebida, justamente para evitar dúvidas e erros. Assim, após a correta confissão de Pedro, Jesus impõe o silêncio, para evi-

---

22. A obra de referência é WREDE. *Segreto messianico*.

23. Cf. DE VULPILLIÈRES, S. *Nature et fonction des injonctions au seilence dans l'évangile de Marc* (Études Bibliques. Nouvelle Série 62). Pendé: Gabalda, 2010.

tar que o messianismo seja lido em termos nacionalistas ou triunfalistas. Através da ordem de silêncio, *Marcos* sugere ao leitor interrogar-se pessoalmente sobre a própria compreensão do mistério de Jesus; ele, que conhece as menções de Jesus desde o início, não pode estar certo, porém, de ter compreendido realmente o que estas menções significam.

Dentro desta dinâmica, uma ulterior complexidade é introduzida pela expressão "filho do homem", tão frequentemente utilizada por *Marcos*, e que assume uma conotação particular, ligada sobretudo ao destino de sofrimento de Jesus[24]. O primeiro dado, muito claro, é que esta expressão é sistematicamente posta na boca de Jesus, que faz dela sua principal autodenominação, em contextos igualmente muito diferentes (cf. 2,10.28; 8,31.38; 9,9.12.31; 10,33.45; 13,26; 14,21.41.62). Em geral os estudiosos subdividem os 14 ditos em três grupos: os que se referem ao filho do homem escatológico (8,38; 13,26; 14,62); os que dizem respeito ao seu ministério terreno (2,10.28); enfim, e é o grupo mais importante, as passagens que anunciam o sofrimento e a morte do filho do homem (8,31; 9,9.12.31; 10,33.45; 14,21.41). Não há unanimidade na interpretação do título: para alguns estudiosos ele não teria nenhum significado particular, ou seja, seria o equivalente ao substantivo "homem"; para outros serve para sublinhar o aspecto humano de Jesus, redimensionando outros títulos como messias ou filho de Deus. Nos escritos apocalípticos, "filho do homem" indicava uma figura celeste, dotada de glória e poder recebidos diretamente de Deus, às vezes em vista do julgamento, do triunfo ou da grandeza, e pertencente à esfera escatológica. Trata-se de uma visão já presente no Livro de *Daniel*, onde, porém, o aspecto mais pessoal é menos evidente do que nos escritos posteriores (cf. Dn 7,13 e Sl 110,1). Seja como for, no tempo de Jesus tratava-se de uma expressão conhecida e que já tinha um sentido específico. Em *Marcos*, no entanto, temos um deslocamento de uma visão gloriosa do filho do homem escatológico, embora presente no evangelho, para uma ideia de um filho do homem sofredor; e, paradoxalmente, as duas imagens coexistem, construindo um quadro complexo e articulado.

---

24. Um escrito recente e sintético é MANICARDI, E. L'auto-designazione di Gesù come "il Figlio dell'uomo" nel Vangelo secondo Marco. *Rivista di Teologia dell'Evangelizzazione*, 21, p. 249-279, 2017.

Com os discípulos a caminho da cruz (Mc 8,31–10,52)

A partir de 8,31 o relato apresenta grandes novidades, com a primeira predição da paixão e o novo convite ao discipulado. Esta seção central do evangelho, com muito menos milagres e mais ensinamentos, é facilmente identificável tanto pelos três anúncios da paixão e da ressurreição que marcam sua progressão quanto pela temática do ensinamento aos discípulos[25] e pela ambientação "no caminho" que a caracteriza em vários pontos.

Primeiro anúncio da paixão e novo chamado ao seguimento (8,31–9,1)

A seção se abre com as importantes palavras de Jesus relativas ao seu iminente destino de paixão, morte e ressurreição, seção na qual reaparece a expressão "filho do homem". A notícia não é apenas inesperada pelos personagens do relato (como a reação de Pedro o mostra claramente), mas também para o leitor, que descobre aqui a "necessidade" da paixão e da morte: "é necessário que o filho do homem..." Claramente emerge o contraste entre "pensamento de Deus" e "pensamento do homem", que aponta nitidamente para o centro da questão. Jesus dirige, portanto, um apelo ao seguimento que, se por um lado remete de forma clara ao início do evangelho, por outro introduz o elemento novo da "cruz", como aspecto irrenunciável a quem quer seguir o caminho do mestre. Trata-se de um ensinamento geral e amplo, composto por seis breves sentenças em estreita sequência (incluindo também 9,1), no qual se destacam elementos paradoxais e contrastantes. Seguir o caminho sem desconsiderar a cruz, de fato, derruba todas as lógicas humanas. Em relação ao início do evangelho, os discípulos agora estão evidentemente mais conscientes (Pedro descobriu que Jesus é o Messias), mas o caminho se torna mais dramático: quem quiser seguir o filho do homem no caminho da cruz deverá compartilhar seu destino, mesmo que signifique "perder a vida", pois não basta "ganhar o mundo inteiro" se se envergonha de Jesus e de suas palavras.

A transfiguração (9,2-13)

O conhecido episódio da transfiguração se apresenta como uma pausa narrativa, no qual Pedro, Tiago e João são admitidos a uma particular revelação de Jesus, que "entra" no mundo divino em um monte não especificado

---

25. Cf. FABRE, J.-P. *Le disciple selon Jésus – Le chemin vers Jérusalem dans l'évangile de Marc* (Le livre et le rouleau 45). Paris: Lessius, 2014.

da Galileia. O monte é um lugar simbólico por excelência, de revelação e teofania, inclusive pelos dois personagens bíblicos que a perícope bíblica apresenta: Elias (cf. 1Rs 19) e Moisés (cf. Ex 19). O evento é descrito como uma transfiguração das vestes, que se tornam branquíssimas, e da pessoa de Jesus, de quem apenas se diz "transfigurou-se". A narração é feita a partir do ponto de vista dos discípulos, que são espectadores da cena. Após a intervenção de Pedro, meio desajeitada, sobre as três tendas[26], a revelação se enriquece com o surgimento de uma "nuvem", outro símbolo divino (cf. Ex 13,21 e passim), e sobretudo com a voz que dela provém atestando a filiação divina de Jesus, pedindo para que seja ouvido. Aos olhos do leitor a transfiguração é um importante momento de revelação, e apresenta muitas semelhanças com o relato do batismo em 1,9-11. O leitor se dá conta também que, após a confissão de Pedro, aparece agora outro título utilizado no primeiro versículo do evangelho ("filho [de Deus]"), e por isso associa os dois episódios: trata-se de dois momentos de revelação complementares.

Durante a descida do monte se estabelece um diálogo sobre a figura de Elias, em referência a João, precursor, como o profeta (cf. Ml 3,23-24 e Eclo 48,10). Jesus ordena sigilo em relação ao ocorrido, ao menos até a sua ressurreição dos mortos. Como precedentemente, porém, *Marcos* informa que os três não conseguem compreender o que deve ser entendido por ressurreição. O vínculo entre ressurreição e transfiguração tem sido frequentemente notado pelos estudiosos, dentre os quais não falta quem tenha visto nesta última um relato pós-pascal antecipado para a vida terrena de Jesus.

O endemoninhado mudo (9,14-29)

Em vínculo estreito está também o episódio seguinte, ambientado aos pés do monte, onde *Marcos* descreve os outros discípulos na inútil tentativa de curar um rapaz endemoninhado; a intervenção de Jesus coloca as coisas em seu devido lugar. O episódio, mais longo que os outros relatos de milagre, se diferencia pelo diálogo entre Jesus e o pai do rapaz; logo aparece o tema da fé, seja na afirmação de Jesus, seja no pedido veemente do pai: "Eu creio, mas ajuda a minha falta de fé". Além disso, a pergunta conclusiva dos discípulos sobre os motivos da própria incapacidade introduz o tema da

---

26. O termo é *skénai*, "cabanas", que pode aludir à *tenda da reunião* de Ex 33,7-11, ou fazer referência à homônima festa hebraica.

oração, necessária para obter a cura. Assim, narrando um evento habitual de modo inabitual, *Marcos* introduz um ensinamento indireto aos discípulos (e ao leitor), continuando a tendência narrativa específica desta seção central, que é justamente a instrução aos Doze. Isto se reflete no conjunto – e é bastante evidente – graças também à introdução de um personagem menor, e não tão *insignificante* o quanto parece, na pessoa do pai do rapaz doente, que se mostra capaz de interagir com Jesus e dirigir-lhe palavras cheias de sentido e dramaticidade.

Segundo anúncio da paixão e ensinamentos aos discípulos (9,33–10,16)

Em *Marcos* existem três predições da paixão; se a primeira foi seguida de uma incompreensão de Pedro, a segunda (9,30-32) – que é mais breve, mas contém o importante verbo "entregar"/"trair" (*paradídomi*), expressão utilizada de forma sistemática por *Marcos* – é seguida de outro episódio em que os discípulos mostram não estar à altura da exigência de seu mestre. Em seguida emerge uma série de ensinamentos numa seção menos homogênea, que une provavelmente tradições de diversas proveniências.

A primeira instrução (9,33-37) nasce da discussão sobre quem seria o maior no grupo. Questão um tanto quanto desconcertante, em que Jesus responde tanto com o convite a ser "servo e servidor de todos" quanto com o simples gesto de colocar uma criança no centro, convidando a acolhê-la. Rapidamente compreende-se que se trata de um tema precioso para os seguidores do Senhor, e que reflete o que Jesus está vivendo em sua viagem para Jerusalém, sob o signo da cruz.

Também nos versículos subsequentes (9,38-50), bastante desconexos entre si, intui-se, no entanto, que o tema de fundo permanece o ensinamento sobre a grandeza e a minoridade, ser primeiro ou o último, o serviço, o acolhimento, a forma de chegar à vida e ao reino e o escândalo a evitar. O tom é quase sempre paradoxal, com imagens hiperbólicas (*basta um copo d'água, arranca teu olho, corta tua mão...*), que desconcertam e, ao mesmo tempo, suscitam questionamentos, certamente também no leitor.

Uma desconexão geográfica, determinada pela travessia do Jordão, sinaliza uma mudança de tema, causada pela presença de alguns fariseus que testam Jesus sobre o divórcio, pedindo sua opinião sobre a possibilidade de "repúdio" da parte do marido. Jesus responde manifestando o próprio pensamento sobre o matrimônio (10,1-12); com uma argumentação tipicamente bíblica, contrapõe à concepção feita por Moisés à ideia originária, que remonta ao Livro do *Gênesis*, segundo a qual homem e mulher unidos em matrimônio não podem ser separados. Como em outras ocasiões, Jesus não vai muito contra a lei, mas torna mais radical ainda a normativa, levando-a à sua originária motivação teológica. Em seguida entra em cena uma criança (10,13-16), elemento de continuidade com aquilo que há pouco havia sido ensinado, e que se torna o modelo do verdadeiro discípulo. O que está em jogo, diz Jesus, é a própria possibilidade de entrar no Reino de Deus.

O homem rico (10,17-31)

Depois da pergunta dos fariseus, o episódio seguinte descreve "um indivíduo", não identificado, que interroga Jesus sobre uma questão muito genérica: como "herdar a vida eterna" (10,17-22). Jesus direciona o discurso para os mandamentos de Moisés, mas após o indivíduo declarar-se um fiel observante, o tom da conversa muda. *Marcos* diz que Jesus, observando-o, "o amou", antes de dirigir-lhe o convite feito a qualquer discípulo: deixar tudo e segui-lo.

A cena propicia um ensinamento mais amplo (10,23-31) – isto é, sobre o risco das riquezas; também neste caso os discípulos reagem mal às palavras de Jesus ("ficaram desconcertados" e "atônitos") e a intervenção de Pedro suscita um ensinamento sobre a recompensa (o "cêntuplo") que espera os que deixaram tudo por causa do evangelho, e se conclui com uma ulterior afirmação de princípio: "muitos dos primeiros serão os últimos e muitos dos últimos serão os primeiros".

Terceiro anúncio da paixão e reação dos discípulos (10,32-45)

A terceira predição da paixão (10,32-34) menciona pela primeira vez Jerusalém, e é mais específica do que as precedentes, sobretudo ao fornecer alguns detalhes sobre o que acontecerá depois: entrega aos pagãos, escárnios, escarros e flagelação.

Como nos anúncios precedentes, a predição é seguida por um episódio que evidencia a incompreensão dos discípulos, neste caso Tiago e João, os filhos de Zebedeu. Diante do pedido dos dois, que será criticado pelos outros dez, Jesus não faz uma reprovação direta, embora afirme não poder atendê-los.

Segundo um esquema já conhecido, Jesus aproveita a ocasião para transmitir um ensinamento aos seus: primeiro sobre a necessidade de sofrer com Ele e, em seguida, mais genericamente, sobre o estilo de serviço que deve ser característico do discípulo (10,42-45). Aqui aparece um dos versículos mais interessantes da seção: "o filho do homem não veio para ser servido, mas para servir e dar sua vida em resgate de muitos" (v. 45). A frase, que o leitor percebe imediatamente como importante, acaba sendo também o último ensinamento desta seção do evangelho, assumindo "a função de ponto culminante e síntese de toda a instrução dirigida por Jesus aos discípulos após a confissão de Cesareia"[27]. A mensagem é clara, mesmo que o termo "resgate" não seja de fácil interpretação[28]. Para muitos autores, devemos ver aqui uma alusão ao quarto do Servo em Is 52–53. Vale também lembrar o reaparecimento do título "filho do homem" que, mais uma vez (como em 8,31), é ligado ao destino de sofrimento.

A cura do cego Bartimeu (10,46-52)

Neste episódio *Marcos* indica com precisão o lugar onde a cena de desenvolve: na saída de Jericó, última cidade no caminho de Jerusalém. Aqui um homem, cego, de quem são referidos nome e paternidade (Bartimeu, filho de Timeu), se encontra "à beira da estrada" e, ouvindo falar de Jesus, grita para chamar sua atenção, até conseguir falar com Ele. Impressiona a designação usada pelo homem: "filho de Davi", expressão rara em *Marcos*, que não dá muito peso em seu relato à descendência davídica do protagonista. Dentre as poucas palavras que *Marcos* relata, sobressai-se o que Jesus afirma: "a tua fé te curou". Positivo também é o final, em que o próprio cego "se pôs a segui-lo" (*akouthéo*) "pelo caminho" (*en te hodó*). A última coisa que *Marcos* descreve, antes do ingresso de Jesus na cidade santa, é este homem como um verdadeiro discípulo, capaz de deixar as próprias coisas e seguir o Nazareno. Percebe-se a desnecessária menção do "caminho", que enquadra toda a seção (o termo é usado em 8,27), sublinhando o valor, também simbólico, do "caminho" em direção à cruz.

---

27. BARBI. *Se qualcuno*, p. 289.

28. Em grego o substantivo é *lýtron*, presente no AT (sobretudo no Pentateuco), que indica o preço a ser pago pela vida das pessoas, pelas terras ou por outros motivos, em contexto legislativo ou cultual.

EXCURSUS – OS DISCÍPULOS E A INCOMPREENSÃO

Nos capítulos centrais do evangelho, *Marcos* mostra Jesus com o propósito de instruir seus discípulos sobre o significado do destino que o espera em Jerusalém; mas, por outro lado, continua caracterizando os Doze como incapazes de compreender profundamente as palavras de seu mestre. Podemos falar, pois, de um tratamento ambivalente. Para não poucos autores, aliás, o que diferenciaria os discípulos em *Marcos* é justamente a "incompreensão" que eles demonstram em relação a Jesus. Esta se manifesta logo nos primeiros capítulos deste evangelho tanto em face do ensinamento do mestre (cap. 4 e 7) quanto em relação à identidade do protagonista. Esta incompreensão foi interpretada tanto como emblema do fracasso do seguimento quanto como elemento de apelo ao leitor, convidado a não imitar os seguidores históricos do Nazareno.

De um ponto de vista narrativo, o dado que mais emerge é o forte entrelaçamento entre discípulos e cristologia: a incompreensão tem a função de acompanhar o leitor na descoberta da verdadeira identidade de Jesus. Assim, a caracterização dos discípulos, embora negativa para grande parte das seções, não reflete uma verdadeira falência do grupo que segue a Jesus, ou de alguma controvérsia em seus confrontos. Também no final do evangelho, no relato da paixão e da ressurreição, *Marcos* descreve a fuga e o fracasso de todos, unida, porém, à nova possibilidade de seguimento oferecida pelo Ressuscitado através das mulheres no sepulcro. Os discípulos, portanto, são falíveis, mas, para o leitor, são novamente descritos como seguidores do Ressuscitado, que lhes oferece sua misericórdia, e, portanto, a possibilidade de uma renovada salvação[29].

---

29. Cf. VIRONDA. *Gesù*, p. 242.

Em Jerusalém (Mc 11,1–15,47)

Todos os capítulos conclusivos de *Marcos* (cap. 11-16) são ambientados em Jerusalém, depois da chegada de Jesus à cidade santa[30]. Deste modo a geografia do relato é bem delineada, e muitos autores perceberam nesta clara divisão um elemento de natureza teológica. As jornadas em Jerusalém são breves e claramente cadenciadas: após alguns dias de ensinamento, no templo ou em seu entorno, narrados nos capítulos 11-13, relata-se a prisão e a morte (cap. 14-15); a ressurreição é objeto do capítulo 16. Visto o caráter particular desta última seção, a terceira grande parte de *Marcos* é aqui delimitada aos únicos capítulos 11-15. A seção se caracteriza por uma unidade muito forte, devida inclusive à tensão dramática sempre crescente; é a seção final, onde o destino de Jesus – amplamente anunciado a partir do capítulo 8 – se realiza.

A entrada de Jesus em Jerusalém (11,1-11)

A entrada na cidade santa é descrita por *Marcos* com o emprego de uma série de imagens e passagens bíblicas: o grande interesse pela cavalgadura de Jesus remete à profecia de Zc 9,9 (relativa ao rei justo e humilde), mas também existem ligações com Gn 49,10-11 (bênção messiânica a Judá, com referência a um asno). As palavras da multidão, ao contrário, são tiradas do Sl 118,25-26, um hino utilizado justamente para a subida a Jerusalém, que exprime o louvor e o convite ao regozijo[31]. Pode impressionar o silêncio de Jesus, que não adere às manifestações de júbilo que lhe dizem respeito, assim como a sobriedade do relato da visita ao templo, que segundo *Marcos* acontece imediatamente, mas sem que Ele ali realize qualquer ação, senão a de olhar ao redor. Do ponto de vista cristológico, *Marcos* parece não se inscrever na perspectiva real e davídica com a qual é lida a identidade de Jesus, e prefere sugerir, através da Escritura, a humildade do protagonista. Entre o entusiasmo da multidão e o estilo de Jesus parece existir assim uma grande distância, que a sequência dos acontecimentos não poderá senão confirmar, e de forma dramática.

---

30. O vilarejo de Betânia, mesmo estando fora dos muros da cidade santa, pode ser considerado na ótica de *Marcos* como parte de Jerusalém.

31. O grito *Osanna* do v. 25 do salmo, originariamente um grito de ajuda, tornou-se um convite à alegria no contexto das aclamações que no salmo precedem (v. 24: "alegremo-nos, exultemos") e seguem (o cortejo do v. 27; o "render graças" do v. 28).

A figueira secada e a ação de Jesus no templo (11,12-26)

Os episódios da figueira e do templo, narrados por *Marcos* mediante um relato intercalado, devem ser interpretados unitariamente. A cena da figueira é particularmente complexa: *Marcos* representa um "diálogo" entre Jesus e a árvore, acusada de não ter frutos, embora fora de estação, e destinada, portanto, a permanecer eternamente estéril. A cena, no entanto, permanece suspensa, porque o final só será contado mais tarde, após a ação no templo.

No santuário reúnem-se habilmente ações e palavras: à expulsão dos vendilhões e de outros personagens, Jesus une uma citação profética: longe de querer minar a autoridade do lugar sagrado, defende o santuário como lugar de oração, para além de qualquer possível mercantilização, segundo uma linha de pensamento que lembra as ações proféticas (cf. Is 56,7 e Jr 7,11). A reação dos chefes é violenta: *Marcos* lhes atribui a intenção de "fazê-lo morrer".

Quando *Marcos* inicia a descrição da jornada seguinte, retorna a imagem da figueira, já seca. Impressiona a releitura feita pelo Nazareno, invocando a "fé em Deus" e a oração, num ulterior ensinamento aos discípulos. Aqui devemos ver uma ação simbólica em estilo profético (cf. a árvore de Gn 4), cuja chave interpretativa é o templo: como a figueira, doravante ele já está "fora de estação", e em si – isto é, com os próprios sacrifícios – ele já não tem mais nenhuma utilidade em termos de salvação, e não pode oferecer mais nada de válido aos seus destinatários[32]. Agora é a cruz de Jesus que passa a ser portadora de salvação.

A questão da autoridade e da identidade de Jesus (11,27–12,12)

Também neste terceiro dia, Jesus se dirige ao templo, onde é imediatamente enfrentado pelos chefes dos sacerdotes, escribas e anciões, sobre uma questão decisiva: sua autoridade (11,27-33). A resposta de Jesus é indireta e evasiva, e evoca a figura e a autoridade de João. Mais do que uma tentativa de desviar a questão e colocar em dificuldade seus adversários, aqui Jesus quer novamente associar sua própria missão à do Batista, autêntico precursor, respondendo em seguida que nenhuma revelação pode acontecer a quem dele se aproxima com falsidade de coração. Segue uma parábola (12,1-12), diferente das precedentes, enquanto não expõe o mistério do Reino de Deus:

---

32. Cf. GASPARRO. *Simbolo e narrazione*, p. 450-451.

o tema é de fato o destino do filho (aliás, é a primeira vez que Jesus se define assim) e a atitude de Israel, e em particular a de seus chefes em seus confrontos, bem como a dos profetas que o precederam. Diante da recusa, Jesus declara no final de seu ensinamento que a ação de Deus irá reverter a situação, como as palavras do Sl 118 o demonstram: a "pedra rejeitada" será a pedra de uma nova e maravilhosa construção[33].

As outras discussões e ações no templo (12,13-44)

Depois da parábola, mudam os adversários que se dirigem a Jesus: fariseus e herodianos protagonizam o primeiro diálogo (12,13-17). Jesus neutraliza a insidiosa questão do tributo a César pedindo não apenas que se dê a César o que é de César, mas também "a Deus o que é de Deus": em si, inclusão desnecessária, mas referência eficaz no reconhecimento da verdadeira soberania à qual o homem deve obedecer, que não é a do imperador.

Também o segundo diálogo (12,18-27) é direcionado para uma reflexão teológica: Jesus repele a dúvida dos saduceus[34] sobre a ressurreição, afirmando claramente sua existência, transmitindo um novo ensinamento sobre o "Deus dos vivos e dos mortos".

Mais clara ainda é a atenção a Deus no terceiro diálogo, com o escriba (12,28-34): sua pergunta leva Jesus a citar o mandamento do amor a Deus (a passagem é extraída de Dt 6,4-5, o *sh^emá Yisraél*), ao qual é agregado o mandamento do amor ao próximo, este também bíblico (Lv 18,18). Os dois mandamentos nunca eram associados na Escritura, mas já eram lidos em unidade na tradição hebraica, como o confirma a reação positiva do escriba.

Terminadas as discussões e perguntas, Jesus toma a iniciativa dele mesmo interrogar seus antagonistas (12,35-40), atraindo a atenção primeiramente sobre sua pessoa (o messias, diz Jesus, não pode ser simplesmente um *filho de Davi*), em seguida sobre os escribas, com uma dura repreensão de suas atitudes, em particular religiosas. O duro contraste remete ao início do evangelho, quando, desde 1,22, o ensinamento de Jesus era contraposto ao dos escribas, numa espécie de grande inclusão.

Há espaço apenas para um último episódio, e um último personagem, que *Marcos* esboça com pouquíssimas palavras, mas com grande beleza

---

33. O Sl 118 é interpretado em chave cristológica também pela Igreja nascente; cf. At 4,11.
34. Em *Marcos* esta é a única vez que este grupo religioso é mencionado.

(12,41-44). De fato, a pobre viúva, protagonista no templo, é posta em sábio contraste com muitos ricos que lançam muitas moedas, realçando assim a modéstia do gesto, porém, paradoxalmente julgado por Jesus como o melhor de todos, já que "ela deu tudo o que possuía"[35]. Note-se a analogia com a seção precedente, concluída, como a presente, com um personagem menor, que pode ser visto como modelo de discípulo (Bartimeu). Também neste caso, de fato, a viúva mostra ter o justo comportamento de fé que mais vezes Jesus havia pedido aos seus. Assim, esta mulher, que aparece num único versículo do evangelho, se torna modelo de fé autêntica e sincera.

O discurso sobre "coisas que acontecerão" (13,1-37)

O capítulo 13 de *Marcos* é dedicado ao longo discurso de Jesus sobre "coisas que acontecerão". A breve introdução narrativa situa a conversa no interior de um diálogo entre Jesus e os primeiros quatro discípulos, em um local elevado, em frente ao templo (Monte das Oliveiras). O discurso se alarga a um futuro mais distante, ao momento do retorno do "filho do homem", após um tempo de tribulações, enganações, provações e vigilância para os discípulos. Pelo conteúdo e pelo gênero adotado (sobre os quais não há acordo), estamos diante de uma das páginas mais complicadas deste evangelho. Em seu conjunto podemos identificar: a predição das enganações, das guerras e das calamidades (v. 5-8); a perseguição e a necessidade de anunciar o evangelho (v. 9-13); os dias de tribulação (v. 14-23); a vinda do filho do homem (v. 24-27); a parábola sobre a figueira (v. 28-31); a exortação conclusiva sobre a vigilância (v. 32-37). Alternam-se verbos no futuro, com predições e imagens daquilo que será, e imperativos, ordens e admoestações para os discípulos. O que prevalece é justamente o tom exortativo: se é verdade que, de fato, as imagens sobre o futuro, vivas e dramáticas, chamam a atenção, ainda mais forte é o sentido de apelo que do texto emerge, graças às palavras dirigidas por Jesus aos discípulos na segunda pessoa, que alcançam com toda a sua força também o leitor.

O discurso parte da destruição do templo, mas o olhar se abre imediatamente para o futuro (mais imediato), em que os discípulos enfrentarão tribulações, até o futuro escatológico, no qual o mundo inteiro "passará" e o filho

---

35. *Marcos* diz que a mulher depositou "duas moedinhas; i. é, um quadrante" (*kordántes*), a menor moeda em uso no mundo romano (*quadrans*). Muitas vezes o termo é considerado um indício da proveniência romana do Evangelho de Marcos.

do homem voltará "com grande poder e glória". Não obstante as imagens fantasiosas e cósmicas, não falta o entrelaçamento com a história concreta, como é habitual na literatura apocalíptica. Basta pensar, aliás, na referência, muito obscura, à "abominação da desolação" (*to bdélygma tes eremóseios*), que remete claramente ao Livro de *Daniel* (cf. Dn 9,27; 11,31; 12,11) e a 1Mc 1,54. Jesus evita indicar com precisão os tempos e os momentos dos acontecimentos descritos, declarando assim a própria ignorância sobre estas coisas, e resolvendo tudo isso num premente convite à vigilância, mais vezes repetido e sustentado com imagens e parábolas (a figueira, o patrão). Assim, do início ao fim, ressoa o convite à observância e à vigilância.

O capítulo é importante: ele fornece as mais claras afirmações sobre a dimensão escatológica da cristologia de *Marcos*, pouco presente alhures (cf., no entanto, 8,38; 9,1). É uma espécie de testamento de Jesus aos seus. Por outro lado, vale ressaltar também que o capítulo favorece o envolvimento do leitor. Em primeiro lugar, pela presença das muitas exortações na segunda pessoa e, em segundo lugar, porque o tom profético exalta sua função imperativa: como diante da palavra profética do AT, o que de fato é transmitido não pode ser ouvido sem a colaboração de quem lê, chamado a compreender símbolos e referências e a absorver o jogo dos apelos instituídos pelo texto. Enfim, as contínuas referências ao futuro aproximam as palavras de Jesus ao tempo do leitor, de qualquer geração.

A paixão e a morte de Jesus (14,1–15,47)

O longo relato da paixão encerra tanto a trama conclusiva ligada ao conflito entre Jesus e seus adversários quanto a trama de revelação da identidade de Jesus, filho de Deus crucificado. Em relação aos capítulos precedentes, o relato se caracteriza por uma maior coesão e pela riqueza de particularidades e personagens.

A paixão engloba dois capítulos na atual subdivisão do evangelho, considerando o início em 14,1, momento em que os acontecimentos são desencadeados. Desta forma é possível identificar os seguintes episódios: complô dos chefes contra Jesus e intervenção de Judas (14,1-2.10-11); unção na casa de Simão, o leproso (14,3-9); preparação da ceia pascal (14,12-16); ceia pascal (14,17-26); caminho para o Getsêmani (14,27-31); oração e prisão no Getsêmani (14,32-52); sessão do sinédrio (14,53.55-56); negação de Pedro (14,54.66-72); processo diante de Pilatos (15,1-15); Jesus nas mãos dos soldados (15,16-20); crucificação (15,21-32); morte na cruz (15,33-41); sepultamento (15,42-47)[36].

O complô contra Jesus e a refeição em Betânia (14,1-11)

Marcos começa com a descrição do complô, em duas partes; as genéricas intenções dos "chefes dos sacerdotes e escribas" de 14,1-2 se concretizam com a "entrega" por parte de Judas em 14,10-11 (o verbo "entregar", *paradídomi*, normalmente traduzido como "trair", aparece aqui duas vezes). O apóstolo permite aos chefes que prendam Jesus antes da festa, longe da multidão e fora dos muros da cidade. Importante é o vínculo com o momento litúrgico em que tudo acontece; isto é, a Páscoa: não é apenas uma indicação cronológica, mas teológica, indispensável para a compreensão da Última Ceia.

Segundo um esquema intercalar bem conhecido, o episódio enquadra o relato da ceia de Betânia (14,3-9), na casa de Simão, onde uma mulher anônima unge o corpo de Jesus. Ação ambígua (também para o leitor), como as reações dos presentes mostram, mas interpretada pelo próprio Jesus: falando de "unção para o sepultamento" Ele mostra ter plena consciência do que está para acontecer, e acenando para o "anúncio do evangelho" declara implicitamente que sua história não termina com a morte, mas, ao contrário, se propagará "pelo mundo inteiro". O episódio assume, assim, um claro valor cristológico.

Preparação e ceia pascal (14,10-26)

Segue a preparação da ceia pascal, que ocupa um espaço próprio, no "primeiro dia dos Ázimos". Provavelmente devamos ver aqui um valor simbólico: existe um vínculo seja com o relato bíblico da Páscoa, este também precedido pelas longas instruções de Deus e de Moisés (cf. Ex 12), seja com o episódio da entrada em Jerusalém, igualmente descrito em sua preparação (11,1-11).

A ceia não frustra as expectativas: segundo a cronologia de *Marcos*, trata-se justamente de uma ceia pascal – isto é, aquela consumada na noite da vigília do dia da festa que, com esta, tinha seu início[37]; Jesus a celebra com os Doze. Os primeiros versículos são dedicados à predição de Jesus sobre

---

36. Para os motivos que levam a esta divisão, não compartilhada por todos, cf. MASCILONGO, P. *I Personaggi della passione nei tre Vangeli sinottici* (Parola di Dio. Seconda serie 81). Cinisello Balsamo: San Paolo, 2015, p. 20-25.

37. O *Evangelho segundo João* propõe uma cronologia diferente.

a traição: "um de vós... me trairá" (me "entregará": o verbo é sempre *paradídomi*). Conhecemos o motivo do amigo que compartilha o prato e trai, já presente no AT (cf. Sl 41,10); todos os Doze, porém, rejeitam as acusações, e nem sequer o nome de Judas, em *Marcos*, é revelado. Seguem importantes ações e palavras sobre o pão e o vinho: "tomou o pão, rendeu graças, partiu-o e deu-o aos discípulos". Os quatro verbos indicam as costumeiras ações de uma ceia convivial hebraica, e todos já haviam aparecido nos episódios da multiplicação dos pães. As palavras que acompanham o gesto são simplíssimas: "tomai, este é o meu corpo"; o "corpo" (o substantivo usado é *soma*) representa a totalidade da pessoa. Semelhantes palavras sobre o vinho: "este é o meu sangue". Aqui, porém, Jesus insere duas importantes especificações: o sangue é "da aliança" (substantivo *diathéke*; na LXX indica a importante palavra hebraica b^{e}rít; cf. Ex 24,8) e é "derramado por muitos". Também o substantivo "sangue" (*áima*) tem um elevado valor simbólico, indicando de fato a própria vida de uma pessoa (cf. Gn 4,10-11); a ideia de "derramar" faz pensar na morte iminente. Não falta, porém, um olhar para o futuro, após a morte, um vislumbre para uma nova vida ("vou bebê-lo de novo, no Reino de Deus").

Caminho e chegada no Getsêmani (14,27-52)

Ao longo do caminho que conduz ao "Monte das Oliveiras" é ambientada a cena sucessiva, na qual Jesus comenta, com uma citação livre de Zc 13,7, o que vai acontecer em breve aos discípulos: morto o pastor, todas as ovelhas se dispersarão. Muito importante também é o fim da frase (v. 28), que atesta a ressurreição e a promessa de um novo encontro após a dispersão. Pedro, como em outras ocasiões, reage veementemente às primeiras palavras de Jesus, declarando sua inabalável fidelidade e "obrigando" Jesus a preanunciar, com muita precisão, sua iminente negação.

O episódio seguinte é ambientado no Getsêmani, onde acontecem a última oração e a prisão, que *Marcos* liga estreitamente entre si. Pela terceira vez neste evangelho Jesus é descrito em oração; o clima é imediatamente muito sombrio graças às palavras dirigidas aos três discípulos ("minha alma está triste até a morte"; cf. Sl 42–43). Jesus se dirige a Deus com o duplo termo *Abbá*/Pai[38]. A primeira parte da oração é uma prova de confiança: "tudo te é

---

38. Trata-se da única vez em que neste evangelho aparece esta expressão aramaica; aliás, totalmente ausente nos outros evangelhos (cf. Rm 8,15 e Gl 4,6). Significa exatamente "Pai", termo raro em *Marcos*, para indicar Deus; *Abbá* indica proximidade e familiaridade.

possível"; segue a dramática solicitação: "afasta de mim este cálice"; enfim, a disponibilidade total: "não o que eu quero, mas o que (vós) tu queres". Uma das páginas mais dramáticas do evangelho em que *Marcos* descreve o Nazareno na mais profunda angústia, acentuada pela incapacidade dos discípulos de permanecer ao seu lado. Com o anúncio da chegada do "traidor" (o verbo é sempre "entregar") e a chegada da "hora" decisiva, a cena se conclui.

A descrição da prisão é tumultuada: fala-se de beijo, de sinal combinado de Judas para identificar Jesus, de mãos postas em Jesus, de corte da orelha do servo do sumo sacerdote... O centro da passagem, no entanto, são as palavras conclusivas do Nazareno, que relê o ocorrido segundo um claro juízo: "cumpriu-se as Escrituras". Para completar o quadro, falta apenas um último dado: a fuga de todos (os discípulos), brevemente narrada por *Marcos*, acrescentando a notícia um tanto quanto indecifrável da fuga de um jovem que está seguindo a Jesus, mas, uma vez preso pelos guardas, deixa aí o lençol que o encobria e foge nu[39]. Para os discípulos (não nomeados explicitamente aqui, mas claramente evocados na expressão "todos fugiram") trata-se do momento do abandono e do medo, máximo distanciamento de seu mestre. Vale lembrar, porém, que a fuga de todos os amigos entra mais uma vez no modelo que *Marcos* está adotando para narrar a paixão: o justo sofredor.

Jesus diante do sinédrio (14,53.55-65)

Após a prisão, Jesus é levado imediatamente ao sumo sacerdote[40], onde acontece uma reunião dos chefes judaicos. A cena do processo mostra primeiramente o aparecimento de falsas testemunhas, com as quais os chefes tentam acusar formalmente Jesus, em razão de suas palavras sobre a destruição do templo. *Marcos* dedica tempo a estas primeiras acusações, declarando sua ilegitimidade absoluta. Jesus não responde, e continua se caracterizando como o justo sofredor. A esta altura, o sacerdote interroga diretamente Jesus, com uma pergunta que vai ao coração da cristologia: "Tu és o Cristo, o Filho

---

39. Muito se escreveu sobre esta figura, que poderia remeter a um elemento de veracidade histórica ou ter um valor simbólico particular (cf. PEREGO. *La nudità necessaria*), em vários sentidos: símbolo da derrota total dos seguidores, ou da justa espoliação do discípulos, ou ainda prefiguração da subsequente ressurreição (o termo um "jovem"/*neanískos* só aparece aqui e no relato da ressurreição).

40. *Marcos* nunca indica o nome do sumo sacerdote, que graças aos outros evangelistas pode ser identificado como Caifás.

do Deus bendito"? Desta vez Jesus responde afirmativamente, e a isto acrescenta a imagem tirada do livro profético de *Daniel* sobre o "filho do homem" glorioso. Assim, em 14,61-62 aparecem os três principais títulos cristológicos de *Marcos*: "messias", "filho" (de Deus) e "filho do homem" (este último não aparecerá mais no evangelho). Os chefes judaicos veem nestas palavras uma "blasfêmia", motivo mais do que suficiente para declarar a consciência do acusado, de quem pedem a morte[41]. A cena se conclui com a zombaria que "alguns" reservam a Jesus, descrito com os verbos "cuspir", "cobrir" o rosto, "bater", "dizer", "profetizar", "prender", "esbofetear": uma série impressionante de ações que Jesus sofre, sinal de sua condição doravante definitiva de "objeto" nas mãos de seus algozes.

A negação de Pedro (14,54.66-72)

Enquanto Jesus afirma com franqueza sua própria identidade diante do sumo sacerdote, desenvolve-se a cena da negação de Pedro, que *Marcos* introduz já em 14,54, justamente para dar o sentido de contemporaneidade. A cena é muito bem relatada: o medo sempre maior de Pedro é descrito pela tríplice pressão da criada do sumo sacerdote e dos presentes, com a crescente rejeição da parte do apóstolo, que chega a jurar contra Jesus. A presença do galo, que rima com seu canto as palavras de Pedro, acresce um tom dramático ao relato, que culmina com o choro do apóstolo ao lembrar da predição ouvida de Jesus algumas horas antes. *Marcos* não atenua absolutamente a culpa de Pedro, e usa palavras muito pesadas para descrever seu feito ("amaldiçoa" e "jura"); o abandono da parte dos amigos é total, e a partir desse instante os discípulos saem de cena.

O processo diante de Pilatos (15,1-15)

O capítulo 15 se abre com o sinédrio que "entrega" (*paradídomi*) Jesus a Pilatos; a acusação relatada é a de ter-se declarado "rei dos judeus". Também aqui temos uma espécie de processo, com as acusações dos chefes, a tentativa de julgamento por parte de Pilatos e o silêncio quase total de Jesus, que responde às palavras do governador com apenas um enigmático "Tu o

---

41. Não faltam questões postas pelos historiadores, que se perguntam a que, com precisão, está se referindo a acusação de "blasfêmia", se a reunião noturna seria uma reunião oficial do sinédrio e se isso teria a possibilidade de declarar a pena de morte. Cf. JOSSA, G. *Il processo di Gesù* (Studi Biblici 133). Bréscia: Paideia, 2002.

dizes". A situação é de impasse, e se desbloqueia graças ao costume de libertar um prisioneiro por ocasião a festa: *Marcos* apresenta assim a figura de Barrabás, cuja soltura é exigida. Pilatos cede quase sem apresentar resistência, mostrando-se uma figura fraca; o procurador é a caricatura do homem do poder, vítima do estado de espírito de outrem. Nas palavras gritadas pela multidão soa aqui pela primeira vez o verbo "crucificar", que voltará mais sete vezes no relato, tornando-se o triste fio condutor. Com este verbo se conclui toda a cena: Pilatos "entrega" Jesus pela última vez, e a definitiva, à cruz. O verbo *paradídomi* aparece pela última vez no evangelho.

Jesus nas mãos dos soldados e crucificação (15,16-32)

A cena seguinte, em que Jesus está à mercê dos soldados que têm a tarefa de crucificá-lo, pode ser considerada uma espécie de pausa na trama: serve sobretudo para aumentar a tensão dramática e para dar corpo à ideia de um Jesus mero objeto, em cujo destino se realizam as Escrituras sobre a paixão do justo.

No caminho da cruz é introduzido um novo personagem, um tal de Simão, obrigado pelos soldados a ajudar a Jesus[42]. Simão assume traços simbólicos, chamado a "carregar a cruz" segundo aquele pedido feito por Jesus aos seus discípulos em 8,34.

A crucificação acontece num lugar chamado "Gólgota" – isto é, "lugar da caveira" –, após Jesus ter-se recusado a tomar vinho misturado com mirra. A morte é acompanhada de uma ação que remete diretamente ao Sl 22: a divisão das vestes por sorteio. Nenhum outro detalhe cruento, no entanto, é proposto por *Marcos*: não existe interesse em acentuar os elementos mais cruéis da história, pois o objetivo é concentrar-se sobretudo na leitura teológica dos acontecimentos. São fornecidas algumas informações: o horário da crucificação (a hora terceira – isto é, às nove da manhã; aqui começam dois intervalos de três horas cada um); a inscrição com o motivo da condenação – isto é, "rei dos judeus" –, já ouvido diante de Pilatos; e, enfim, a menção de dois ladrões ao lado de Jesus, um à direita e outro à esquerda. Uma vez crucificado, Jesus é zombado por todos (transeuntes, chefes, companheiros

---

42. Impressiona que *Marcos* relate os nomes dos filhos de Simão (Alexandre e Rufo) como se fossem pessoas conhecidas por todos (ao passo que no evangelho nunca aparecem): parece um traço de realismo histórico bastante acentuado.

de martírio), com palavras que lembram as acusações dos ímpios relatadas no início do Livro da *Sabedoria* (cf. Sb 2). Nestes versículos aparecem pela última vez expressões como "salvar", "messias", "crer" e "cruz".

A morte na cruz (15,33-41)

A segunda indicação cronológica ("a hora sexta", meio-dia) põe fim às zombarias, porque "toda a terra" escurece, até a "hora nona"; é assim que se abre o relato da morte. A escuridão foi vista, graças a algumas remissões bíblicas, como elemento apocalíptico de juízo no dia do Senhor (cf. Am 5,18-20), embora muitas vezes representando no AT também sua presença[43]. As três horas de trevas são horas de solidão para Jesus; entretanto, passam num instante, porque *Marcos* não descreve nenhum acontecimento, e imediatamente no final ressoa o último grito, relatado tanto em aramaico quanto em grego: "*Eloí, Eloí, lemá sabactáni?*" – "Meu Deus, meu Deus, por que me abandonastes?"; o aramaico é necessário para explicar o equívoco com o nome de Eliã. O texto retoma o início do Sl 22; o leitor, ao contrário dos presentes, vê no grito a Deus a invocação do justo sofredor. Grito de confiança ou de desespero? Não é possível uma resposta clara, porque as próprias palavras do Sl 22 são paradoxais, em sua simplicidade: Deus "abandonou", obviamente; mas, ao mesmo tempo, ainda pode ser invocado.

Logo em seguida, com extrema brevidade, *Marcos* narra a morte: "Mas Jesus, dando um forte grito, expirou". O verbo utilizado significa ao pé da letra "expirar", "fazer sair o espírito"; é uma escolha bastante particular, e provavelmente *Marcos* pretende sublinhar que, na morte, consegue o dom do Espírito (o mesmo vale para os outros evangelhos, cf. sobretudo Jo 19,30). Imediatamente são narradas duas consequências: o rasgo do véu tem provavelmente o valor simbólico[44], ao passo que as três palavras do sol-

---

43. Cf. Ex 19,9; 20,21; Dt 4,11-12; 5,23-24 etc.

44. *Marcos* não explica com precisão do que se trata; ao que se percebe, existia mais de um véu no templo, o mais importante dos quais era colocado no interior da sala do "santo dos santos", ao passo que um segundo era colocado mais ao exterior. As palavras utilizadas levam a pensar num elemento simbólico; o verbo "rasgar-se" era utilizado em 1,10 para indicar a proveniência divina da voz no batismo, como o sugere também a notação "de alto a baixo". A interpretação varia: o "rasgo" foi lido como a cessação da função do templo, ou da separação entre judeus e pagãos, ou da separação entre mundo de Deus e dos homens.

dado romano ("verdadeiramente este homem era filho de Deus"), embora não tendo o caráter formal de uma confissão de fé, são percebidas como importantes, recolocando em cena o título apresentado ao leitor desde o início do evangelho (1,1). Somente graças à morte é possível reconhecer verdadeiramente Jesus como "filho de Deus", porque é na cruz que Ele se revela como tal; que seja um não hebreu a pronunciá-las sublinha que de fato Jesus é abandonado por todos os seus, e não foi compreendido pelos chefes de Israel. Com estas palavras se encerra a cena da morte.

A deposição e o sepultamento (14,40-47)

Com o versículo seguinte, totalmente inesperado, *Marcos* narra que algumas mulheres seguidoras de Jesus desde a Galileia, de quem nunca havia dado notícia, estavam observando tudo a distância. O evangelho atribui às mulheres a tarefa de testemunhas da morte e do sepultamento, para garantir a continuidade com os relatos da ressurreição. Que sejam amigas não há dúvidas, pois delas se diz que "seguiam" e "serviam" a Jesus; duas ações verdadeiramente próprias do discípulo. *Marcos* sugere que, ausentes completamente nos Doze e nos outros discípulos aos pés da cruz, é necessária a presença de personagens não conhecidos para realizar as últimas boas ações em favor (do corpo) de Jesus.

Eis que emerge então o último personagem da paixão, José de Arimateia, também ele desconhecido, que fecha o relato com sua obra de misericórdia. Em razão do dia de sábado que estava para iniciar, ele pede o corpo de Jesus a Pilatos para depositá-lo num sepulcro antes do anoitecer. Pilatos concede o cadáver a José, que o toma, o envolve em um lençol e o depõe numa gruta, fechada com uma pedra. Enfim, retornam as mulheres, que ainda "observam" o lugar da sepultura, notícia importante para a sequência do relato. No conjunto, com o surgimento dessas figuras amigas a dramaticidade diminui bruscamente neste final. O efeito é também o de uma substituição e o de um confronto em relação aos Doze e aos discípulos, cuja ausência é desanimadoramente destacada. Com a expectativa das mulheres, que é a mesma do leitor, encerra-se a longa narrativa da paixão.

EXCURSUS – CITAÇÕES E ALUSÕES AO ANTIGO TESTAMENTO

Mais do que em qualquer outra seção do evangelho, no relato da paixão *Marcos* faz uma constante releitura à luz das Escrituras de Israel, num singular entrelaçamento entre acontecimentos e palavras. "Os fatos são, por assim dizer, cheios de palavras – de sentido; e também inversamente: o que, até aquele momento, era apenas palavra – muitas vezes palavra incompreensível – torna-se realidade, e só assim se abre à compreensão"[45].

Naturalmente, todo o Evangelho de *Marcos* faz uso da Escritura. Mas, durante o relato da paixão, esse uso faz-se mais sistemático e constante, inclusive quantitativamente (ao redor de quarenta vezes entre citações e alusões)[46]. Em particular emerge uma ampla referência aos *Salmos*, sobretudo quando se fala do justo perseguido e sofredor (Sl 22; 41; 69); mas também se alude aos relatos bíblicos da Páscoa, em particular no relato da ceia quando se faz referência à profecia relativa ao pastor e o rebanho (presente em *Zacarias*). Existem referências a outros profetas, dentre os quais destacam-se *Oseias* e *Jeremias*, ao passo que as ações contra o justo remetem ao Livro da *Sabedoria*. Não faltam naturalmente vínculos com os cantos do Servo de *Isaías* (Is 50; 53), e em várias outras passagens ressoam os versículos bíblicos que descrevem o abandono da parte de Deus, como Lv 26,14-38 ou Dt 28,15-68. Além de constatar a quantidade das citações, importante é também avaliar as características: seu uso pelo narrador é muitas vezes alusivo. O exemplo mais claro é o recurso aos Sl 22 e 69, amplo e constante, capaz de dar um tom sombrio ao relato e orientar a interpretação, mas só compreensível ao leitor, visto que as alusões dizem respeito ao mundo do relato e não ao da história. Aqui aparece toda a habilidade de *Marcos*, capaz de envolver o leitor sugerindo indícios escriturísticos,

---

45. RATZINGER, J. *Gesù di Nazaret – Dall'ingresso in Gerusalemme fino alla risurrezione*. Cidade do Vaticano: Libreria Editrice Vaticana, 2011, p. 227.

46. Cf. estudo completo em BROWN, R.E. *La morte del Messia: Dal Getzemani al sepolcro – Un commentario ai Racconti della Passione nei quattro vangeli* (Biblioteca di Teologia Contemporanea 108). Bréscia: Queriniana, 1999, p. 1.645-1.658.

sem tirar-lhe a responsabilidade e a dramaticidade da interpretação. As citações da Escritura são sinais que devem ser identificados e compreendidos adequadamente; o narrador não se impõe.

O uso da Escritura é interpretado como uma necessidade de tipo teológico: para *Marcos* não é possível narrar de forma diferente a morte de Jesus, pois é o único modelo que pode utilizar para a cruz. Também no relato da paixão, é o próprio Jesus que recorre às Escrituras, declarando a conformidade do que está acontecendo com as antigas palavras dos "profetas" bíblicos. *Marcos* abriu seu relato com a afirmação "como está escrito no profeta Isaías" (1,2); com o relato da paixão atinge, pois, seu pico uma dinâmica que está presente e operante ao longo de todo o seu evangelho.

Conclusão (Mc 16,1-20)

O capítulo 16 contém dois relatos diferentes da ressurreição: o primeiro termina em 16,8 e narra o diálogo entre as mulheres e João; o segundo é uma espécie de resumo de algumas aparições e encontros do Ressuscitado com os discípulos (16,9-20). Trata-se certamente de duas passagens muito diferentes e com origens diversas, seja pelo conteúdo, seja pela ausência do segundo episódio em muitos e respeitados manuscritos. Por isso, a maioria dos estudiosos considera que 16,9-20 seja um acréscimo tardio, por obra de uma mão diferente daquela do autor do evangelho[47]. Uma ulterior questão é – estabelecido que 16,9-20 seja um acréscimo – se o evangelho deveria ser considerado concluído em 16,8, ou se *Marcos* havia previsto um outro final, que se teria perdido. De fato, a estranha conclusão do v. 8 deixa os comentaristas muito perplexos.

A aparição às mulheres (16,1-8)

As protagonistas iniciais do relato são as mesmas da paixão: de fato, as mulheres se dirigem ao sepulcro para ungir o corpo, logo de manhã cedi-

---

47. Designadamente, falta nos manuscritos vaticano e sinaítico. A Igreja, porém, acolheu estes versículos no Evangelho de *Marcos* desde o início, considerando-os, sem dúvida, canônicos. Além do final dos v. 9-20 existe também um final muito mais breve que, ao contrário, não é considerado canônico. Da versão longa, existem, pois, ulteriores variantes.

nho, mesmo sem saber como acessar a gruta, fechada pela pesada pedra; mas encontram a pedra já removida (por uma ação sobre-humana, o deixa subentender *Marcos*), e assim conseguem entrar. Aqui aparece o último personagem do evangelho: um "jovem" (*Marcos* não fala de "anjos", mesmo que as vestes brancas e o temor das mulheres induzam a pensar neles) que lhes traz a mensagem da ressurreição. Após a introdução com as palavras "não tenham medo", o anúncio prossegue assim: "Buscais Jesus Nazareno, o crucificado?"; vê-se aqui a clara intenção de estabelecer um vínculo com a história precedente. O verdadeiro anúncio é brevíssimo: "Ressuscitou". Segue a averiguação da tumba vazia: "Não está aqui. Eis o lugar onde o haviam colocado", com o subsequente encargo: "Ide, dizei aos seus discípulos e a Pedro: 'Ele vos precederá na Galileia. Lá o vereis, como vos disse'". Aqui se reconhece a referência a 14,28, quando Jesus já havia anunciado o encontro na Galileia após a ressurreição. Assim os discípulos, que haviam fugido e desaparecido do relato, são trazidos à cena novamente pelo jovem e, portanto, por Jesus; também Pedro, que o havia negado, é chamado com os outros. Trata-se de um breve aceno, mas decisivo, pois garante ao leitor que o fracasso não é a última palavra sobre os Doze (Judas excluído). Existe ainda espaço, porém, para um final surpreendente, porque *Marcos* fala, pelas mulheres, de fuga, de silêncio e de medo.

São palavras que geram perplexidade, sobretudo se o versículo for considerado a conclusão de todo o evangelho. Dentre as possíveis interpretações, parece mais convincente ver aqui um final "aberto", deixando ao leitor a tarefa de completar a narração, cobrindo assim o espaço entre aquele anúncio e sua própria vida (cristã), tornado possível apenas pela difusão daquela notícia, ocorrida sim, não obstante o silêncio das mulheres; se as mulheres falharam, compete ao leitor, portanto, assumir para si essa tarefa. Também a referência à Galileia, onde tudo havia começado, pode ser lida como convite ao leitor a refazer o mesmo caminho dos discípulos. Seja como for, *Marcos* escolheu uma forma particular de concluir o evangelho, deixando de fato pouquíssimo espaço para o anúncio da ressurreição.

O segundo final (16,9-20)

Também por isso é compreensível que uma mão subsequente tenha desejado completar o relato, com o acréscimo de 16,9-20. Nestes derradeiros versículos, cada evento narrado (ou melhor, apenas acenado: não existem verdadeiros relatos) pode ser vinculado a um episódio presente em ao menos um outro evangelho. Inicia-se com a lembrança de duas aparições: à Madalena (cf. Jo 20,11-18) e a dois homens a caminho de Emaús (Lc 24,13-35); segue o resumo do encontro com os Onze, presumivelmente em Jerusalém (cf. Lc 24,36-49; Jo 20,19-23), onde sublinha-se a recriminação pela falta de fé; em seguida vem o convite ao anúncio do Evangelho, com referência ao batismo (cf. Mt 28,16-20) e aos sinais que o acompanharão (interessante o "falar línguas novas"; cf. At 2,4; 10,46; 19,6); enfim, Jesus se separa dos Onze, e o último versículo declara que estes cumpriram a missão confiada. Aqui emerge a ideia de que a presença de Jesus permanece sempre mais ativa no agir dos discípulos, mesmo que o mestre tenha subido ao céu. Assim, estas últimas linhas cobrem com poucas palavras o espaço deixado aberto pelo final precedente. Se, por um lado, elas acrescentam informações importantes (mas, na realidade, não novas), por outro, atenuam a força paradoxal da primeira conclusão, fazendo todo o relato perder sua intensidade dramática.

Síntese teológica

Marcos como relato: por uma teologia narrativa

Para interpretar teologicamente o evangelho de modo correto e completo, é necessário considerar sua dimensão narrativa, em particular no tocante à cristologia.

Segundo *Marcos*, Jesus é o messias e o filho de Deus, como é antecipado ao leitor no *incipit* da obra (1,1). O valor destes títulos cristológicos, que foram proveitosamente estudados através da reconstrução de seu contexto bíblico e cultural, é compreendido também narrativamente: *quando* um título é utilizado, *que instância narrativa* o utiliza, segundo *qual ponto de vista* etc. Como vimos no *Guia de leitura*, a plena compreensão de Jesus como filho de Deus pode ser obtida somente ao término do relato, quando Jesus doa sua vida na cruz. Os títulos são reconhecidos e utilizados gradualmente pelos personagens da história, e assim também a revelação de Jesus é gradual: depois da reviravolta de Cesareia, que deu início ao caminho do messias sofredor, foi a morte que permitiu ao centurião declarar a filiação divina, pela primeira vez em nível diegético; isto é, por obra dos personagens da história.

O mesmo vale para a teologia: *Marcos* não apresenta uma doutrina sobre Deus, nem fala de Deus de modo abstrato. Sinteticamente podemos afirmar que a imagem de Deus que *Marcos* transmite é exatamente aquela do personagem Jesus, o revelador do Pai. Também neste caso, a imagem emerge da narrativa, porque construída episódio após episódio, e porque não pode ser compreendida plenamente antes do final do evangelho. O Deus de *Marcos* é o *Abbá* a quem Jesus se dirige com confiança em oração, mas também o Deus do grito na cruz, que parece ter abandonado o filho nas mãos de seus algozes. Deus não aparece mais explicitamente no relato, mas é a Ele que devemos atribuir a ressurreição; assim como no início do evangelho as Escrituras de Israel convidam o leitor a interpretar todo o relato à luz do agir divino, assim também, reconduzindo à vida o Nazareno crucificado e dando o anúncio pascal através de seu mensageiro, Deus proclama a última palavra do evangelho.

O discipulado

Um tema com relevância decisiva no evangelho é o do discipulado: narrativamente falando, ele emerge através do estudo da caracterização do mais importante personagem do relato, após o protagonista; isto é, os discípulos.

De fato, a construção narrativa dos discípulos é particularmente complexa e interessante. Eles são chamados a seguir imediatamente o mestre (em particular os Doze), no entanto, *Marcos* não se cansa de sublinhar a dificuldade totalmente humana de desempenharem sua missão e, acima de tudo, de compreender a identidade do Nazareno. Mesmo depois da confissão em Cesareia, a resistência em acolher o destino em direção ao qual Jesus está se dirigindo continua: primeiramente Pedro, depois o grupo, e, por fim, os filhos de Zebedeu mostram estar longe das expectativas de seu mestre, que mesmo assim continua instruindo os seus com paciência e solicitude.

A reviravolta dramática se dá com a paixão, quando *Marcos* traça um relato em que se alternam uma grande proximidade de Jesus com o grupo e uma máxima distância possível, culminando com a fuga de todos. Entretanto, justamente quando tudo parece estar perdido, eis uma vez mais Jesus – o Ressuscitado – a chamá-los ao seguimento. *Marcos* é hábil ao descrever tanto um fracasso total e completo no momento da morte de cruz quanto a nova possibilidade oferecida pelo Nazareno através da ressurreição: o chamado do Ressuscitado é mais forte do que o fracasso humano dos discípulos.

Tudo isto, no entanto, como o próprio texto o evidencia, só é compreendido acompanhando a narração, deixando-se envolver, como leitores, na identificação sempre mais estreita com os discípulos, não tanto modelos a imitar, mas espelho do discípulo de todos os tempos.

Uma trama de conflitos

Segundo muitos autores, um elemento imprescindível da trama de *Marcos* é a presença de uma série de conflitos que acompanham Jesus do início ao fim do relato. Já nas páginas do prólogo, antes mesmo da atividade pública, à cena do batismo segue a ameaçadora história das tentações. Sempre no primeiro capítulo, o ensinamento de Jesus é descrito em contraste com o dos escribas, e toda a narração não faz outra coisa senão delinear uma oposição sempre mais crescente às suas atividades e às suas palavras. Para alguns, também a relação com os discípulos deveria ser compreendida através da categoria do conflito[48]. Seja como for, não é só questão de quantidade: a trama de resolução do evangelho é levada a termo justamente pelo conflito com as autoridades, que aumenta durante a estada de Jesus em Jerusalém e culmina no relato da paixão.

Também neste caso podemos perceber a habilidade de *Marcos* em descrever uma situação que, por um lado, leva a uma complexa derrota de Jesus (prevendo, portanto, uma solução do conflito a favor dos adversários), mas, por outro, transforma, de maneira paradoxal, a derrota em vitória, invertendo completamente a situação, como o breve relato do túmulo vazio põe claramente em evidência. Seguindo o desenvolvimento da trama, o leitor é assim levado a compreender o paradoxal anúncio de salvação do messias e filho de Deus, que passa pela paixão e cruz.

O Reino de Deus

O segundo evangelho emprega amplamente o conceito de Reino de Deus, desde o primeiro capítulo, onde a expressão é introduzida pelo próprio Jesus (1,15). Aqui, "reino" está estreitamente conectado com "evangelho" (1,14-15), num significativo entrelaçamento: "a pregação ilustra o senhorio de Deus, e este último torna possível a proclamação da mensagem"[49]. O reino é um tema central em *Marcos* e, mais genericamente, no ensinamento de Jesus.

---

48. Cf. KINGSBURY, J.D. *Conflict in Mark – Jesus, Authorities, Disciples.* Mineápolis: Fortress, 1989.

49. GRASSO. *Marco,* 69.

O Reino de Deus está no centro da pregação de Jesus, e essa centralidade é um dos fatos menos contestados ou controvertidos em relação a Jesus. [...] Nisto apenas tomamos como guia Marcos, que abre a descrição da missão de Jesus com uma espécie de declaração sumária ou título[50].

Como entender esta expressão de sabor antigo? O termo, em grego, é o substantivo *basileia*, que indica primeiramente o poder real, a soberania real e, de maneira derivada, também o reino em sentido espacial ou territorial.

O conceito, e não a expressão, remete ao AT, que fornece o contexto simbólico necessário para sua compreensão. Esse uso na Escritura fornece ao Reino de Deus aquela típica solidez que se vê também nas palavras de *Marcos*, em quem a expressão indica um evento, que vem ou está para chegar, mas também um "lugar" onde se pode "entrar" ou "alcançar" (cf. 9,47; 10,15); não podemos pensar em algo meramente ultraterreno ou interior[51].

No evangelho, do Reino de Deus se diz imediatamente que "se aproxima" (1,15). Como entender estas palavras? Não é possível uma resposta clara, mesmo limitando-nos somente ao *Evangelho segundo Marcos*. Permanece, de fato, uma ambivalência de fundo, segundo a qual Jesus pôde falar do reino tanto como algo futuro quanto como uma realidade já inaugurada com sua vinda no mundo. Justamente este último é o dado mais claro: o reino está ligado à pessoa de Jesus. Mas a plena realização do reino não se reduz a uma questão cronológica. De fato,

> não diz respeito à ação de Deus, mas à resposta de Israel. Neste momento o povo de Deus não está absolutamente convertido. Encontra-se ainda na fase da decisão a favor ou contra o evangelho. Por isso o Reino de Deus se aproximou, mas não está ainda presente. Ele é oferecido ao povo de Deus. É colocado diante de seus pés. Está à sua disposição, aliás, está para irromper[52].

Não é por acaso que, para compreender o reino em *Marcos*, se deva olhar o ensinamento em parábolas, nas quais essa dinâmica de anúncio-acolhimento é mais do que evidente. O Reino de Deus está presente, mas sempre a

---

50. DUNN. *Gli albori del cristianesimo*, I, p. 424.

51. Cf. LOHFINK, G. *Gesù di Nazaret. Cosa volle – Chi fu* (Biblioteca di Teologia Contemporanea 170). Bréscia: Queriniana, 2014, p. 36 [orig. em alemão, 2012].

52. LOHFINK. *Gesù di Nazaret*, p. 43-44.

ser esperado, porque é um fenômeno vivo, em crescimento e movimento. Ele é, sobretudo, algo que não se pode simplesmente compreender:

> Os discursos em parábolas não são uma dentre as possíveis modalidades expressivas do Reino, mas a linguagem conforme a sua natureza paradoxal de revelação do amor gratuito de Deus ao homem [...]. Elas são a linguagem mais apropriada para manifestar o paradoxo do Reino, pois são capazes de exprimir sua lógica profunda [...]. As parábolas, de um ponto de vista pragmático, servem justamente para impedir que o paradoxo do Reino se dilua numa compreensão redutiva antes que a cruz ofereça o último e decisivo sinal interpretativo[53].

A escatologia de *Marcos*

A escatologia também merece um breve aceno, pois muito frequentemente ela foi associada à pregação sobre o Reino de Deus. Dizer, de fato, "completou-se o tempo", tem traços de um anúncio que diz respeito ao futuro, mas também último, e se enquadra, portanto, de direito, na *escatologia*. Não é fácil dar uma explicação consensual sobre este termo. Hoje, por escatologia, entende-se não tanto o ramo da teologia que se ocupa das realidades "últimas" (morte, juízo, paraíso, inferno; *éschaton* significa, em grego, "último"), mas antes o conteúdo daqueles textos, bíblicos e não, que se referem à intervenção de Deus no final da história (e para além dela), em geral de caráter apocalíptico.

Também *Marcos* contém elementos escatológicos, veiculados através de uma linguagem de tipo apocalíptica: ponto de encontro dessas duas realidades é, sem dúvida, o discurso do capítulo 13. No entanto, elementos escatológicos estão presentes alhures no evangelho, a partir da já acenada mensagem inicial de Jesus sobre o "completou-se o tempo". Como exemplo disso podemos citar as palavras sobre o tempo em que "o esposo lhes será tirado" (2,19-20), sobre o homem que será amarrado pelo mais forte (cf. 3,22-30), sobre os importantes ditos relativos ao filho do homem que virá (8,38; 13,26-27 e 14,62), mas também as palavras sobre o "vinho novo" em 14,25. Além disso, algumas ações de Jesus também podem ser lidas em

---

53. PASOLINI. *Fallire*, p. 180.

chave escatológica, como as atividades de exorcista e taumatúrgica, bem como a escolha dos Doze, símbolo da comunidade escatológica de salvação.

Voltemos ao grande discurso de Mc 13. Aqui é evidente que a atenção se volta para o futuro: Jesus apresenta uma série de acontecimentos que ocorrerão nas horas seguintes à sua morte, admoestando os discípulos sobre como comportar-se nessas circunstâncias dramáticas. A vinda terrena de Jesus e sua ressurreição parecem marcar mais o início do tempo escatológico do que seu fim, abrindo assim a perspectiva da volta de Cristo num futuro não especificado. Justamente a ligação com a figura de Jesus é uma caraterística específica do evangelho; a expectativa escatológica não é só a espera de um acontecimento, mas de alguém: aquele Jesus conhecido e de quem se sabe que deve vir. Também a escatologia tem um traço cristológico bem característico, ainda que concretamente descrita mediante o imaginário apocalíptico do tempo, com a menção de guerras, desastres, falsos profetas e perseguições.

Bibliografia comentada

Comentários

São muitos os comentários de *Marcos*, talvez mais numerosos do que os comentários sobre os outros evangelhos. Aqui apresentamos uma seleção, feita sobretudo em base à disponibilidade em italiano dos títulos.

Quanto aos comentários científicos – isto é, os que apresentam um sólido aparato crítico e um amplo confronto com a literatura secundária – podemos partir de textos clássicos, que usam de modo sistemático o método histórico-crítico e ainda representam uma sólida base para o estudo histórico do evangelho:

TAYLOR, V. *Marco*. Assis: Cittadella, 1977 [orig. em inglês, 1966].

GNILKA, J. *Marco*. Assis: Cittadella, 1987 [orig. em alemão, 1978-1979].

PESCH, R. *Il vangelo di Marco* (Commentario teologico del Nuovo Testamento 2), I-II. Bréscia: Paideia, 1980; 1982 [orig. em alemão, 1977; 1980].

Os comentários científicos mais recentes usam também metodologias diferentes. Ressaltamos aqui a ótima competência histórica de Al Yarbro Collins e, ao contrário, distinguem-se pela impostação narrativa C. Focant e

P. Mascilongo (bem como o trabalho mais sucinto de B. van Iersel, como consta abaixo):

DONAHUE, J.R.; HARRINGTON, D.J. *Il Vangelo di Marco* (Sacra Pagina 2). Turim: Elledici, 2005 [orig. em inglês, 2002].

FOCANT, C. *Il Vangelo secondo Marco* (Commenti e Studi Biblici). Assis: Cittadella, 2015 [orig. em francês, 2004].

GRASSO, S. *Vangelo di Marco* (I Libri Biblici. Nuovo Testamento 2). Milão: Paoline, 2003.

GUNDRY, R.H. *Mark – A Commentary on His Apology for the Cross*. Grand Rapids: Eerdmans,1993.

LÉGASSE, S. *Marco*. Roma: Borla, 2000 [orig. em francês, 1997].

MARCUS, J. *Mark – A New Translation with Introduction and Commentary* (The Anchor Bible 27), I-II. Nova York: Doubleday, 2000; 2009.

MASCILONGO, P. *Il Vangelo di Marco – Commentario esegetico e teológico*. Roma: Città Nuova, 2018.

STANDAERT, B. *Marco – Vangelo di una notte, vangelo per la vita* (Testi e Commenti). Bolonha: EDB, 2012 [orig. em francês, 2010].

YARBRO COLLINS, A. *Vangelo di Marco* (Commentario Paideia. Nuovo Testamento 2.1-2), I-II. Turim: Paideia, 2018; 2019 [orig. em inglês, 2007].

Enfim, mais breves, mas igualmente interessantes e adaptados também a uma leitura pastoral do evangelho, são os seguintes volumes:

ASSOCIAZIONE BIBLICA DELLA SVIZZERA ITALIANA. *Marco – Nuova traduzione ecumenica commentata*. Milão: Terra Santa, 2017.

CASALINI, N. *Lettura di Marco – Narrativa, esegetica, teologica* (Studium Biblicum Franciscanum. Analecta 67). Jerusalém: Franciscan Printing, 2005.

FABRIS, R. *Marco* (I Vangeli). 2. ed. Assis: Cittadella, 2005 [1. ed., 1974].

GUIDA, A. Vangelo secondo Marco. In: VIRGILI, R. (org.). *I Vangeli*. Milão: Ancora, 2015, p. 495-773.

MOSETTO, F. *Marco nella sinfonia delle Scritture*. Bréscia: Queriniana, 2021.

PEREGO, G. *Vangelo secondo Marco – Introduzione, traduzione e commento* (Nuova versione della Bibbia dai testi antichi 38). Cinisello Balsamo: San Paolo, 2011.

PIKAZA, X. *Il vangelo di Marco* (Itinerari Biblici). Roma: Borla, 1996 [orig. esp., 1995].

SCHWEIZER, E. *Il vangelo secondo Marco* (Nuovo Testamento. Seconda serie 1). Bréscia: Paideia, 1999 [orig. em alemão, 1983].

STOCK, K. *Marco – Commento contestuale al secondo Vangelo* (Bibbia e Preghiera 47). Roma: ADP, 2003; 2010.

VAN IERSEL, B.M.F. *Marco. La lettura e la risposta – Un commento* (Commentari Biblici). Bréscia: Queriniana, 2000 [orig. em inglês, 1998].

Outros estudos

Apresentamos aqui muitos estudos sobre o Evangelho de *Marcos*, em geral escritos em italiano e publicados nos últimos anos. Trata-se, o mais frequentemente, de adaptações de teses de doutorado em Sagrada Escritura e Teologia Bíblica, além de alguns textos clássicos (como os de Wrede e de Marxsen).

Dentre as teses de doutorado mais interessantes e originais, vale a pena mencionar ainda aquelas, já um tanto quanto antigas, de V. Fusco sobre o capítulo 4 de Marcos, e de E. Manicardi. Dentre as outras, escolhemos a de G. Bonifacio, que utiliza métodos narrativos (assim como P. Mascilongo e E. Salvatore), o imponente estudo de L. Gasparro sobre Mc 11, o ótimo trabalho de R. Pasolini sobre a pragmática de *Marcos*, o estudo de P. Rocca que faz uma reunião dos vínculos entre *Marcos* e o AT, e, enfim, a imprescindível análise de M. Vironda sobre a cristologia de *Marcos*, que deveria ser conhecida por todos aqueles que desejam estudar *Marcos* com métodos narrativos.

BAZZI, C. *Mattutino in Marco – La costruzione del discorso e l'avvio del raconto: Mc 1,21-45*. Cidade do Vaticano: Urbaniana University Press, 2004.

BIGUZZI, G. *"Io distruggerò questo tempio" – Il tempio e il giudaismo nel vangelo di Marco* (Percorsi Culturali. Nuova serie 15). 2. ed. Roma, Pontificia Università Urbaniana, 2008 [1. ed., 1987].

BONIFACIO, G. *Personaggi minori e discepoli in Marco 4–8 – La funzione degli episodi dei personaggi minori nell'interazione con la storia dei protagonisti* (Analecta Biblica 173). Roma: Pontificio Istituto Biblico, 2008.

CECCONI, R. *La dispersione e la nuova sequela dei discepoli di Gesù in Marco – Una debolezza riscattata* (Studi e ricerche. Sezione biblica). Assis: Cittadella, 2015.

COMPIANI, M. *Fuga, silenzio e paura – La conclusione del Vangelo di Mc: Studio di Mc 16,1-20* (Tesi Gregoriana. Serie Teologia 182). Roma: Pontificia Università Gregoriana, 2011.

DE CARLO, F. *"Dio mio, Dio mio, perché mi hai abbandonato?" (Mc 15,34) – I Salmi nel racconto della passione di Gesù secondo Marco* (Analecta Biblica 179). Roma: Pontificio Istituto Biblico, 2009.

FERRARI, P.L. *I luoghi del Regno – La dimensione "spaziale" nel racconto di Marco* (Epifania della Parola). Bolonha: EDB, 2015.

FILANNINO, F. *Fra il precursore e i discepoli: la missione di Gesù nel vangelo di Marco* (Analecta Biblica 224). Roma: Gregorian & Biblical Press, 2019.

FUSCO, V. *Parola e Regno – La sezione delle parabole (Mc 4,1-34) nella prospettiva marciana* (Aloisiana 13). Bréscia: Morcelliana, 1980.

GASPARRO, L. *Simbolo e narrazione in Marco – La dimensione simbolica del secondo Vangelo alla luce della pericope del fico di Mc 11,12-25* (Analecta Biblica 198). Roma: Gregorian & Biblical Press, 2012.

GIORDANO, M. *Nello sguardo di Gesù – Il "vedere" nel Vangelo secondo Marco* (Studi e ricerche. Sezione biblica). Assis: Cittadella, 2016.

JUNG, C. *Il paradosso messianico secondo Marco – Rilevanza di Mc 8,31-9,29 per la caratterizzazione della figura di Gesù e dei discepoli* (Anacleta Biblica 225). Roma: Gregorian & Biblical Press, 2019.

MANICARDI, E. *Il cammino di Gesù nel Vangelo di Marco – Schema narrativo e tema cristologico* (Analecta Biblica 96). Roma: Pontificio Istituto Biblico, 1980.

MASCILONGO, P. *"Ma voi, chi dite che io sia?" – Analisi narrativa dell'identità di Gesù e del cammino dei discepoli nel Vangelo secondo Marco, alla luce della "Confessione di Pietro" (Mc 8,27-30)* (Analecta Biblica 192). Roma: Gregorian & Biblical Press, 2011.

PAGLIARA, C. *La figura di Elia nel Vangelo di Marco – Aspetti semantici e funzionali* (Tesi Gregoriana. Serie Teologia 97). Roma: Pontificia Università Gregoriana, 2003.

PASOLINI, R. *Fallire e non mancare il bersaglio – Paradosso del regno e strategie comunicative nel Vangelo di Marco* (Epifania della Parola). Bolonha, EDB, 2017.

PEREGO, G. *La nudità necessária – Il ruolo del giovane di Mc 14,51-52 nel racconto marciano della passione-morte-resurrezione di Gesù*. Cinisello Balsamo: San Paolo, 2000.

PERINI, G. *Le domande di Gesù nel Vangelo di Marco – Approccio pragmatico: ricorrenze, uso e funzioni* (Dissertatio Series Romana 22). Milão: Glossa, 1998.

REGINATO, A. *"Che il lettore capisca!" (Mc 13,14) – Il dispositivo di cornice nell'Evangelo di Marco* (Studi e ricerche. Sezione biblica). Assis: Cittadella, 2009.

RESCIO, M. *La famiglia alternativa di Gesù – Discepolato e strategie di trasformazione sociale nel Vangelo di Marco* (Antico e Nuovo Testamento 12). Bréscia: Morcelliana, 2012.

ROCCA, P. *Gesù, messaggero del Signore – Il cammino di Dio dall'Esodo al Vangelo di Marco* (Analecta Biblica 213). Roma: Gregorian & Biblical Press, 2016.

SALVATORE, E. *"E vedeva a distanza ogni cosa" – Il racconto della guarigione del cieco di Betsaida (Mc 8,22-26)* (Aloisiana 32). Roma/Bréscia: Gregorian University Press/Morcelliana, 2003.

VIRONDA, M. *Gesù nel vangelo di Marco – Narratologia e cristologia* (Rivista Biblica. Supplementi 41). Bolonha: EDB, 2019.

ZENI, S. *La simbolica del grido nel Vangelo di Marco – Aspetti antroplogici e teologici* (Epifania della Parola, 16). Bolonha: EDB, 2019.

Outros estudos úteis, não decorrentes de teses de doutorado, são os de A. Barbi, M. Grilli, G. Ibba e E. Salvatore, atentos em construir uma seção, ou um tema particular, do Evangelho de *Marcos*.

Também indicamos alguns textos não traduzidos para o italiano, particularmente importantes: completa e simples é a teologia de D.E. Garland, ao passo que uma ótima introdução à cristologia narrativa é a de E. Malbon Struthers, assim como precioso é o pequeno livro de G. van Oyen, que apresenta *Marcos* em chave narrativa com inteligência e brevidade. A mais completa apresentação narrativa desse evangelho em italiano permanece a dos autores norte-americanos D.M. Rhoads, J. Dewey e D. Michie, já um tanto quanto desatualizada, mas que em sua primeira edição em 1982 se impôs como um trabalho fundamental nos estudos narrativos de *Marcos*.

Enfim, para um estudo de todas as principais citações e alusões ao AT em *Marcos*, já está disponível o estudo de R.E. Watts, ao passo que para o confronto com a exegese patrística, podemos consultar o texto de T.C. Oden e C.A. Hall.

BARBI, A. *Se qualcuno vuole seguirmi (Mc 8,22-10,52) – Il lettore e i paradossi della croce* (Sophia/Didachè. Percorsi 10). Pádova: Messaggero, 2017.

FILANNINO, F. *La fine di Satana – Gli esorcismi nel Vangelo di Marco* (Supplementi alla Rivista Biblica 67). Bolonha: EDB, 2020.

FUSCO, V. *Nascondimento e rivelazione* (Studi Biblici 153). Bolonha: EDB, 2007.

GARLAND, D.E. *A theology of Mark's Gospel – Good news about Jesus the Messiah, the Son of God* (Biblical Theology of the New Testament). Grand Rapids: Zondervan, 2015.

GRILLI, M. *L'impotenza che salva – Il mistero della croce in Mc 8,27-10,52* (Studi Biblici 58). Bolonha: EDB, 2009.

IBBA, G. *Il Vangelo di Marco e l'impuro* (Antico e Nuovo Testamento 22). Bréscia: Morcelliana, 2014.

MALBON STRUTHERS, E. *Mark's Jesus – Characterization as Narrative Christology*. Waco: Baylor University Press, 2009.

MARXSEN, W. *L'evangelista Marco – Studi sulla storia della redazione del vangelo*. Casale Monferrato: Piemme, 1994 [orig. em alemão, 1956].

ODEN, T.C.; HALL, C.A. *Marco* (La Bibbia commentata dai Padri. Nuovo Testamento 2). Roma: Città Nuova, 2003 [orig. em inglês, 1998].

RHOADS, D.M.; DEWEY, J.; MICHIE, D. *Il racconto di Marco – Introduzione narratologica a un vangelo* (Studi biblici 165). Bréscia: Paideia, 2011 [orig. em inglês, 1999].

SALVATORE, E. *"Gesù [...] il Nazareno, il crocifisso, è risorto!" (Mc 16,6) – Il racconto drammatico della passione di Gesù nel vangelo di Marco (14,1–16,8)* (Aloisiana. Nuova serie 9). Trapani: Il pozzo di Giacobbe, 2017.

VAN OYEN, G. *Lire l'Évangile de Marc comme un roman* (Le livre et le rouleau). Bruxelas: Lessius, 2011.

WATTS, R.E. Marco. In: BEALE, G.K.; CARSON, G.-D.A. (orgs.). *L'Antico Testamento nel Nuovo*, I (Biblioteca del Commentario Paideia 4). Turim: Paideia, 2017, p. 219-449 [orig. em inglês, 2007].

WREDE, W. *Il segreto messianico nei Vangeli – Contributo alla comprensione del Vangelo di Marco* (Collana di Classici neotestamentari 3). Nápoles: D'Auria, 1996 [orig. em alemão, 1901].

III

O Evangelho Segundo Mateus
(P. Mascilongo)

Introdução

O *Evangelho segundo Mateus* é o primeiro dos sinóticos, segundo a ordem canônica da Bíblia cristã. Este primado reflete a consideração dada a este evangelho no início do cristianismo, quando foi considerado o mais importante, e, enquanto tal, o mais lido e amado.

As causas dessa preferência são facilmente dedutíveis: *Mateus* apresenta um texto cuidadoso, tanto do ponto de vista da linguagem quanto de sua composição narrativa. O material é recolhido em seções bem-estruturadas, com uma impostação mais sistemática e didática. Os longos discursos de Jesus apresentam um conteúdo importante para a teologia e para a espiritualidade (as bem-aventuranças, o Pai-nosso...). É também o evangelho que, mais do que os outros, trata de temas que afetam de perto a vida da comunidade e os interesses da Igreja dos primeiros séculos. Uma ulterior característica de *Mateus*, enfim, é sua proximidade com o mundo bíblico e judaico, que está presente tanto nos conteúdos quanto nos elementos formais. Deste ponto de vista, devemos sublinhar também certa correspondência com os escritos de Qumran e com a *Didaqué*.

Segundo a maioria dos estudiosos, como já acenamos, *Mateus* escreve seu evangelho partindo de duas fontes: o *Evangelho segundo Marcos* e a fonte Q, fazendo uma síntese entre a narração de *Marcos*, tida como bom subsídio para uma ossatura fundamental, e o conjunto dos ditos de Jesus contidos na Q, reorganizando as informações segundo exigências específicas, sobretudo na elaboração de seus cinco discursos principais. Além disso, ele apresenta material próprio – isto é, tradições não presentes nem em *Marcos* nem em *Q* –, que supostamente chegaram ao evangelho diretamente da tradição oral.

Por que *Mateus* escreve o evangelho? Não existe uma única resposta: falou-se em texto catequético, doutrinal, ético, mas é realmente difícil identificar uma única motivação que, aliás, nunca foi manifestada pelo evangelista (ao contrário de *Lucas* e de *João*, p. ex.). A situação da comunidade mateana, que será brevemente delineada mais adiante, pode ter levado *Mateus* a narrar, de uma maneira nova, a história de Jesus, exatamente para responder ao contexto histórico de separação com o judaísmo. Mas, também neste caso, trata-se apenas de uma hipótese.

A grande maioria dos autores contemporâneos acredita que o evangelho tenha sido escrito diretamente em grego, e que não é, portanto, uma tradução ou transcrição de uma língua semítica (hebraico ou aramaico), hipótese que circulava desde a Antiguidade. Seja como for, a única forma com a qual o texto de *Mateus* chegou até nós é a grega. Trata-se de um bom grego, a meio-caminho entre a linguagem bastante rudimentar de *Marcos* e aquela bem-elaborada de *Lucas*. Quando o confronto com *Marcos* é possível, nota-se um sistemático aprimoramento estilístico, com perícopes mais breves e com uma sintaxe mais simples e fluida. Nota-se a influência da LXX e dos escritos judaicos. *Mateus* elabora uma obra de bom nível literário em seu conjunto, ordenada, com uma estrutura rica de repetições, inclusões e reagrupamento de episódios. Existe uma continuidade no enredo episódico com os demais evangelhos, mas o leitor percebe uma melhor unidade de fundo entre as várias seções. Em seu conjunto, a inserção de longos discursos torna o andamento mais lento e reflexivo, e é possível ver em obra a estratégia narrativa do evangelista, que quer mostrar um Jesus menos misterioso (em relação a *Marcos*) e mais preocupado em exercer com clareza a própria função de mestre.

Quanto ao gênero literário, não é necessário repetir o que já foi dito na parte introdutória do livro. Também para *Mateus*, de fato, valem as considerações gerais já feitas: existe semelhança com o gênero biográfico, tornada mais completa com a inserção dos relatos da infância, mas também pontos de diferença não secundários. E, de forma similar, vale o já afirmado: *Mateus* é um relato, e como tal deve ser primordialmente compreendido e interpretado.

Autor, data, lugar e destinatários

Na pesquisa recente, como o vimos em *Marcos*, as informações sobre autor, lugar e data de composição dos evangelhos procedem de pesquisas historiográficas, antes que de notícias transmitidas pela Igreja das origens. Segundo uma tradição muito antiga, rastreável em Pápias de Hierápolis (130 d.C.), Mateus é identificado com o personagem nomeado em Mt 9,9[1]. O testemunho de Pápias é conhecido através da *História eclesiástica* de Eusébio de Cesareia (325 d.C.), que descreve inclusive o juízo de Pápias segundo o qual Mateus escreveu em língua hebraica (aramaica). Também Irineu de Lyon (130-202 d.C.) relata as mesmas notícias, falando de um Mateus que estava entre os judeus e que escreveu seu evangelho, portanto, em hebraico. A estes personagens podemos incluir também Orígenes (185-250 d.C.). Na Antiguidade esta identificação nunca foi posta em dúvida, ao passo que na época moderna os estudos críticos levantaram inúmeras reservas.

Uma primeira objeção é que as diferentes declarações antigas não são independentes entre si, mas provavelmente todas remontam à mais antiga delas: a relatada por Pápias. Utilizando em seguida os critérios internos, considera-se altamente improvável que o atual evangelho grego de *Mateus* seja uma tradução de um original semítico. E sobre a atribuição ao Mateus apóstolo, seguidor da primeira hora de Jesus, fica difícil explicar por que ele se teria servido, como modelo para a narração, da obra de *Marcos*, que não foi uma testemunha ocular.

Dos critérios internos é possível evidenciar que o evangelista é um judeu helenístico, profundo conhecedor da língua e da cultura grega, mas interessado pelos ambientes judaicos. Não poucos autores aproximam o autor do "escriba" de quem Mt 13,52 fala, que se tornou "discípulo do Reino dos Céus", e capaz de "extrair de seu tesouro coisas antigas e novas". Também foi proposto ver, atrás do autor, não uma única figura, mas uma "escola cristã", aos moldes das escolas rabínicas.

Quanto à data, as considerações internas levam ao menos ao sétimo decênio do século I: um contraste bem delineado com o ambiente judaico emerge do evangelho, provavelmente indício do advento do judaísmo rabínico, além de alguns acenos à destruição de Jerusalém, já consumada (cf. Mt 22,7). Ambos os elementos indicam uma data posterior ao ano 70 d.C. (mesmo que, assim como para os outros evangelhos, não existam informações diretas, inclusive sobre este ponto). Não é possível, no entanto, ir

---

1. Em *Marcos* e em *Lucas* é identificado com Levi (Mc 2,14; Lc 5,27).

muito além dessa datação, mesmo porque *Mateus* é conhecido e citado pela *Didaqué*, escrita no início do século II.

Também o local de composição é inferido a partir da análise interna: o enorme interesse pelo mundo judaico e, além disso, o pressuposto conflito com ele, induzem os estudiosos a situar *Mateus* em um território próximo ao ambiente palestino. Alguns indícios apontam em direção à Síria, particularmente Antioquia: a já citada proximidade com a *Didaqué*, ali redigida, com os escritos de Inácio e com a figura do Apóstolo Pedro. Se esta continua sendo a hipótese mais aceita, não existe, no entanto, unanimidade entre os estudiosos[2].

A quem se dirige o evangelho (quem são os *destinatários*)? Pode-se afirmar com relativa certeza que *Mateus* tinha em mente um leitor pertencente ao mundo judaico, capaz de apreciar e interpretar corretamente o importante uso da Escritura, e interessado nas discussões sobre a lei contidas no evangelho. Geralmente se fala, pois, de uma comunidade de *judeu-cristãos*. Mais em geral, o evangelho reflete uma situação social e eclesial bastante determinada: parece tratar-se de uma comunidade que já vive separada de Israel, e que pertence à segunda ou terceira geração de fiéis, em razão de questões como o atraso da *parusía*, a evangelização dos pagãos, a perseguição, as exortações dirigidas aos discípulos. Em síntese, e permanecendo numa perspectiva prudente, podemos afirmar que os destinatários do evangelho se consideram seguidores de Jesus, mas ainda ligados à tradição da *Toráh*. Também neste caso, no entanto, inúmeras são as hipóteses apresentadas pelos estudiosos, e não poucos autores defendem ideias diferentes, que vão de uma comunidade já *étnico-cristã* a uma comunidade ainda completamente imersa no judaísmo.

Estrutura da narração

O esmero na composição global típica do *Evangelho segundo Mateus* permite, mais do que em *Marcos*, identificar com menos problemas a estrutura geral do relato, apesar de manter a trama episódica e a falta de indicações explícitas neste sentido. Um elemento salta claramente aos olhos: a presença de cinco discursos que Jesus profere ao longo de seu ministério, cada um marcado por uma clara conclusão[3]. Nestes discursos *Mateus* habitualmente retoma

---

2. É significativa a conclusão de LUZ. *Matteo*. I, 1,18: "Em suma: o Evangelho de Mateus não indica o lugar de composição. Seguramente devia se tratar de uma cidade síria bastante grande, cuja língua corrente era o grego. Antioquia não é, a meu ver, a pior das hipóteses; portanto, o Evangelho de Mateus deriva talvez de uma comunidade antioquena. Mas esta não passa de uma hipótese".

3. Os discursos são: 5,1–7,27; 9,35–10,42; 13,1-52; 18,1–25,46; as conclusões estão em 7,28; 11,1; 19,1; 25,1.

o material da fonte *Q*, mas também material próprio ou de *Marcos*[4]. Existem também outros ensinamentos de Jesus, organizados em discursos mais breves, como, por exemplo, os dois conjuntos de discursos 11,7-30 e 12,25-50, ou o segundo discurso em parábolas 21,28–22,14; mais discutida é a localização do capítulo 23, às vezes unido ao longo discurso subsequente dos capítulos 24–25, às vezes considerado à parte, como aqui. Os cinco grandes discursos foram muitas vezes equiparados aos cinco livros da *Toráh*, e é possível ver nos discursos de Moisés, no *Deuteronômio*, o modelo literário utilizado por *Mateus*. Narrativamente os discursos são longos "intervalos" dentro do relato, nos quais o evangelista se dirige diretamente ao leitor implícito, e dessa forma a narração não progride (afirmação não aplicável, porém, aos pequenos discursos)[5].

Em base aos cinco discursos é possível subdividir todo o evangelho em sete partes.

1,1–4,22: Prólogo e introdução
3,23–9,35: Primeira parte: sobre o discurso da montanha
5,1–7,27: O discurso da montanha
7,28–9,35: Os primeiros milagres de Jesus
9,36–12,50: Segunda parte: sobre o discurso aos Doze
9,36–10,42: Envio e discurso aos Doze
11–12: Ensinamentos e discussões
13,1–17,27: Terceira parte: sobre o discurso em parábolas
13: O discurso em parábolas
14–17: Ensinamentos, milagres, confissão e transfiguração
18,1–20,34: Quarta parte: sobre o discurso para a comunidade
18: O discurso para a comunidade
19–20: As últimas ações e palavras antes de Jerusalém
21,1–25,46: Quinta parte: sobre o discurso escatológico
21–23: Entrada, ações e palavras em Jerusalém e no templo
24–25: O último grande discurso escatológico
26,1–28,20: Conclusão: paixão e ressurreição
26–27: O relato da paixão
28: O relato da ressurreição

---

4. Além do primeiro discurso (da montanha), *Mateus* sempre se inspira no material já compilado por *Marcos*.

5. Cf. KINGSBURY. *Matteo*, p. 131-133.

Exceto a primeira e a última, cada uma das cinco partes intermediárias é identificada em relação ao discurso nela contido. Vale a pena insistir desde já que esta subdivisão é um artifício moderno, útil ao estudo, mas não a única possível. Dentre os que admitem o papel estruturante dos cinco discursos, existem diferentes tendências internas, ao passo que outros autores propõem um esquema totalmente diferente: semelhante ao modelo de *Marcos*, faz-se um corte central em 16,20-21, individuando assim apenas duas seções (4,17–16,20 e 16,21–28,20), precedidas de um prólogo (1,1–4,16)[6].

Em nossa opinião, os discursos podem ser vistos unidos em duplas quiásticas, tendo ao centro o discurso em parábolas; mais evidente é o vínculo entre o segundo e o quarto discurso, ambos dedicados à comunidade. Mais complexa, no entanto, é a tentativa de justificar o vínculo entre discursos e partes narrativas intermediárias. A própria definição de "parte narrativa" não é exaustiva, pois também nestas partes estão presentes ensinamentos, discussões, parábolas. Em nosso esquema, cada discurso se liga à parte narrativa *subsequente*, exceto o quinto, que adicionado no limiar do relato da paixão, tem a parte narrativa que o precede. Seja como for, a estrutura aqui proposta permite uma subdivisão do evangelho em partes não demasiadamente amplas, útil à apresentação e estudo. A outra divisão, talvez mais coerente do ponto de vista narrativo, que prevê apenas duas partes separadas em 16,20, não apresenta o mesmo benefício.

Guia de leitura

A guia de leitura do *Evangelho segundo Mateus* segue a linha identificada nas páginas precedentes. Temos, portanto, sete partes principais: a introdução narrativa de todo o evangelho (relatos da infância, batismo, tentações), as cinco partes construídas ao redor dos cinco grandes discursos, e a conclusão (relatos da paixão e da ressurreição).

Prólogo e introdução (Mt 1,1–4,22)

Na primeira seção o evangelista apresenta a figura do protagonista, desde o seu nascimento. Também narra a atividade de Jesus adulto: o encontro com João, o batismo e a tentação no deserto.

---

6. Também neste caso, com diferenças entre os autores; o tema é muito debatido. Cf. MICHELINI, G. La struttura del Vangelo secondo Matteo – Bilancio e prospettive. *Rivista Biblica*, 55, p. 313-333, 2007.

Aqui também é narrado o chamamento dos quatro primeiros discípulos. Mesmo que as duas cenas da primeira parte tratem de eventos distantes no tempo (infância nos capítulos 1 e 2 e a primeira atividade adulta de Jesus nos cap. 3 e 4), não faltam ligações temáticas; por exemplo, em ambas mostra Jesus como o filho de Deus (1,18-25; 2,15; 3,13-17; 4,1-11) ou sua conformidade às Escrituras é enfatizada. Nos dois primeiros capítulos (1,1–2,22) Mateus descreve o maravilhoso nascimento de Jesus, cheio de maravilhas e presságios, interpretando-o em relação à história que o precede; ele quer mostrar que Jesus está enraizado na história de Israel, Ele é um verdadeiro filho de Abraão, um "Filho de uma boa família".

A genealogia (1,1-17)

No começo distingue-se a genealogia, cujo título (v. 1: "Genealogia de Jesus Cristo filho de Davi, filho de Abraão", literalmente "Livro das origens..."), remete a Gn 2,4, o "livro das origens" do mundo (mesma expressão, em grego). A menção de Davi está em conformidade com as expectativas messiânicas aceitas por *Mateus*, ao passo que a expressão "filho de Abraão" evidencia a pertença de Jesus ao povo judaico e seu papel na história da salvação. A genealogia é estruturada em três séries de 14 gerações cada uma[7], e nesta periodização *Mateus* claramente pretende resumir toda a história de Israel (de Abraão a Davi, de Davi à deportação), onde alcança sua máxima concretização. Destaca-se a surpreendente presença de quatro mulheres, todas estrangeiras (*Tamar*, arameia; *Rabad*, cananeia; *Rute*, moabita; *Bersabeia*, hitita)[8], provável antecipação daquele olhar universalista que *Mateus* prefere e que, além disso, voltará logo depois, no episódio dos magos. A genealogia leva a José, e não a Jesus: com uma mudança de formulação que impressiona o leitor, *Mateus* não afirma que "José gerou Jesus", mas reserva ao protagonista uma expressão no passivo (literalmente, "foi gerado"), útil para revelar o verdadeiro Pai de Jesus (passivo divino). De qualquer forma, acolhendo o menino de Maria e dando-lhe um nome, José, para todos os efeitos, o considera filho de Davi.

---

7. Possível referência – mediante a técnica exegética judaica da *ghematría* – ao nome de Davi.

8. O nome Bersabeia não aparece, mas a mulher é indicada como "mulher de Urias", que conhecidamente era estrangeiro ("Urias o Hitita", cf. 2Sm 11).

Nascimento, magos, fuga para o Egito e retorno a Nazaré (1,18–2,23)

O relato do nascimento (1,18-26) gira em torno da citação de Is 7,14, sobre o "Deus conosco", adotada por *Mateus* como explicação da concepção virginal. Através do relato (a cristologia de *Mateus* também aqui é prevalentemente narrativa) anuncia-se esta importante verdade de fé. O protagonista do relato é José, não Maria, ela também apresentada pela primeira vez, de quem imediatamente afirma-se a concepção por obra do Espírito Santo. É a José que o anjo se revela, com as palavras de Deus e o convite a acolher a esposa prometida com a criança, revelando assim um aspecto importante da missão do nascituro, "que salvará o seu povo dos seus pecados" (o nome "Jesus" pode ser vinculado à expressão hebraica *Deus-salva*). José é declarado homem "justo"; sua justiça está tanto na observância da lei (a intenção de rescindir o "contrato" de casamento) quanto em sua benevolência em favor de Maria, não acusando-a publicamente, justiça que se revela sobretudo em sua obediência à palavra do anjo. Sem nenhuma ênfase particular, o último versículo da passagem relata o nascimento da criança. Mais destaque tem a primeira citação de cumprimento do Evangelho, introduzida com a habitual fórmula da realização das profecias (v. 22). Nesta passagem de *Isaías*, o nome do nascituro é *Emanuel* (*Mateus* explica: "Deus conosco"). A citação de cumprimento se configura como um verdadeiro comentário do narrador, à margem do relato, que pretende sugerir ao leitor a correta intepretação teológica dos acontecimentos.

Após ter esclarecido como Jesus nasceu, o subsequente relato dos magos (2,1-12) responde à pergunta "onde nasceu Jesus?", dando a justificação teológica. Também neste caso, de fato, *Mateus* utiliza a Escritura para narrar os acontecimentos (são visíveis a profecia de Mq 5,1-2 e uma alusão a 2Sm 5,2, onde Davi "apascentará o povo"), e mais uma vez Jesus é apresentado como messias. Existem também vestígios de proximidade com os nascimentos dos grandes personagens bíblicos, como Isaac (Gn 17,19) ou Sansão (Jz 13,3-5), e não faltam sobretudo elementos de contato com o nascimento de Moisés, também no que se segue (a salvação do menino do rei perverso, a matança dos meninos hebreus, a fuga, o Egito). Os novos protagonistas são definidos "magos" (*mágoi*, em grego, indica sábios orientais, com um termo de origem persa), personagens misteriosos, descritos como estrangeiros e sábios, benevolentes para com o menino, cujo nascimento haviam deduzido dos sinais celestes. Estes se alegram ao ver a estrela, adoram a Jesus, oferecem-lhe seus presentes (alusão provável a Is 60,6 que descreve a peregrinação dos povos e dos reis estrangeiros para Jerusalém). Dons preciosos, além de – para o incenso e a mirra – ligados ao culto. O episódio dos magos, no entanto, também serve para colocar a história de Jesus sob um manto ameaçador, tema um tanto quanto inesperado a esta altura, motivo de hostilidade do rei perverso e sábios de Jerusalém. O relato tem traços populares, descrevendo um rei ávido e feroz, que tenta enganar e é enganado, e ostenta sua raiva com um massacre inútil.

Na segunda parte do episódio (2,13-18), José volta a ser protagonista ao levar sua família salva para o Egito, sob o convite do anjo. Abre-se, portanto, mais uma ocasião para uma nova citação escriturística (Os 11,1), ao passo que toda a cena alude também à história de José, filho de Jacó, e à vida de Moisés. Implicitamente Jesus é declarado filho de Deus. Também o episódio do massacre dos meninos, que aumenta a dramaticidade do relato e lembra muitas tradições narrativas da Antiguidade, é relido em chave bíblica (Jr 31,35).

O último ato da história (2,19-23) serve, ao contrário, para *Mateus* explicar de que forma José e sua família voltaram para Nazaré. Esta decisão é genericamente religada a uma profecia sob o nome *Nazoráios* (2,23)[9]. Esta última anotação introduz a importante região geográfica e teológica da Galileia, abrindo assim para os episódios subsequentes, e para a apresentação de Jesus adulto (cf. 3,13).

EXCURSUS – EVANGELHOS DA INFÂNCIA E CITAÇÕES DE CUMPRIMENTO

Mateus começa a história de Jesus adulto com uma narração que diz respeito ao seu nascimento e aos primeiros anos de sua vida. Não se trata de uma narração exaustiva, nem particularmente ampla, mas suficiente para preencher uma lacuna na história do protagonista, moldada em antigas narrações bíblicas (p. ex., as citações de cumprimento ou a função da genealogia). Talvez seja este o elemento que mais impres-

---

9. Os estudiosos não estão em condições de afirmar com exatidão a qual "profeta" se refere o evangelista. É possível pensar em Jz 13,5.7; 16,17 ou em Is 11,1.

siona no relato da infância: uma atmosfera que reflete de forma muito direta as Escrituras de Israel.

No relato, de fato, não existe nenhuma descrição exata do nascimento; não interessa a crônica dos acontecimentos, mas antes sua causa e sua interpretação, a partir das cinco profecias (por quatro vezes introduzidas pela fórmula de cumprimento) evocadas nos dois capítulos. Além disso, as *citações de cumprimento*, particularmente abundantes nestes primeiros capítulos, dão a tônica a todo o evangelho[10]. Através delas o evangelista faz emergir a luz interpretativa que em seguida acompanhará o leitor por todo o relato: a vida de Jesus é inteiramente marcada por esta correspondência com o plano de Deus enquanto Emanuel (1,23), Filho (2,15), Messias (8,17), Servo (12,18-21) e Rei Pacífico (21,5).

>As citações de cumprimento, portanto, colocam espetacularmente um diante do outro um evento da vida de Jesus e uma palavra de Deus testemunhada através do profeta na vida de Israel. É uma maneira mateana de colocar o Novo e o Antigo em diálogo: por um lado, mostra-se que as vicissitudes da vida de Jesus são conformes ao modo constante de agir de Deus na história de Israel, ao seu projeto de origem (revela-se assim a verdade da Palavra e Deus e sua fidelidade no hoje da história de Jesus), e, por outro lado, descobre-se uma ulterioridade de sentido na Palavra de Deus proferida em um novo contexto histórico[11].

Um ulterior elemento a ser sublinhado nos relatos da infância é a figura de José. É ele que garante a descendência davídica do nascituro, sendo ele mesmo chamado "filho de Davi" (1,20). O "não temas" do anjo se refere a José, e não à esposa, como em *Lucas*, e é ele que obedece no cumprimento de tudo quanto lhe foi ordenado (cf. 1,21.25; 2,13.14; 2,20.21). A obediência remete à outra característica de José, que pode ser indicada em seu ser "homem justo" (1,19): palavra impor-

---

10. Cf. 1,11-23; 2,15.17-18.23; 4,14-16; 8,17; 12,17-21; 13,35; 21,4-5; 27,9 (muito semelhantes: 2,5; 3,3; 13,13-15).

11. GRILLI, M. Matteo nel conflito dele interpretazioni – I: Quale "Compimento? *I Vangeli snottici: Matteo e Marco – Seminario per gli studiosi di Sacra Scrittura. Roma 26-30 gennaio 2015*. Roma: Gregorian/Biblical Press, 2015, p. 218-219.

tante, a ser interpretada aqui na senda dos grandes justos da tradição de Israel, mencionados pelo o próprio *Mateus*, como Abel (cf. 23,25), e que culmina naturalmente em Jesus (cf. 27,19). Para José, a justiça está no saber ir ao centro dos ensinamentos da *Toráh*, colocando ao lado do rigor da norma a misericórdia que está em sua base; mais profundamente ainda: está no permitir a realização do plano divino e iniciar o momento decisivo da história da salvação.

Um último olhar pode ser lançado sobre a historicidade dos relatos da infância, aliás, muito discutida. Mesmo que seja fácil encontrar o caráter popular e, de alguma forma, legendário das narrações, bem como o claro interesse teológico, não é impossível que, por detrás desses relatos, moldados pelo evangelista, se encontrem tradições mais antigas e confiáveis[12]. Entretanto, e em última análise, não é este o elemento principal que emerge do relato de *Mateus*, que não quer tanto narrar a biografia inicial de seu protagonista, mas introduzir os passos iniciais de uma história de salvação, que cada leitor deverá viver e atualizar.

João e o batismo de Jesus (3,1-17)

Mateus abandona repentinamente a primeira infância de Jesus e passa imediatamente para sua fase de vida adulta, deixando de lado uma série inteira de elementos potencialmente interessantes para um historiador, como a educação ou as vicissitudes da juventude. Os capítulos 3-4 introduzem doravante o relato subsequente, num complexo de episódios unificado por algumas remissões bastante evidentes, como a citação de *Isaías* no início e no fim da seção (Is 40,3 em 3,3 e Is 9,1-2 em 4,15-16), e a formulação idêntica das palavras de João e Jesus ("convertei-vos" em 3,2 e 4,17).

A primeira cena (3,1-12) é dedicada a João, imediatamente denominado "o batista" (*ho baptistés*), de quem *Mateus* relata com certa amplidão (bem mais do que *Marcos*) as palavras da pregação. Impressiona que o primeiro anúncio de João ("Convertei-vos, porque está próximo o Reino dos Céus", 3,2) seja retomado ao pé da letra por Jesus mais adiante (4,17). Também *Mateus*, como *Marcos*, usa a citação do Profeta Isaías para introduzir a figura

---

[12]. G. Segalla fala de "plausibilidade da origem da tradição judeu-cristã de episódios históricos" (SEGALLA. *Una storia annunciata*, p. 143).

do batizador, cuja descrição, além disso, retraça aquela marciana (roupas e comida de profeta, e no deserto). A breve pregação de João é um convite à conversão, com tons muito ásperos em relação aos fariseus e saduceus, e com a ameaça do juízo iminente (*Mateus* fala justamente de "ira", *orghé*, termo geralmente associado ao juízo divino no AT). Palavras decisivas João reserva também à apresentação de Jesus, identificado como aquele que "é mais forte" e que batizará no "espírito santo e no fogo" e "queimará" a palha inútil.

O encontro entre João e Jesus (3,13-17) é descrito através de um diálogo em que o Batista se opõe ao pedido de batismo de Jesus, declarando a própria inferioridade. A resposta ("convém cumprir toda justiça")[13] manifesta a importância de "fazer a vontade Deus" – isto é, de obedecer ao desígnio preparado por Deus –, mesmo quando parece incompreensível (porque Jesus, sem pecado, teria desejado ser batizado?). O relato termina com a manifestação divina e a voz do céu que – único caso nos evangelhos – está na terceira pessoa ("Este é o meu filho"), como acontecerá mais adiante, na transfiguração (17,5). Enfim, não devemos perder de vista o acento trinitário, que constitui um perceptível reenvio à página conclusiva do evangelho, onde o Ressuscitado convida a batizar "em nome do Pai, do Filho e do Espírito Santo" (28,19).

As tentações (4,1-11)

O relato das tentações é muito mais rico que o relato de *Marcos*. *Mateus*, de fato, narra no detalhe o tríplice enfrentamento entre Jesus e o "diabo" (*diábolos*; a primeira vez é chamado de "tentador", *ho peirázon*). No episódio sobressai o amplo uso da Escritura, seja da parte de Jesus, que quase não utiliza outras palavras (percebe-se aqui as passagens de Dt 8,3; 6,13; 6,16, que, por sua vez, aludem a Ex 16; 17; 32: a lembrança dos quarenta anos do povo no deserto é forte), seja da parte do tentador, que por duas vezes se refere à Escritura). As tentações se referem ao saciar de forma milagrosa a própria fome, uma ação espetacular no Templo de Jerusalém e o poder e a glória dos reinos deste mundo; mais em profundidade, dizem respeito à própria pessoa de Jesus em sua relação filial com o Pai: por duas vezes o diabo inicia o próprio discurso com a frase "Se és filho de Deus..." O que

---

13. Ambas as expressões, "realizar" (verbo *pleróo*) e "justiça" (*dikaiosýne*), são importantes em *Mateus*.

significa ser filho, para Jesus? Das tentações emerge uma resposta negativa: recusando as adulações do diabo, Jesus mostra com clareza ao leitor como não deve ser entendida a filiação divina; desencadeia-se aqui um conflito que continuará por todo o evangelho.

A primeira pregação e os primeiros discípulos (4,12-22)

Após a tentação, *Mateus* informa rapidamente sobre a prisão (a "entrega") de João e sobre o deslocamento de Jesus para Cafarnaum, na Galileia (4,12-17). Justamente esta última informação é amplamente comentada através de uma citação de *Isaías* (8,23–9,1). *Mateus* sublinha, com a citação de Zabulon e Neftali, o fato de que a Galileia possa ser chamada de pagã, alinhada aos elementos de universalismo já vistos nos primeiros capítulos, e é exatamente aqui que é colocada a primeira atividade de Jesus, indicada como pregação (o verbo é *kerýsso*) sobre "o Reino dos Céus" (a importante expressão *basileia ton uranón*, que em *Mateus* corresponde ao "Reino de Deus" de *Marcos*, provavelmente para evitar a necessidade de escrever o nome de Deus quando desnecessário).

Ainda na Galileia, é ambientada em seguida a última cena dessa parte inicial do evangelho: o chamado dos primeiros quatro discípulos (4,18-22), narrado de uma forma inteiramente semelhante ao relato de *Marcos* (única diferença importante: aparece já aqui o cognome Simão, ao referir-se a Pedro). Com estes últimos dois episódios, *Mateus* já introduz as partes subsequentes: à pregação do reino corresponde o discurso da montanha e os primeiros milagres (cap. 5-9), e à escolha dos discípulos corresponde seu envolvimento com a obra de Jesus (cap. 10).

Sobre o discurso da montanha (Mt 4,23–9,35)

A seção discursiva desta parte começa com um sumário (4,23-25) que retoma o que foi dito sobre a pregação na Galileia de modo mais detalhado ("anunciar", "ensinar nas sinagogas" e "curar as doenças")[14]. A repetição de um sumário similar ao final da seção narrativa (9,35-36) torna todo o conjunto particularmente coeso e bem construído, justamente ao redor das duas temáticas evidenciadas: ensinamento e cura. Assim como cada parte

---

14. Os três verbos são importantes, e é possível perceber um uso linguístico preciso de *Mateus*, que reserva o verbo "ensinar" (*didásko*) particularmente à Lei, ao passo que "anunciar" está mais ligado ao reino e ao evangelho.

construída em torno dos discursos, esta também é construída em duas seções, uma composta pelo discurso e outra mais narrativa.

O discurso da montanha (5,1–7,27)

O primeiro discurso de Jesus é cuidadosamente preparado (5,1-2). Jesus sobe "ao" monte (*Mateus* não especifica de qual monte se trate, mas usa o artigo definido) e "se senta", na posição típica de mestre. Dele se aproximam os discípulos, e Jesus começa a "ensinar". A localização sobre o monte sugere uma revelação divina, mas também pública, oferecida a todos os que querem acolhê-la.

O longo discurso que segue (5,3–7,27) se configura como um ensinamento amplo e coeso, que reúne temas diversos. Seu conjunto compõe-se de três partes: a introdução (5,3-16), a parte principal (5,17–7,12) e o final (7,13-27). A parte principal, por sua vez, se divide em três: as *antíteses* ligadas à lei (5,21-48, com a introdução 5,17-20), o centro (6,1-18) e a parte conclusiva (6,19–7,11, com o versículo de ligação 7,12). Justamente no centro se encontra o *Pai-nosso* (6,9-13).

A primeira seção do discurso contém as nove bem-aventuranças, as primeiras oito na terceira pessoa do plural ("bem-aventurados os...", *makárioi hoi*) e a última (5,11-12) na segunda pessoa do plural ("bem-aventurados vós"). Trata-se de uma verdadeira *carta magna* na qual Jesus apresenta a própria via para a felicidade humana e o caminho para alcançar "o Reino dos Céus" (v. 3 e 10). A fórmula "bem-aventurados", geralmente denominada em grego *macarismo*, é típica da Escritura (em particular no modo sapiencial, mas não está ausente nos profetas) é bastante cara a *Mateus*, que a utiliza também alhures (11,6; 13,16; 16,17; não está presente em *Marcos*, e aparece pelo menos quinze vezes em *Lucas*). Nas outras ocorrências no Evangelho de *Mateus*, as bem-aventuranças estão sempre ligadas ao conhecimento da pessoa de Jesus, favorecendo assim uma interpretação cristológica.

As bem-aventuranças não são primeiramente um imperativo, mas descrevem o indicativo do homem que vive em sintonia com Deus. Com uma solene promessa estabelecem o justo equilíbrio entre o primado do dom divino (possessão do reino, consolação, saciedade, misericórdia...) e o empenho do homem (pobreza de espírito, pureza de coração, busca da paz...). Na ótica de *Mateus*, colocadas aqui no início da pregação, elas devem sublinhar seu elemento característico: é importante captar o reenvio que fazem ao AT, caracterizando assim toda a seção; particularmente nelas existem remissões a Is 61,1-3.7.8, que faz muitas referências aos "pobres", ao "coração", à "consolação", aos "aflitos", à "justiça" (a mesma página citada por Lc 4,16-30). As bem-aventuranças afetam tanto a vida pessoal (pobreza de espírito, choro, mansidão, misericórdia, pureza de coração) quanto em sentido amplo a vida social (sedentos de justiça, agentes da paz, perseguidos), tudo dentro de uma singular (e "revolucionária") inversão da lógica mundana, com a atenção aos pobres, perseguidos, oprimidos. O segredo para compreender as bem-aventuranças é ver sua referência cristológica: é o próprio Jesus, de fato, que realiza em sua vida este ideal (é ele o pobre em espírito, o aflito etc.). Que esta página não possa ser considerada um ensinamento abstrato, desligado do contexto concreto do discurso (portanto: referência a Jesus e aos discípulos), o mostra a nona bem-aventurança, onde passa-se à segunda pessoa do plural e onde existe um nexo particular com o destino dos discípulos. Trata-se de uma expansão e de uma atualização daquilo que precede, e também oferece o vínculo com a parte subsequente, graças à passagem para a segunda pessoa.

Exatamente aos discípulos são dirigidas, de fato, as palavras subsequentes (5,13-16), que concluem a introdução narrativa. *Mateus* recolhe alguns ditos presentes também nos outros sinóticos, em contextos diferentes, comentando ulteriormente a função dos discípulos de ser, para o mundo e diante do mundo, "sal" e "luz". Não devemos subestimar o papel que aqui Jesus atribuiu aos seus, vistos como instrumentos através dos quais – mediante as obras boas realizadas – a luz do Pai pode alcançar todos os seres humanos[15].

Com o versículo 17 começa a segunda parte do ensinamento, tematicamente introduzida pela expressão "lei e profetas" (que indica toda a Escritura hebraica) e pelo verbo "realizar/levar ao cumprimento". As afirmações destes versículos são muito claras: não é possível eliminar ou substituir a lei, que, aliás, é interpretada de forma mais radical e profunda. Jesus estabelece um confronto sistemático entre o seu modo de entender a lei e aquele dos "escribas e fariseus", cuja estrada não leva ao "Reino dos Céus". Mais uma vez percebe-se a própria figura de Jesus não como um simples mestre confiável, como logo se verá ("ouvistes o que foi dito, eu porém vos digo"),

---

15. Além disso, a simbólica da luz já havia sido aplicada a Jesus em 4,12-17.

mas cuja palavra é comparada à própria lei, que "não passará" (cf. 24,35). A importante palavra "justiça", que aqui aparece no v. 20 (após já ter sido usada nas bem-aventuranças), e que lembra o cumprimento da vontade do Pai, introduz o ensinamento subsequente.

Seguem as seis antíteses, reunidas em dois grupos de três; as primeiras duas se referem ao decálogo. Trata-se de uma série de exemplos para mostrar que, de fato, Jesus não veio abolir a lei, mas dar-lhe plenitude, opondo-se não ao AT, mas a uma justiça que não responde ao espírito da Escritura. Trata-se, em sua totalidade, de comportamentos que dizem respeito ao próximo, chamado programaticamente de "irmão"[16]: homicídio, ira e perdão, adultério e pureza de coração, divórcio, juramento e verdade, vingança e misericórdia, amor ao próximo e ao inimigo... O ensinamento não esgota a gama de comportamentos humanos, mas ajuda tanto os discípulos quanto o leitor a compreender de que modo a lei deve ser interpretada.

Depois do versículo 8, que resume e conclui a seção, em 6,1 começa um novo ensinamento relativo às tradicionais obras de piedade do mundo judaico: esmola, oração e jejum[17]. Mais uma vez é a palavra "justiça" que liga ao que precede, e poderia ser visto nesta seção a resposta à pergunta sobre como realizar aquela justiça de que se falou precedentemente.

Na parte central, relativa à oração, Jesus introduz o Pai-nosso, cuja importância é detectável em sua localização. Na forma de *Mateus*[18], o Pai-nosso é apresentado em sete pedidos, os primeiros três centrados na figura de Deus, os últimos quatro na pessoa do orante. Em ambas as seções está presente também uma comparação (após o terceiro e o quinto pedidos). A invocação a Deus como Pai, e como "Pai-nosso", não é nova na Escritura (cf., p. ex., Is 63,16), ao passo que a súplica aos "céus" é totalmente compreensível no mundo bíblico, e, aliás, é uma particularidade típica de *Mateus*. A importância do "nome" também é bíblica, assim como o convite à "santificação" (cf. Is 29,23; Jr 36,28). O "reino" está amplamente presente em todo o

---

16. O termo "irmão" (*adelfós*) é, de fato, típico de *Mateus*, que o utiliza de forma sistemática em seus discursos; em particular neste e naquele "eclesial", onde adquire uma coloração simbólica, indicando os membros da comunidade (5,22.23.47; 7,3.4.5; 18,15.21.35).

17. Um ótimo exemplo de interpretação bíblica destes comportamentos está no Livro de *Tobias*.

18. A oração ao Pai está presente, como o sabemos, também em *Lucas*, mas de forma mais breve (Lc 11,1-4).

Evangelho de *Mateus*, desde o início da pregação (4,17), e retorna mais vezes também no próprio Sermão da Montanha (5,3.10.19-20; 6,33; 7,21). Também na oração de Jesus ("venha") percebe-se a tensão entre uma vinda já presente do reino e sua constante expectativa futura. A palavra "vontade" é importante no discurso, representando seu final (7,21); no pensamento de *Mateus* é um conceito mais ético, ligado sempre ao verbo "fazer". O "pão" representa o alimento básico no mundo judaico do tempo, e é entendido como símbolo de sustento necessário à vida[19]. O pedido de ver perdoadas as próprias "dívidas" é entendido em sentido figurado, a propósito do pecado, como mostra a sequência do texto (6,14-15). Que Deus possa perdoar os pecados, graças a Jesus, emerge com total evidência na passagem do paralítico (9,2-8). Este pedido, no entanto, está condicionado à ação correspondente do homem, a quem é exigido, por sua vez, perdoar. Os últimos dois pedidos se referem ao livrar-se da tentação e do mal, e são coordenados pela fórmula grega *me... allá* ("não... mas"). Pede-se a Deus que não "deixe cair" em tentação e que livre do "mal", substantivo que pode ser entendido tanto em sentido abstrato quanto pessoal (o mal; i. é, satanás)[20].

Em seu conjunto, a última seção do discurso é menos homogênea em relação às precedentes, com ensinamentos diferentes sobre a postura em relação a Deus e à vida. Destaca-se particularmente a parte central, dedicada ao "não se preocupar" (6,25-34), que, aliás, é bem estruturada em suas quatro passagens consecutivas. Este "despreocupar-se" não comporta uma conotação ética, mas religiosa: a preocupação excessiva com as coisas do mundo é, para Jesus, uma espécie de idolatria que impede o reconhecimento do verdadeiro lugar de Deus na vida do fiel. Após um ulterior ensinamento sobre a oração (7,7-11), a regra de ouro do versículo 12 se configura como uma conclusão. Trata-se de uma regra já presente na clássica tradição rabínica, embora geralmente expressa de forma negativa e não positiva, como aqui. A retomada da fórmula "lei e profetas" reenvia claramente ao começo do discurso (5,17), mas também faz um vínculo claro com o subsequente ensinamento sobre o maior dos mandamentos (22,40).

---

19. Para o difícil adjetivo *epiúsios*, a ele ligado, foram propostas muitas traduções, mas "cotidiano" permanece a tradução mais provável.

20. Para uma interessante discussão sobre a tradução "não nos deixeis cair em tentação" cf. GASPARRO, L. "Tentazione o prova? – Considerazioni alla luce di una riformulazione del Padre Nostro. *Rassegna di Teologia*, 60, p. 5-21, 2019.

A seção conclusiva (7,15-27) assume, um pouco surpreendentemente, uma perspectiva claramente escatológica. Logo em seguida, a menção dos "falsos profetas" remete ao tempo futuro (cf. tb. 24,11.24), bem como a subsequente menção do juízo com o fogo (v. 19; cf. 25,41). O discurso se conclui com uma parábola, que sublinha a importância da ação: não basta dizer "Senhor, Senhor"[21], mas "fazer a vontade de Deus". Este é um traço característico de *Mateus* que, excluído o capítulo 10 subsequente, sempre conclui os grandes ensinamentos de Jesus com um dito parabólico.

A conclusão narrativa (7,28-29) evoca a conclusão do grande ensinamento de Moisés em Dt 31,1; 32,45. Como no início, também no final do discurso existe um tratamento particular de *Mateus*, que realça a função e as palavras de Jesus, com a retomada do substantivo "ensinamento".

Com sua radicalidade, o discurso da montanha interpela o fiel de todos os tempos a conformar-se com um estilo de vida desafiador e exigente. Muitas vezes perguntou-se sobre os destinatários: Os discípulos ou todas as pessoas? Pelas indicações do texto, não parece possível delimitar claramente os ouvintes de Jesus; o Pai-nosso ou as antíteses são dirigidos a todos e, de um ponto de vista narrativo, o discurso é dirigido diretamente ao leitor – seja ele quem for – e não apenas aos (primeiros) destinatários naquela montanha. Obviamente, o discurso é desafiador, mas justamente por sua elevada aposta.

EXCURSUS – JESUS, A LEI E O POVO JUDAICO

O *Evangelho segundo Mateus* atribui indubitavelmente um valor único entre os evangelhos e a *Toráh*, dada a Israel no Monte Sinai; o paralelismo presente no primeiro grande discurso é evidente. Como entender, no entanto, a relação entre a lei e este evangelho? No texto encontramos afirmações claras sobre o valor da lei (5,17: "[...] não pensem que vim abolir [...]"); e afirmações não apenas sobre a relação recíproca, lidas em termos de "cumprimento" (ainda em 5,17: "[...] levar ao cumprimento"), mas também julgamentos críticos que levam na direção de uma superação (ainda no contexto de Mt 5, p. ex., as seis antíteses: "Foi dito [...], eu, porém, vos digo").

---

21. *Mateus* dá muita importância ao título "Senhor" (*kýrios*), que emprega mais do que *Lucas* e *Marcos* juntos, com um tom sempre positivo; p. ex., nunca usado pelos adversários.

Muito sucintamente podemos afirmar que em seu conjunto, e através de uma leitura sincrônica do texto, o Evangelho de *Mateus* considera que a lei não esgotou sua função salvífica, intencionada diretamente por Deus. A lei continua sendo a vontade de Deus, bem como toda a Escritura. Jesus, diante da lei, não deve simplesmente nem confirmá-la enquanto tal, nem, inversamente, anulá-la; Ele a "leva ao cumprimento", ou seja, realiza em plenitude a intenção salvífica nela contida; isto é, de ser expressão da vontade de Deus.

Dessa forma, também a lei é relida cristologicamente, à luz da pessoa, da ação e do ensinamento de Jesus. Aqui está a novidade que *Mateus* introduz na leitura da *Toráh*: Jesus é o novo caminho de Deus, caminho que conduz à chegada do reino. Em sentido idêntico também deve ser lida a relação entre este evangelho e o povo judaico. Se, por um lado, este evangelho contém cláusulas que determinam a pregação apenas a Israel, e muito claras, como 10,5-6 ("Não sigais pelos caminhos dos pagãos nem entreis em cidades dos samaritanos. Ide, antes, às ovelhas perdidas da casa dc Israel"), por outro lado ele projeta uma abertura universal (p. ex., o envio a "todas as nações" em 28,19). Também, neste caso, não falta o conflito de interpretações: se, para alguns, *Mateus* exprime em seu evangelho seu distanciamento já definitivo do mundo hebraico e da religião judaica, para outros deveríamos falar de uma compreensão no interior do próprio judaísmo, ou dos judaísmos, do tempo. Jesus é muito duro com os chefes do povo, e o conflito com a sinagoga parece inevitável e aceso. Mas isto não coloca o evangelho, automaticamente, fora do judaísmo.

A partir dos mesmos textos podemos entender também a complexa relação entre antiga e nova aliança, e entre AT e NT.

> Com seu anúncio do Reino Jesus dirigiu-se a Israel, o povo que YHWH se havia escolhido como "seu povo" (Mt 10,5b-6). Em Mt 28,16-20 é o próprio Jesus (28,16!) que envia os seus *Onze* (tirados do *povo, de Israel!*) a todos os povos. Graças a Jesus, messias de Israel, e aos *Onze* tirados de Israel para que fossem discípulos de Jesus, todos os povos são chamados a fazer parte da herança de Israel, povo de Deus, segundo o projeto manifes-

> tado nos profetas (Is 2,1-5; 56,7-8 etc.). Em outras palavras: todos aqueles que acolheram o anúncio dos Onze tornando-se discípulos de Jesus não se constituíram como "povo" em concorrência ou complementarmente a Israel! Por um lado, portanto, temos a *Igreja* composta por judeus e pagãos que têm em comum a fé em Cristo, e, por outro, existe o *Israel* que não acreditou em Cristo, e que não está, desta forma, na Igreja, mas que não perdeu absolutamente a prerrogativa de "povo de YHWH", pois "os dons de Deus, diria Paulo, são irrevogáveis" (Rm 11,29)[22].

Os primeiros três milagres e as condições para o seguimento (8,1-22)

Com 8,1 começa a segunda seção (8,1–9,35) da primeira parte, que podemos definir como "narrativa". Efetivamente é aqui que *Mateus* começa a relatar a história de Jesus, após o longo discurso introdutório. Numericamente, os capítulos 8–9 apresentam dez milagres, em três grupos distintos (com um esquema 3+3+4), separados por material de outro tipo. Os relatos se sucedem sem vínculos e sem indicações de espaço ou de tempo, numa sequência ininterrupta. Toda a seção tem como resultado em primeiro lugar a emergência da pergunta sobre a identidade de Jesus, até o momento do julgamento conclusivo, favorável para a multidão e negativo para os fariseus (9,33-34). *Mateus* traz aqui o material presente em *Marcos*, onde é colocado diferentemente, além do material de dupla tradição. As duas interrupções narrativas situadas entre os blocos de milagres são importantes na avaliação do sentido do conjunto, como chave interpretativa daquilo que é narrado entre as duas.

Mateus começa narrando três milagres (8,1-17). O primeiro trata da cura de uma pessoa impura, e o segundo da cura do escravo de um estrangeiro. *Mateus* coloca este estrangeiro em destaque, com uma clara palavra de Jesus: "Em ninguém de Israel encontrei tanta fé!"; bom exemplo de abertura universal do evangelista. O terceiro milagre é a cura da sogra de Pedro, seguido de um final que amplia a ação de Jesus, através do relato da cura

---

22. GRILLI, M. Matteo nel conflitto delle interpretazioni – II: La Chiesa, "Popolo di Dio"? *I Vangeli sonottici: Matteo e Marco*, p. 236.

de muitos endemoninhados e de todos os doentes (de Cafarnaum); após a cura de um impuro e de um estrangeiro, é a vez da cura de uma mulher. Importante é a citação conclusiva (Is 53,4, versículo que pertence ao quarto canto do Servo do Senhor), introduzida pela fórmula de cumprimento: *Mateus* não se limita ao relato das ações prodigiosas de Jesus, mas sugere lê-las como manifestações da vontade divina, identificando o Nazareno (que se ocupa com a enfermidade e as doenças do povo) com a enigmática figura do protagonista da segunda parte do Livro de *Isaías*, tão importante para a compreensão da identidade de Jesus em todos os evangelhos.

A série de milagres é interrompida pelo relato de um encontro entre Jesus e dois personagens (um escriba e "outro") que manifestam a intenção de segui-lo, e abrem caminho para que o Senhor declare as severas condições de seu seguimento (8,18-22). A localização da passagem (presente também em *Lucas*, em outra ordem) não é casual: serve para indicar que o grande sucesso de Jesus como curador não pode evitar a dura lei do discípulo, chamado a seguir incondicionalmente seu mestre. O breve ensinamento serve também de ocasião para a emergência do importante título cristológico "filho do homem", associado ao primeiro dito proferido aqui por Jesus: "o filho do homem não tem onde repousar a cabeça". Não é impossível ver um vínculo entre estes breves episódios e o sucessivo relato do milagre no barco, que tem por protagonistas os discípulos, a ser lido, portanto, também em chave simbólica, exatamente em referência à (difícil) sequela a que é chamado o seguidor de Jesus[23].

Prodígios e chamados de um pecador (8,23–9,17)

A segunda série de três milagres reúne narrações presentes também em *Marcos* e em *Lucas*, e parece querer exaltar o poder sobre-humano de Jesus, que domina as forças da natureza (a tempestade acalmada, 8,23-27), os espíritos impuros (dois endemoninhados na região dos gadarenos, 8,28-34) e a doença (cura de um paralítico, 9,1-8). Mas não é este o único interesse cristológico dos três episódios, dado que neles aparece uma clara afirmação sobre a identidade de Jesus (8,29: os endemoninhados se dirigem a Ele denominando-o "filho de Deus") e o Nazareno declara também ser senhor do perdão

---

23. Ótimo exemplo de exegese do episódio é o clássico HENGEL, M. *Sequela e Carisma – Studio esegetico e di storia delle religioni su Mt 8,21s. e la chiamata di Gesù alla sequela* (Studi Biblici 90). Bréscia: Paideia, 1990 [orig. em alemão, 1968].

(o dito é novamente associado ao "filho do homem"). Tampouco devemos negligenciar o aceno à transmissão do poder do perdão "aos homens" (9,8), com uma possível alusão ao papel que, mais adiante, receberão os apóstolos e a Igreja. Justamente aos discípulos é dirigida a repreensão de serem "(homens) de pouca fé". O termo (em grego, e no plural, *oligopistói*) é típico de *Mateus*, e denota a dificuldade do seguimento e do reconhecimento pleno da pessoa de Jesus, sem, no entanto, apresentar a dureza presente em *Marcos*[24].

Antes da última série de quatro milagres *Mateus* narra dois episódios que também em *Marcos* e em *Lucas* estão ligados entre si: o chamado de um coletor de impostos (9,9-13) e uma discussão a propósito do jejum, seguida por alguns ditos sapienciais (9,14-17). O chamado do publicano propicia uma discussão sobre a atitude de Jesus, acusado de "comer com publicanos e pecadores". Numa cena que tem muito em comum com os outros sinóticos, duas diferenças se destacam: o homem chamado por Jesus é aqui Mateus, e não Levi, identificando-se, portanto, com o membro dos Doze a quem será atribuída a redação do evangelho; além disso, Jesus acrescenta em suas palavras conclusivas uma citação do profeta *Oseias* (6,6) sobre a misericórdia; mais uma prova da importância que tem, para *Mateus*, mostrar a continuidade com a Escritura. A subsequente discussão sobre o jejum, como em *Marcos*, evidencia a radical novidade que a pregação de Jesus tenta trazer. Mais uma vez, continuidade e novidade se aproximam, numa alternância que acompanha o leitor no interior do paradoxo do evangelho.

Outras curas (9,18-34)

O terceiro e último grupo de milagres (9,18-34) parece mais próximo ao que segue, e já prepara, a distância, a resposta que será dada aos mensageiros de João, que perguntam sobre a identidade de Jesus (11,4-5). O primeiro milagre é duplo, intercalando as cenas das curas da filha de um "chefe" (um *árchon*: *Mateus* não especifica, tampouco aparece o nome de Jairo, presente em *Marcos* e em *Lucas*) e de uma mulher hemorroíssa, milagre descrito

---

24. *Mateus* utiliza a expressão cinco vezes ao longo de seu evangelho, e a refere sempre – menos a primeira – aos discípulos: durante o discurso da montanha, onde fala em confiar despreocupadamente no Pai (6,25-34); neste episódio da tempestade (8,23-27); no episódio do caminhar sobre as águas (14,22-23); durante um diálogo com Jesus sobre o pão e o fermento (16,5-12); após a transfiguração, quando os discípulos se revelam incapazes de curar (17,14-20). Estudo completo em CAIROLI, M. *La "poca fede" nel Vangelo di Matteo*.

muito brevemente (9,18-26). Segue um relato (9,27-31) presente apenas em *Mateus*, no qual Jesus cura dois cegos que se dirigem a Ele com o título "filho de Davi". Aqui, ao rei davídico *Mateus* não associa o poderio ou o nacionalismo, mas a salvação destinada aos pobres e necessitados, de quem é louvada a "fé" (existem semelhanças com o que virá narrado sobre a cura de dois cegos em Jericó em 20,29-34). O terceiro episódio, a cura de um "mudo endemoninhado" (9,32-34), serve sobretudo para evidenciar as reações ao milagre: a reação entusiasmada das multidões (*hoi óchloi*, no plural) e a polêmica rabugenta dos fariseus, para os quais o poder de Jesus vem dos "chefes dos demônios". A mesma acusação voltará um pouco mais adiante (12,22), suscitando a resposta de Jesus[25].

Toda a segunda parte do Evangelho de *Mateus* se conclui com um versículo suscinto (9,35) que repete quase ao pé da letra, como já acenamos, o versículo colocado no início (4,23), religando os termos ensinamento, anúncio e curas. Isto nos sugere colocar exatamente aqui o fim da seção, vinculando, pois, os v. 9,36-38 com a parte seguinte do evangelho.

Sobre o discurso aos Doze (Mt 9,36–12,50)

Também neste caso o sumário inicial (9,36-38) sugere o tema geral dos três capítulos: Jesus, bom pastor, reúne as ovelhas atribuladas e identifica nos Doze os "operários" que deverão compartilhar sua missão (podemos referir aqui a Nm 27,17; 1Rs 22,17; Ez 34,5). A segunda parte, em seu conjunto, é unitária, inclusive em termos formais, no modo como é inserida entre dois breves ensinamentos de Jesus (em forma de apoftegmas), tendo por tema os discípulos: operários da messe e pastores no início (9,36-38), membros da família no fim (12,46-50). O mesmo tema, aliás, retorna na parte central do discurso (10,25).

Confirmação e discurso aos Doze (10,1-42)

Depois do sumário, em estreita ligação lógica e temática, *Mateus* narra o chamado dos Doze (10,1-4) enquanto "operários" necessários ao cuidado da messe abundante, e propõe um longo discurso de instruções e predições (10,5-42). Da forma como é narrado o episódio de chamamento (verbo

---

25. É a cena subsequente, e não esta do capítulo 9, que tem paralelos com *Marcos* e *Lucas*, mesmo se em Lc 11,14 seja narrada de forma análoga à cura de um mudo, antes do diálogo entre Jesus e seus adversários.

proskaléo), a ação não é tanto a de uma escolha (como em *Marcos*), mas apenas a de uma confirmação e atribuição de poderes. A impressão é que o grupo dos "doze discípulos" já existisse[26]. Aos Doze Jesus transmite o próprio poder de exorcizar e curar. O subsequente discurso missionário parece referir-se (ao contrário de *Marcos*) apenas ao período posterior à ressurreição. Podemos dividi-lo em três partes: no início, as verdadeiras instruções (v. 5-15); na parte central, uma série de diferentes recomendações (v. 16-39), tendo por tema a traição familiar, a perseguição, a confissão de Jesus e as divisões em família (o último e o primeiro tema se remetem); no final, a recompensa prometida a quem acolhe os discípulos e os pequenos, onde é retomado o tema inicial do acolhimento. As diversas partes são bem concatenadas, visto que já na primeira seção era projetada a possibilidade de recusa. Impressiona, obviamente, a desproporção entre os ensinamentos iniciais, decisivamente breves, e a longa seção dedicada às perseguições e a atitude a ter nessas circunstâncias. Aqui se percebe a tentativa de transmitir palavras que possam interessar diretamente ao leitor; as condições para o discipulado se referem também ao tempo posterior em relação aos discípulos históricos de Jesus, ou seja, à primeira missão da Igreja.

Estamos diante de um importante texto eclesiológico. Como fundamento das exigentes solicitações, está a observação inicial: "gratuitamente recebestes, gratuitamente dai" (v. 8). Os principais elementos que emergem são: uma perspectiva ainda dirigida apenas a Israel (cf. 10,5-6.23: "ovelhas de Israel... cidade de Israel"); a imagem de um discípulo que se coloca a caminho e vive uma vida itinerante, cheia de insídias e perigos, e na pobreza; a atenção ao futuro, com o estreito vínculo entre mestre e discípulos, o que remete diretamente ao que Jesus viveu (cf. "entrega" em 10,17-18 e "cruz" em 10,38). O discurso se fecha com a fórmula habitual (11,1).

A pergunta de João e outros ensinamentos (11,1-30)

A segunda seção, a narrativa, começa com uma série de episódios de tradição Q, ausentes em *Marcos* (praticamente todo o cap. 11 de *Mateus*). Parte-se da pergunta que, através de seus discípulos, João dirige a Jesus sobre sua identidade (11,1-6). Volta à cena, portanto, desse personagem importante do evangelho, a quem *Mateus* dá um grande destaque. Particularmente

---

26. *Mateus* é o único evangelista a usar a expressão "doze discípulos", aqui e em 11,1; 20,17.

é feito um confronto entre ambos (e seus tempos): João é "mais do que um profeta" e "o maior dentre os nascidos de mulher", mas com o advento do Reino dos Céus, todos serão maiores do que ele. Não se trata de um juízo moral, mas da relação com Cristo.

A pergunta de João ("és tu aquele que há de vir ou devemos esperar outro?") tem um grande valor tanto para o conteúdo cristológico quanto por sua localização: esta, de fato, fecha uma fase da narração (aquela na qual vinham sendo expostas as obras do Messias, a que agora faz-se referência) e abre outra, na qual aparece como tema mais explícito a própria identidade de Jesus, sobre a qual se perguntam de modo pouco benevolente os escribas e fariseus (12,10.38), a multidão (12,23) e, subsequentemente, os nazarenos (13,45-58). Por sua formulação direta, esta pergunta é feita também ao leitor. A resposta de Jesus, mais uma vez, é inferida à Escritura, com uma coleção de passagens de *Isaías* (26,19; 29,18; 61,1); coleção decisivamente importante, onde salta aos olhos a presença do termo-chave "anunciar o evangelho" (*euanghelízomai*).

Seguem dois episódios. O primeiro é uma série de "ais"[27], e de condenações às cidades "que não se haviam convertido" (11,20-24), no qual destaca-se uma modalidade de ensinamento muito próxima ao mundo profético (Is 29,1; Jr 13,27). Jesus condena aqueles lugares em que havia realizado milagres (*dýnamis*) sem provocar "conversão" (verbo *metanoéo*; reaparece aqui, duas vezes, o verbo característico da pregação inicial). O segundo episódio, ao contrário, compõe-se de dois breves pronunciamentos: um louvor a Deus pelo dom da revelação e um convite a quem está cansado a encontrar repouso (11,25-27.28-30). Trata-se de um ensinamento de sabor particular e mais original no qual Jesus louva o Pai, denominado aqui "Senhor do céu e da terra", por ter oferecido sua revelação não aos sábios e entendidos, mas aos "pequenos" (*népios* quer dizer exatamente "infante", "criança"). Interessante é o versículo subsequente, sobretudo pelo forte conteúdo teológico, que lembra passagens do quarto evangelho (cf. Jo 3,35; 10,15; 17,2.25-26). Os últimos três versículos, ao contrário, são mais um apelo aos que estão passando por necessidades ("cansados e sobrecarregados") para que encontrem repouso para a própria alma (aqui Jesus cita Jr 6,16), tomando sobre si o "jugo" de Jesus. Mais uma vez, o mestre cuida de seus discípulos.

---

27. O termo grego *uái* corresponde ao hebraico *hoy*, uma interjeição típica das lamentações fúnebres e proféticas. Cf. p. ex., Is 1,4.24; 3,9.11.

Controvérsias, mas não só (12,1-50)

Depois de uma longa série de episódios de *Mateus* sem paralelos em *Marcos*, com o capítulo 12 voltamos aos episódios comuns. De fato, são narradas duas controvérsias sobre o tema do sábado (12,1-8.9-14), nas quais aos discípulos defendidos por Jesus se contrapõem os fariseus, que chegam a prospectar a condenação à morte de Jesus, fato que, aliás, pode ser constatado também no paralelo marciano. Para *Mateus*, como já acenamos, é importante o confronto com a lei judaica tanto genericamente quanto em temáticas específicas, como no caso presente. Em seu conjunto, a posição é muito similar à apresentada em *Marcos*, e os próprios versículos se assemelham. Percebe-se que *Mateus* usa novamente a citação de *Os* 6,6 relativa à prevalência da misericórdia sobre o sacrifício (já usada em 9,13).

Mais original é a passagem subsequente (12,15-21) em que, a partir de alguns elementos de resumo presentes na tríplice tradição sinótica (cf. Mc 3,7-12 e Lc 6,17-19), *Mateus* constrói uma comparação estreita entre Jesus e o Servo de *Isaías*, profeta de quem é citada uma longa passagem (Is 42,1-4 é parte integrante do primeiro canto). Trata-se de uma nota "explicativa", um verdadeiro comentário que, como narrador, ele oferece ao leitor, para sublinhar a própria visão cristológica, na qual o modelo do Servo de *Isaías* exerce uma função importante.

Seguem duas controvérsias. A primeira sobre a relação entre Jesus e Belzebu, seguida pela cura de um homem cego e surdo (12,22-32), ações acompanhadas de um breve ensinamento em que aparece a semelhança entre a árvore e os frutos, referida ainda às palavras proferidas contra o Espírito (12,33-37). A segunda controvérsia é o pedido de um sinal (12,38-40), rejeitado por Jesus ao dizer que o único sinal será o de Jonas, que faz uma clara referência à sepultura e à ressurreição do filho do homem. Voltam em seguida as ameaças, semelhantes às proferidas anteriormente contra as cidades do lago, dirigidas a "esta geração" (12,41-42), seguidas pela Parábola do Espírito Impuro, que volta para a casa de onde saiu (12,43-45), referidas agora à geração perversa que rejeita Jesus. Entre estes dois episódios surpreende a aspereza das palavras usadas, motivadas pela clara afirmação sobre a presença em ato do reino (12,28: "o Reino de Deus chegou até vós"), que não pode não ser acolhido.

O capítulo se conclui com o episódio sobre a verdadeira família de Jesus (12,46-50). Nele o tom notavelmente se endurece e retorna o tema inicial dos discípulos, que por *Mateus* são indicados explicitamente como a nova família que "faz a vontade do Pai". Mais uma vez percebe-se o vínculo estreito entre o ensinamento de Jesus – falar de "vontade do Pai" remete, por exemplo, ao Pai-nosso (6,10) e, sobretudo, o final do Sermão da Montanha (7,21) – e os discípulos, primeiros destinatários daquelas palavras.

Sobre o discurso em parábolas (Mt 13,1–17,27)

Em seu conjunto, esta terceira parte do Evangelho de *Mateus* não é fácil de ser estruturada: depois do discurso em parábolas, especificamente delimitado ao capítulo 13, a parte narrativa parece carecer de um plano específico tanto do ponto de vista formal quanto de seus conteúdos, que apenas genericamente podem ser considerados ligados ao tema do reino, objeto central do discurso em parábolas.

Os sinais de unidade mais fortes são algumas ligações entre os episódios: os versículos iniciais da parte narrativa (rejeição em Nazaré) se vinculam à predição da paixão final; as palavras sobre o Batista em 14,1-2 e no relato da morte se ligam ao destino de Elias/João em 17,12-13. Outro tema que se repete no início e no fim da seção é a incredulidade: primeiro a dos nazarenos, depois a dos discípulos. Pedro é uma figura que emerge com força, com quatro momentos a ele reservados (14,28-31; 15,15; 16,13-23; 17,24-27), mesmo que esta caracterização continue na parte sucessiva (cf. 18,21).

O grande discurso em parábolas (13,1-53)

A seção começa com o longo discurso em parábolas, bem delimitado a um habitual quadro narrativo (v. 1-3 e 53). O discurso contém sete parábolas (o número é simbólico), divididas em três grupos, intercaladas por dois interlúdios com os discípulos, ambos acompanhados por uma citação do AT (Is 6,9-10 e Sl 78,2); a parte mais característica de *Mateus* é exatamente o grande espaço deixado para os esclarecimentos aos discípulos. A estrutura geral é a seguinte: introdução narrativa (v. 1-3); parábola da semente (v. 3-9); intervenção dos discípulos e explicação (v. 10-23); parábolas do joio, da mostarda e do fermento (v. 24-30.31-32.33); parábola da pérola, do tesouro e da rede/pesca (v. 44-46.47-50); diálogo e conclusão narrativa (v. 51-53).

A Parábola do Semeador (v. 3-9) está presente em todos os sinóticos[28], com uma boa harmonização em seu conjunto: caminho, rocha, espinhos e terra boa se encontram nas três versões, bem como o final exortativo ("quem tem ouvidos para ouvir..."). A semelhança com *Marcos* é muito forte, e será assim também para a subsequente explicação.

Igualmente, em todos os evangelhos segue a pergunta sobre a parábola e o relativo ensinamento, mas em *Mateus* (v. 10-17) existe uma significativa explicação das parábolas de Jesus, que insere o dito relativo ao "dar e receber" e, sobretudo, cita explicitamente e por extenso, usando a típica fórmula de cumprimento ("cumpriu-se para eles a profecia de Isaías"), a passagem de Is 6,9-10, onde sublinha-se a dureza de coração do povo e o consequente juízo divino. Para aumentar o contraste, *Mateus* acrescenta uma palavra de exultação, e contrapõe à dureza de coração do povo a suprema felicidade dos discípulos, que tiveram a possibilidade de ver e ouvir o que fora excluído a muitos profetas e justos.

Segue depois uma parábola que não tem nenhuma correspondência sinótica (v. 24-30), relativa ao joio e à semente, que retoma imagens e temas já utilizados (campo, semente, semeador). A história, dividida em duas partes (descrição da situação e diálogo entre patrão e empregados), não é fácil de interpretar e parece bastante anômala, inclusive pela presença de um grande número de personagens e pela complexidade da trama. Antes da explicação do joio *Mateus* relata outra parábola, desta vez sobre a menor das sementes que se torna um grande arbusto, para indicar a força inerente ao Reino dos Céus, misteriosa, mas imparável; de análogo teor a brevíssima comparação em 13,33, onde muda a imagem (o fermento), mas não a mensagem.

A esta altura, *Mateus* introduz uma (primeira) conclusão, muito semelhante à de Mc 4,33-34, mas com duas diferenças importantes: não acena por hora aos discípulos e às explicações a eles dadas, e fundamenta sobretudo essa escolha de Jesus com uma nova citação de cumprimento tirada do Sl 77,2 (LXX), onde justamente aparecia a palavra *parabolé*. Um pouco surpreendentemente, *Mateus* continua em seguida com a explicação da Parábola do Joio (v. 36-43), que reafirma a divisão entre a "multidão" e os dis-

---

28. E também está presente no *Evangelho de Tomé*, 9.

cípulos (ambos os personagens são mencionados explicitamente no v. 36). A explicação é detalhada e pontual: a cada elemento da parábola, ou quase, faz corresponder um significado, propondo assim uma interpretação alegórica; no final, desaparecem as semelhanças e fala-se explicitamente do juízo final, com particularidades mais chocantes. Também neste caso, os estudiosos tendem a ver uma releitura feita pela comunidade, com temas típicos da Igreja das origens.

Seguem as novas parábolas sobre o Reino dos Céus: o tesouro no campo (v. 44), a pérola (v. 45-46) e a rede (v. 47-50). A terceira se parece claramente com a do joio, com a presença de peixes bons e estragados; assemelha-se sobretudo com o final que, também nesse caso, "dissolve" a semelhança e fala explicitamente em anjos e juízo, com a mesma imagem mais chocante para os perversos. As primeiras duas semelhanças, ao contrário, veiculam uma mensagem muita próxima entre si, sublinhando não apenas a preciosidade e a beleza do reino (o tesouro, a pérola), mas também a audaciosa iniciativa do homem que se dispõe a dar tudo para possuí-lo. Muitos comentaristas viram nas imagens preciosas do tesouro e da pérola a própria figura de Jesus, evidenciando o elemento cristológico, além do apelo dirigido aos discípulos.

Enfim, emergem os versículos conclusivos (51-52), interessantes por dois motivos: em primeiro lugar pela descrição dos discípulos perfeitamente capazes de compreender as palavras de seu mestre, acentuando a divisão, já presente na seção precedente, entre as multidões que não compreendem, mas que, ao contrário, seguem e têm acesso ao mistério[29]. O segundo aspecto é a introdução, um tanto quanto inesperada, de um dos temas mais caros a *Mateus*: a relação entre velho e novo, entre lei antiga e Evangelho, entre Jesus e Israel. O versículo, continuando o que já foi dito em 5,17, fala a favor da continuidade, de forma muito evidente.

---

29. Desta forma as parábolas também têm uma orientação escatológica e eclesial. Além disso, como em todos os discursos, *Mateus* se dirige ao leitor atual e não apenas ao primeiro ouvinte do Evangelho. De alguma forma, isto significa que o pesado juízo de condenação para quem não compreende as parábolas e não acolhe a Jesus não pode ser religado apenas ao passado e, portanto, apenas a Israel, mas se torna objeto de advertência para cada geração, inclusive para a geração cristã que conservou e transmitiu estas palavras.

EXCURSUS – JESUS MESTRE

Mais do que os outros evangelhos, *Mateus* apresenta a figura de Jesus como mestre. São realmente muitos os indícios neste sentido, embora não em nível linguístico – de fato, o substantivo correspondente (*didáskalos*) aparece doze vezes, como em *Marcos*, ao passo que o verbo "ensinar", *didáskein*, aparece efetivamente menos do que em *Marcos*. Que Jesus seja um mestre o diz o conteúdo geral do Evangelho de *Mateus*, que pode ser estruturado ao redor dos grandes discursos de Jesus, sem esquecer a riqueza de ensinamentos que o evangelista relata, a partir do Sermão da Montanha, com sua posição estratégica e sua indiscutível importância. A autoridade de Jesus como mestre se exerce sobretudo em referência à lei de Moisés, que Ele interpreta, renova e leva a cumprimento.

As parábolas fazem parte deste quadro mais geral, mesmo que naturalmente *Mateus* não apresente um elemento original, enquanto que *Marcos* e, mais expressivamente, *Lucas*, apresentam muitos ensinamentos neste sentido; as parábolas são uma constante no Jesus sinótico, mesmo que seu número varie nos diversos evangelhos. Sem dúvida, em *Mateus* sua presença é considerável: as sete parábolas do reino, no capítulo 13; as três sobre os últimos tempos, nos capítulos 24-25; as outras ao longo do evangelho: 18,12-15 (ovelha perdida); 18,23-35 (devedor impiedoso); 20,1-15 (operários da vinha); 21,28-32 (os dois filhos); 21,33-46 (camponeses homicidas); 22,1-14 (banquete de casamento).

O termo "parábola" (do grego *parabolé*) pode ser traduzido em diversos modos (confronto, comparação, semelhança, exemplo, provérbio, sentença) e traduz geralmente o hebraico *mashal*, que tem um significado inteiramente semelhante.

A linguagem parabólica se distingue em primeiro lugar pelo peculiar valor comunicativo, que poderíamos denominar "efeito parábola":

> a parábola não pretende transmitir um "significado", mas fazer emergir um efeito; um efeito que não pode ser produzido de outro modo, sem ela, mas um efeito ocasionalmente determinado. E continua funcionando sempre, como uma vinheta bem-feita, fazendo rir mesmo quem já a tinha ouvido[30].

---

30. FUSCO, C. *Oltre la parábola – Introduzione alle parabole di Gesù* (Collana di cristologia). Roma: Borla, 1983, p. 81.

Jesus ensina em parábolas para acelerar a compreensão e, sobretudo, uma resposta ao ato de ouvir. Sendo abertas a mais de uma intepretação, as parábolas podem ser definidas como "interpretativamente ativas", e convidam o leitor a "entrar num processo de compreensão"[31].

Somente em dois casos *Mateus* oferece uma explicação de Jesus, portanto, autorizada e normativa, mas em todos os outros casos a intepretação é aberta, sempre nos limites óbvios de uma interpretação legítima.

O ensinamento em parábolas, além do tema do Reino de Deus, tem um forte valor cristológico. Para alguns autores, o próprio Evangelho de *Mateus* assume a forma de parábola e fornece o modelo para reler toda a história do Nazareno[32]. Isso se trataria de um ensinamento historicamente certo? Se grande parte da pesquisa contemporânea poderia responder positivamente, o recente e amplo estudo de J.P. Meier afirma, ao contrário, que

> a grande maioria das parábolas sinóticas carece de argumentações positivas em apoio à autenticidade, já que sequer pode satisfazer algum critério de historicidade, sobretudo o critério da múltipla confirmação das fontes independentes[33].

Obviamente, Meier não nega diretamente a historicidade das parábolas ou sua origem jesuânica, mas afirma que a imensa maioria delas não preenche os critérios habitualmente utilizados. No entanto, não obstante tais reservas, não podemos duvidar de que as parábolas, presentes de modo tão maciço nos evangelhos, não tenham sido usadas por Jesus em seu ensinamento.

---

31. ZIMMERMANN, R. (ed.). *Compendio delle parabole di Gesù*. Bréscia: Queriniana, p. 2-11, 27. Em outros termos: "As parábolas criam um mundo narrativo no qual o ouvinte é convidado a entrar, um mundo a ser experimentado e confrontado, sobretudo no momento em que seu modo de ver Deus e o mundo é desafiado a reagir diante deles. [...] Em outras palavras: as parábolas, geralmente (mas nem sempre), têm uma natureza quase de enigma, e servem para enfrentar o inesperado ou para apresentar uma solução que o relato da parábola requer, mas não fornece" (MEIER. *Un Ebreo marginale*, V, p. 41).

32. Cf. DONAHUE, J.R. *Il Vangelo in parábola – Metafora, racconto e teologia nei Vangeli sinottici* (Introduzione allo studio della Bibbia. Supplementi 69). Bréscia: Paideia, 2016.

33. MEIER. *Un Ebreo marginale*, V, p. 16.

Jesus em Nazaré – O fim de João (13,54–14,12)

Após ter indicado o final do longo discurso, *Mateus* narra a visita de Jesus à sua pátria (13,54-58). O episódio é inteiramente similar ao narrado em Mc 6,1-6, e o tema que nele emerge é, portanto, a incredulidade (substantivo *apistía*) dos conterrâneos, que o impede de fazer milagres. *Mateus*, dada a proximidade com o discurso em parábolas e as sucessivas afirmações de Herodes, continua a linha narrativa segundo a qual a mensagem de Jesus é rejeitada, ao menos pela grande maioria.

O capítulo 14 começa com uma rápida menção a Herodes, "o tetrarca", que ouvindo falar de Jesus, julga tratar-se de João "ressuscitado dos mortos", e, portanto, dotado de um poder (substantivo *dýnamis*) particular (14,1-2). Esta hipótese, unicamente formulada por Herodes, leva ao relato da decapitação de João (14,3-12), que *Mateus* narra com extrema sobriedade, se comparada a *Marcos* (usa aproximadamente metade das palavras)[34], eliminando quase todas as particularidades mais pitorescas e vibrantes. Sublinhe-se a notícia conclusiva, onde afirma-se que os discípulos de João, após sepultarem seu mestre, "contaram o feito a Jesus", indício de um vínculo não interrompido entre os dois (como, aliás, emergia no capítulo 11).

Dois sinais de grandeza e de identidade (14,13-36)

Ao relato da morte de João segue uma breve seção que contém dois milagres, emoldurados por dois breves sumários (14,13 e 14,34-36). No milagre dos pães (14,15-21) podemos evidenciar os significados simbólicos já detectados em Mc 6. *Mateus* provavelmente é ainda mais atento do que *Marcos* ao ressaltar o papel positivo dos discípulos (p. ex., não menciona a primeira objeção deles às palavras de Jesus), e, portanto, acentua o valor eclesial do relato, em linha com a intenção de instruir a comunidade.

A maior diferença, a partir deste ponto de vista, está no subsequente milagre em que Jesus caminha sobre as águas (14,22-33), no qual emergem dois elementos novos. O primeiro é a clara afirmação de fé conclusiva da parte dos discípulos, como reação diante do que viram (se lançam aos pés do Jesus e exclamam: "Verdadeiramente és filho de Deus", v. 33). Do ponto de vista da cristologia de *Mateus* trata-se de um episódio importante, que manifesta a grande diferença (sob este aspecto) com *Marcos*, onde a verdadeira

---

34. A passagem não consta em *Lucas*.

identidade de Jesus permanece oculta em todo o evangelho, com a parcial exceção da confissão de Pedro. Além disso, a passagem contém quatro versículos dedicados somente ao Apóstolo Pedro, que pede a Jesus a possibilidade de ele mesmo caminhar sobre as águas, e efetivamente consegue, até que dele não tome conta o medo e a subsequente intervenção do mestre, após a bela invocação: "Senhor, salva-me!" Da mesma forma que mais adiante, Pedro sobressai-se no relato de modo particular, ainda oscilando entre confiança positiva e incapacidade de seguir o mestre em razão da "pouca fé".

Impureza e terra estrangeira: ensinamentos, milagres e discussões (15,1–16,12)

Depois dos dois milagres, uma longa passagem dedicada ao ensinamento de Jesus retorna. Mesmo que seu discurso sobre a pureza (15,1-20) não seja considerado um discurso estruturante do Evangelho de *Mateus*, e se configure mais como uma polêmica disputa ainda com os fariseus e os escribas, é óbvio que as seções "narrativas" neste evangelho não são compostas apenas de ações de Jesus, mas são alternadas por ensinamentos, às vezes longos, como neste caso. Quanto ao conteúdo, *Mateus* não apresenta significativas diferenças em relação a Mc 7,1-23: permanece a distinção entre tradição dos antigos e mandamento de Deus (v. 3), e subsequentemente o aprofundamento sobre o que torna impuro, ou não, o homem. Nesta segunda parte do discurso, impressiona a presença de um novo e breve juízo de condenação em relação aos fariseus (v. 12-14), que continua mantendo alta a tensão e a distância entre os chefes do povo e o grupo de Jesus.

À discussão sobre o impuro seguem outros três milagres (ou melhor, dois milagres e um sumário sobre os milagres). Somente o primeiro, o da mulher "cananeia" (15,21-28), certamente é ambientado em terra estrangeira, dado que *Mateus* afirma que em seguida Jesus "foi para o Mar da Galileia". A relação com o mundo pagão parece definida pela clara afirmação em 15,24: "Não fui enviado senão às ovelhas perdidas da casa de Israel" (15,24), mesmo se em seguida Jesus atende ao pedido da mulher, cuja fé é definida como "grande". Assim como em 8,10, portanto, é uma pessoa não israelita a desfrutar desse grande reconhecimento.

Seguem alguns versículos (15,29-31) em que a ação taumatúrgica de Jesus em favor de "mancos, aleijados, mudos e muitos outros" provoca a reação entusiasta da multidão, que glorifica o Deus de Israel (v. 31). As palavras utilizadas pelo narrador remetem a algumas passagens messiânicas

(Is 35,5-6; cf. Is 29,18), aliás, já citadas por *Mateus* (cf. 11,5). O sumário configura-se, pois, como um importante momento de revelação.

Segue o segundo milagre dos pães (15,32-39). Os números coincidem, como precisão, com os de Mc 8,1-10 (sete pães, alguns peixinhos, sete cestos sobrantes, quatro mil homens), ao passo que diferente é o local de destino no final da travessia; isto é, o território de Magadã, cidade que só aparece no Evangelho de *Mateus*, mas que é identificada mais vezes como Magdala[35].

A esta altura (16,1-4), *Mateus* fala dos fariseus e dos saduceus que se aproximam de Jesus para colocá-lo à prova (habitual verbo *peirázo*); os saduceus ainda não haviam aparecido neste evangelho, sobretudo em seus confrontos com Jesus (vale conferir, porém, 3,7). O episódio tem muitas semelhanças com o que é narrado em 12,38-40; ao menos na clara rejeição que Jesus faz ao pedido dos adversários e na menção da "geração perversa e adúltera" e do Profeta Jonas, não obstante a presença de alguns elementos próprios desta passagem, como a expressão "sinais dos tempos" (*semeia ton kairón*).

A seguir, também *Mateus* narra a travessia do lago, momento em que Jesus e os discípulos discutem sobre o sentido do pão (16,5-12). Aqui faz-se evidente a grande diferença com *Marcos* sobre a caracterização dos discípulos: desaparece em *Mateus* a dureza com que *Marcos* os trata. Permanece, no entanto, o tema, caro a *Mateus*, da "pouca fé", que por sua vez é superada pela afirmação conclusiva segundo a qual os discípulos "compreenderam" a explicação dada por Jesus.

A confissão de Pedro (16,13-20)

Em seguida *Mateus* relata a importante passagem da *confissão de Pedro*, de tríplice tradição evangélica, mas que no primeiro evangelho tem uma formulação própria, extremamente interessante. Na primeira pergunta dos discípulos, *Mateus* emprega a expressão "filho do homem", com a qual, como de costume, Jesus designa a si mesmo. Dentre as identificações iniciais, somente em *Mateus* aparece o Profeta Jeremias. À pergunta decisiva, formulada de forma idêntica nos três sinóticos ("E vós, quem dizeis que eu sou?"), *Mateus* oferece a resposta mais completa: "Tu és o Cristo, o filho do Deus vivo". A este ponto *Mateus* insere uma seção (v. 17-19) na qual Jesus realça

---

35. Mesmo que o nome de Magdala nunca apareça no NT, é este o local a que se deve fazer referência para a identificação de Maria, "a Madalena", de que falam (dez vezes) os evangelhos.

Pedro em porta-voz e responsável pela "Igreja" (aparece, e pela primeira vez em *Mateus*, o substantivo *ekklesía*). Pedro é objeto de um macarismo e de uma solene promessa, que olha para o futuro ("edificarei... darei..."), e esta inserção modifica o valor do episódio, deslocando a atenção sobre o apóstolo, cuja confissão não é apenas aprovada sem reserva, provavelmente também pela sua formulação completa (juntamente com o termo "Cristo" aparece a expressão "filho de Deus"), mas é origem de uma afirmação muito clara do papel de Pedro na comunidade dos discípulos de Jesus[36]. Enfim, também em *Mateus* Jesus pede silêncio aos discípulos sobre o ocorrido.

O anúncio da paixão e suas consequências para os discípulos (16,21-28)

Em estreita analogia com *Marcos*, à confissão de Pedro segue a primeira predição da paixão (16,21-23), à qual o próprio Pedro reage claramente (*Mateus* relata de forma direta as palavras do apóstolo: "Deus não permita, Senhor, que isto aconteça"), sendo, por sua vez, severamente repreendido por Jesus, que o chama de satanás e o acusa de ser pedra de tropeço.

A este diálogo segue um novo ensinamento sobre o seguimento (16,24-28), que introduz o tema da cruz, inclusive para os discípulos, retomando aqui afirmações já presentes no discurso missionário do capítulo 10 (cf. 10,37-39). O ensinamento se conclui com uma perspectiva escatológica muito forte, abrindo assim o caminho para o subsequente episódio da transfiguração.

A transfiguração no monte e a cura do jovem endemoninhado (17,1-21)

Na complexa série de relatos e ensinamentos que acompanham o terceiro grande discurso de Jesus, há espaço também para a experiência da transfiguração (17,1-13). Seguindo uma sólida tradição sinótica (a partir da confissão de Pedro, *Mateus*, *Marcos* e *Lucas* apresentam os mesmos episódios e na mesma ordem), o primeiro evangelho coloca aqui a singular experiência da manifestação de Jesus, com o subsequente diálogo sobre Elias, que volta a vincular estreitamento o destino de Jesus ao do Batista. O relato é muito semelhante ao de *Marcos*, com os mesmos realces; únicas diferenças significativas: a descrição do rosto se torna brilhante (v. 2; existe, pois, uma semelhança com a experiência de Moisés em Ex 34,29; cf. também Dn 10,6) e uma atenção particular aos discípulos, aos quais Jesus se dirige diretamente, após a visão, com

---

36. Cf. o *Excursus "Pedro e a Igreja"*, logo abaixo.

a reconfortante expressão "levantai-vos e não tenhais medo" e que, no final do diálogo com Elias, são mais uma vez descritos como aptos a compreender as palavras de Jesus: "compreenderam então que lhes falava de João Batista".

Bastante breve é o episódio do filho endemoninhado (17,14-21); faltam as interessantes palavras, presentes no segundo evangelho, do diálogo entre o pai do endemoninhado e Jesus. A atenção parece ainda voltada para os Doze, dos quais sublinha-se a "pouca fé", tema do breve ensinamento final.

O segundo anúncio da paixão e o tributo devido ao templo (17,22-27)

A segunda predição da paixão e ressurreição (17,22-23) fecha uma longa seção de episódios de tríplice tradição, mantendo-se muito próxima ao modelo comum dos sinóticos. A única diferença clara é o comentário conclusivo sobre os discípulos: se, de fato, *Marcos* e *Lucas* acentuam a incompreensão, *Mateus*, ao contrário, fala explicitamente da "tristeza" que os invade (verbo *lypéo*).

O último episódio desta parte do evangelho é uma pequena passagem – presente só em *Mateus* – dedicada ao tributo ao templo, na qual destaca-se de modo particular o Apóstolo Pedro (17,24-27). Chegados em Cafarnaum, Pedro é interrogado pelos coletores para saber se Jesus paga o tributo[37]. A pergunta, que num primeiro momento o apóstolo responde apenas com um "sim", torna-se ocasião para Jesus declarar sua superioridade sobre o Templo de Jerusalém, na qualidade de "filho do homem". Ele, de fato, como os filhos do rei, é "livre" e não precisa pagar o tributo. Após esta declaração cristológica, Jesus faz com que Pedro encontre uma moeda para pagar a taxa para ambos. A motivação é mais prática – para que os coletores não se "escandalizem" –, e muito original é a modalidade encontrada: na boca do primeiro peixe pescado com um anzol lançado ao mar. O episódio é um tanto quanto difícil de classificar (Um milagre? Uma discussão? Um ensinamento?)[38], e talvez ofusque a questão da difícil relação entre a comunidade de *Mateus* e o Templo de Jerusalém. Seja como for, o que prevalece é o ensinamento sobre Jesus como filho, superior, em virtude própria, ao lugar santo por excelência.

---

37. *Mateus* só relata a expressão *didráchma*, "didracma": era a cota anual que o homem hebreu adulto devia pagar para o templo. Logo em seguida, a moeda encontrada por Pedro é um "statér", *estáter*, que correspondia a um *tetradracma*; portanto, a dois *didracmas*.

38. Não existem paralelos bíblicos com um relato similar.

Sobre o discurso para a comunidade (Mt 18,1–20,34)

A quarta parte de *Mateus* é bastante breve: na divisão aqui proposta, de fato, a seção narrativa se limita aos capítulos 19-20. Após o discurso inicial dedicado claramente à vida entre os discípulos, também na seção seguinte aparecem instruções dirigidas aos discípulos, intercaladas por algumas ações e encontros de Jesus, até o último milagre narrado por extenso neste evangelho, sobre os cegos de Jericó.

O discurso à comunidade (18,1-35)

A parte subsequente deste evangelho começa com um longo discurso dedicado à vida fraterna e comunitária que deveria se instaurar entre os discípulos (18,1-35). Também neste caso podemos ver a mão unificadora do evangelista, que recolheu elementos desiguais (e que, quando aparecem nos outros sinóticos, são situados diferentemente e longe um do outro). O discurso pode ser dividido em dois blocos: no primeiro (v. 1-14), o termo dominante é "os pequenos"; no segundo, ao contrário (v. 15-35), aparece a expressão "irmão", particularmente o irmão que peca. Ambos os blocos se concluem com parábolas: a ovelha perdida (v. 10-14) e o escravo impiedoso (v. 23-35); o capítulo parece realmente construído com esmero.

A abertura é dedicada ao maior no reino e ao escândalo. Jesus responde a uma pergunta particular dos discípulos sobre quem seria o maior no reino, mas o ensinamento seguinte é muito geral ("todos os que..."); portanto, não vale apenas para os Doze. Jesus declara que para sermos grandes precisamos nos tornar pequenos, e em seguida mostra uma criança como exemplo concreto de pequenez, afirmando que quem acolhe desta forma uma criança é a Ele que está acolhendo. Retorna mais uma vez a expressão "Reino dos Céus", verdadeiro centro temático para *Mateus*, além do grande número de palavras sobre o "escândalo". A parábola conclusiva (v. 12-14) está presente também em *Lucas*, onde, no entanto, se encontra num contexto muito diferente, que muda seu valor. É interessante que um discurso eclesial não comece sublinhando a relação com os irmãos, mas a relação com Deus: a relação com Ele tem a precedência, a primeira a ter no coração, também para uma positiva vida comunitária.

É este o tema da segunda parte do discurso. A primeira insistência é sobre a necessidade de sempre buscar a reconciliação entre irmãos; a mensagem é que um irmão que peca continua sendo irmão, e como tal deve ser tratado. Jesus cita uma passagem disciplinar da lei (Dt 19,15) para reiterar sua posição. Por duas vezes aparece o substantivo *ekklesía* ("Igreja"), que pode ser entendido como "assembleia" ou, mais genericamente, como "comunidade" dos fiéis. Importante é também o dito conclusivo, sobre "ligar e desligar", que retoma as palavras proferidas anteriormente por Pedro em 16,19, mas que agora, ao contrário, são referidas ao grupo dos Doze em sua totalidade.

Quase para ilustrar esta última afirmação, Jesus introduz um breve dito sobre a oração. Ressalta a importância da comunidade como lugar privilegiado para uma oração eficaz ("quando dois se põem de acordo...") e a semelhança com as outras duas passagens de *Mateus* (no começo e no fim), onde se promete a presença do Senhor entre os seus (1,23 e 28,20). Aqui Jesus diz que "onde dois ou três estiverem reunidos em meu nome, eu estarei ali no meio deles". Este breve ensinamento, presente apenas em *Mateus*, reflete claramente seu pensamento, aliás, não estranho ao mundo judaico[39].

Logo em seguida Jesus volta ao tema do perdão. É Pedro que interroga o mestre sobre "quantas vezes" se deve perdoar. A pergunta recebe uma resposta articulada: a sentença do versículo 22 ("até setenta vezes sete"), remete, ao contrário, a uma passagem do Gênesis (4,24 na versão grega) em que se falava de Caim e Lamec, vingados respectivamente sete e setenta vezes sete. Seja como for, prospecta-se a exigência de um perdão total e definitivo, como, aliás, também a parábola (v. 23-35) o mostra claramente, na atitude do rei para com o primeiro servo, que mais lhe devia. Graças à modalidade parabólica, o leitor claramente toma partido em favor do segundo servo: diante da enormidade do perdão recebido, não é possível comportar-se senão da mesma forma com os outros. Note-se que a parábola, antes mesmo de ordenar uma atitude particular ao homem, lhe assegura que seu débito com Deus é perdoado antecipadamente, sem qualquer mérito. Também neste último ensinamento a dimensão comunitária e pessoal se entrelaçam, mas continua prevalecendo o "tu". O ensinamento é tanto de tipo "disciplinar", dirigido, portanto, só a alguns que se mancham de certas culpas, quanto "coletivo"; isto é, diz respeito a todos os fiéis em sua vida de fé.

---

39. Basta olhar para o dito da *Mishna*, que afirma: "Se dois sentam juntos e há entre eles palavras de *Toráh*, a *Shekina* [a glória/presença de Deus] está no meio deles" (*Avot* 3,3).

EXCURSUS – PEDRO E A IGREJA

O *Evangelho segundo Mateus* é geralmente descrito como o evangelho "petrino" por excelência, e isto sobretudo pela presença exclusiva de uma versão ampla e articulada da confissão de Pedro (16,13-20), muitas vezes utilizada (em campo católico) para fundamentar biblicamente o primado.

Sem poder entrar no amplo debate existente sobre as várias expressões contidas naqueles três versículos (o "feliz és tu", a revelação, a pedra sobre a qual se constrói, o termo "Igreja", as chaves do reino, o ligar e o desligar), a impressão de conjunto é que *Mateus* realmente atribui um papel peculiar ao primeiro dos chamados, que se liga ao futuro da Igreja e a um ulterior poder no "Reino dos Céus". De modo particular, o jogo de palavras sobre o nome (Pedro/"pedra") exprime a ideia de que o pescador da Galileia esteja no fundamento da (futura) comunidade/Igreja, retomando a mesma importante imagem de 7,24-27. Isto não impede que Pedro seja descrito também negativamente ao longo deste evangelho (incompreensão, negação); o acento não está sobre a capacidade, mas sobre a gratuidade do dom que Jesus atribui a Deus ("Foi o meu Pai que o revelou a ti...").

A confirmação de um papel particular que *Mateus* atribui a Pedro pode ser vista na pequena "tradição petrina" do primeiro evangelho, presente em outros dois episódios próprios: uma cena no interior da passagem 14,23-33 (o caminhar de Jesus sobre as águas) e todo o episódio em 17,24-27 (o tributo ao templo). Em ambos os episódios, Pedro sobressai-se ao grupo dos discípulos: primeiramente por iniciativa própria (atendido por Jesus), posteriormente por encargo do próprio mestre. Sobretudo no capítulo 17 parece que o Apóstolo Pedro tenha uma função de guia na comunidade dos discípulos, mas este papel brota de uma especial proximidade com Jesus.

Obviamente, não podemos falar de uma "teologia do primado" devidamente elaborada, mas o interesse por Pedro em *Mateus* é superior em relação aos outros sinóticos. Se acrescentarmos o que foi dito sobre a dimensão eclesial deste evangelho, desnecessário será dizer que *Mateus* tenha atraído a atenção da teologia para o estudo da doutrina sobre a Igreja no NT. E com um interessante corolário: de fato, as prerrogativas que no capítulo 16 eram reservadas a Pedro se tornam patrimônio comum do grupo dos Doze no capítulo 18 (em particular o "poder de ligar e desligar"). Não é impossível ver, portanto, a coexistência em *Mateus* da descrição de uma comunidade de discípulos onde começam a delinear-se papéis e tarefas de guia ou de serviço (com os Doze e Pedro) e a referência a uma comunhão de vida mais fraterna. Como vimos também para outras temáticas, o primeiro evangelho integra posições diferentes, sinal da riqueza de um texto que atribui à narração, e não (apenas) ao ensinamento, a manifestação das próprias ideias.

A questão do divórcio e as crianças (19,1-16)

O subsequente ensinamento de Jesus sobre o divórcio é precedido por um breve sumário (19,1-2), que – após a fórmula conclusiva do discurso – descreve o deslocamento de Jesus e dos seus para a Judeia, para além do Jordão, que, como de costume, é alcançado pelas multidões em busca de curas (existe uma quase consonância com Mc 10,1). Também nesta seção, que é mais narrativa, existem ensinamentos, e na totalidade dos seis episódios reagrupados dois a dois.

A pergunta dos fariseus sobre o casamento (19,3-9) incide particularmente sobre a motivação pela qual o marido pode rejeitar a própria mulher. Eles perguntam expressamente se "qualquer motivo" (*katá pásan aitían*) serve. Jesus responde remetendo ao ensinamento de *Gênesis* (1,27 e 2,24) e acusando a dureza de coração em razão da qual Moisés havia falado da "carta de repúdio" (Dt 24,1). Na última afirmação da discussão, Jesus declara que quem repudia a própria esposa, a não ser em caso de *porneia*, e se casa com outra, comete adultério. *Mateus* – o único a inserir esta cláusula – já havia tratado do tema, de forma geral, em 5,27-28.31-32, com palavras muito semelhantes[40].

Os versículos seguintes (19,10-12) retomam o tema com uma objeção dos discípulos sobre a dificuldade que alguns têm em relação ao casamento

---

40. A limitação posta por Jesus é de difícil interpretação: *porneia* pode indicar um pecado ou uma irregularidade de tipo sexual ou matrimonial; normalmente traduz-se por "união ilegítima" ou "fornicação".

e à sua indissolubilidade, fato que permite a Jesus oferecer um breve ensinamento sobre o tornar-se eunucos voluntariamente, "por amor ao Reino dos Céus". São palavras reportadas apenas por *Mateus*, que devem ser entendidas no contexto da cristologia; a opção de ser "eunuco" é primeiramente feita por Jesus, e o engajamento de toda uma vida pelo reino é uma práxis atestada, mesmo que de forma excepcional, já na tradição profética (pense-se em Jeremias).

Como em *Marcos*, segue enfim uma breve cena com as crianças, apresentadas a Jesus pelos discípulos, que aproveita a ocasião para explicar que o reino é justamente "daqueles que são como elas" (19, 13-16).

O jovem, a riqueza e a parábola dos trabalhadores (19,16–20,16)

O ensinamento seguinte diz respeito à riqueza, e assume como ponto de partida o encontro com alguém que pergunta sobre o que fazer para alcançar a "vida eterna" (19,16-22). Num episódio que refaz em grande parte o de *Marcos*, talvez valha a pena sublinhar as diferenças: na pergunta inicial o adjetivo "bom" se refere às coisas a serem feitas, e não a Jesus (cf. Mc 10,17), embora provoque uma análoga reação do Nazareno, que faz lembrar que "somente um é bom". Ao elencar os mandamentos, *Mateus* insere a citação de Lv 19,18, relativa ao amor ao próximo, que será posteriormente retomada de forma mais ampla em 22,39. Enfim, está ausente a observação de *Marcos* sobre o olhar amoroso de Jesus para com o jovem.

Seguem os ensinamentos (19,23-30) sobre a recompensa esperada pelos Doze, já que, além do "cêntuplo" prometido a "quem" tudo deixou, esses receberão, nos dias vindouros, doze tronos sobre os quais virão julgadas as doze tribos de Israel. A passagem é importante não apenas por abrir uma perspectiva escatológica, mas também pelo uso da simbologia do número doze, ligada às doze tribos. Além disso, vale sublinhar o final, onde Jesus exprime com uma máxima a inversão dos critérios que constituem a lógica do reino: "muitos primeiros serão últimos; e muitos últimos, primeiros" (v. 30); a expressão une este episódio ao seguinte, que se conclui com a mesma afirmação (20,16).

A bela parábola que segue (20,1-16) é exclusiva de *Mateus*. Ele a vincula estreitamente ao que foi dito precedentemente com um "de fato" inicial, ao passo que, para a sequência, o ensinamento é apresentado com a forma típica "o Reino dos Céus se assemelha a...". A parábola pode ser vinculada ao tema das riquezas e ao precedente diálogo com os discípulos a respeito da recompensa: o patrão da vinha paga a todos os operários que para ele trabalharam, quer se trate de uma hora trabalhada ou de uma jornada inteira. No Reino de Deus não existem primeiros lugares garantidos; os últimos podem ser os primeiros[41]. As lógicas humanas, embora às vezes justas, são descartadas, priorizando uma lógica diferente. Se esta passagem parece clara, mais sutil é o vínculo com a precedente promessa de recompensa aos Doze, onde, ao contrário, parecia emergir uma lógica mais tradicional, ligada à ideia de justa retribuição para quem tanto trabalhou em favor do reino. Provavelmente podemos ver na parábola uma justa advertência de não se contentar com a própria função ou posição privilegiada, mas reconhecer a força do paradoxo da lógica divina, capaz de uma graça imprevisível que vai além da simples justiça retributiva.

Do terceiro anúncio da paixão ao último milagre em Jericó (20,17-34)

Segue a terceira predição da paixão, sempre reservada aos Doze (20,17-19), que dessa vez provoca a reação da mãe dos filhos de Zebedeu (no único paralelo sinótico, Mc 10,35-40, Tiago e João estavam diretamente envolvidos).

O diálogo entre Jesus e a mulher (com os filhos) é narrado brevemente (20,20-23) e provoca a reação dos outros dez, de tal forma que Jesus se vê obrigado a intervir com um ensinamento para todo o grupo (20,25-28): sem meias-palavras declara que a única atitude possível "entre vós" é o serviço, da forma como o próprio filho veio realizar. Ressoa aqui, em forma muito idêntica a Mc 10,45, a importante frase sobre a vinda do filho do homem que dá "sua própria vida em resgate de muitos".

Último episódio a caminho da cidade santa, como em *Marcos*, é a cura da cegueira em Jericó; em *Mateus*, curiosamente, são dois os cegos curados (20,29-34). A semelhança com Mc 10,46-52, no entanto, é forte, e permanece central a afirmação sobre o "filho de Davi", bastante compreensível nos limites da cidade que sempre foi associada ao grande rei de Israel. O leitor deve se lembrar de que uma cura de dois cegos já foi narrada, com características semelhantes (9,27-31), na primeira seção narrativa do evangelho. Mais do que a cena em si, parece interessar a *Marcos* o valor do contexto

---

41. Com frequência se vê nesta passagem uma inversão operada inclusive entre judaísmo e povos pagãos: os pagãos, últimos chegados, passariam à frente de Israel, chamado por primeiro.

enquanto passagem para a sucessiva sequência; trata-se de um momento de transição, bastante adaptado ao fechamento desta parte do evangelho, onde se percebe um grande interesse pela instrução dos discípulos (o tema da cegueira já havia aparecido em 13,13-17 e em 15,12-14, em sentido simbólico), ao passo que a questão relativa à identidade de Jesus ficou em segundo plano.

Sobre o discurso escatológico (Mt 21,1–25,46)

Nesta parte do evangelho, a última antes da paixão, a ordem das duas seções que a compõem, discursiva e narrativa, é invertida: a narração precede o discurso de Jesus, identificado com os capítulos 24-25. Dessa maneira é possível ler como elemento estruturante a citação do Sl 118,26 (em 21,9 e 23,39), posta no início e no final da parte narrativa. O grande elemento que unifica toda a seção é, porém, e sobretudo, Jerusalém, cidade protagonista do relato, desde o primeiro episódio.

Entrada em Jerusalém e no templo (21,1-17)

O episódio começa com duas cenas brilhantes: a entrada em Jerusalém e a purificação do templo, ambas acompanhadas de uma citação da Escritura (Zc 9,9 em 21,4 e Is 56,7 em 21,13). A entrada em Jerusalém (21,1-11) mantém a complexidade presente em todos os sinóticos: temos primeiramente o relato da preparação e em seguida a execução. *Mateus* apresenta algumas características específicas, dentre as quais a citação do Profeta Zacarias, com a fórmula de cumprimento (v. 4-5)[42]. Peculiar é também a conclusão, onde aparecem dois grupos de pessoas: "as multidões", que já estavam com Jesus, e em seguida "toda a cidade" (i. é, seus habitantes), que fica perplexa diante desse estranho cortejo que entra em Jerusalém ("Quem é este?", v. 10); o discurso direto ajuda o leitor a fixar a atenção no protagonista. A resposta dada ("o Profeta Jesus, de Nazaré da Galileia", v. 11) não é plenamente aceitável: nem todos os que estavam com Jesus haviam evidentemente compreendido bem sua identidade, provável presságio da futura mudança de comportamento por parte da "multidão" aqui protagonista (cf. 27,15-26).

---

42. Interessante também é a possível ligação com a tradição rabínica (posterior na formulação escrita) do jumento de Abraão e de Moisés, que teria sido montado pelo messias, segundo a profecia de Zacarias.

Na segunda cena (21,12-17) Jesus entra no templo e realiza a ação profética narrada nos quatro evangelhos. Também neste caso *Mateus* segue uma linha narrativa própria: após as palavras de julgamento, tomadas de Is 56,7 e Jr 7,11, afirma que Jesus curou "cegos e coxos no templo" (v. 14), e que isto suscitou a reação imediata dos sumos sacerdotes e dos escribas. Estes, indignados, ao verem "as maravilhas" (*ta thaumásia*)[43] realizadas por Jesus, e as crianças gritando no templo "hosana ao filho de Davi", o acusaram. A troca de palavras surpreende, e sinaliza a hostilidade dos chefes do povo, segundo a linha narrativa particular desta seção. A cura mencionada no versículo 14 é a última realizada por Jesus no Evangelho de *Mateus*.

A figueira estéril e a autoridade sobre o templo (21,18-27)

Mateus prossegue seu relato com o episódio da figueira (21,18-22), que na manhã seguinte Jesus avista, e da qual busca alimentar-se, no entanto, sem conseguir. A reação de Jesus, decretando sua esterilidade para sempre, secando-a num instante, é dura, e suscita a estupefação dos discípulos, aos quais Jesus responde com um ensinamento sobre a oração, capaz de propiciar coisas impensáveis. Voltam as mesmas palavras de 17,20, com o acréscimo da garantia final: "tudo o que pedirdes em oração, o recebereis" (v. 22). Oração e fé se vinculam estreitamente neste breve ensinamento reservado aos Doze, e condiz com o contexto (oração e templo, v. 13; esterilidade dos chefes, v. 43). Naturalmente, também em *Mateus* a ação sobre a figueira deve ser lida em chave simbólica.

Chegando ao templo, Jesus é imediatamente abordado pelos chefes que, assim como em *Marcos*, o interrogam sobre sua autoridade (21,23-27). Não existem diferenças entre os dois relatos: Jesus assume para si a autoridade de João, colocando desta forma em grande embaraço seus interlocutores, que não sabem como responder.

Três parábolas para os chefes judeus (21,28–22,14)

Mais interessante é a sequência da narração, visto que *Mateus* coloca aqui três parábolas de Jesus, todas relatadas, assim devemos interpretar, com a intenção de esclarecer a resposta já dada a seus adversários. Além da Parábola

---

43. Trata-se da única ocorrência deste substantivo em todo o NT, que no grego clássico era usada para indicar o maravilhoso; provavelmente deve indicar o ponto de vista dos chefes, não compartilhado pelo narrador.

dos Agricultores Homicidas, de tríplice tradição, o primeiro evangelho relata mais duas: uma de tradição própria e outra em comum com *Lucas*[44]. Nos três casos emerge o tema da rejeição e a consequente opção de tirar o reino "de vós" para dá-lo a outro povo, como consta na conclusão (22,43); Israel parece definitivamente rejeitado, e já é possível falar de um acerto de contas.

A primeira cena (21,28-32) contém a parábola e sua resolução: por trás da imagem dos dois filhos enviados à vinha, em que cada um faz o contrário do que num primeiro momento declara ao pai, Jesus convida a entrever a inversão que ocorrerá quando "publicanos e prostitutas vos precederem no Reino de Deus". No final Jesus traz à cena João, justificando sua afirmação ao acenar para o fato de que os chefes não creram no último dos profetas, ao passo que os cobradores de impostos e as prostitutas acreditaram. Sublinhe-se a expressão "João veio a vós no caminho da justiça e não acreditastes nele" (v. 32), que novamente coloca em cena este importante tema mateano, aliás, anteriormente associado ao Batista (3,15); sublinhe-se igualmente a expressão "fazer a vontade do pai" (cf. 6,10; 7,21; 12,50).

A segunda parábola fala dos agricultores da vinha que matam os enviados do patrão e o filho (21,33-46). Em seus traços fundamentais o relato segue o esquema sinótico; só *Mateus* fala dos frutos que os outros agricultores levarão ao patrão (v. 41), e do significado explícito do texto, ao sublinhar as palavras de Jesus dirigidas aos chefes: "Por isso o Reino de Deus vos será tirado e entregue a um povo (*éthnos*) que produza os devidos frutos" (v. 43).

Enfim, *Mateus* acrescenta uma terceira parábola, tendo por tema a festa de casamento do filho de um rei (22,1-14). Também aqui se fala de mensageiros maltratados e assassinados, com um evidente paralelo ao relato precedente (*Mateus* introduz também o castigo por obra do rei que destrói os homens e sua cidade, v. 7). Também neste caso acontece uma verdadeira substituição: não são os convidados iniciais que participarão dos festejos, mas qualquer um, ou "todos que encontraram" pelo caminho, "maus e bons" (v. 10). No contexto imediato, esta parábola também se refere ao Reino de Deus que será subtraído aos chefes do povo hebraico e oferecido a todos os povos. Vale sublinhar o pequeno inciso final (v. 11-13), em que Jesus adverte sobre a necessidade, à primeira vista contrária à extraordinária abertura antes prospectada, de participar do banquete das núpcias com

---

44. Que, por outro lado, narra em outro contexto e com diferenças. Cf. Lc 14,15-24.

roupa adequada, pois, no juízo final, "muitos são os chamados e poucos os escolhidos" (v. 14)[45].

Os outros ensinamentos no templo (22,15-46)

Seguem também em *Mateus* quatro discussões, ainda ambientadas no templo. Os primeiros dois episódios dizem respeito ao tributo a César (22,15-22) e à ressurreição dos mortos (22,23-33). Os antagonistas são primeiramente os herodianos e discípulos dos fariseus, em seguida os saduceus. No final de ambos os episódios *Mateus* sublinha o estupor, primeiramente dos adversários (v. 22), depois da multidão (v. 33).

Introduzindo o diálogo com um fariseu e doutor da lei (22,34-40), *Mateus* ressalta que a pergunta sobre o maior dos mandamentos, também neste caso, é posta para "colocar [Jesus] à prova" (v. 35; o verbo é o habitual *peirázo*). O relato segue com sobriedade: somente Jesus toma a palavra e – sem citar o *sh^{e}má Yisraél* de Dt 6,4 – lembra o amor a Deus (Dt 6,5) e o amor ao próximo (Lv 19,18).

Segue o último diálogo com os fariseus (22,41-46), introduzido por Jesus com a pergunta sobre o messias filho de Davi. Trata-se de um verdadeiro diálogo: os fariseus, após uma primeira resposta fornecida por Jesus, nada conseguem responder à sua objeção; a mensagem é, portanto, a mesma de *Marcos* (Cristo *não* é filho de Davi), mas a modalidade narrativa é diferente, já que *Mateus* continua descrevendo o contraste entre Jesus e seus adversários, e somente no final desta quarta controvérsia afirma que ninguém mais ousava interrogá-lo (v. 46). Com esta cena, aliás, se encerram realmente as discussões com Jesus, mas há espaço ainda para um longo discurso conclusivo, sempre no templo, de condenação e acusação contra os escribas e, sobretudo, os fariseus.

As palavras sobre escribas e fariseus hipócritas (23,1-39)

Todo o capítulo 23 se ocupa das palavras de Jesus com as quais conclui sua permanência no templo. Embora sendo um ensinamento muito amplo, não apresenta a fórmula conclusiva típica dos cinco discursos estruturantes do Evangelho de *Mateus*, e normalmente é considerado, portanto, parte integran-

---

[45]. Normalmente se interpreta esta cláusula como uma advertência de tipo moral, ou um apelo também aos eleitos (todos os povos), que não imaginam desfrutar do Reino de Deus sem a justa disposição.

te da seção narrativa. Em 24,1, aliás, temos uma ulterior desconexão, e só em 24,4 começa o quinto discurso, que termina de forma habitual em 26,1.

O ensinamento começa com um confronto entre a conduta dos escribas e fariseus e a dos discípulos (23,1-12), seguido de sete ais (23,13-35), num crescendo, até a ameaça conclusiva sobre "esta geração" (23,36) e a queixa sobre a cidade (23,37-39), com a qual se encerra a narração. Além dos pouquíssimos versículos presentes nos outros sinóticos, trata-se de um material de dupla tradição, contendo inclusive uma seção própria de *Mateus*.

A declaração inicial separa claramente a "cátedra de Moisés", ou seja, seu ensinamento, dos "escribas e fariseus", mais acusados, no entanto, por suas ações do que por suas palavras: "Fazei e observai tudo o que eles vos disserem, mas não os imiteis nas ações, porque dizem e não fazem" (v. 3). Após ter censurado o pensamento hipócrita e vaidoso desses personagens, Jesus recomenda aos seus a comportar-se inversamente: que não se façam chamar de "rabi", "pai", "guia", mas procedam como servos, ou seja, não se exaltem, mas se humilhem.

Na segunda parte do discurso, mais especificamente no versículo 13, começa a série de "ais", seguidos de acusações circunstanciais, que estabelecem fortemente o distanciamento entre o modo de viver e de agir dos "escribas e fariseus hipócritas"[46] e o ideal de vida de Jesus. As acusações dizem respeito sobretudo ao comportamento religioso (proselitismo, juramento, dízimos, purificações), e são duríssimas: expressões como "cegos", "sepulcros caiados", "homicidas", "raça de víboras" fazem parte da narrativa. Nos versículos finais (v. 33-36), Jesus fala de assassinos de sábios e de profetas, e de perseguições, com um olhar voltado para o futuro e acenos remetendo à linguagem escatológica, que voltará nos capítulos 24-25.

Enfim, as palavras de Jesus se concluem com um lamento sobre Jerusalém, atraindo novamente a atenção para a cidade santa onde Jesus agora se encontra, admoestada por sua incapacidade de acolher os enviados divinos, e de forma tão obstinada que a levará à devastação: "vossa casa ficará abandonada" (v. 38), segundo Jr 22,5, que aqui *Mateus* retoma. O último versículo abre de fato uma luz de esperança, pois, mesmo que a passagem ainda anuncie a morte de Jesus ("doravante não me vereis mais"; cf. eco similar em Jo 12,13), proclama que seu retorno será garantido, manifesto e reconhecido,

---

46. A expressão, como um refrão, é repetida nos v. 13.15.23.25.27.29.

e provocará uma reutilização das palavras do Sl 118,26: "Bendito o que vem em nome do Senhor".

Em seu conjunto, portanto, trata-se de um discurso muito duro, com contornos definitivos. Talvez se trate mais de advertência que de condenação, unindo às acusações aos chefes do povo uma clara tentativa parenética e pedagógica em relação aos discípulos, que, por sua vez, são chamados a fugir de um comportamento absolutamente inadequado, como o dos escribas e fariseus.

O grande discurso sobre os últimos tempos (24,1–25,46)

Em *Mateus* o discurso final de Jesus se estende por dois capítulos inteiros (Mt 24–25), com muito material próprio. Por sua precisão, o capítulo 24 substancialmente coincide, em sua primeira parte (24,1-44), com o capítulo 13 de *Marcos*, ao passo que, depois da Parábola do Servo, em 24,54-51, presente também em *Lucas* (cf. Lc 12,42-46), o primeiro evangelho relata no capítulo 25 duas narrações próprias (as dez virgens e o juízo final), bem como a Parábola dos Talentos que, embora com modificações, também está presente em Lc 19,11-27.

Muitas afirmações presentes no capítulo 24 já tinham sido feitas nos capítulos precedentes, e em diversas ocasiões; aqui temos praticamente um discurso resumido, que retoma e fecha temáticas como a dos falsos profetas (7,15), a das futuras perseguições (10,22), a do fim do mundo (13,39.40.41), a da parusia do filho do homem (16,27), mas temas também eclesiais, como os "pequenos" (cf. 10,42; 18,1-14). O discurso é proferido na ausência dos discípulos, e, portanto, deve ser pensado, como em outras ocasiões, como um tema dirigido às comunidades cristãs. A pergunta inicial dos discípulos dita o tema geral, como em *Marcos*, mas dessa vez compõe-se de três partes (v. 3): quando estas coisas acontecerão, que sinais indicarão a volta do Senhor e que sinais apontarão para a chegada do fim do mundo. Note-se o substantivo *parusia* aqui utilizado por *Mateus* (e também nos v. 27, 37 e 39) para indicar o "retorno", a "vinda" do filho do homem; é um termo que consta mais de 20 vezes no NT, mas ausente nos outros três evangelhos.

Na resposta de Jesus, as primeiras palavras são para os eventos premonitórios (v. 4-28): os muitos que virão para ensinar, as guerras e outros eventos dramáticos, mas este é apenas o início; ocorrerão também perseguições aos discípulos, ódio, falsos profetas. Quem tiver perseverado, no entanto, será salvo, e, ao mesmo tempo, o Evangelho será pregado em toda a terra: só então será o fim.

Ao falar do "fim" (v. 15-28), *Mateus* menciona o "abominável devastador", citando expressamente o Profeta Daniel e afirmando que isso acontecerá no "lugar santo"; isto é, no templo. Quando essa hora chegar, é preciso fugir, e aguardar o fim daqueles dias de tribulação, que em razão dos eleitos serão abreviados. Também serão tempos de falsos cristos e de falsos profetas, cuja finalidade é enganar.

A terceira seção do discurso (v. 29-31) é dedicada ao sinal do filho do homem no céu e à sua vinda; Jesus se expressa com riqueza de citações e alusões tiradas dos profetas[47].

A partir do versículo 32 começa a linguagem parabólica, com a imagem da figueira (v. 32-33), sinal da necessidade de vigiar e ler os tempos. De fato, essas coisas acontecerão já nesta geração (v. 34), mesmo que ninguém saiba o dia da *parusia*. Como no tempo de Noé, de fato, Jesus diz que tudo acontecerá de repente (v. 36-39): "Estarão dois na lavoura, um será levado e outro deixado" (v. 40-41). A exortação a "vigiar" (o verbo *gregoréo* aparece duas vezes e reaparecerá ainda em 25,13) emerge na segunda imagem, na descrição do dono da casa que não sabe quando virá o ladrão (v. 42-43). Com insistência, portanto, *Mateus* sublinha a *parusia* do filho do homem, tema retomado nas últimas quatro narrações desta quinta parte, evidentemente muito caro ao evangelista e à sua comunidade, às voltas com as dúvidas suscitadas pelo não retorno iminente do Ressuscitado.

A parábola relatada em 24,45-51 fala de um servo "fiel e prudente" que é constituído chefe da casa: será feliz se permanecer fiel às recomendações do patrão, mas será punido severamente (literalmente *Mateus* diz: será "partido ao meio", v. 51) se o patrão, à sua chegada de improviso, o encontrar comendo e bebendo e maltratando os servos. Para ele só restará "choro e ranger de dentes" (esta expressão, típica de *Mateus*, aparece pela primeira vez neste discurso, e retornará também em 25,30). A atenção específica, no relato, reside exatamente na demora da volta do patrão, que não deve representar, para o servo, ocasião de comportar-se como se ele nunca devesse voltar.

Uma segunda parábola inaugura o capítulo 25 (25,1-13). Também aqui sublinha-se a demora do esposo para a festa de casamento. Seu retorno é

---

47. Cf. Is 13,10; 34,4; Gl 2,10; Zc 12,10; Dn 7,13; Is 27,13; Zc 2,10; Dt 30,4.

certo, mas pode ser esperado como virgens sábias ou tolas. Entre sábias e tolas não existe um abismo, já que todas juntas o esperam, e todas adormecem; entretanto, somente as sábias estarão prontas, com óleo para que a lâmpada não se apague (cf. Pr 31,18), ao passo que as outras não sabem colher o momento oportuno. Muito clara é a imagem final: "a porta fechou-se" e o esposo dirá "não vos conheço"[48]. A parábola termina com uma exortação direta, que assume sua mensagem central: "vigiai, pois não sabeis nem o dia nem a hora" (v. 13).

Segue a Parábola dos Talentos (25,14-30). O "talento" (*tálanton*) era uma unidade de peso que podia indicar uma grande soma de dinheiro. Os talentos da parábola foram dados por um homem de partida para uma longa viagem a três de seus servos, "segundo a capacidade de cada um" (cinco, dois, um). Os primeiros dois servos dobraram a soma, o terceiro, ao contrário, escondeu o dinheiro. O patrão retorna, "depois de muito tempo" (*Mateus* continua insistindo num retorno indefinido), e chama os servos. No diálogo que segue – construído sobre um esquema fixo, com as palavras literalmente repetidas – os primeiros dois servos são louvados ("servo bom e fiel"), participando da alegria do patrão. Ao terceiro servo, ao contrário, se lhe suprime inclusive o único talento que escondeu, que por sua vez é entregue ao primeiro servo (e aqui retorna o dito sobre "quem tem e quem não tem", já presente em 13,12), e é lançado na escuridão, onde há "choro e ranger de dentes".

O grande afresco do juízo final (25,31-46) não pode ser definido como parábola, pois o ensinamento ministrado é direto e afirma claramente que o filho do homem virá em seu trono de glória (v. 31), mesmo que sejam usadas, aqui e acolá, imagens evocativas ("cabritos e ovelhas", o "rei"). O contexto é o da vinda definitiva do filho do homem, que reunirá "todos os povos" (*pánta ta éthne*, cf. 24,14 e 28,19) e os separará (cf. 13,49). Aos que estão à direita o "rei" manifestará a bondade do Pai ("vinde benditos de meu Pai"), e receberão a herança do "reino". A motivação é expressa mediante uma série de seis ações, todas manifestando uma situação de necessidade: ter fome, ter sede, ser estrangeiro, mudo, doente, preso. Im-

---

[48]. Muitas vezes o leitor moderno se impressiona com a dureza das sábias em relação às tolas; no entanto, o ponto central da parábola (que é, como de costume, único) não é a solidariedade entre as pessoas, mas a vigilância e a espera atenta.

pressiona a incrédula resposta dos "justos": "Quando?..." (v. 38-39), que propicia a importante e iluminadora réplica do rei: "Eu vos garanto: todas as vezes que fizestes isso a um desses meus irmãos menores, a mim o fizestes" (v. 40). Diálogo simétrico, mas oposto é o destino dos que estão à esquerda: as mesmas ações, de fato, *não* foram realizadas, e isso comporta uma idêntica avaliação: "tudo aquilo que *não* fizestes..." (v. 45). Inevitavelmente o relato termina com a constatação do destino de cada um: "estes irão para o castigo eterno, enquanto os justos, para a vida eterna" (v. 46). Continuando assim o tema já introduzido na precedente parábola, *Mateus* mostra a necessidade de viver o tempo de espera do filho do homem na justa operosidade, como o servo fiel, as virgens sábias, os dois servos capazes de fazer frutificar os talentos. Mas, com um realismo até então inédito, *Mateus* explica o comportamento dos justos com a atenção realística e misericordiosa para com os "pequenos" em situação de necessidade extrema. Como já havia sido acenado (cf. 10,42; 18,5), o amor e o acolhimento de Jesus só podem ser manifestados no amor e no acolhimento do irmão, e o irmão em dificuldade.

Este último relato tem um tom conclusivo (não diz mais respeito apenas ao tempo da espera, mas alcança o fim dos tempos, o do retorno do filho do homem) e surpreende pela sua universalidade: todos os povos serão reunidos, todos os homens serão julgados, também as menores ações, realizadas talvez inconscientemente, terão valor. Este outro aspecto também impressiona: a imparcialidade de um juízo que não depende da pertença étnica ou religiosa, mas somente da ação concreta em relação aos necessitados. Após uma longa série de imagens sombrias, o último quadro do grande discurso mateano termina com esperança: a obtenção da vida eterna por parte dos justos.

Em seu conjunto, os capítulos 24-25 de *Mateus* desenham um grande afresco sobre os últimos tempos e sua expectativa. Diante da pergunta dos discípulos sobre o como e o quando, Jesus pede que não se preocupem com isso, mas devem estar sempre prontos, e fazê-lo servindo; o serviço aos irmãos é o único modo de viver o presente e estar prontos para o futuro. O tom, no entanto, é definitivo, sem alternativas, e todos – confrontados com esta mensagem e com a vinda de Jesus – são chamados a decidir: ou segui-lo no serviço ou rejeitá-lo; as consequências para uns e outros, adverte *Mateus*, são bem diferentes!

Paixão e ressurreição (Mt 26,1–28,20)

Na subdivisão aqui proposta, a sétima grande parte do evangelho, após a introdução dos capítulos 1-4 e as cinco partes ligadas aos discursos, compreende tanto o relato da paixão, que se estende por dois capítulos como nos outros sinóticos, quanto os relatos de ressurreição, que ocupam o capítulo 28. Mais uma vez vale lembrar que a presença dos longos discursos diferencia a estratégia narrativa do evangelista, modificando a trama: o relato da paixão é assim separado do conteúdo precedente de forma muito mais clara que a construção de *Marcos*.

O relato da paixão (26,1–27,66)

O relato da paixão reproduz, em seu conjunto, a sequência de *Marcos*, mesmo que *Mateus* insira algumas cenas a mais. De fato, dentre os quatro evangelhos, *Mateus* e *Marcos* se assemelham grandemente, particularmente no estilo. Também "o relato de *Mateus* é enxuto e muito sóbrio, quase em demasia para nosso gosto moderno. O tom é despojado, objetivo, sem qualquer *pathos*, e o relato não faz nenhuma concessão ao sentimentalismo"[49].

Para favorecer uma visão sintética, creio ser útil antecipar o elenco das cenas: anúncio da paixão (26,1-2); complô contra Jesus e intervenção de Judas (26,3-5.14-16); unção em Betânia (26,6-13); preparação da ceia (26,17-19); a ceia (26,20-29); a caminho do Getsêmani (26,30-35); no Getsêmani (26,36-56); diante do sinédrio (26,57.59-68); negação de Pedro (26,58.69-75); conselho matutino contra Jesus (27,1-2); arrependimento de Judas (27,3-10); diante de Pilatos (27,11-26); nas mãos dos soldados (27,27-31); crucificação (27,32-44); morte na cruz (27,45-56); sepultamento (27,57-61); sepulcro vigiado (27,62-66).

Introdução e complô contra Jesus (26,1-16)

Justamente no início do relato *Mateus* introduz um primeiro episódio brevíssimo que tem por protagonistas Jesus e os discípulos. Aqui, após a costumeira fórmula de conclusão ("Ao terminar todos esses discursos..."), é o próprio Senhor que anuncia a cronologia dos acontecimentos, que se realizarão na Páscoa, e já aparecem os emblemáticos verbos "entregar" (*paradídomi*) e "crucificar" (*stauróo*). Desta forma o leitor novamente se conven-

---

49. SKA. *Cose antiche e cose nuove*, p. 174.

ce de que aquilo que acontece não é por vontade dos adversários, mas por obra de Deus, que, por sua vez, decide também o momento mais oportuno.

O segundo episódio se assemelha ao de *Marcos* e, como no segundo evangelho, compõe-se de duas cenas separadas: a primeira tentativa de complô dos chefes do povo, guiados pelo sumo sacerdote Caifás, narrado em 26,3-5; e a intervenção decisiva de Judas, na qual é o apóstolo que explicitamente pede dinheiro para entregar Jesus. As "trinta moedas de prata" remetem diretamente a Zc 11,12.

A cena intermediária, em Betânia, também é análoga à de *Marcos*: tanto os gestos realizados pela mulher quanto as palavras proferidas por Jesus são os mesmos. *Mateus* coloca explicitamente em cena os discípulos, ao passo que Jesus desvia a atenção para o próprio sepultamento ao louvar o gesto da mulher, garantindo que será lembrado onde quer que o evangelho seja pregado.

Preparação e ceia pascal (26,17-29)

A cena da preparação da ceia é muito rápida: em apenas três versículos Jesus envia os discípulos (não se especifica o número ou de quem se trate) à cidade, a um homem, e lá preparam a páscoa. Como em *Marcos*, pensa-se evidentemente numa ceia pascal, a da noite do início da festa.

Logo no início da ceia temos o anúncio da traição que será feita por um dos Doze, "um de vós". Às palavras de condenação proferidas por Jesus, após a primeira intervenção de defesa de todos, *Mateus* acrescenta um versículo (v. 25) dedicado a Judas: ele, de fato, pergunta separadamente a Jesus: "Por acaso sou eu, Mestre?", e o Senhor lhe responde afirmativamente: "Tu o dissestes". A declaração, ao que parece, não foi ouvida por mais ninguém. A cena continua com as palavras e os gestos primeiramente sobre o pão (também, em *Mateus*, Jesus toma, abençoa, parte e dá o pão aos discípulos, e as palavras são "Tomai, comei, isto é o meu corpo") e depois sobre o cálice, com palavras que soam ligeiramente modificadas em relação a *Marcos*: "Tomai todos, porque este é o meu sangue da aliança, derramado por muitos em remissão dos pecados"; destacam-se o convite inicial a beber e a nota final sobre a "remissão"[50] dos pecados.

---

50. O substantivo *áphesis* só consta em *Mateus*, mas o verbo correspondente *aphíemi* é o mesmo utilizado no Pai-nosso e em 18,21-35.

Caminho e chegada ao Getsêmani (26,30-56)

Saídos do lugar da ceia para o Monte das Oliveiras, Jesus prediz a fuga e a negação de Pedro, utilizando a imagem do pastor ferido e as ovelhas dispersas (cf. Zc 13,7), mas anuncia também o novo encontro na Galileia.

No Getsêmani se desenvolve a cena sucessiva, com os dois quadros consecutivos e bem conectados pela oração antes e depois da prisão. Na oração, no Getsêmani, faz-se amplo uso do discurso direto; por duas vezes, de fato, são relatadas as palavras de Jesus, que sempre começa com "Meu Pai" (v. 39.42): em ambos os casos Jesus pede que "afaste o cálice", mas simultaneamente se declara disposto a realizar "sua vontade"; retorna literalmente um dos pedidos do Pai-nosso: "seja feita a tua vontade" (26,62). Após a terceira oração, narrada de forma indireta, Jesus retorna aos discípulos e anuncia a chegada daquele que o "entregou" nas mãos dos pecadores.

Também a cena da prisão é mais dialogada. Primeiramente, ao beijo de Judas, Jesus responde denominando-o "amigo" (*etários*, "companheiro"), possível alusão ao tema do salmo do justo abandonado (cf. Sl 41,10; 55,14). Após o golpe de espada contra o servo do sumo sacerdote, dado por um dos seus, Jesus convida a depor a arma, porque não é esta a vontade do Pai revelada nas Escrituras. Como mestre competente, mesmo acorrentado Jesus orienta os discípulos (e o leitor), através das Escrituras, à justa compreensão dos acontecimentos. *Mateus* conclui o relato com a debandada coletiva, mas não faz nenhum aceno àquele "jovem envolto apenas num lençol", cuja aparição misteriosa *Marcos* descreve (Mc 14,51).

Jesus diante do sinédrio e negação de Pedro (26,57-75)

A esta altura Jesus é levado ao sinédrio, onde é falsamente acusado, sem sucesso. Dado que Jesus não responde a nenhuma pergunta, o sumo sacerdote intervém e o esconjura a dizer se é "o Cristo, o filho de Deus". Diante de uma pergunta tão clara, que lembra de perto a confissão de Pedro (cf. 16,16), a resposta de Jesus é afirmativa ("Tu o dizes"), e introduz assim, como em *Marcos*, a imagem do filho do homem que senta à direita e vem sobre as nuvens do céu (cf. Sl 110,1; Dn 7,13). Também em *Mateus* segue a imediata acusação de blasfêmia e a consequente declaração solene (relatada em forma direta): "é réu de morte". A cena se conclui com as cusparadas, os açoites e os bofetões dos presentes.

Na cena seguinte é narrada a negação de Pedro, já introduzida precedentemente (v. 58), que não apresenta diferenças significativas em relação a *Marcos*. Percebe-se que, em todas as três vezes que Pedro responde, *Mateus* faz uso do discurso direto ("não sei o que dizes" e "não conheço o homem", duas vezes). Também neste evangelho a cena se conclui com o choro do apóstolo, relatada de forma idêntica à de *Lucas*: "saiu e chorou amargamente".

Conselho matutino e arrependimento de Judas (27,1-10)

Sempre seguindo o esquema de *Lucas*, também *Mateus* acena claramente para um conselho ocorrido na parte da manhã, "contra Jesus, para condená-lo à morte". Mesmo que o resultado da reunião não traga novidades a respeito do que já tinha sido narrado, parece que devemos ver aqui uma nova reunião, diferente daquela da noite precedente, que precede a imediata entrega a Pilatos, "o governador" (substantivo *egemón*, usado oito vezes nestes capítulos).

O episódio seguinte narra o arrependimento de Judas, e só consta em *Mateus*, que insere nele um comentário pessoal, para avisar o leitor que o traidor ficou com remorso (verbo *metamélomai*), "vendo que [Jesus] havia sido condenado". Também podemos perceber claramente o arrependimento de Judas nas palavras subsequentes, dirigidas aos sumos sacerdotes: "Pequei, traindo sangue inocente" (*á-thoos*, "sem culpa"). Diante da desdenhosa resposta dos sumos sacerdotes, que não acolhem o arrependimento de Judas e não querem fazer nada contra ele, o apóstolo "saiu e foi enforcar-se". A cena continua com a última citação de cumprimento do primeiro evangelho, primeiramente sobre as trinta moedas e em seguida sobre o nome dado ao campo comprado com o dinheiro devolvido por Judas (cf. Jr 32,6-9). Desta forma Judas sai de cena não apenas como traidor, mas também como derrotado, e assim – como todos os derrotados – pode ser visto por um espectro um pouco mais favorável. Não restam dúvidas de que Judas sempre será visto como "aquele que o traiu", mas os verbos que remetem à consciência a ele atribuídos e às suas palavras fazem dele, mais uma vez, algo mais do que uma simples figura monodimensional.

Jesus diante de Pilatos (27,11-26)

Após o interlúdio desta morte trágica, Jesus é situado diante de Pilatos. A cena é bem mais rica do que a de *Marcos*. Particularmente, duas são as diferenças significativas: no versículo 19 *Mateus* alude à intervenção da mulher do governador, que, advertida em sonho, manda dizer ao marido: "Não te comprometas com este justo"; no fim, para mostrar a cedência de Pilatos às multidões, mas também sua intenção de tomar distância da própria decisão, *Mateus* narra o famoso gesto de "lavar-se as mãos", acompanhado da claríssima afirmação: "Sou inocente do sangue deste justo; o problema é vosso!"[51], a cujo gesto o povo responde com a mesma clareza: "Que seu sangue recaia sobre nós e sobre nossos filhos"[52]. A esta altura, após tê-lo feito flagelar, Pilatos entrega Jesus à crucificação.

A caminho da crucificação (27,27-44)

Com a mesma dureza de *Marcos*, *Mateus* descreve os vexames a que Jesus é submetido pelos soldados: desprezo, dor física, escárnio... são os elementos que emergem nestes poucos versículos nos quais Jesus não realiza nenhuma ação e sofre todo o peso de sua condição.

No caminho da cruz os soldados obrigam Simão, homem de Cirene, a carregar a cruz, e em seguida crucificam Jesus no Gólgota. Também aqui a impostação de *Mateus* apresenta muitas semelhanças com *Marcos*, mas com a ausência de alguns detalhes (não são citados, p. ex., os filhos de Simão), e com o acréscimo de outros detalhes, como, por exemplo, o versículo 34, uma correspondência mais precisa com o Sl 69,22 (*Mateus* utiliza o substantivo *cholé*, "fiel", que aparece no texto grego do salmo), e, no versículo 43, uma ulterior citação do Sl 22,9, ausente nos outros evangelhos ("Pôs em Deus sua confiança; que Deus o livre agora, se o ama").

---

51. Pilatos repete no final a mesma expressão que os chefes dos sacerdotes há pouco haviam dado a Judas arrependido: "o problema é teu!" O verbo utilizado é *oráo* ("ver"); portanto, nos dois casos pode-se traduzir como "está em tuas mãos" / "desenrasquem-se". Somente *Mateus* traz estas duas afirmações. Por isso é bem provável que haja uma referência entre as duas cenas, voltando ao importante tema do *sangue*.

52. Aqui *Mateus* fala exatamente de povo (*laós*), e não mais de "multidão". O evangelista parece querer atribuir ao povo de Israel a responsabilidade pela crucificação, mesmo que isso não signifique dizer que, segundo *Mateus*, todo o povo hebreu tenha sido responsável pela morte de Jesus (nem *todo* o povo hebreu de então, nem obviamente *todo* o povo hebreu dos séculos seguintes). Para a posição da Igreja sobre este ponto, cf. a declaração conciliar *Nostra Aetate* (em particular n. 13) e o documento da Pontifícia Commissione Biblica *Il popolo hebraico e le sue Sacre Escritture nella Bibbia cristiana*. Cidade do Vaticano: Libreria Editrice Vaticana, 2001, n. 70-78).

A morte na cruz (27,45-56)

O relato da morte contempla uma série de particularidades inéditas. A morte é descrita por *Mateus* com a expressão "rendeu o espírito" (*aphéken to pnéuma*), na qual se pode ver uma alusão bastante clara à presença do Espírito (Santo). Após a morte, além de sublinhar o rasgo do véu do templo, *Mateus* ilustra a tragicidade do momento com uma série de eventos espetaculares (terremotos, sepulcros abertos, pessoas ressuscitadas; cf. v. 51-53). São sinais do acentuado caráter bíblico e escatológico de *Mateus*: o terremoto foi citado explicitamente por Jesus em 24,5, ao passo que a ressurreição[53] dos justos remete, por exemplo, a Is 26,19: "Mas de novo viverão os teus mortos. Os meus cadáveres ressurgirão! Despertai e exultai vós que jazeis nas cinzas" (cf. também Dn 12,2). Para *Mateus*, portanto, o Pai responde de forma clara à morte do filho, mediante esta sua intervenção do alto. Tudo isso acontece momentos depois da morte de Jesus, e são estes fenômenos (não tanto a morte em si) que provocam a reação do centurião e dos soldados do versículo 54: mais uma vez são os estrangeiros e os pagãos que reconhecem Jesus.

O sepultamento e o túmulo vigiado (27,57-66)

Só no final, como em *Marcos*, se percebe a presença do "muitas mulheres" que observam de longe, provenientes da Galileia; e aqui *Mateus* cita Maria, a Madalena, Maria de Tiago e mãe de José, e a mãe dos filhos de Zebedeu. Assim como em *Marcos*, a indicação é aquela presumidamente de três mulheres (não quatro), mas a incerteza permanece, inclusive pela diferença de alguns nomes em comparação aos relatos dos outros evangelhos. Única presença estável: Maria, a Madalena.

A apresentação de José, o "homem rico" que sepulta Jesus, é bastante rápida, mesmo se apenas *Mateus*, dentre os sinóticos, o defina como "apóstolo". Pilatos lhe entrega o corpo sem resistência, e ele pode colocá-lo em seu "novo sepulcro" envolvido num lençol "puro"[54]. O sepulcro é, enfim, guardado por Maria, a Madalena, e pela "outra Maria", sentadas diante da tumba.

---

53. O substantivo "ressurreição" (*éghersis*), em todo o NT, só aparece aqui.

54. *Mateus* utiliza o adjetivo *katharós*, que poderíamos traduzir, neste caso, como "limpo", sem dar-lhe particular peso a uma possível nuança religiosa, presumida por algum comentarista, e que não podemos desprezar.

O último episódio, que não tem paralelos, narra como as autoridades judaicas pedem ao procurador que vigie a tumba, por temor de uma possível artimanha dos discípulos. Pilatos não se interessa por essa questão, embora permita que, para tanto, os chefes usem os próprios vigias. No diálogo não falta a ironia narrativa, visto que os próprios chefes judaicos lembram as palavras de Jesus sobre a ressurreição, e até mesmo, imaginando aquelas palavras que os discípulos eventualmente poderiam dizer, utilizando termos ligados à fé: "ressuscitou dos mortos" (v. 64). Assim, o primeiro evangelho não termina com as mulheres guardando o sepulcro, mas com o novo "complô"; sublinha-se a obtusidade dos chefes, opondo-os mais uma vez aos discípulos e preparando por contraste aquela abertura universal que caracteriza o final do evangelho, com o envio a "todos os povos" (28,16-20). Este final, além disso, vincula solidamente esta seção à seguinte, e reduz um pouco o *suspense* presente no final de *Marcos*, introduzindo também uma "complicação" na trama, já que agora o sepulcro é vigiado pelos soldados e o leitor já não sabe mais *como* poderá ser resolvida esta situação.

Os relatos da ressurreição (28,1-20)

O episódio compõe-se de quatro cenas. Em primeiro lugar, como em *Marcos*, algumas mulheres vão ao túmulo, recebem a mensagem pascal e a atribuição de narrar os fatos aos discípulos (28,1-8). Os dois versículos seguintes falam do Jesus ressuscitado que aparece às mulheres, repetindo a mesma atribuição aos discípulos (28,9-10). Em 28,11-15 os guardas informam os sumos sacerdotes sobre os acontecimentos e, enfim, o Senhor ressuscitado aparece aos onze discípulos no monte da Galileia (28,16-20). Embora não possamos considerar como original o longo final de *Marcos* (como vimos acima), a aparição no monte da Galileia só consta em *Mateus*, ao passo que a primeira aparição às mulheres tem alguma afinidade com o que *João* descreve em seu evangelho que, por sua vez, relata a aparição de Jesus a Maria de Magdala no sepulcro.

Na descrição do túmulo vazio *Mateus* retoma o tema, já associado à morte de cruz, do "terremoto" (retorna o substantivo *seismós* de 27,54), que acontece no momento em que as mulheres chegam ao sepulcro, causado pelo anjo do Senhor que rola a pedra. À sua vista, os guardas, aterrorizados, permaneceram como se estivessem mortos. A função do anjo é a mesma que em *Marcos*, e as palavras também se assemelham às já proferidas: "Buscais a Jesus, o crucificado. Não está mais aqui; ressuscitou, de fato, como havia dito. Vinde e vede o lugar onde jazia". Repete-se em seguida a ordem de avisar aos discípulos para que se dirijam à Galileia, onde o verão. As mulheres, nesse momento, embora tomadas pelo "medo" (*phóbos*), experimentam também uma "grande alegria", e correm para divulgar a notícia.

A esta altura *Mateus* narra que o próprio Jesus ressuscitado foi ao seu encontro com uma saudação (*Cháirete*, é uma forma habitual de saudação; literalmente significa "alegrai-vos!", como em Lc 1,28) e algumas palavras similares às do anjo, convidando a transmitir o anúncio aos discípulos. Retorna novamente o tema da alegria, caro a *Mateus*, que fez dele um elemento-chave também no início do evangelho (cf. 2,10; 5,12).

A seguir temos a retomada do tema relativo à custódia do túmulo, já que os guardas que haviam sido colocados no sepulcro foram contar aos chefes o ocorrido. Desta forma emerge a consensual versão de conveniência: foram os discípulos, à noite, durante a vigília, que roubaram o cadáver. Interessante é a notícia conclusiva: "esta palavra se difundiu entre os judeus até os nossos dias". Nesse instante o narrador se dá conta de sua distância temporal dos fatos ocorridos e transmite uma notícia que não diz mais respeito ao tempo do relato, mas ao seu tempo, ou seja, ao da redação do evangelho.

Enfim, os versículos conclusivos narram o encontro mais vezes anunciado, que acontece "no monte" (localização altamente simbólica, como em 5,1 ou 17,1). De alguma forma, temos aqui o epílogo ou a síntese de todo o Evangelho de *Mateus*. Interessante o versículo 17, onde se fala de adoração, mas ao mesmo tempo de dúvida: objeto (subentendido) são os Onze, que "vendo-o, o adoraram". Entretanto, *Mateus* diz "estes" (ou "alguns") "duvidaram". O texto grego, *oi de edístasan*, consente as duas traduções[55].

Os últimos versículos do evangelho são dedicados às palavras de Jesus. Em virtude da autoridade (volta o substantivo *exusía*) que lhe foi dada "no céu e na terra", o Ressuscitado envia os Onze com a função de "fazer discípulos" todos os povos, "batizando-os" em nome do Pai, do Filho e do Espírito Santo, e com o encargo de "ensinar" tudo aquilo que lhes ordenou (voltam os verbos *mathetéuo*, *baptízo* e *didásko*). Vale evidentemente ressal-

---

55. Pode ser que *Mateus* queira sublinhar não tanto a dúvida de alguns, mas a mistura entre alegria, adoração e dúvida presentes em todos os discípulos, diante da necessidade de reconhecer a nova presença do Ressuscitado.

tar a fórmula batismal, claramente trinitária, que aparece apenas aqui – nesta forma – no NT[56]. Seu emprego não parece casual.

Fecha o evangelho a grande promessa "estou convosco", que lembra o já referido desde o início (1,23), numa inclusão portentosa. Desta forma, todo o espaço e todo o tempo (passado e futuro) são inseridos no projeto divino, do qual os discípulos são mediadores e mensageiros. Volta a ideia-guia presente no prólogo: Jesus é o messias, o filho de Deus, o Deus Conosco que, ressuscitado, pode levar a cumprimento a história da salvação iniciada por Abraão e Davi, presente na lei e nos profetas. Os discípulos e seus sucessores levarão esta salvação a todos os povos, completando a obra do mestre, mediante o batismo e o ensinamento das palavras de Jesus. Existe plena continuidade, segundo *Mateus*, entre o agir de Jesus nesta terra e o agir dos discípulos, sob o comando do Ressuscitado. O evangelho definido como "eclesial" de *Mateus* termina, coerentemente, com a grande função dada à Igreja de continuar e difundir a obra do mestre.

Síntese teológica

A cristologia

Como pudemos perceber, o *Evangelho segundo Mateus* apresenta uma "grande inclusão" cristológica, entre os versículos 1,23-24 e o conclusivo 28,20. Nos primeiros versículos afirma-se que o menino nascido de Maria se chamará "Emanuel, Deus Conosco", de acordo com a antiga promessa de *Isaías*; nos versículos finais ressoa a promessa de Jesus: "estou convosco". O lembrete entre as duas passagens é certamente intencional, como se pode deduzir do uso de vocábulos muito semelhantes: *meth'hemón ho theós* (1,23) e *egó meth'hymón eimí* (28,20). Toda a história de Jesus, que tem seu auge na paixão, morte e ressurreição, é apresentada como a conclusão da missão anunciada desde o capítulo 1, de "salvar" o seu povo (1,21), e realiza, de modo permanente, mediante a ressurreição, a promessa de ser o "Deus Conosco". Assim faz-se também a passagem entre a figura de um salvador radicado na história de seu povo (Jesus é "filho de Davi, filho de Abração", 1,1) e a de um salvador destinado a todas as nações, como está claro na ordem final deste evangelho.

---

56. A fórmula está presente de forma clara na *Didaqué*, 7,1-4.

A presença desta inclusão mostra que *Mateus* tem uma cristologia já bastante desenvolvida. O título "filho de Deus", usado desde o início, retorna na boca dos discípulos e de Pedro (14,33 e 16,16), reconhecendo-se assim a diversidade em relação a *Marcos*. *Mateus* relata um Jesus que se coloca imediatamente no meio do povo com autoridade, e como tal é mais facilmente reconhecido pelos discípulos.

Outro elemento importante, ligado ao precedente, é a cristologia do Servo. Em muitas passagens, *Mateus*, mais do que em *Marcos*, interpreta a figura de Jesus a partir dos cantos de *Isaías*; além de conter a mesma afirmação de *Marcos* sobre o serviço (20,28; Mc 10,45), *Mateus* retoma afirmações importantes sobre o Servo de *Isaías* em 12,17-21; 3,17; 8,16-17; 17,19; principalmente a primeira delas, que cita amplamente Is 42, ausente nos paralelos sinóticos, mostra bem a destinação universal trazida por Jesus. A figura do Servo, além disso, reflete bem a ideia de condivisão com o destino dos homens que o conceito de "Deus conosco" exprime. Não menos importante, as referências ao Servo do Senhor mostram, mais uma vez, a importância que tem para este evangelista a interpretação escriturística da cristologia[57].

O discipulado

Da cristologia de *Mateus* deriva também sua concepção de discipulado. Em relação a *Marcos*, também neste caso existem diferenças interessantes.

O traço mais evidente do pensamento de *Mateus* é que o ser discípulo vincula-se à figura de Jesus como "mestre", que emerge dos cinco longos e articulados discursos. Desde a abertura do primeiro discurso o evangelista sublinha, justamente com sua construção narrativa, este aspecto da figura de Jesus. A subida ao monte, a posição como se senta, a presença simultânea das multidões e dos discípulos: trata-se de elementos que servem para evidenciar a missão educativa de Jesus e, sobretudo, a consequente missão dos discípulos como primeiros ouvintes de seus ensinamentos e, por sua vez, intermediários entre o mestre e todas as multidões. Nos discursos encontramos a cartilha que ensina como ser discípulo e a exposição fidedigna, reelaborada pelo evangelista, do ensinamento do mestre, com as exigências que ela pressupõe. São os discípulos que, instruídos na "justiça", devem "pôr em

---

[57]. Para uma interpretação de Jesus como "mestre", certamente importante em *Mateus*, cf. acima, neste mesmo capítulo, o *Excursus – Jesus mestre*.

prática" a vontade de Deus. O aprendizado, segundo *Mateus*, não se resume na repetição de palavras, mas prevê a implicação da vida em sua totalidade: as palavras *devem ser postas em prática* para evitar o "não vos conheço" e o "afastai-vos de mim" proferidos pelo mestre (cf. 7,21-27). Mais claro ainda é o final do evangelho: aos Onze é solicitado "fazer discípulas" (*mathetéuo*) todas as nações e "ensinar-lhes" o que "vos foi ordenado"; aqui o verbo do mestre (*didásko*) é atribuído aos discípulos, que agora devem transmitir o que receberam. Também a "pouca fé" ou a dúvida que *Mateus* atribui aos discípulos, inclusive nesta última cena, não pode obstaculizar esta ordem.

Ao lado deste aspecto outras particularidades são sublinhadas. A partir da cristologia do Emanuel é possível perceber que, para *Mateus*, o discipulado é uma comunhão também com a pessoa de Jesus, e, portanto, com o próprio Deus. É o que emerge em 11,28-30: "vinde a mim vós todos... e aprendei..." A comunhão nasce do chamado do mestre (4,19; 19,21), e alcança exigentes níveis de partilha: um amor exclusivo que exige deixar tudo por Ele, amar mais que os afetos mais caros (10,37 e 19,21.29); um tesouro precioso pelo qual o discípulo está disposto a deixar tudo (113,44-46); tamanha comunhão que implica a necessidade de carregar a cruz a fim de compartilhar o destino de sofrimento do mestre (cf. 5,11-12; 10,17-42). Ao discípulo se lhe pede modelar a própria vida segundo a de Jesus, ou seja, que seja *manso* e *humilde de coração* (cf. 5,8 e 11,29).

Esta comunhão com o mestre funda também a comunhão fraterna: *Mateus* utiliza explicitamente o termo *irmãos* para indicar os discípulos. São definidos irmãos de Jesus em 28,10 e em 12,50, mas irmãos entre si (em sentido eclesial) em 23,8 ("sois todos irmãos"). O termo aparece também em 5,22-24 (não odiar), 7,3-5 (o cisco e a trave) e 18,15.21.35 (o perdão recíproco); o tema da fraternidade é certamente um dos mais característicos do primeiro evangelho, onde ela assume traços originais e articulados.

A eclesiologia

Mateus sempre foi definido como o "evangelho eclesial", e isto em razão de uma particular insistência sobre o tema da comunidade e pelo uso, exclusivo entre os evangelhos, do termo "igreja"/"comunidade", do grego *ekklesía* (cf. 16,18 e 18,17 – onde o termo aparece duas vezes). Jesus afirma que onde "dois ou três estiverem reunidos em meu nome, aí estarei no meio deles". Não é errado afirmar, portanto, que Jesus se faz presente em sua comunidade reunida ("Igreja"), bem como tornava presente o próprio Deus em meio ao seu povo. E o "convosco" volta no discurso da Última Ceia: "beberei de novo [o fruto da videira] *convosco*, no reino de meu Pai" (26,29).

A dimensão dessa "Igreja", para *Mateus*, é universal: o é ao menos a partir da ressurreição, já que a ordem conclusiva deste evangelho estende a todos os povos ("todas as nações") e a todos os tempos ("até o fim do mundo") a promessa feita aos Onze e, através deles, a toda a (nova) comunidade dos discípulos.

Por que, no entanto, somente *Mateus* usa o termo "igreja"/*ekklesía* (usual nos *Atos dos Apóstolos*) entre os evangelhos, se todos falam dos discípulos e dos Doze? Teria sido possível falar em "igreja" no tempo de Jesus? Ou, em outros termos: verdadeiramente "Jesus quis fundar uma *ekklesía*?"[58] A resposta não é fácil, visto que o testemunho de *Mateus* poderia se ressentir mais da concepção teológica do evangelista do que refletir a situação do tempo do Nazareno. Após vários decênios sublinhando a descontinuidade entre o tempo de Jesus e o tempo da Igreja, a pesquisa mais recente está mudando de perspectiva: J.P. Meier afirmou que "existem muitos vínculos para negar qualquer conexão entre o ministério de Jesus e o nascimento da Igreja primitiva"[59]. Ainda mais claramente, K. Berger declara ser

> outra fábula científica [...] a tese de que no tempo de Jesus não circulavam discursos e reflexões sobre a Igreja e a comunidade, [porque] todos os evangelhos, a seu modo, falam também da comunidade que Jesus quis e fundou [e que] a separação clara entre Reino de Deus e Igreja é também um produto ideológico: pressupõe-se que Jesus não quisesse nenhuma Igreja[60].

E também R. Penna, de cuja pergunta partimos, reconhece que durante seu ministério terreno Jesus "pensava seguramente num próprio grupo distinto e bem visível, compreendido quase como um embrião de uma sociedade alternativa"[61]. O que o *Evangelho segundo Mateus* afirma muito claramente

---

58. PENNA, R. *Le prime comunità Cristiane – Persone, tempi, luoghi, crendenze* (Saggi 61). Roma: Carocci, 2011, p. 42.

59. MEIER. *Un ebreo marginale*, III, p. 283.

60. BERGER, K. *I cristiani delle origini*. Bréscia: Queriniana, 2009, p. 45-46.

61. PENNA. *Le prime comunità*, p. 46.

da Igreja, portanto, reflete uma interpretação que razoavelmente pode remontar ao próprio ensinamento de Jesus.

A destinação universal da mensagem evangélica

Uma última palavra é reservada ao tema do horizonte salvífico pressuposto neste evangelho. Já nos referimos mais vezes à cena conclusiva (28,16-20), em que a perspectiva é de uma abertura universal bastante evidente. Entretanto, lendo todo o Evangelho de *Mateus*, a questão da destinação universal da salvação se nos apresenta complexa, e remete a uma situação mais ampla do evangelista; isto é, à sua inserção dentro do judaísmo de seu tempo. A situação dos estudos sobre este aspecto, como já acenamos, é extremamente variada: se por longo tempo a pesquisa enfatizou a rejeição de Israel[62], agora ela tende a considerar com muito mais vigor o vínculo com o mundo judaico do século I, aliás, extremamente diversificado.

Provavelmente a melhor solução é um equilíbrio entre as duas posições extremas, assumindo tanto a abertura deste evangelho ao mundo judaico quanto o desejo de *Mateus* de tentar interpretar a novidade trazida por Jesus no interior do mundo bíblico, sem uma ruptura definitiva com o judaísmo. Este evangelho testemunharia assim um momento de transição no qual cada solução seria vista como possível, e não teria prevalecido ainda uma orientação definitiva no próprio interior das comunidades cristãs.

Mateus não tem uma teologia e uma eclesiologia propriamente "cristã", nem uma posição clara e unívoca sobre a relação com Israel. O que emerge claramente é a referência a Jesus, mas nunca é afirmado que o mestre se coloque "fora" de Israel. E inclusive por afirmações aparentemente inconciliáveis como as dos capítulos 28,16-20 e 19,5-6 – relativas ao envio a "todas as nações" e à limitação exclusiva a Israel da primeira missão dos discípulos – podemos dizer que são leituras possíveis e potencialmente capazes de integrar as perspectivas. Em primeiro lugar vale sublinhar que entre uma e outra existe a passagem da Páscoa: *Mateus* parece indicar que somente após a ressurreição os discípulos devem dar início à sua missão aos pagãos; missão reservada, portanto, ao tempo pós-pascal (ao passo que para *Marcos*, p. ex.,

---

62. Cf. a posição clássica de Trilling (*Il vero Israele*, 1958). Muitos autores veem refletida no evangelho a exclusão dos seguidores de Jesus da sinagoga. Cf. "le loro sinagoghe" em Mt 4,23; 9,35; 21,43).

existiam aberturas já no tempo precedente). Além disso, a ordem relatada em 28,16-20 não exclui necessariamente Israel da missão dos discípulos: dizer "todas as nações", segundo muitos estudiosos, implica também a continuidade da missão junto a Israel; uma interpretação extensiva do termo *éthnos* permite esta visão. Assim, a Páscoa não teria anulado ou excluído Israel, mas inaugurado um tempo novo em que o anúncio da Boa-nova do evangelho não era mais reservada exclusivamente a Israel. Podemos afirmar que *Mateus* busca em sua síntese apresentar uma visão mais elevada, que certamente pode ser considerada válida e atual para a comunidade eclesial, pelo menos por enquanto.

Bibliografia comentada

Comentários

Também para *Mateus* são muitos os comentários disponíveis para um aprofundamento. Propomos aqui uma seleção restrita, feita também neste caso em base sobretudo à disponibilidade em italiano dos títulos; percebe-se um florescimento mais lento em relação a *Marcos*, sobretudo nos últimos anos.

Partindo dos comentários científicos, além do texto clássico de J. Gnilka, vale lembrar o ótimo trabalho de W.D. Davies e D.C. Allison e o longo texto de U. Luz, cuidadoso também com a *história dos efeitos* do texto, segundo uma sensibilidade específica. Para publicações recentes, em italiano, citamos os trabalhos de S. Grasso (2014) e de F. De Carlo (2016), certamente úteis para uma atualização das problemáticas da interpretação de cada evangelho.

DAVIES, W.D.; ALLISON, D.C. *A Critical and Exegetical Commentary on the Gospel According to Saint Matthew* (International Critical Commentary), I-III. Edimburgo: T&T Clark, 1988; 1994; 1997.

DE CARLO, F. *Vangelo secondo Matteo* (I Libri Biblici. Nuovo Testamento 1). Milão: Paoline, 2016.

GNILKA, J. *Il vangelo di Matteo* (Commentario teologico del Nuovo Testamento 1/1-2), I-II. Bréscia: Paideia, 1990; 1991 [orig. em alemão, 1986; 1988].

GRASSO, S. *Il Vangelo di Matteo – Commento esegetico e teológico*. Roma: Città Nuova, 2014.

LUZ, U. *Vangelo di Matteo* (Commentario Paideia. Nuovo Testamento 1), I-IV. Bréscia: Paideia, 2006; 2010; 2013; 2014 [orig. em alemão, 1985; 1990; 1997; 2002].

Menos amplos, mas igualmente úteis, são os trabalhos abaixo, mais adaptados para uma abordagem inicial ao Evangelho de *Mateus*, inclusive em termos pastorais:

ASSOCIAZIONE BIBLICA DELLA SVIZZERA ITALIANA, *Matteo – Nuova traduzione ecumenica commentata*. Milão: Terra Santa, 2019.

FABRIS, R. *Matteo* (Commenti Biblici). 2. ed. Roma: Borla, 1996.

HARRINGTON, D.J. *Il Vangelo di Matteo* (Sacra Pagina 1). Turim: Elledici, 2005 [orig. em inglês, 1991].

MANES, R. Vangelo secondo Matteo. In: VIRGILI, R. (org.). *I Vangeli*. Milão: Ancora, 2015, p. 33-494.

MICHELINI, G. *Matteo – Introduzione, traduzione e commento* (Nuova versione della Bibbia dai testi antichi 37). Cinisello Balsamo: San Paolo, 2013.

SCHWEIZER, E. *Il Vangelo secondo Matteo* (Nuovo Testamento. Seconda serie 2). 4. ed. Bréscia: Paideia, 2001.

Outros estudos

Dentre os muitos estudos que poderíamos indicar sobre *Mateus*, apresentamos sobretudo inúmeras teses de doutorado publicadas nos últimos anos; muitas vezes, em razão da eficácia comunicativa, *Mateus* foi estudado com métodos pragmáticos e/ou comunicativos (as teses de A. Andreozzi, A. Fumagalli, N. Gatti, M. Grilli, M. Guidi, M.L. Malgioglio, M. Montaguti).

ANDREOZZI, A. *L'officina delle parabole – La comprensione dei discepoli come snodo pragmatico di Mt 13* (Studi e ricerche. Sezione biblica). Assis: Cittadella, 2013.

BOSCOLO, G. *Chi è Gesù per Matteo? – Una risposta attraverso il verbo greco "prosérchomai"* (Sophia. Episteme/Dissertazioni 5). Pádova: Messaggero, 2009.

CAIROLI, M. *La "Poca Fede" nel Vangelo di Matteo – Uno studio esegetico-teologico* (Analecta Biblica 156). Roma: Pontificio Istituto Biblico, 2005.

COSTIN, T. *Il perdono di Dio nel vangelo di Matteo – Uno studio esegetico-teologico* (Tesi Gregoriana. Serie Teologia 133). Roma: Pontificia Università Gregoriana, 2006.

DI PAOLO, R. *Il servo di Dio porta il diritto alle nazioni – Analisi retorica di Mt 11–12* (Tesi Gregoriana. Serie Teologia 128). Roma: Pontificia Università Gregoriana, 2005.

FUMAGALLI, A. *Gesù crocifisso, straniero fino alla fine dei tempi – Una lettura di Mt 25,31-46 in chiave comunicativa* (Europäische Hochschulschriften 23). Frankfurt am Main: Peter Lang, 2000.

GATTI, N. *Perché il "piccolo" diventi "fratello" – La pedagogia del dialogo nel cap. 18 di Matteo* (Tesi Gregoriana. Serie Teologia 146). Roma: Pontificia Università Gregoriana, 2007.

GRILLI, M. *Comunità e Missione: le direttive di Matteo – Indagine esegetica su Mt 9,35-11,1* (Europäische Hochschulschriften 23). Frankfurt am Main: Peter Lang, 1992.

GRASSO, S. *Gesù e i suoi fratelli – Contributo allo studio della cristologia e dell'antropologia del Vangelo di Matteo* (Rivista Biblica. Supplementi 29). Bolonha: EDB, 1994.

GRAZIANO, F. *La composizione letteraria del Vangelo di Matteo* (Rhetorica biblica et semitica 22). Lovaina/Paris: Peeters/Bristol, 2020.

GUIDI, M. *"Così avvenne la generazione di Gesù Messia" – Paradigma comunicativo e questione contestuale nella lettura pragmatica di Mt 1,18-25* (Analecta Biblica 195). Roma: Gregorian & Biblical Press, 2012.

KIM, J.R. *"...Perché io sono mite e umile di cuore" (Mt 11,29) – Studio esegetico-teologico sull'umiltà del Messia secondo Matteo: Dimensione cristologica e risvolti ecclesiologici* (Tesi Gregoriana. Serie Teologia 120). Roma: Pontificia Università Gregoriana, 2005.

MALGIOGLIO, M.L. *Gesù, quale messia? – Rilevanza comunicativa e teologia dei capitoli 14-17 di Matteo* (Studi e ricerche. Sezione biblica). Assis: Cittadella, 2011.

MERUZZI, M. *Lo sposo, le nozze e gli invitati* (Studi e ricerche. Sezione biblica). Assis: Cittadella, 2008.

MICHELINI, G. *Il sangue dell'Alleanza e la salvezza dei peccatori – Una nuova lettura di Mt 26-27* (Analecta Gregoriana 306). Roma: Gregorian & Biblical Press, 2010.

MONTAGUTI, M. *Costruire dialogando. Mt 21-27 e Zc 9-14 tra intertestualità e pragmatica* (Analecta Biblica 218). Roma: Gregorian & Biblical Press, 2016.

MUNARI, M. *Il compimento della Torah – Gesù e la scrittura in Mt 5,17-48* (Studium Biblicum Franciscanum. Analecta 81). Milão: Terra Santa, 2013.

ORSATTI, M. *Un saggio di teologia della storia – Esegesi di Mt 1,1-17* (Studi biblici 55). Bréscia: Paideia, 1980.

SCAGLIONI, G. *E la terrà tremò – I prodigi alla morte di Gesù in Mt 27,51b-53* (Studi e ricerche. Sezione biblica). Assis: Cittadella, 2006.

VALENTINI, A. *Vangelo d'infanzia secondo Matteo – Riletture pasquali delle origini di Gesù* (Testi e commenti). Bolonha: EDB, 2013.

Dentre os demais estudos, mais breves e úteis para uma primeira introdução a este evangelho ou para algumas problemáticas específicas, o texto de J.D. Kingsbury é puramente narrativo. Igualmente válidos os ensaios de U. Luz e de E. Schweizer, ambos ótimos intérpretes de *Mateus*. Clássico o trabalho de W. Trilling, pai da crítica da redação. Todos estes trabalhos abordam o evangelho globalmente, fornecendo um panorama rápido, mas exaustivo. Para um estudo de todas as principais citações e alusões ao AT em *Mateus*, já está disponível o ensaio de C.L. Blonberg, ao passo que para o confronto com a exegese patrística podemos consultar o texto organizado por M. Sominetti:

BLOMBERG, C.L. Matteo. In: BEALE, G.K.; CARSON, D.A. (orgs.). *L'Antico Testamento nel Nuovo*. I (Biblioteca del Commentario Paideia 4). Turim: Paideia, 2017, p. 35-217 [orig. em inglês, 2007].

DUPONT, J. *Le beatitudini – Il problema letterario: La buona novela*. Roma: Paoline, 1979 [orig. em francês, 1969-1973, 3 vol.].

KINGSBURY, J.D. *Matteo – Un racconto* (Biblioteca biblica 23). Bréscia: Queriniana, 1998 [orig. em inglês, 1988].

LOHFINK, G. *Per chi vale il discorso della montagna? –Contributi per un'etica Cristiana*. Bréscia: Queriniana, 1990 [orig. em alemão, 1988].

LOHSE, E. *Padre nostro* (Studi Biblici 172). Bréscia: Paideia, 2013 [orig. em alemão, 2011].

LUZ, U. *La storia di Gesù in Matteo* (Studi Biblici 134). Bréscia: Paideia, 2002 [orig. em alemão, 1993].

MERUZZI, M. *"Voi siete la luce del mondo" (Mt 5,14) – La missione di Cristo e del cristiano a partire dal simbolo della luce nel Vangelo di Matteo* (Studi e ricerche. Sezione biblica). Assis: Cittadella, 2010.

SCHWEIZER, E. *Matteo e la sua comunità* (Studi Biblici 81). Bréscia: Paideia, 1987 [orig. em alemão, 1974].

SCHWEIZER, E. *Il discorso della montagna (Matteo cap. 5-7)* (Piccola collana moderna. Serie biblica 66). Turim: Claudiana, 1991 [orig. em alemão, 1982].

SEGALLA, G. *Una storia annunciata – I racconti dell'infanzia in Matteo*. Bréscia: Morcelliana, 1987.

SIMONETTI, M. (org.). *Matteo* (La Bibbia commentata dai Padri. Nuovo Testamento 1/1). Roma: Città Nuova, 2004.

SKA, J.L. *Cose antiche e cose nuove – Pagine scelte del Vangelo di Matteo* (Bibbia e spiritualità 22). Bolonha: EDB, 2004.

SÖDING, T. (org.). *Il Padre Nostro in discussione* (Giornale di teologia 419). Bréscia: Queriniana, 2019 [orig. em alemão, 2018].

TRILLING, W. *Il vero Israele – Studi sulla teologia del vangelo di Matteo*. Casale Monferrato: Piemme, 1992 [orig. em alemão, 1958].

IV

O Evangelho segundo Lucas e os Atos dos Apóstolos

(A. Landi)

Introdução

No cânon do NT, o *Evangelho segundo Lucas* ocupa o terceiro lugar, logo depois dos evangelhos de *Mateus* e *Marcos*, ao passo que o Livro dos *Atos dos Apóstolos*, com o qual muito provavelmente formava um único volume em dois tomos, foi separado e situado entre o Evangelho de *João* e o epistolário paulino, isto por ocasião do processo de canonização das Escrituras cristãs. A obra lucana, portanto, é considerada em sua unidade em duas obras: enquanto *evangelho*, a obra é centrada na exposição "de tudo o que Jesus fez e ensinou" (At 1,1); e, enquanto *Atos dos Apóstolos*, o narrador relata a difusão da mensagem evangélica "até os confins da terra" (At 1,8).

A originalidade de *Lucas* consiste em ter concebido uma obra única na qual se seguem duas histórias e dois movimentos: é a história de Jesus, que da Galileia sobe a Jerusalém, e do movimento dos discípulos a ele vinculados, que de Jerusalém se tornam testemunhas até Roma. A escritura lucana é cuidadosa ao descrever os eventos, tendo por pano de fundo o desígnio providencial da salvação: em Jesus nos chega a realização do desígnio salvífico, do qual os discípulos são constituídos testemunhas e arautos.

O escrito lucano se caracteriza por sua elegância e versatilidade: *Lucas* domina com discreta habilidade literária o grego da *koiné*, língua que se havia imposto a partir das conquistas de Alexandre Magno, decididamente menos áulica do que o grego clássico, mas ao alcance de um auditório mais vasto, abarcando inteiramente, portanto, a bacia mediterrânea. Diferentemente de *Marcos*, *Lucas* prefere a sintaxe em vez da parataxe, subornando as proposições antes que aproximá-las mediante conjunções; e emprega o aoristo ao invés do presente histórico. *Lucas* dispõe de um vocabulário seguramente mais amplo que o de *Marcos*, testemunhado também pela presença de inúmeros termos que ocorrem apenas uma vez na literatura do NT (*hapax legomena*). Entretanto, não faltam semitismos, latinismos e frases pouco elegantes, mesmo que seu estilo apresente notáveis afinidades com os historiadores Flávio Josefo e Plutarco. Em sua dupla obra, *Lucas* soube conjugar a utilidade dos conteúdos com uma escrita agradável e nunca chata, na qual não faltam antecipações, reprises, comparações, bem como mudanças repentinas de cena que contribuem para manter alta a atenção do leitor até o fim.

Se os episódios relatados neste evangelho podem ser comparados com os textos de *Marcos* e de *Mateus*, sem excluir o *Evangelho segundo João*, para verificar a fiabilidade histórica o relato dos *Atos dos Apóstolos* representa um texto único na literatura do NT. Antes do evangelista *Lucas*, de fato, nenhum autor havia concebido a ideia de poder descrever as origens da Cristandade antiga e a progressiva difusão do Evangelho de Jerusalém até Roma. Sobretudo nos dois últimos séculos, o Livro dos *Atos dos Apóstolos* foi muitas vezes submetido ao crivo da crítica para verificar a propriedade e a fiabilidade histórica das notícias nele contidas.

De tal propósito os estudiosos não alcançaram um juízo unânime: para alguns *Lucas* quis tratar historiograficamente o que não era história e não era transmitido como tal; para outros, ao contrário, *Lucas* pode ser considerado o primeiro historiador cristão[1]. Os estudos mais recentes demonstraram que o autor lucano foi capaz de conjugar as regras da historiografia antiga, de matriz greco-romana, com os procedimentos narrativos típicos da historiografia bíblica. Embora escreva de crente para crentes, sua historiografia "confessional" não o impede de documentar-se com esmero, consultando fontes escritas e orais, visando a oferecer ao seu leitor um relato historicamente confiável. Não obstante isso, é quase impossível separar nele a perícia do historiador da fé do teólogo que se empenha não apenas na comunicação dos eventos, mas que busca neles o sentido providencial.

---

1. LANDI, A. La storiografia del libro degli Atti degli Apostoli – Osservatorio bibliografico (2007-2017). *Rivista Biblica*, 65, p. 573-586, 2017.

Autor, data, lugar e destinatários

A partir da segunda metade do século II d.C. a tradição atribuiu a redação do terceiro evangelho a *Lucas*, em grego *Lúkas*, provavelmente uma forma abreviada do nome latino *Lucius*. O nome Lucas é mencionado três vezes no epistolário paulino: em Fl 24 é indicado, com Marcos, Aristarco e Demas, como colaborador de Paulo; em Cl 4,14 é definido como "caro médico"; enfim, em 2Tm 4,11 é descrito como o único colaborador a permanecer com Paulo. A onomástica não permite estabelecer se era hebreu ou pagão; em base a Cl 4,11, no entanto, podemos inferir que não era judeu, já que todos os elencados antes dele são denominados homens "da circuncisão"[2].

Em base às evidências internas ao texto, é possível acreditar que Lucas não tenha sido uma testemunha ocular, especialmente do ministério de Jesus (Lc 1,1-2); ele se apresenta como um companheiro de Paulo naquelas partes dos *Atos* melhor conhecidas como *seções-nós*[3]. Os testemunhos extratextuais convergem quanto à atribuição do terceiro evangelho a *Lucas*: o mais antigo manuscrito de *Lucas* está no papiro Bodmer XIV (P[75]), 200 d.C. aproximadamente, no qual faz-se referência a *Lucas* como autor do evangelho. É indicado como autor dos *Atos* em manuscritos sucessivos: 33 (séc. IX), 189 (séc. XIV), 1891 (séc. X) e 2344 (séc. XI).

A ausência de qualquer discussão acerca da paternidade da obra é um ulterior indício em favor da atribuição da obra a Lucas. Justino Mártir (160 d.C.), no *Diálogo com Trifon* (103,19), fala de Lucas que escreve uma memória apostólica de Jesus. O *Canone Muratori* (170-180) atribui o evangelho a Lucas, médico e companheiro de Paulo. Ireneu (130-202) atribui o evangelho a Lucas, seguidor de Paulo, como o confirmam as *seções-nós*[4]. No *Prólogo Antimarcionita do Evangelho de Lucas* (175), Lucas é descrito como um nativo de Antioquia da Síria (cf. At 11,19-30; 13,1.3; 15,30-35), que viveu 84 anos, médico, celibatário; escreveu sua obra na Acaia e morreu na Beócia. Tertuliano (séc. III) define o evangelho como um compêndio do evangelho

---

2. No *Panarion* (IV séc. d.C.), Epifânio sustentava que Lucas era um dos setenta e dois discípulos (Lc 10,1); no *Adversus Marcionem* 4,2,1-2, Tertuliano, dois séculos antes, definia Lucas como um "homem apostólico", claramente diferenciado dos apóstolos testemunhas oculares.

3. Trata-se de At 16,10-17; 20,5-15; 21,1-18; 27,1–28,16.

4. Cf. *Contro le eresie* 3,1,1 e 3,14,1.

paulino[5]. Orígenes, detendo-se nos relatos da infância, indica Lucas como autor[6]. Eusébio de Cesareia (séc. IV) menciona Lucas como companheiro de Paulo, nativo de Antioquia e autor destes volumes[7].

A ideia de que a obra *Lucas-Atos* deveria ser lida como uma unidade emerge a partir de Cadbury[8]. Para esse autor, os *Atos dos Apóstolos* não são um volume póstumo, mas parte integrante de uma única obra, como o demonstra o prólogo de At 1,1-4. Ele sustentava que Teófilo não era ainda cristão; portanto, a obra *Lucas-Atos* pode ser entendida como uma apologia em defesa da fé cristã.

Outros, à luz do gênero literário, da narração e da teologia, consideram que *Lucas-Atos* sejam dois textos independentes, mas correlatos[9], contestando, portanto, a ideia de ler *Lucas-Atos* como uma unidade em duas frentes. Se, por um lado, esses autores mostram que as fontes e as tensões entre os dois volumes desencorajam uma leitura unificada, por outro observam que a escolha da Igreja antiga de colocá-los separadamente no cânon como duas entidades distintas é um argumento ulterior que milita contra a unidade da obra lucana. Na realidade, a primeira crítica se revela um tanto quanto fraca, se considerarmos as inúmeras remissões de ordem literária e teológica que perpassam os textos; a segunda objeção não leva em consideração a opção da Igreja de alinhar *Lucas* aos outros escritos análogos (*Mateus, Marcos* e *João*), colocando o Livro dos *Atos* como uma espécie de "elo articulador" entre o ministério de Jesus e o ministério apostólico.

A unidade de *Lucas-Atos* é de ordem, além de autoral, literária e teológica. Recentemente foram identificados cinco elementos-chave em favor desta hipótese: 1) Jesus como proclamador e proclamado; 2) o envio dos apóstolos e das testemunhas; 3) o primado do Reino e do Messias; 4) o discipulado

---

5. Cf. *Contro Marcione* 4,2,2 e 4,5,3.

6. Cf. *Sui principi* 2,6.

7. Cf. *Storia ecclesiastica* 3,4,2.6. Cf. considerações análogas a propósito dos Atos, entre os séculos II e III em: IRENEO DI LIONE. *Contro le eresie* 3,13,3. TERTULLIANO (*Sul digiuno* 10) define os Atos dos Apóstolos como um comentário de *Lucas*. Cf. CLEMENTE DI ALESSANDRIA (*Stromata* 5,12,82,4) e o *Canone Muratori* (170 d.C., linhas 2 e 34-39).

8. CADBURY, H.J. *The Making of Luke-Acts – With a New Introduction by Paul N. Anderson*. Peabody: Hendrickson, 1999 [orig., 1927].

9. Cf. PARSONS, M.; PRERVO, R.I. *Rethinking the Unity of Luke-Acts*. Mineápolis: Fortress, 1993, p. 126.

como resposta adequada ao acolhimento do Evangelho; 5) a salvação oferecida a todos[10]. A isto podemos acrescentar o plano de Deus e a finalidade de levar os pagãos à comunidade como escopo da missão. No entanto, tendo como base o objeto da discussão, Jesus e a comunidade das origens, seria possível ler os dois volumes como duas obras distintas[11].

É plausível considerar que Lucas tenha sido um pagão de discreta cultura, que se tornou prosélito, ou um temente a Deus; isto é, que foi convertido ou atraído pelo judaísmo alguns anos antes de ser evangelizado. De fato, ele demonstra ter conhecimento da língua grega, das convenções retóricas dos historiadores gregos e, ao menos parcialmente, da literatura do pensamento grego. Não está claro se conhecia o hebraico ou o aramaico; certa é sua familiaridade com os LXX, como se percebe não apenas pelas citações, mas também pelo uso intenso do estilo LXX, em parte adequado à sua obra. Por outro lado, seu evangelho apresenta significativos descuidos relativamente ao conhecimento dos lugares da Judeia (cf. 4,44; 17,11); exclui-se, assim, a possibilidade de que se trate de um evangelista de origem palestina (mas parece colocar também em dúvida o fato de ter sido companheiro do *nós*, e que provavelmente tenha transcorrido seus dias por lá nos anos 58-60). O conhecimento da Igreja de Antioquia manifestado em At 11,19–15,41 (terminando em 50 d.C.) foi apresentado em favor da tradição extraneotestamentária que o definia como um antioqueno. Houve diversas tentativas de estabelecer que o evangelista era médico, como o era Lucas, em razão da linguagem técnica empregada. No entanto, com argumentos convincentes igualmente demonstrou-se que as expressões lucanas não são mais técnicas do que as expressões usadas por outros escritores gregos cultos, que não eram médicos.

A hipótese de que Lucas pudesse ter sido companheiro de viagem, ainda que ocasional, de Paulo, poderia ser verdadeira. As referências às vezes aproximativas aos deslocamentos missionários do apóstolo, bem como a falta de qualquer referência à correspondência epistolar com suas comunidades, podem ser explicadas à luz da exigência do narrador de ver-se obrigado a sintetizar a quantidade considerável de material obtido sobre a biografia paulina. Além disso, a obra lucana, e em particular os *Atos dos Apóstolos*, embora

---

10. SPENCER, P.E. The Unity of Luke-Acts: a Four-Bolted Hermeneutical Hinge. *Currents in Biblical Research*, 5, p. 341-366, 2007.

11. BLOCK. *Luke*, I, p. 12-13.

transcrevendo algumas exigências da teologia paulina (o valor salvífico da cruz; a extensão universal da salvação; a justificação em virtude da fé etc.), não pode ser classificada como apologia do apóstolo, acusado de "ensinar a todos os judeus da dispersão a renunciar a Moisés e a não circuncidar mais os próprios filhos nem seguir os costumes mosaicos" (At 21,21). A finalidade de *Lucas-Atos* é apresentar Jesus como "salvação para todos os povos" e "glória do povo de Israel" (cf. Lc 2,29-32), cuja mensagem salvífica é levada "até os confins da terra" (cf. 1,8) por aqueles que Ele escolheu como suas testemunhas.

A datação aproximativa do Livro dos *Atos* não pode prescindir da redação do terceiro evangelho, situável após o ano 70 d.C. De fato, o autor deixa subentender seu conhecimento a respeito da destruição do templo e da cidade de Jerusalém (Lc 19,43-44; 21,20.24). A maioria dos estudiosos concorda em indicar os anos 80-90 d.C. como arco de tempo ao longo do qual Lucas, "depois de acurada investigação de tudo desde o início" (Lc 1,3), dispôs-se a escrever uma narração ordenada (Lc 1,1), que relatasse tudo aquilo que dizia respeito à missão de Jesus e à comunidade das origens, até a chegada de Paulo a Roma[12].

Estreitamente ligado à questão da datação do escrito é o problema relativo ao lugar onde foi escrita a obra *Lucas-Atos*. As hipóteses são várias: Cesareia (60 d.C.), Roma (60 ou 80), Antioquia (data incerta) ou Grécia. O *Prólogo antimarcionita* e o *Prólogo monarquiano* situam a origem da obra lucana na Acaia. Dentre os estudiosos há quem sustente que o autor evidencie um aspecto da universalidade que induz a situar o escrito "na parte oriental da bacia do mediterrâneo, sem precisar melhor o lugar"[13]. Alguns considera-

---

12. Brown (*Introduzione*, p. 382) afirma que *Lucas-Atos* pode ser datável entre os anos 80-100. E, "para preservar a possibilidade de que o autor esteja realmente na tradição enquanto companheiro de Paulo, a melhor data seria o ano 85, *com uma oscilação entre cinco e dez anos, para mais ou para menos*". Para Marguerat (*Atti degli Apostoli*, I, 22), "o segundo volume da obra dedicada a Teófilo deve ter sido redigido contemporaneamente ao primeiro ou pouco depois; i. é, entre os anos 80-90. O silêncio do autor sobre a correspondência paulina torna improvável uma datação ao final do século I. De fato, o cânon das cartas de Paulo foi formado entre os anos 95 e 100". Pouco plausível é a tese sustentada em PERVO, R.I. *Acts – A Commentary* (Hermeneia). Mineápolis: Fortress, 2009, p. 5, segundo a qual a datação mais provável seria o ano 115, em concomitância com o fim da segunda geração da atividade deuteropaulina, a era dos padres apostólicos e das cartas pastorais, quando a atenção estava voltada para a proteção das comunidades de ameaças externas e internas.

13. MARGUERAT. *Atti degli Apostoli*, I, p. 22.

ram poder identificar nas cidades de Éfeso ou Roma o centro da Cristandade lucana e o lugar em que Lucas redigiu seu duplo escrito.

Se é impossível situar com certeza o lugar de redação da obra lucana, a identidade do destinatário é claramente indicada no prólogo de Lc 1,1-4: Teófilo é presumivelmente o nome do patrono que financiou a redação dos dois tomos. Trata-se, com boa probabilidade, de uma pessoa bem situada financeiramente e que já tinha sido bem instruída nas verdades da fé que dizem respeito a tudo aquilo que Jesus fez e ensinou desde o início (cf. At 1,1). Ele deve ter se persuadido da *aspháleia*; isto é, da fiabilidade dos ensinamentos já recebidos e da coerência dos acontecimentos ocorridos com Jesus à luz das Escrituras de Israel e do projeto divino. Podemos presumir, no entanto, que o ouvinte lucano seja mais amplo, e compreenda todos os cristãos que aderiram ao Evangelho e que procedem tanto do ambiente judaico quanto pagão, certamente interessados em recuperar a memória das origens para compreender novamente, por um lado, as raízes judaicas do movimento cristão e, por outro, a guinada da mensagem cristã em direção ao mundo pagão.

Estrutura da narração do *Evangelho segundo Lucas*

Lucas modela sua exposição narrativa em *Marcos*, integrando o conteúdo do relato marciano com ulterior material tradicional proveniente da *fonte Q*, e de outras fontes escritas e orais, às quais pessoalmente teve acesso. Portanto, a trama lucana preserva as principais sequências do texto de *Marcos*, como a pregação de João Batista e a preparação da missão de Jesus (3,1–4,13); o ministério público na Galileia (4,14–9,50); a entrada de Jesus em Jerusalém (20,1–21,38). As divergências mais significativas em relação a *Marcos* são representadas pela inserção dos relatos da infância (1,1–2,52) e pela descrição da viagem que Jesus faz da Galileia para Jerusalém (9,51–19,48).

1,1–2,52: Prólogo e relato da infância
3,1–4,13: A preparação do ministério público de Jesus
4,14–9,50: O ministério público de Jesus na Galileia
9,51–19,27: A viagem para Jerusalém
19,28–21,38: O ministério em Jerusalém
22,1–23,56: O relato da paixão
24,1-53: Os relatos de ressurreição

Guia de leitura do *Evangelho segundo Lucas*

Prólogo e relato da infância (Lc 1,1–2,52)

A primeira seção do evangelho é dedicada à infância de Jesus (1,5–2,52), e é precedida por um prólogo (1,1-4). A estrutura narrativa é organizada com base nas cenas paralelas e episódios complementares: portanto, ao anúncio do nascimento do Batista (1,5-25) segue a proclamação da concepção de Jesus (1,26-38); a sequência do nascimento, da circuncisão e da imposição do nome aproxima João (1,57-80) e Jesus (2,1-40). O quadro é completado por duas passagens: a visita de Maria a Isabel (1,39-56) e o menino Jesus reencontrado no templo (2,31-52). A técnica do paralelismo (*sýnkrisis*) tende a colocar uma ao lado do outro os principais protagonistas do relato da infância para esclarecer o papel que cada um dos dois ocupa na história da salvação: João é o *profeta do Altíssimo*, escolhido para preparar o caminho do Senhor que vem (1,76-77); Jesus é o *filho do Altíssimo* (1,32), e sua tarefa é levar a salvação a Israel e a todas as nações (2,32).

Prólogo (1,1-4)

O *Evangelho segundo Lucas* começa com um elegante prólogo, composto segundo os modelos literários da retórica e da historiografia antiga. O proêmio se abre com uma proposição causal (v. 1). Nele o evangelista faz referência àqueles que o precederam na elaboração de um resumo dos acontecimentos ocorridos. O termo *diéghesis* indica uma descrição detalhada dos acontecimentos, visando a acolher as relações de *causa-efeito* e as conexões que se estabelecem entre si. Os fatos ocorridos (*prágmata*) se referem não apenas à história terrena de Jesus de Nazaré, mas compreendem também os fatos que caracterizaram a difusão do evangelho até Roma (At 28), descritos no segundo tomo da obra lucana.

As *seções-nós* simbolizam a comunidade eclesial, da qual fazem parte não apenas os que seguiram a Jesus e, por primeiro, proclamaram sua mensagem de salvação (v. 1-2), mas também aqueles que, como Teófilo, receberam o anúncio da fé e aos quais o texto lucano se dirige com o objetivo de revelar a solidez e a autenticidade dos ensinamentos transmitidos (v. 3-4). Lucas, por essa razão, declara ter investigado com precisão (*akribía*) todos os fatos desde o início, sem negligenciar nada, de modo a poder redigir um resumo ordenado (v. 3). O intento lucano não pretende apenas reconstruir os acontecimentos segundo uma sequência cronológica; ele busca, sobretudo, religar os eventos ocorridos à luz da teologia da salvação subjacente à missão de Jesus e da Igreja.

EXCURSUS – OS RELATOS DA INFÂNCIA DE JESUS NA VERSÃO DE LUCAS

A intenção de *Lucas*, revelada no prólogo de sua dupla obra (Lc 1,1-4), é de reconstruir fielmente os fatos acontecidos a respeito de Jesus desde o início. Portanto, assim como *Mateus*, também o narrador lucano adverte a necessidade de recuperar informações sobre o nascimento e sobre a infância de Jesus que correspondem ao seu critério de confiabilidade e de solidez histórica. No entanto, embora refazendo abundantemente a linguagem dos LXX, *Lucas*, diferentemente de *Mateus*, não pretende conferir atualidade a um relato antigo segundo o modelo do *midrash*, mas detectar acima de tudo a continuidade na história da salvação entre as promessas feitas a Israel, continuidade expressa em forma de profecia (cf., p. ex., o nascimento do *Emanuel* em Is 7,14), e sua realização no nascimento de Jesus. Diferentemente do relato marciano, o evangelho lucano prefere fazer alusão às Escrituras de Israel, em vez de citá-las em forma direta ou indireta. A razão que motiva a escolha lucana é a de oferecer ao seu leitor uma rede de alusões que lhe consintam reconhecer a substancial continuidade que liga a história de Jesus e a do povo judaico, sem menosprezar a dimensão histórica dos fatos expostos. Foi apropriadamente realçado que a seção dedicada à infância apresenta inúmeros contatos lexicais e conteudísticos com os relatos pascais (enquadramento apocalíptico; angelofanias; revelações divinas); portanto, é plausível considerar que a obra foi elaborada à luz da fé pascal da comunidade[14], e com uma finalidade teológica e querigmática bem precisa pelo evangelista[15].

---

14. VALENTINI, A. *Vangelo d'infanzia*, p. 9.

15. BROWN, R.E. *La nascita del Messia secondo Matteo e Luca – Edizione rinnovata con suplemento*. Assis: Cittadella, 2002, p. 35-36 [orig. em inglês, 1977].

O anúncio do nascimento de João (1,5-25)

O relato lucano começa com uma angelofania ambientada no Templo de Jerusalém, que lembra o gênero literário dos anúncios dos nascimentos prodigiosos atestados no AT[16], no qual se repetem os seguintes elementos: 1) descrição da situação inicial; 2) aparição angélica; 3) reação de perturbação; 4) mensagem; 5) objeção; 6) pedido e concessão de um sinal. O narrador revela sua índole histórica e aponta que os fatos que se presta a relatar ocorreram no reinado de Herodes o Grande, que governou a Judeia do ano 37 a.C. ao ano 4 d.C.

Zacarias, sacerdote, e Isabel, de descendência sacerdotal, são apresentados como justos e irrepreensíveis; no entanto, são privados de descendência em razão da esterilidade dela (v. 5-7). Enquanto Zacarias estava ocupado no interior do santuário, oferecendo incenso e a multidão esperava do lado de fora (v. 8-10), o Anjo Gabriel aparece e lhe revela que seu pedido havia sido atendido por Deus (v. 11-17)[17]: a descrição de João corresponde ao retrato do Nazareno (Nm 6,3; Jz 13,5; 1Sm 1,15), já que também ele será consagrado a Deus pela unção do Espírito desde o ventre materno (cf. Is 49,1.5; Jr 1,5; Gl 1,15). Sua missão, conduzida com o espírito e a força de Elias (Ml 3,23; Eclo 48,10), esperado no fim dos tempos para preanunciar o advento do Messias, terá por objetivo converter os corações dos israelitas, preparando assim um povo bem-disposto a acolher o Cristo. O mutismo de Zacarias não deve ser entendido como punição por sua objeção (v.18-20): quando abrir a boca para impor o nome de João a seu filho todos saberão que é Deus que agiu, lembrando-se de dar graças por seu povo.

O anúncio do nascimento de Jesus (1,26-38)

De Jerusalém a Nazaré; do lugar símbolo do judaísmo, o templo, a um vilarejo periférico da Galileia, nunca mencionado nas Escrituras: é o agir paradoxal de Deus que escolhe uma adolescente, prestes a casar-se (*parthénos*) com José, pertencente à estirpe de Davi, para cumprir seu plano de salvação. Mais uma vez é um anjo que comunica o projeto de Deus: Maria é a filha de

---

16. Ismael em Gn 16,7-13; Isaac em Gn 17,15-22; Sansão em Jz 13,2-25; Samuel em 1Sm 1,9-20.

17. Que Zacarias tenha rezado para obter um filho ou tenha invocado em nome do povo o dom do Messias é um argumento controvertido.

Sião (Sf 3,14; Zc 9,9-10; Jl 2,23-34) pré-escolhida e revestida da graça divina (*kecharitoméne*) a fim de que, espantada pela presença do Espírito Santo, se torne a tenda da nova aliança (cf. Ex 40,35) e gere em seu ventre o filho do Altíssimo (v. 32), o filho de Deus (v. 35), o descendente de Davi (v. 32-33), destinado a reinar para sempre sobre a casa de Jacó (cf. Is 9,6; Dn 7,14; Sl 2,7). Sua missão está inscrita no nome que lhe será conferido: *Jesus*, que significa *Deus salva*. A inicial hesitação e a necessidade de compreender as palavras do anjo contribuem na caracterização de Maria não como uma personagem passiva, mas como o retrato ideal da pessoa que crê: ela funda sua existência não em sua inteligência, mas no poder da Palavra de Deus, para quem "nada é impossível" (v. 37); sua disponibilidade em serviço o Senhor é total e incondicional.

O encontro entre Maria e Isabel (1,39-56)

A cena da visita de Maria a Isabel é construída de modo a colocar em evidência o encontro entre duas mulheres que, escolhidas por Deus, aceitaram cumprir o plano salvífico: como foi preanunciado pelo anjo, João viu-se "cheio do Espírito Santo" (v. 15.41), e a alegria que ele manifesta no ventre materno é a reação da porção fiel de Israel que esperava a chegada do messias. Maria é descrita como a arca da nova aliança (2Sm 6,1-15; 1Cr 15,28; 16,4-5) que carrega o sinal da definitiva e perene aliança de Deus com seu povo; ela é o símbolo da mulher fiel que se confiou ao Senhor (v. 43-45; cf. as palavras de Isabel à luz de Jz 5,23; Jd 13,18).

O canto do *Magnificat*, provavelmente remontando ao ambiente cultual do judeu-cristianismo antigo, apresenta uma estrutura bipartite: nos v. 46-50 Maria faz chegar a Deus toda a sua alegria por ter experimentado sua onipotente misericórdia; sabe que não tem nenhum mérito pessoal, e sua condição social irrelevante (*tapénosis*) contribui para fazer dela uma mulher sem nenhuma dignidade aos olhos dos homens. No entanto, grandes coisas Deus realizou nela, demonstrando que seu modo de agir permanece incompreensível à lógica humana: não escolheu o rico, o orgulhoso ou o poderoso para levar socorro a seu povo Israel, mas serviu-se dos pobres e humildes, aos quais enche com sua graça. Ela não se esquece da promessa feita a Abraão e à sua descendência: a bênção perene se difunde sobre todos os que acreditam nele e em seu Filho (v. 51-56).

O nascimento de João (1,57-80)

Deus lembrou-se de sua misericórdia: Zacarias bem o sabe, razão pela qual confirma a escolha de Isabel ao querer impor a seu filho o nome de João, em hebraico "Deus usa de compaixão" (1,57-66); sua língua se solta e, cheio do Espírito Santo, também ele louva a Deus.

Também o hino do *Benedictus* (1,67-79) apresenta uma estrutura em duas partes: nos v. 68-75 Zacarias bendiz e agradece a Deus "por ter visitado e redimido seu povo" (v. 68), lembrando-se das promessas estabelecidas com Davi e Abraão: o descendente davídico, o messias, terá por tarefa libertar seu povo de seus inimigos e levar à realização a promessa feita a Abraão de bendizer através dele todos os povos da terra. Na segunda parte (v. 76-79) o motivo orante se restringe a João, aquele que Deus escolheu para que precedesse a chegada do Cristo e tornasse conhecida a todo o povo a salvação, e para que o perdão dos pecados fosse oferecido a todos, em virtude da misericórdia divina.

O nascimento e o anúncio aos pastores (2,1-20)

Para *Lucas*, o nascimento de Jesus coincide com o período de máxima expansão do Império Romano (2,1-2): César Augusto era aclamado como *Divi Filius* (filho de Deus), garantia da paz e *Salvator Mundi* (salvador do mundo). O contraste é intencional, e tem um valor cristológico: Jesus foi apresentado como *o filho* de Deus pelo anjo celeste (v. 32.35), e como tal foi reconhecido também por Isabel através do Espírito (v. 43). À arrogância do poder e ao domínio das armas se contrapõem a lógica do serviço e o escândalo da cruz, que pacificam a terra com o céu e estendem a todos o dom da salvação. A notícia do recenseamento de Quirino é bastante controvertida em termos históricos, mesmo que não seja impossível Quirino tê-lo sugerido enquanto delegado imperial, antes mesmo de exercer a função de governador da Síria.

José sobe de Nazaré para Belém, a cidade de Davi, acompanhado por Maria, já próxima do parto (2,3-6). É possível que ambos tenham sido acolhidos por parentes de José e que, impossibilitados de se hospedarem no quarto destinado aos hóspedes (*katályma*), tenham sido alojados no compartimento debaixo (*phátne*), uma espécie de porão onde são acomodados os animais domésticos (2,7). Jesus é apresentado como *primogênito* (*protótokos*): com este termo *Lucas* não pretende afirmar que José e Maria tenham tido outros filhos, mas faz referência aos privilégios e às obrigações da primogenitura. De fato, na mentalidade semítica, o primogênito era consagrado a Deus (Ex 13,2) e, enquanto tal, devia ser resgatado no templo (Ex 13,12; 34,19).

Os primeiros destinatários do anúncio são um grupo de pastores (2,8-20), expressão das classes sociais mais humildes e desprezadas: o *evangelho*[18] é destinado primeiramente aos que vivem à margem da sociedade (pobres, humildes, abandonados) ou são excluídos da vida religiosa e cultual (publicanos e pecadores). Assim como para Zacarias e Maria, é um anjo divino que revela o sentido do que está acontecendo: "nasceu-vos hoje, na cidade de Davi, um salvador, que é Cristo Senhor" (v. 11). *Lucas* concentra os principais títulos cristológicos num único versículo: Deus ungiu (*christós*) Jesus para salvar (*sotér*) a humanidade não por meio das armas, como os reis da terra, mas por meio de sua morte, e constituí-lo Senhor (*kýrios*) do universo. É o evento que manifesta não apenas a glória de Deus, exaltada pelo coro angélico (v. 14), mas também sua proximidade (*eudokía*: v. 14) com os homens. Jesus nasceu *para vós* (v. 11) e *vos* será apresentado em forma de uma criança envolta em faixas (v. 12). A pressa com que os pastores se dirigem a Belém (v. 15) lembra a solicitude de Maria, que guarda no coração os eventos a fim de entender seu significado (v. 19)[19].

A circuncisão de Jesus e sua apresentação no templo (2,21-40)

A circuncisão de Jesus (2,21), sua apresentação no templo e a purificação de Maria (2,22-24) confirmam a *continuidade* entre a antiga e a nova aliança: a vinda de Cristo não quebra o antigo rito, mas o leva à realização, como o atesta claramente a profecia de Simeão, descrito como homem justo e temente a Deus, que aguardava a consolação de Israel (2,25). Ele é a expressão do Israel fiel que espera o evento do Messias; no entanto, somente sob o comando do Espírito é capaz de reconhecer em Jesus a manifestação da salvação divina, porque através dele serão dissipadas as trevas do erro dos pagãos e a glória divina se manifestará definitivamente sobre o povo de Israel (2,29-32). A missão de Jesus exige uma decisão: quem acolher sua mensagem obterá a redenção, mas quem o recusar será destinado à perdição. Nas palavras de Simeão emerge o motivo do sofrimento, que caracteriza a rejeição que Jesus terá que sofrer[20], rejeição à qual será também associada sua mãe.

---

18. Cf. o uso do verbo *auanghelízomai* no v. 10.

19. O verbo *symbállein* significa "colocar junto", "confrontar".

20. A expressão "sinal de contradição" caracteriza não apenas a experiência de Jesus, mas também a experiência dos discípulos empenhados no anúncio do evangelho até os confins da terra, como o confirma o uso do verbo *antilégo* ("contrariar") em At 13,45; 28,19.22.

É o sofrimento que Maria – expressão do Israel que acolhe a mensagem da salvação – padece pela incredulidade dos judeus (2,34-35). Na cena também aparece a figura de uma mulher, Ana, anciã e viúva, fiel ao serviço de Deus no templo: também para ela a alegria é grande pelo fato de Deus ter resgatado Jerusalém (2,36-38).

EXCURSUS – JESUS, SALVADOR DE ISRAEL E DAS NAÇÕES

Em Lc 2,11 Jesus é apresentado pela voz angélica como o *sotér*; isto é, como aquele que encarna e oferece a salvação (*sotería*) de Deus. O título divino, que encontra correspondência em João, mas não em *Marcos* ou em *Mateus*, coloca o leitor do relato lucano diante de uma dupla verdade: em Jesus se revela a potência salvífica do Deus dos antigos pais de Israel; além disso, redimensiona a pretensão do imperador de reivindicar para si a função de ser o garante da paz e do bem-estar das nações. A salvação que Jesus oferece não é obtida com armas, nem se impõe por meio de pactos ou taxas; ela coincide com a remissão dos pecados (Lc 1,77), e é concedida aos que acreditam ser curados e perdoados por Jesus[21]. Jesus é a salvação que entra na casa de um rico publicano, Zaqueu, que buscava avistar Jesus. A alegria experimentada no encontro com Cristo induz o cobrador de impostos a dar metade de seus bens aos pobres e a restituir o quádruplo aos que por ele foram fraudados. Sua conversão é um *efeito* da salvação que Jesus lhe ofereceu. Para *Lucas*, a salvação se realiza no *hoje*[22] do encontro-diálogo com Cristo: é Ele a palavra que salva.

Jesus, aos doze anos, no templo (2,41-52)

A seção dedicada à infância termina com o relato que narra o reencontro de Jesus com seus pais no Templo de Jerusalém (2,41-52)[23]. O cenário da Festa da Páscoa (v. 41) e o reencontro após três dias (v. 46) parecem orientar para uma interpretação em perspectiva pós-pascal do episódio, que

---

21. Cf. Lc 5,17; 7,36-50; 8,40-56; 17,11-19; 18,35-43.

22. Cf. as recorrências soteriológicas do advérbio *sémeron*: 2,11; 4,21; 5,26; 19,5.9; 23,43.

23. Segundo a tradição, Samuel recebeu sua vocação profética aos doze anos (1Sm 3).

tem seu auge na declaração inscrita no projeto divino[24]. A segunda parte da pergunta pode ser entendida de duas maneiras: "estar na casa de meu Pai", ou "ocupar-me das coisas de meu Pai"; em um ou outro caso *Lucas* atribui a Jesus a consciência de sua radical obediência à vontade do Pai. Isto não o exime de submeter-se docilmente aos seus pais após seu retorno a Nazaré. Seu crescimento em idade, sabedoria e graça (v. 51-52) lembra a experiência vivida pelo jovem Samuel no templo de Siló (1Sm 2,26). No versículo 51b o narrador confirma a atitude de Maria diante dos eventos vividos (cf. 2,19): não pretende entender tudo imediatamente, mas tudo guarda em seu coração, aderindo na fé ao desígnio divino.

A preparação do ministério público de Jesus (Lc 3,1–4,13)

O início do ministério público de Jesus é precedido pela pregação de João Batista, que convida todos os penitentes à conversão em vista da iminente chegada daquele que batizará no Espírito Santo e no fogo (3,1-20). O batismo de Jesus confirma sua identidade de filho de Deus (3,21-22) e a genealogia o religa à humanidade inteira, representada aqui por Adão (3,23-38). Colocado à prova no deserto, Jesus enfrenta satanás e permanece fiel à vontade do Pai (4,1-13).

O ministério de João Batista e sua prisão (3,1-20)

A fase preparatória do ministério público de Jesus começa com a menção de cinco autoridades civis e duas religiosas: *Lucas* entende enquadrar o conteúdo dos fatos que está prestes a narrar no quadro da história universal (cf. 2,1) e religiosa do povo de Israel[25]. O poder político e religioso tem por pano de fundo a investidura profética de João que, no deserto, inaugura o novo curso da salvação, pregando um batismo de conversão em vista da remissão dos pecados. Sua tarefa, como já foi delineado no início do evangelho (1,17), é a de preparar o caminho[26] para o Senhor que vem. A citação

---

24. Sublinhe-se o uso do verbo impessoal *dei*, "é necessário", "é preciso", para expressar a necessidade da realização do desígnio divino.

25. Tibério César governou o império nos anos 27 e 28 d.C.; Pôncio Pilatos foi prefeito da Judeia de 26 a 36 d.C; Herodes Antipas foi tetrarca da Galileia e da Pereia de 4 a.C. a 39 d.C.; Filipe, tetrarca da Itureia e da Traconítide de 4 a.C. a 34 d.C., ao passo que Lisânias foi tetrarca da Abilene no mesmo período. Caifás assumiu a função de sumo sacerdote de 18 a 36 d.C., mas sobre ele exerceu uma notável influência seu sogro, Anás, no poder de 6 a 15 d.C.

26. O termo *hodós* no léxico lucano indica o movimento cristão entendido como *caminho*. Cf. At 19,9.23; 22,4; 24,12.22.

explícita de Is 40,3-5 coloca a missão de João em continuidade com as expectativas messiânicas do povo: a promessa do retorno ao país dos exilados na Babilônia se realiza definitivamente com o advento do Cristo.

Lucas, diferentemente de *Marcos*, insiste nos apelos que João dirige às categorias de pessoas que a ele recorrem: ninguém pode fugir do juízo divino, e não será suficiente acreditar-se filho de Abraão – isto é, crer na promessa – para se sentir seguro (v. 7-9). Os frutos de conversão requeridos revestem a vida e a atividade cotidiana: a todos se exige a divisão da túnica e da comida com quem delas são privados, ao passo que aos publicanos se lhes impõe não exigir além do devido, e aos soldados de abster-se da violência e da avidez (v. 10-14). A conversão não é, portanto, um rito de purificação exterior, mas diz respeito ao domínio ético e social.

Para evitar qualquer mal-entendido, João declara expressamente não ser o Cristo esperado pelo povo: seu batismo acontece por imersão na água, ao passo que o messias batizará por meio do Espírito Santo e do fogo. Compete àquele que deve vir (cf. Ml 3,1: *ho erchómenos*) a tarefa do juízo: ele é mais forte, no sentido que age por conta de Deus, o *Forte* (cf. Jr 32,18; Dn 9,4). Em relação a Ele, João declara não ser digno de desatar os laços das sandálias, expressão que pode fazer referência à tarefa do escravo doméstico. A pregação de João termina com sua prisão decidida por Herodes.

Batismo e genealogia de Jesus (3,21-38)

Quando João sai definitivamente de cena, Jesus entra (3,21-22). Diferentemente de Mt 3,14-16, é omitido o diálogo no intervalo entre Jesus e João, assim como não existe nenhum aceno para a presença do Batista (Mc 1,9). *Lucas* relê a cena do batismo na perspectiva da consagração messiânica de Jesus por parte do Pai (cf. At 10,37-38): a ênfase lucana é posta inteiramente na figura de Jesus que, na presença de todo o povo, é reconhecido pela voz divina como o "Filho amado"[27], sobre o qual foi derramada a complacência divina (*eudokía*) com o objetivo de redimir Israel e a humanidade inteira.

A opção de colocar a genealogia de Jesus (3,23-38) entre o batismo, o reconhecimento de sua filiação divina e o episódio das tentações, reflete uma perspectiva diferente de *Mateus*, que a colocava no início de seu

---

27. O adjetivo *agapetós* ("amado") pode aludir à dimensão sacrificial da história de Isaac (Gn 22,2), sofrimento do Servo de *Isaías* (Is 42,1).

relato (Mt 1,1-17), antes de introduzir a visão angélica noturna de José (Mt 1,18-21)[28]. Para *Lucas*, Jesus é o filho de Deus, assim como foi anunciado pelo anjo divino (1,32.35) e solenemente ratificado pela voz celeste (3,22): sobre Ele recaiu a grave tarefa de redimir e salvar a humanidade inteira, chegando até Adão, o progenitor pecador.

As tentações de Jesus (4,1-13)

Jesus é conduzido pelo Espírito, que desceu sobre Ele (cf. 3,22), no deserto, tradicionalmente um lugar habitual para recolher-se na intimidade com Deus. Por quarenta dias é tentado pelo *diabolôs*: etimologicamente, "aquele que se coloca no meio, que se intromete" (v. 2). De fato, Jesus revive a experiência de Israel que, a caminho para a terra prometida, muitas vezes, ao longo de quarenta anos, cedeu à tentação de se distanciar de Deus. O mesmo acontece com Jesus: são três as tentações com as quais o diabo tenta seduzir Jesus a fim de distraí-lo do projeto salvífico que lhe foi confiado. Por duas vezes o diabo se embasa na filiação divina (v. 3.9) para constranger Jesus a colocar Deus à prova. No entanto, Jesus não cede: sua força se concentra na Palavra de Deus, da qual se nutre (v. 4; cf. Dt 8,3). Não é indulgente com a pergunta diabólica de obter adorações em troca do poder mundano, visto que um só é o Deus que merece ser adorado (v. 8; cf. Dt 6,4). Enfim, Jesus não quer pôr à prova a fidelidade de Deus (v. 12; cf. Dt 6,16), pois sabe que nele pode confiar. O diabo se afasta, mas sua obra de dissuasão não acabou: voltará no momento propício (*kairós*), que é o tempo da paixão.

O ministério público de Jesus na Galileia (Lc 4,14–9,50)

Os inícios do ministério público de Jesus são ambientados na região da Galileia, que representa uma zona limítrofe entre Israel e o mundo pagão. Na cena programática de 4,16-30, o evangelista delineia os destinatários da mensagem da salvação da qual Jesus é constituído arauto: trata-se, acima de tudo, dos judeus, e, sucessivamente, dos pagãos. O motivo central da seção é o progressivo reconhecimento de Jesus por seus discípulos como profeta enviado por Deus e messias. Em 4,14–6,11 o evangelista descreve o exórdio da

---

28. A genealogia de *Mateus* é *descendente*, pois parte de Abraão e chega a Jesus; *Lucas* opta por uma solução *ascendente*, de Jesus a Adão, excluindo setenta e sete nomes que correspondem a um esquema setenário (11 x 7). O objetivo é demonstrar que Jesus chega à décima segunda semana da humanidade para inaugurar os novos tempos (cf. *4Esdras* 14,11).

atividade pública de Jesus; em 6,12-49 é apresentado o discurso ou sermão da planície. A diferente acolhida reservada a Jesus é narrada em 7,1–8,3, ao passo que 8,4–9,50 apresenta o ensinamento parabólico de Jesus (8,4-21), os milagres por Ele realizados (8,22-56) e a estreita relação entre Jesus e seus discípulos (9,1-50).

A volta à Galileia e a pregação na sinagoga de Nazaré (4,14-30)

A missão de Jesus se realiza sob a ação do Espírito: volta à Galileia, região onde se concentra a primeira parte de seu ministério público, com a potência do Espírito (4,14); e na sinagoga de Nazaré (4,16-30) declara realizada a profecia de Is 61,1-2a (cf. tb. 58,6): por trazer o alegre anúncio (*euanghelízomai*: v. 18) aos pobres, aos prisioneiros, aos cegos, aos oprimidos, e por proclamar o esperado ano jubilar, que previa a libertação de todos os escravos e a restituição dos bens patrimoniais (Lv 25,10).

Hoje se cumprem as Escrituras e começam a realizar-se as promessas nelas contidas: Jesus é presença de salvação que suscita admiração e estupor nos espectadores da sinagoga de Nazaré, que, se por um lado presumem conhecê-lo perfeitamente ("Não é este o filho de José?": v. 22), por outro, de fato, ignoram sua verdadeira identidade. Jesus leva em consideração a rejeição (cf. 2,34) e tem consciência de que nenhum profeta é bem recebido em sua pátria, e o ponto de ruptura é atingido em sua indisponibilidade de realizar prodígios inclusive entre os seus concidadãos, como, ao contrário, aconteceu em Cafarnaum. As referências aos benefícios milagrosos realizados por Elias à viúva de Sarepta (1Rs 17,7-24) e os de Eliseu em favor do comandante Naamã o Sírio (2Rs 5,1-27) contribuem para esclarecer que a missão de Jesus (e de sua Igreja) ultrapassa os confins nacionais e inclui também os pagãos. Seus conterrâneos reagem de maneira indignada e violenta e intencionam eliminar o incômodo profeta. No entanto, Jesus se esquiva de suas intenções homicidas: a boa notícia deve prosseguir seu itinerário.

Jesus em Cafarnaum, Pedro e os pecadores (4,21–5,32)

Em Cafarnaum Jesus prega na sinagoga e exorciza um endemoninhado (4,31-37): o demônio tem clareza a respeito da identidade de Jesus ("Santo de Deus"; cf. 1,35) e sobre o alcance de sua missão: destruir o poder do mal. Jesus reduz ao silêncio o espírito maligno, confirmando seu poder de convencimento que cura e restabelece instantaneamente a saúde da sogra de Simão (4,38-39), acometida de uma grave febre, e se impõe sobre as forças demoníacas que tentam opor-se à sua missão e demonstram um conhecimento sobrenatural de sua pessoa ("filho de Deus" e "Cristo"). Não obstante isso, a palavra de Jesus reduz ao silêncio seu principal adversário (4,40-41). Ele veio proclamar e tornar presente, em suas palavras e gestos, o Reino de Deus: seu caminho deve sobrepor-se ao desejo da multidão de retê-lo para si (4,42-44).

Lucas escolhe relatar neste ponto (5,1-11) a descrição da vocação dos primeiros discípulos, num quadro narrativo diferente de Mc 1,16-20 e Mt 4,18-22: para *Lucas*, a escolha de Pedro, Tiago e João (não há nenhuma referência a André) de seguir a Cristo está ligada não a uma ordem peremptória, mas à experiência que fizeram da pesca milagrosa, que os convenceu sobre o poder sobrenatural de sua palavra[29]. O que ocorre deixa Simão Pedro perplexo: ele está consciente de ter visto um fato prodigioso e atribui a Jesus o título de *kýrios* ("Senhor"), antecipando o senhorio de Cristo que se consolidará após a ressurreição.

O seguimento dos discípulos é descrito em termos radicais: estes abandonam tudo, assim como Levi, convidado por Jesus a segui-lo, deixa o balcão da coletoria de impostos e se torna seu discípulo (5,27-28). O banquete organizado na casa de Levi é ocasião propícia para Jesus reiterar que os destinatários de sua missão não são os justos, mas os pecadores, a fim de que se convertam (5,29-32).

A proximidade de Jesus dos pecadores já se havia tornado clara na purificação do leproso (5,12-16) e na cura concedida ao paralítico, unidas ao perdão dos pecados (5,17-26): a doença era considerada consequência do pecado cometido pessoalmente ou pelos próprios familiares; Jesus sara e perdoa, cura e redime, recuperando os pecadores para Deus.

As controvérsias com os adversários (5,33–6,11)

Não faltam, no entanto, controvérsias que mostram Jesus em polêmica com seus interlocutores: é inoportuno constranger ao jejum os convidados das núpcias enquanto o esposo estiver com eles (5,33-39)[30]. O jejum era

---

29. O termo grego *rhéma* traduz o hebraico *dabár*, com o significado de "palavra"/"evento".

30. Os fariseus e os discípulos de João, além das ocasiões previstas, jejuam duas vezes por semana: às segundas e quintas-feiras.

praticado como expressão de luto, de pedido de perdão ou de cura, ou para preparar-se para o encontro com Deus: a presença de Jesus, o Esposo escatológico, é sinal de alegria; sua palavra perdoa e reconcilia com Deus. O evangelho é pano novo que não serve mais para remendar uma roupa desgastada, símbolo de uma religiosidade superada; a aliança nova precisa de odres novos; isto é, de corações disponíveis a se deixar renovar pela graça divina que atua em Cristo.

Também a observância do sábado é motivo de discussão: as espigas arrancadas (6,1-5) e a cura do homem com a mão atrofiada (6,6-11) violam o preceito do sábado e suscitam a ira dos fariseus e dos escribas. Na verdade, aquilo que parece um arbítrio de Jesus é a manifestação de seu senhorio divino (v. 5) e da salvação que Ele veio oferecer aos sofredores e marginalizados (v. 9).

A escolha dos doze apóstolos (6,12-16)

Enquanto isso, ao redor de Jesus vai se consolidando um grupo mais restrito de discípulos (6,12-16), denominados *apóstolos,* escolhidos em número de doze, em correspondência às tribos de Israel, visando a formar o primeiro núcleo do povo escatológico reunido pela mensagem do Cristo, e revestido do Espírito do alto (At 2,1-4). Sua escolha é precedida da oração noturna que coloca Jesus em comunicação com o Pai: seus nomes elencados já estão inscritos no desígnio de Deus.

O discurso da planície (6,17-49)

Ao lado da comunidade apostólica existe também um grupo mais amplo de discípulos que, junto com as multidões, se reúne ao redor de Jesus para ouvir sua mensagem (6,17-19). É neste ponto que *Lucas* insere o discurso dito *da planície* (6,20-49), justamente por ser ambientado num lugar plano, e não sobre o monte, como em Mt 5,1. O discurso é articulado em três seções: as *bem-aventuranças* e os *ais* (v. 20-26), o *mandamento do amor ao inimigo* e o *apelo à misericórdia* (v. 27-28) e a *ética do discipulado* (v. 39-49).

Lucas relata apenas quatro macarismos (pobres, famintos, aflitos e perseguidos), aos quais corresponde, de forma simétrica, quatro advertências de temor profético destinadas aos ricos, aos saciados, aos sorridentes de agora e aos que gostam de adulações. Os destinatários da mensagem de salvação são os pobres e todos os que são obrigados a viver à margem da comunidade civil e religiosa (cf. 4,18); são os *ptochói*, cuja existência, humilhada e oprimida, depende da benevolência de Deus e do próximo.

Em certo sentido o evangelho também diz respeito aos ricos, aos que se consideram justos diante de Deus e autossuficientes. No entanto, os ricos são convidados à conversão, a fundar a própria existência não nas seguranças dos bens mundanos, mas em Deus. O versículo 27 sinaliza um distanciamento em relação à unidade precedente: com autoridade, Jesus se dirige ao seu auditório ordenando-o a amar o inimigo, sem ceder à tentação de vingança. A solidariedade em relação ao próximo não deve basear-se na lógica da troca, mas na possibilidade de tornar-se filho de Deus (v. 35). A filiação divina torna possível imitar a compaixão de Deus, a abster-se do julgamento e da condenação, a perdoar as ofensas e agir com generosidade.

Além disso, Jesus recorre a três imagens para ilustrar a ética do discipulado: este deve ser bem preparado a fim de compartilhar o destino de seu mestre; não deve ter a pretensão de julgar; como para a árvore e os frutos, de suas ações transparecerá a bondade de seu coração. A devoção tributada ao Cristo Senhor, quando destituída de suas implicações éticas, é comparada à atitude insensata de quem busca edificar sua casa em terreno pouco profundo, ao invés de construí-la sobre a rocha.

Fé e questionamentos (7,1-35)

Chegado a Cafarnaum, Jesus cura o servo de um centurião (7,1-10): sua grande fé suscita a admiração de Jesus, tornando-se símbolo dos pagãos, aos quais é estendido o alegre anúncio a que se convertam a fim de obter a salvação.

O tema da morte antecipa o próximo episódio da ressurreição do filho da viúva de Naim (7,11-17): na passagem ecoam episódios bíblicos tais como as ressurreições operadas por Elias (1Rs 17,8-24) e Eliseu (2Rs 4,18-37) e coloca Jesus na linha dos grandes profetas. *Lucas*, no entanto, atribui a Jesus o título de *Kýrios* ("Senhor"), até o presente momento reservado apenas a Deus, e vincula o evento prodigioso ao tema da visita divina (cf. 1,68.78): em Jesus faz-se presente e age o próprio Deus.

Da prisão em que se encontra, João recebe informações detalhadas sobre tudo o que Jesus disse e realizou, e decide enviar a Jesus uma delegação, dois de seus discípulos, para perguntar-lhe se é ele o messias que o povo está esperando. As curas, os exorcismos e a pregação do evangelho aos pobres –

que *Lucas* descreve como sendo realizados diretamente na presença dos delegados enviados por João (7,18-23) – credencia Jesus como aquele que deve vir (*ho erchómenos*)[31].

Segue um longo ensinamento dedicado ao Batista (7,24-35), descrito como o maior dentre os nascidos de mulher, já que investido da missão de preanunciar seu advento, separando assim o tempo dos profetas da época do Reino de Deus. Já que sua pregação foi acolhida pelos publicanos e pelo povo, mas contestada pelos escribas e fariseus, que se mostraram igualmente hostis em relação a Jesus, aqui é proferido também um duro juízo sobre "esta geração", comparada a crianças temperamentais que relutam a acolher qualquer tipo de anúncio.

A remissão dos pecados da pecadora e o seguimento feminino (7,36–8,3)

O episódio da pecadora perdoada na casa de Simão, o fariseu (7,36-50), evidencia a atitude de Jesus, que concede o perdão a todos os que acreditam nele. Simão duvida que Jesus seja um profeta, já que ignora a condição de pecado que caracteriza a mulher que borrifa seus pés com lágrimas e unguento perfumado. Jesus compreende os gestos da mulher como expressão de seu amor e de sua fé: seus pecados lhe são perdoados porque amou muito e confiou nele.

A mulher presente ao banquete permanece, para *Lucas*, sem nome. Mas, logo em seguida (8,1-3), ele se informa que outras mulheres não são estranhas ao seguimento de Cristo: não são poucas as que o seguem, algumas das quais providenciam o sustento econômico para Ele e para seus discípulos. São mencionadas Maria de Magdala, exorcizada de sete demônios, dentre as primeiras a chegar ao sepulcro (24,10), bem como Joana, mulher de Cuza, administrador de Herodes, e Suzana.

O ensinamento de Jesus em parábolas (8,4-21)

A seção do ministério público na Galileia termina com o ensinamento de Jesus em parábolas (8,4-21), uma compilação de milagres (8,22-56) e episódios centrada na revelação da identidade de Jesus e na missão dos discípulos (9,1-50).

Lucas recolhe aqui só algumas das parábolas sinóticas, propondo muito menos material do que *Marcos* e, sobretudo, *Mateus*. A Parábola do Semea-

---

31. Cf. Gn 49,10; Zc 9,9; Sl 118,26; Dn 7,13.

dor, apresentada às multidões que acorriam a Jesus (8,4-8), é sucessivamente explicada aos discípulos, que lhe perguntam sobre o significado. *Lucas*, diferentemente de Mc 8,10, evita dar a sensação que a instrução dada por Jesus aos seus assuma uma conotação esotérica. Outrossim, é verdade que o conhecimento dos *mistérios do Reino de Deus* seja reservado a eles, em vista da missão que lhes será confiada: difundir a mensagem evangélica (8,9-10).

O crescimento da semente da palavra divina é condicionado pela disponibilidade de quem a escuta (8,11-15): em primeiro lugar, não deve ser subestimada a interferência do maligno, que tenta arrancar a palavra semeada para evitar que os homens se salvem; em outras circunstâncias a maturação não acontece por ser impedida pelas tentações da vida, ou pelas preocupações, riquezas ou gratificações mundanas. É a perseverança na fé que garante o maravilhoso evento do crescimento da semente: o terreno ideal corresponde, idealisticamente, a um coração dócil e bom, disposto a conjugar escuta e práxis (cf. 6,46-49).

A breve seção das parábolas se encerra com a imagem da lâmpada acesa a fim de que difunda sua luz (8,16-18), exprimindo assim, de forma eficaz, o sentido da missão cristã: difundir em toda parte a luz do evangelho.

O final não prevê, como nos outros sinóticos, um explícito reconhecimento do papel dos discípulos. *Lucas* relata aqui o encontro de Jesus com seus familiares, impedidos de chegar até Ele por causa da multidão (8,19-21). Desta forma é igualmente descrita uma separação: a escuta e o anúncio são prerrogativas que dizem respeito sobretudo aos apóstolos, que passam a formar a verdadeira família de Jesus, fundada não em vínculos de sangue, mas na escuta e na prática da Palavra de Deus.

Jesus realiza milagres (8,22-56)

Segue a exposição de quatro milagres realizados por Jesus, através dos quais manifesta seu poder divino (*exusía*): Ele acalma a tempestade que havia assustado os discípulos, que temiam pela própria incolumidade (8,22-25), exorciza o endemoninhado de Gerasa (8,26-39), reaviva a filha de Jairo e cura a mulher hemorroíssa (8,40-56).

Para além dos gestos, descritos com sobriedade por *Lucas*, é interessante compreender a densidade cristológica e eclesial da microunidade: à pergunta dos discípulos sobre a identidade de Jesus (v. 25b: "Quem é este que dá ordens ao vento e à água e lhe obedecem?"), responde a declaração do endemoninhado geraseno: é o Filho do Deus Altíssimo (v. 28), que domina sobre as forças caóticas do vento e das águas e se sobrepõe às forças do mal. No entanto, somente podem experimentar sua força que cura os que têm *fé* nele: os discípulos são censurados pela falta de fé (v. 25a); Jairo, ao contrário, confia (v. 41: coloca-se de joelhos enquanto suplica a Jesus para que se dirija à sua casa) e é convidado a perseverar mesmo quando lhe é comunicado que sua filha está morta (v. 50); é essa mesma fé que impulsiona a mulher hemorroíssa a tocar a franja do manto de Jesus (v. 48).

A missão dos discípulos e a identidade de Jesus (9,1-22)

As duas instâncias, cristológica e eclesial, continuam a entrelaçar-se na unidade subsequente (9,1-50), que precede a decisão de Jesus de subir a Jerusalém (9,51). O mestre convoca os Doze (9,1-6) e, após ter-lhes conferido poder (*dýnamis*) e autoridade (*exusía*) de exorcizar e curar, confia-lhes a tarefa de proclamar o Reino de Deus e curar os enfermos. O estilo que deve caracterizá-los é baseado na sobriedade e na disponibilidade de evangelizar de casa em casa, segundo o modelo missionário que se imporá a partir da pregação de Paulo (At 13–28). *Lucas* narra sinteticamente a missão dos Doze, mediante os verbos *anunciar* e *curar*; no versículo 10 faz um breve aceno à volta dos apóstolos. Somente mais adiante, no capítulo 10, o evangelista relatará instruções mais detalhadas, relativas à missão dos setenta e dois.

Sobre a identidade de Jesus também se pergunta perplexo Herodes Antipas (9,7-9), que havia feito decapitar João no cárcere e buscava ver Jesus para compreender quem era. Como em *Marcos*, aqui também aparecem as outras identificações propostas pela voz popular: Elias ou um dos profetas.

Lucas – que a esta altura omite uma inteira seção presente em *Marcos* (cf. Mc 6,45–8,26) – fornece uma primeira resposta parcial: o relato da fração dos pães (9,12-17; o verbo usado por *Lucas* é *katakláo*) evoca o prodígio do maná concedido ao povo que invocava Deus no deserto (Ex 16; Nm 11) ou a prodigiosa multiplicação dos pães realizada por Eliseu (2Rs 4,42-44). Jesus sacia as multidões após ter-lhes anunciado o Reino de Deus: Ele é o sinal da presença de Deus que se ocupa dos famintos e sofredores.

Uma passagem ulterior que revela a identidade de Jesus é atestada na confissão petrina (9,18-22): Ele é reconhecido como o *Cristo de Deus* (v. 20; cf. 1Sm 24,7.11; 26,9-11). *Lucas* utiliza uma expressão deferente tanto de *Marcos* ("o Cristo") quanto de *Mateus* ("Cristo, o filho do Deus vivo"), mas que lembra as duas. A messianidade de Jesus já é conhecida do leitor lucano: Ele foi ungido pelo Senhor para evangelizar os pobres (4,18). No entanto, o que é esclarecido agora é a dimensão sofredora de seu messianismo: pela primeira vez Jesus preanuncia seu sofrimento, morte e ressurreição (9,22)[32]. A messianidade de Jesus não se conjuga com as perspectivas políticas, militares e religiosas que caracterizam as expectativas do judaísmo do século I. No entanto, se sua paixão e crucificação exprimem a rejeição de sua pessoa e de sua mensagem por parte das autoridades religiosas do povo judeu, a ressurreição no terceiro dia é descrita como a soberana ação de Deus que derruba o decreto de morte[33].

As condições para o seguimento e a transfiguração (9,23-36)

A aceitação da lógica da cruz, entendida como fidelidade à vontade do Pai, unida à negação de si mesmos e ao seguimento, representam as condições postas por Jesus aos que quiserem ser seus discípulos (9,23-27). É necessário estar disposto a entregar a própria vida pela causa do evangelho, sem com isso envergonhar-se de ter aderido à cruz, "escândalo para os judeus e loucura para os pagãos" (1Cor 1,23b): é no Cristo crucificado e ressuscitado que se revela o agir de Deus e sua realeza (9,24-27).

O episódio da transfiguração (9,28-36) antecipa o evento pascal e coloca Jesus no centro da história da salvação: entre Moisés e Elias, símbolos respectivamente da Lei e dos Profetas, se coloca Jesus, o auge da revelação divina. Somente *Lucas* descreve o conteúdo da conversação entre os três, envolvidos pela glória divina: trata-se do *êxodo* (*éxodos*) de Jesus que devia realizar-se em Jerusalém (v. 31). A referência é a paixão que o Cristo deveria enfrentar na cidade santa, motivo já antecipado no versículo 22 e reproposto nos versículos 43b-45. Estavam também presentes três de seus discípulos: Pedro, Tiago e João, que assistem, sem compreender, a tudo o que está acontecendo. Pedro sugere edificar três tendas. É apenas o prelúdio da teofania (note-se as referências à nuvem, à sombra e à voz divina) que revela de maneira convincente a identidade de Jesus: Ele é o Filho, o Eleito, a ser ouvido (9,35). Ele não é apenas o *ungido* (9,20), mas o *filho de Deus*. *Lucas* não utiliza o adjetivo *agapetós* ("o amado"; cf. Mc 9,7 e Mt 17,5), mas *eklelegménos*, "o eleito", remetendo à

---

32. A expressão *filho do homem*, neste caso, tem valor autorreferencial.
33. O verbo da ressurreição é o infinitivo *egherthénai*. Trata-se de um passivo divino.

figura do Servo sofredor de Is 42,1. O apelo à escuta faz eco à passagem de Dt 18,15. O profeta que Deus suscitará em meio ao seu povo no lugar de Moisés é seu filho; é Ele o profeta escatológico a quem se deve dar ouvido.

A cura do filho endemoninhado e outros ensinamentos (9,37-50)

A palavra de Jesus se revela mais uma vez eficaz ao curar um "filho" endemoninhado, restituindo-o ao seu pai: através dele, sublinha *Lucas*, age a grandeza de Deus (9,27-43).

Enquanto isso, os discípulos de Jesus, incapazes de exorcizar o endemoninhado acima e de compreender o sentido das novas declarações de Jesus relativas à sua paixão (9,43b-45), discutem entre si sobre quem deles seria o maior (9,46-50). Jesus reverte suas ambições colocando no centro do debate uma criança: na sociedade de então, as crianças eram consideradas insignificantes e privadas de direitos até chegarem à idade adulta. A ambição dos discípulos não deve corresponder aos cânones mundanos, que privilegiam a honra e o poder, mas, ao contrário, acolher os que são descartados pelos poderosos e revestir-se da mesma fraqueza de uma criança: esta é a verdadeira grandeza que consente discernir quem está a favor ou contra eles, e não baseados em lógicas sectárias e sim na lógica de Deus, que por sua vez pode englobar em seu desígnio salvífico também os que são considerados estranhos à comunidade.

A viagem a Jerusalém (Lc 9,51-19,27)

O relato da subida de Jesus a Jerusalém representa a contribuição mais original que *Lucas* aporta à trama da narração marciana, definida pelos estudiosos como "a grande inserção lucana". A seção que vai de 9,51 a 19,27 descreve não apenas o itinerário geográfico que Jesus percorre para chegar à cidade santa, mas indica sobretudo a *necessidade* divina que em Jerusalém se realize seu destino de paixão, morte e ressurreição (cf. 9,51; 13.22.33; 17,11; 18,31; 19,11.28). Se a seção precedente era centrada no reconhecimento da messianidade de Jesus, em 9,51-19,27 é sua *realeza* que se manifesta em seus gestos e palavras: o Reino de Deus se faz presente em sua pessoa.

Um discipulado exigente e instruções para a missão (9,51-62)

Subindo a Jerusalém, Jesus percorre também as estradas da Samaria, onde, no entanto, não é acolhido (9,51-56). O breve episódio serve de ocasião para que os discípulos Tiago e João demonstrem a distância que os separa dos pensamentos do mestre, notadamente ao manifestarem a intenção de destruir o vilarejo que não os acolheu.

Logo em seguida Jesus reitera as exigências radicais do discipulado e se ocupa imediatamente com a instrução dos discípulos, em vista da missão (9,57–10,24). Seguir a Cristo não garante nenhuma facilidade ou segurança (9,57-58); urge estar prontos a renunciar inclusive aos afetos mais caros, pois o Reino de Deus não admite adiamento nem hesitações (9,59-62). Como em *Mateus*, os encontros com alguns candidatos ao discipulado se tornam paradigmáticos das exigências com as quais cada um dos seguidores de Jesus deve prestar contas.

> ### *EXCURSUS* – A SUBIDA DE JESUS A JERUSALÉM
>
> Trata-se da seção mais característica do evangelho lucano: é o narrador que informa ao seu leitor sobre o fato que, para Jesus, está próximo o tempo de ser elevado (9,51a): o termo grego *analémpsis* indica a meta final do itinerário de Jesus (*éxodos*: cf. 9,31), que culminará com sua assunção ao céu (2Rs 2,11; At 1,2.11.22), passando pela paixão, morte e ressurreição. Sua paixão se realizará em Jerusalém (9,51b), dado que nenhum profeta pode morrer fora da cidade santa (cf. 13,33).
>
> No entanto, não se trata de um evento inevitável: Jesus aceita a vontade do Pai e vai ao encontro de seu destino com determinação, como deixa a entender a expressão semítica "endureceu o rosto" (cf. Jr 21,10; Ez 6,2; 21,2): aquele rosto, já transfigurado pela luz divina que antecipava o evento da ressurreição (9,29), exprime a firme vontade de Jesus de suportar o peso do sofrimento e da morte. Nem a hostilidade dos samaritanos nem a reação inoportuna de seus discípulos impedem o curso de seu caminho, marcado pela vontade divina (9,52-56).

A missão dos setenta e dois (10,1-24)

Sob o pano de fundo do novo anúncio da paixão e do início da viagem rumo à cruz é que se deve entender também o envio em missão dos setenta e dois (10,1-12), número de valor simbólico que corresponde ao número das populações recenseadas naquele tempo em toda a terra (cf. Gn 10, na versão dos LXX), antecipando o fato da pregação apostólica até os confins da terra, descrita no Livro dos *Atos dos Apóstolos*. *Lucas* configura a missão apostólica como um *testemunho*: os discípulos são enviados dois a dois segundo o protocolo legal que previa a presença de duas pessoas para consolidar o testemunho (Dt 19,15). Vale a pena sublinhar que o envio dos discípulos é precedido da oração sincera ao Pai, a fim de que mande operários à sua messe (v. 2): a evangelização não responde a um projeto humano de expansão universal, mas ao desígnio de Deus. O estilo sóbrio e a missão de ir de casa em casa já foram antecipados em 9,1-6. Os missionários não devem temer a rejeição (10,13-16), pois agem em nome e a mando de Jesus. Não acolher sua mensagem significa rejeitar o próprio Cristo.

Lucas narra a alegria com que os enviados retornam (10,17-24). A estes é reservada uma recompensa divina. Porém, não tanto em vista dos resultados obtidos, mas em razão de seus nomes estarem inscritos nos céus, no sentido de pertencerem ao Deus que lhes revelou sua presença e sua benevolência. Eles devem considerar-se bem-aventurados por terem ouvido e visto a realização das promessas feitas aos antigos.

O amor a Deus e ao próximo (10,25-42)

A vida eterna, prometida aos missionários, é a meta cobiçada também por um doutor da lei, que dirige a Jesus a pergunta sobre o que fazer para obtê-la (10,25-28). Ele se dá conta de que o amor a Deus (Dt 6,5) e ao próximo (Lv 19,18) representam a necessária provisão para ser acolhido no Reino dos Céus. No entanto, o douto busca compreender melhor quem seria seu próximo[34].

A Parábola do Bom Samaritano (10,29-37) é evasiva a respeito do quesito pertença: de fato, Jesus convida seu interlocutor a *fazer-se próximo*, a exemplo daquele samaritano que, sem preconceitos étnicos nem religiosos, diferentemente do sacerdote e do levita, teve compaixão (*splanchnízo*), tomou conta do homem atacado por bandidos e providenciou os devidos cuidados. O amor a Deus induz a ser compassivo (cf. 6,36) com o próximo, sobretudo em relação aos próximos no plural; isto é, os que sofrem e jazem à beira do caminho, esquecidos por todos.

À ética do amor ao próximo deve corresponder a escuta do mestre: é o ensinamento que emerge do diálogo com Marta (10,38-42), a quem Jesus

---

34. Na tradição judaica, o próximo era o hebreu e o estrangeiro que morava em Israel. Cf. Lv 19,34.

lembra que aquilo que realmente importa não é ocupar-se e agitar-se com muitas coisas (cf. 8,14; 12,26), mas imitar Maria que, ao sentar-se aos pés de Jesus para ouvir sua palavra, escolheu o melhor. Estes últimos dois episódios são um bom exemplo da técnica narrativa de *Lucas*, que prefere relatos com três personagens, confrontando-os entre si.

A importância da oração (11,1-13)

Segue uma coletânea de instruções relativas ao tema da oração (11,1-13), que inclui a versão lucana do Pai-nosso. Aos discípulos que pedem que os ensinem a rezar, Jesus entrega não uma fórmula estereotipada, mas uma indicação de como dirigir-se a Deus (v. 1-4). E assim introduz seus discípulos na relação de intimidade filial com Deus, chamando-o de Pai; esses imploram para que o Senhor possa manifestar-lhes sua santidade e soberania. Da benevolência divina depende o sustento, inclusive material, dos discípulos, que abandonaram tudo para seguir a Cristo.

É em seu perdão que os discípulos encontram a força para reconciliar-se com Deus e com os irmãos, e para resistir na hora da provação. A oração do Senhor, em sua variante lucana, mais breve, inclui, de alguma forma, todos os elementos essenciais já vistos em *Mateus*.

A familiaridade estabelecida com Deus não exime de rezar de modo insistente e perseverante, como fica evidente na Parábola do Amigo Importuno (v. 5-8). A oração será atendida porque Deus, assim como um pai faz com seu filho, é benevolente aos que a Ele se dirigem, concedendo-lhes o dom do Espírito (v. 9-13). Uma vez mais *Lucas* confia ao ensinamento em parábolas a função de ilustrar, plasticamente, o alcance da mensagem de Jesus.

Controvérsias com escribas e fariseus (11,14-54)

O caminho rumo a Jerusalém também é pontilhado de intercâmbios polêmicos com escribas e fariseus, prelúdio do grande conflito que se consumará diante do sinédrio e culminará na condenação de Jesus. Alguns de seus opositores o denegrirão, acusando-o de agir de comum acordo com satanás (11,14-20). Jesus rejeita como infundada e ilógica esta acusação, mostrando que através dele opera o poder soberano de Deus. A imagem é retomada também no enigmático ensinamento subsequente (11,21-26), relativo ao confronto entre potência divina e espíritos malignos.

A quem espera dele um sinal do céu que o credencie como enviado de Deus (v. 6), Jesus responde mais adiante que o único sinal concedido será o de Jonas (11,29-32): assim como a pregação do profeta se revelou eficaz na conversão dos ninivitas, assim a palavra proclamada por Jesus será suficiente para obter o arrependimento de quem a acolhe para pô-la em prática (cf. 11,27-28). Portanto, é indispensável deixar-se iluminar pela luz do evangelho a fim de que se possa colher o esplendor divino e não deixar-se fascinar pelas trevas do pecado e do erro (11,33-36); retorna aqui a imagem da lâmpada que não pode ser escondida, já utilizada de modo semelhante por *Lucas* (cf. 8,16-18).

O convite para uma refeição na casa de um fariseu torna-se o cenário de duras invectivas de Jesus contra fariseus (11,39-44) e escribas (11,45-52). Aos primeiros Jesus critica a observância exterior e formal dos preceitos, à custa da justiça e do amor de Deus que se realiza no coração do ser humano. A hipocrisia gera uma atitude arrogante e narcisista que afasta as pessoas de Deus. Em relação aos doutores da lei, Jesus não é menos duro: também estes são taxados de incoerentes, já que lançam sobre os outros pesados fardos legais, que nem eles mesmos estão dispostos a carregar. A hipocrisia deles é óbvia, pois, embora demonstrando veneração pelos profetas, não se comportam de maneira diferente de seus pais que os mataram, e também por detestarem o ensinamento de Jesus. Além disso, enquanto intérpretes da lei, a tarefa que lhes cabia era a de facilitar a caminhada de fé do povo; no entanto, a hostilidade que os caracteriza desviava eles mesmos e outros israelitas do caminho da salvação. A censura pública da parte de Jesus suscita nos fariseus e nos escribas uma firme oposição: estão dispostos a tudo para fazê-lo incorrer no erro (11,53-54).

Indicações para os discípulos e desprendimento dos bens terrenos (12,1-34)

A alegação contra a hipocrisia dos fariseus e escribas é o ponto de partida para uma série de instruções que Jesus dirige aos seus discípulos (12,1-25), exortando-os a manter-se afastados da falsa religiosidade farisaica que, como o fermento, corre o risco de levedar a hipocrisia no coração de quem crê. Urge, portanto, disponibilizar-se a falar e a agir com franqueza e coragem, sem fingimentos. Os discípulos não devem temer as pessoas que podem atentar contra suas vidas, mas, antes, temer a Deus, que pode destiná-los à condenação eterna (12,1-7). Confessar a fé em Cristo (em quem reside o Espírito de Deus[35]) diante dos homens é a condição necessária para ser reconhecido pelo filho do homem que virá julgar o mundo no fim dos tempos (1,8-10); e o Espírito, que acompanhou o caminho de fidelidade de Jesus à vontade do Pai, apoiará também os discípulos na hora da provação (12,11-12).

A controvérsia entre dois irmãos por questões de herança oferece a Jesus a oportunidade de advertir seus discípulos sobre o perigo da avidez (12,13-15): a *pleonexía* indica a ambição de acumular mais do que está disponível ou é lícito possuir.

Além disso, a vida não depende da disponibilidade de bens materiais, como emerge do relato da parábola descrita em 12,16-21: o rico proprietário de terras acreditava poder dispor de sua existência em base às suas riquezas, mas esqueceu-se de contar com o julgamento de Deus. É definido *estulto* justamente pela incapacidade de compreender que a abundância de bens acumulados não deve ser retida exclusivamente para si, mas dividida, a fim de consentir um enriquecimento de sua relação com Deus, relação que ele presumia alcançar simplesmente buscando a autossuficiência (v. 21).

A ansiedade e a preocupação pelos bens mundanos distraem a confiança em Deus (12,22-24): Deus sabe do que o homem precisa e fornece o necessário aos que buscam acima de tudo o seu reino. Embora fazendo parte de uma comunidade de dimensões modestas ("pequeno rebanho"), os discípulos não têm nada a temer porque são custodiados pelo amor de Deus e depositários de sua realeza, que devem testemunhar não apenas com a pregação, mas também com a escolha eficaz de desprender o próprio coração dos bens materiais, renunciando assim ao que possuem, a fim de obter no céu um tesouro inamovível.

Vigilância na expectativa da volta do Senhor no fim dos tempos (12,35-53)

A opção pela pobreza radical dispõe os discípulos à prontidão em vista do juízo final: estes devem imitar a atitude daqueles servos que esperam vigilantes o retorno do patrão da festa de casamento (v. 36-38), imitar a diligência do dono da casa que frustra um roubo (v. 39-40) e esforçar-se fielmente no cumprimento do mandato a eles confiado de vigiar sobre a comunidade

---

35. Neste sentido, *a blasfêmia contra o Espírito Santo* pode se referir aos que atribuem ao agir de Jesus a atuação do espírito maligno. Cf. 11,15.

cristã, evitando assumir uma postura despótica e insolente no caso do retardamento da volta do *Kýrios*, no fim dos tempos (v. 41-48).

O chamamento de Jesus não permite ficar indiferentes (12,49-53): o *fogo* que Ele veio trazer sobre a terra pode referir-se ao Espírito, difundido em plenitude após sua ressurreição (cf. 24,49; At 1,5.8; 2,1-4), ou ao *juízo* divino (cf. Is 66,15-16; Ez 38,22). No entanto, Jesus deve passar antes pelo batismo da paixão, manifestando o desejo ardente, mais do que a angústia[36], até que se cumpra o desígnio que o Pai colocou em suas mãos. Desde agora, porém, Jesus é motivo de dissidência e divisão, inclusive dentro de uma mesma família: aderir ao evangelho também implica a possibilidade de um distanciamento do ambiente doméstico.

A urgência da conversão (12,54–13,17)

O auditório das instruções de Jesus se alarga: falando às multidões, Jesus as exorta a discernir o presente como um tempo de graça e decisão (*kairós*), tempo em que Deus age instaurando sua realeza através do Filho (12,54-56). É tempo de reconciliar-se com Deus, antes que chegue o inexorável juízo final (12,57-59). Ninguém pode julgar-se isento de culpas, como o demonstra o caso daqueles galileus mortos, cujo sangue foi misturado com o de seus sacrifícios, ou daquelas dezoito pessoas sobre as quais desmoronou a torre de Siloé.

A todos é necessária a conversão (*metánoia*), compreendendo uma radical abertura da mente ao acolhimento de uma mensagem evangélica (13,1-5) que traga frutos (13,6-9). Em não sendo assim, corre-se o sério risco de interpretar mal a obra de Jesus, condenando-a como violação explícita da norma que impunha o repouso sabático, como no caso da cura da mulher encurvada na sinagoga em dia de sábado (13,10-17): a hipocrisia é evidente naqueles que autorizam, em dia de sábado, a soltar os animais domésticos para saciar a sede no bebedouro, mas acreditam ser uma grave transgressão a cura de uma mulher oprimida pela presença do maligno.

As parábolas do reino e a porta estreita (13,18-30)

Não obstante deva enfrentar uma crescente oposição, o Reino de Deus proclamado e operado na pessoa de Jesus vai discretamente se difundindo, a

---

36. O verbo *synéchomai* pode ser traduzido no sentido de "ser pressionado por um desejo vivo", antes que "estar angustiado".

exemplo do grão de mostarda (13,18-19) ou do fermento misturado à farinha (13,20-21): aos inícios modestos corresponde um desfecho grandioso, como ocorre com a sementinha que se torna um arbusto frondoso. Além disso, o reino tem um enorme poder transformador, capaz de renovar todos os domínios em que atua.

A urgência da conversão é também expressa na imagem da *porta estreita* (13,22-30), através da qual deve esforçar-se para passar aquele que não deseja ser excluído da vida eterna. Não basta ter comido e bebido na presença do Senhor, ou ter ouvido seu ensinamento nas praças; a expressão "operadores da iniquidade" (*ergátai adikías*) é referida a todos aqueles que, embora tendo compartilhado a mesa e ouvido sua Palavra, não deram aquele passo decisivo que os leva a crer em Cristo e a se tornarem discípulos seus.

A necessidade de subir a Jerusalém (13,31-35)

A firme decisão de subir a Jerusalém para levar ao cumprimento o desígnio divino (note-se o uso do verbo impessoal *dei* em 13,33) com sua paixão, morte e ressurreição, não conhece recuos. Nem mesmo a ameaça de Herodes faz Jesus retroceder de seu propósito: sua obra de libertação do mal e de curas deve prosseguir até alcançar a cidade santa ("porque não é possível que um profeta morra fora de Jerusalém" [v. 33]), que rejeitou de forma hostil sua palavra e cujo templo será abandonado da presença divina[37], até seu messias rejeitado ser acolhido e saudado como aquele que vem em nome do Senhor (cf. 19,38).

Novas catequeses de Jesus (14,1-35)

A cura de um homem afetado por hidropisia no contexto de um banquete organizado por um dos chefes dos fariseus repropõe a questão sobre a liceidade de fazer curas em dia de sábado (14,1-6; cf. 6,6-11; 13,10-17). Aos convidados que brigavam pelos primeiros lugares, em base às lógicas da honra e do *status* social, Jesus propõe, ao contrário, ocupar os últimos lugares, pois "quem se exalta será humilhado e quem se humilha será exaltado" (14,7-11)[38].

---

37. É plausível considerar que haja aqui uma referência à destruição do Templo pelas tropas romanas de Tito (70 d.C.).

38. Note-se o uso do verbo *tapeinóo* ("humilhar", "diminuir"), que remete à condição de *tapéinosis* ("insignificância", "ínfimidade") de Maria em 1,48.

O alcance da declaração jesuânica é melhor compreendido à luz da subsequente instrução relativa à escolha dos lugares pelos convidados (14,12-14): o critério não é a retribuição ou o benefício em termos de prestígio social ou de gratificação humana, mas a *gratuidade*. Pobres, aleijados, mancos e cegos são os prediletos de Deus, que recompensará os que se ocupam deles.

São justamente os marginalizados os protagonistas da parábola subsequente (14,15-24): a recusa dos convidados, que preferem salvaguardar seus próprios interesses de ordem econômica, laboral ou familiar, é contrabalançada pela prontidão com que os pobres e os excluídos respondem ao convite. É por demais evidente a referência ao banquete escatológico, do qual pode participar todo aquele que acolhe o convite de Jesus a acelerar a própria conversão e manifestar a firme adesão ao seu evangelho.

É necessário, portanto, estar dispostos inclusive a renunciar[39] os afetos mais caros (14,25-27): o amor que o seguimento de Jesus exige é maior que o devido à própria família, e até mesmo o amor à própria vida. De fato, escolher o seguimento de Jesus pode incluir a possibilidade de doação da própria vida. Mais uma vez, *Lucas* manifesta as fortes exigências do discipulado.

A radicalidade da opção evangélica impõe, além disso, um discernimento ponderado sobre a real capacidade e disponibilidade de abandonar todos os bens pessoais para tornar-se discípulo de Jesus, capaz de dar sabor à vida com seu testemunho inteiramente dedicada à causa do evangelho (14,28-35). Através das imagens da torre a construir, do rei em guerra e do sal (esta última é relatada também em Mt 5,13 e Mc 9,50), Jesus continua instruindo seus discípulos, e os convida a segui-lo no caminho, em direção a Jerusalém.

As três parábolas da compaixão divina (15,1-32)

A convivialidade é um traço do Jesus lucano. A comunhão de mesa com os publicanos e pecadores, no entanto, é fortemente criticada pelos fariseus e escribas, pois ela desconsidera o princípio da pureza legal que proíbe o convívio à mesa de homens e mulheres impuros (15,1-2). A réplica de Jesus é confiada à exposição de três relatos em forma de parábolas, presentes no binômio *perdido-encontrado*: de fato, a atitude acolhedora de Jesus é comparável à solicitude do pastor que vai à procura da ovelha perdida (*apólolos*),

---

39. *Lucas* emprega o verbo *miséo*, que significa "odiar". Neste caso, trata-se de um semitismo para exprimir a ideia de "amar menos". Cf. Gn 29,30; Dt 21,15; Jz 14,16.

deixando as outras noventa e nove no deserto; sua alegria (*chará*) depois de encontrá-la (o verbo usado é *heurísIo*) é tamanha que o leva a organizar um banquete com seus amigos e vizinhos para comemorar (v. 4-7). Esta atitude é também comparável à da mulher que vira do avesso a própria casa para encontrar a dracma perdida[40]: uma vez encontrada, convida suas amigas e vizinhas para compartilhar sua alegria (v. 8-10). Ambos os relatos terminam de forma análoga: a conversão de um único pecador é motivo de alegria para Deus, que não quer a morte do pecador, mas que ele se converta e viva (cf. Ez 18,11-23; 33,11).

A terceira parábola apresenta uma articulação mais complexa: o personagem principal é o *Pai*. Ao lado dele estão seus dois filhos: o mais novo, que ocupa a cena, sobretudo na primeira parte (15,11-24), e o mais velho, que emerge do anonimato e protagoniza o diálogo na segunda parte (v. 25-32). Também nesta parábola a dialética *perdido-encontrado* é central: o filho mais novo desperdiça a herança obtida do pai; decide enfim, após ponderações pessoais, voltar à casa paterna. O pai o acolhe e festeja, porque seu filho "estava morto e voltou vivo, estava perdido (*apólolos*) e foi encontrado (*heuréthe*)" (v. 24). O banquete organizado em homenagem ao filho reencontrado suscita a indignação do filho mais velho: ele sempre foi fiel, nunca transgrediu uma ordem paterna, e, mesmo assim, nunca recebeu um tratamento similar ao do filho mais novo. O pai tem igualmente para com ele a mesma atitude benévola de acolhimento: saindo da casa, implora para que ele também participe do banquete. Também ele, que compartilha de tudo o que pertence ao pai, é convidado a tomar parte da festa: embora a alegria pelo reencontro do irmão perdido deva ser maior do que seus ressentimentos e reivindicações pessoais, o relato não informa se ele aceitou participar do banquete.

Catequese de Jesus sobre o uso dos bens materiais e a lei (16,1-18)

A seção seguinte é dedicada ao uso dos bens terrenos: a parábola, sobretudo em 16,1-9, propõe como modelo aos discípulos a perspicácia do administrador infiel ao tentar assegurar-se um futuro promissor antes de ser demitido por seu patrão, em razão de sua conduta desonesta. O uso do adjetivo grego *phrónimos*, atribuído ao administrador, indica o discernimento

---

40. A *dracma*, termo grego (*dramma*), correspondia aproximadamente a um *denário*; portanto, o equivalente a uma jornada de trabalho.

que deve caracterizar a gestão das riquezas: os bens materiais podem ser úteis somente se compartilhados ou concedidos em caridade. Nesse sentido, os amigos "que vos recebem nas moradas eternas" (v. 9), destinadas aos justos, simbolizam os pobres que se beneficiaram da solidariedade praticada em favor deles.

É preciso ser fiel na gestão dos bens terrenos, evitando fazer dos bens, no entanto, um ídolo[41] contraposto a Deus: urge escolher o lado de quem se pretende ficar, e em quê investir a própria vida (16,9-13). As palavras de Jesus suscitam risos e desprezo junto aos fariseus, descritos como ávidos (16,14-15). Persuadidos de que a riqueza fosse a bênção divina (cf. Eclo 11,18-19), eles a ostentam, crendo estar no bom caminho. A hipocrisia farisaica, no entanto, não passa despercebida de Deus, que perscruta o coração humano.

Seguem dois ditos: o primeiro relativo ao valor perene da lei (16,16-17), que chegou ao seu cumprimento com o anúncio e a instauração do Reino de Deus no interior do qual cada um é com insistência a entrar; o segundo está centrado no valor indissolúvel do matrimônio (16,18): ao homem não é concedido subverter o desígnio originário de Deus, repudiando a própria mulher.

A Parábola do Rico e o escândalo (16,19–17,10)

A Parábola do Rico Epulão[42] (16,19-31) está relacionada com a instrução de Jesus sobre o uso dos bens terrenos: a insensibilidade do rico em relação ao pobre Lázaro é o motivo pelo qual é condenado ao fogo do inferno, ao passo que o destino do mendigo que jazia à sua porta é o seio de Abraão. Recorrendo à técnica narrativa da *reversão, Lucas* não pretende emitir um juízo de ordem ética sobre a riqueza em si, mas deplorar o uso autorreferencial e egoístico dos bens mundanos. Ao rico, que inclusive suplica a Lázaro que avise seus familiares a que desistam da mesma conduta, Abraão responde que a Lei (cf. Ex 22,21-24) e os Profetas (cf. Is 1,17; 58,7; Am 5,10-12) são suficientes para dissuadir os ricos de viver de maneira egoísta ou que relutam em ajudar os pobres.

Jesus alerta, portanto, seus discípulos sobre a possibilidade de escandalizar os *pequenos*: *mikrói* significa os mais fracos e marginalizados; estes são

---

41. O termo *mamonás* é uma reprodução grega do hebraico *mamón*, ou do aramaico *mamoná*, que exprime a posse, a riqueza.

42. O homem rico nunca é definido assim por *Lucas*; o termo, que significa "entregue aos banquetes", deriva do latim *epulom* ("banquete").

os principais destinatários do evangelho (cf. 4,18) e, portanto, devem ser protegidos (17,1-3a).

A mesma lógica é aplicada à imperiosa necessidade de correção fraterna e o consequente perdão a ser concedido ao irmão arrependido (17,3b-4). A força da reconciliação fraterna é colocada na fé, que é capaz de remover os mais instransponíveis obstáculos, como o orgulho e a vingança (17,5-6). Os discípulos são exortados a assumir um estilo de gratuidade radical (17,7-10): podem ser comparados àqueles servos[43] que não se vangloriam de nenhuma vantagem nem podem atribuir-se qualquer direito diante do patrão[44]. Suas vidas dependem inteiramente da vontade de Deus, que em seu devido tempo os recompensará.

A cura dos dez leprosos e o filho do homem (17,11-37)

A viagem continua em direção a Jerusalém, atravessando o território da Samaria e da Galileia: é este o cenário geográfico da cura concedida aos dez leprosos que, mantendo-se a distância, segundo as normas que regulavam a condição deles (cf. Lv 13,9-17.45-46), imploram piedade em favor da cura da própria doença, que os excluía da vida pública e religiosa (17,11-19). Jesus os convida a apresentar-se aos sacerdotes, da forma como previa o protocolo legal, visando à verificação da efetiva cura; somente ao longo do caminho, porém, eles se dão conta de que estão "limpos". É um samaritano o único curado a voltar atrás, diferentemente dos outros nove, judeus, para agradecer (o verbo empregado é *eucharistéo*: v. 16) a Deus pela cura obtida. Sua fé é grande, e merece muito mais do que a cura física: ele é salvo, sinal de que a salvação é concedida a todos, judeus ou pagãos, que reconhecem no agir de Jesus o agir do próprio Deus.

Aos fariseus que perguntam sobre o dia em que virá o Reino de Deus, Jesus responde que *esse* já está em ação (17,20-21): a realeza divina se manifesta não de forma estrondosa, mas em forma de curas, exorcismos e, sobretudo, em forma de salvação. Em seguida Jesus se dirige aos discípulos instruindo-os acerca da vinda do filho do homem e de sua *parusia* final, que será precedida pela rejeição e paixão que deverá sofrer "por esta geração"

---

43. Sublinhe-se que normalmente o verbo *dúloi* é usado na LXX para indicar aqueles homens, sobretudo os profetas, a quem Deus confia uma tarefa particular.

44. É neste sentido que se deveria entender o adjetivo *achréioi*, ao invés de "inúteis".

(17,22-37). A manifestação gloriosa de Cristo, portanto, não coincidirá com sua subida a Jerusalém, mas acontecerá no tempo (v. 20) e no lugar (v. 37) estabelecidos e conhecidos apenas por Deus. Os discípulos são exortados a ser vigilantes, evitando fazer-se surpreender pelo retorno repentino do filho do homem: o trágico destino da geração de Noé e de Lot deve incentivá-los a não assumir uma postura de total nivelamento aos eventos mundanos, conscientes de que aquele que se tiver doado a Cristo salvará sua própria vida.

Rezar na expectativa do reino e da recompensa (18,1-14)

A expectativa da volta do Senhor deve ser alimentada pela oração perseverante e pela consciência de que a justificação/salvação é dom de Deus: nesse sentido, a constância com a qual a viúva espera por justiça da parte do juiz iníquo torna-se modelo da fé orante que deve caracterizar os discípulos no tempo da expectativa (18,1-8). Em igual modo a oração humilde e confiante do publicano é ouvida por Deus: ele se sabe pecador e não ousa erguer o olhar para Deus, mas bate no peito invocando piedade, diferentemente do fariseu que acredita não ter necessidade do perdão divino e se arvora em juiz de seu próximo (18,9-14).

O publicano se coloca em atitude de pura receptividade diante de Deus: é a condição que caracteriza as *crianças*, apresentadas aqui por Jesus como modelos de acolhimento do Reino de Deus (18,15-17). Contrariamente, dificilmente pode entrar nele quem, embora presumindo honrar a Deus com a estrita observância de seus preceitos, não está disposto a renunciar a tudo o que possui para seguir a Cristo: é o caso daquele rico que não acolhe a proposta de Jesus e vai embora triste porque possuía muitas riquezas, das quais não queria se desfazer (18,18-23). Por mais que pareça difícil que os ricos possam entrar no Reino dos Céus, não está excluída a possibilidade de eles se salvarem, mas desde que reconheçam que tudo vem de Deus (18,24-27). A salvação não é direito outorgado aos ricos e poderosos (cf. 12,15), mas a quem confia no Senhor e, pela fé nele depositada, está disposto a renunciar o que possui, como o fizeram os apóstolos, aos quais Jesus promete muito mais nesta vida e no fim dos tempos a vida eterna (18,28-30).

O terceiro anúncio da paixão e os episódios em Jericó (18,31–19,11)

O terceiro anúncio da paixão (18,31-34) é mais detalhado que os precedentes (9,22.44-45): a subida a Jerusalém, assim como a paixão, a morte e a ressurreição do filho do homem, são interpretadas como eventos já previstos nas Escrituras proféticas de Israel. No entanto, os discípulos não compreendem o sentido das afirmações de Jesus, e o episódio do cego de Jericó (18,35-43) parece intencionalmente colocado neste momento para reiterar que a cegueira dos discípulos pode ser curada apenas por Jesus. Para que isso aconteça, porém, é indispensável dirigir-se a Ele conscientes da própria enfermidade: o cego do episódio quer ver. O verbo *anablépo* pode ser entendido tanto no sentido de "ver novamente" como "dirigir o olhar para o alto". O olhar dos discípulos que tentam seguir a Jesus em sua subida a Jerusalém deve espelhar-se no olhar curado do cego que não tarda a colocar-se na sequela daquele que é destinado a ser erguido na cruz antes de ser elevado à direita do Pai em sua glória.

Jericó é a última etapa que Jesus deve percorrer antes de entrar em Jerusalém: é nesta cidade que acontece o encontro com Zaqueu, também ele indicado como figura paradigmática ao leitor lucano (19,1-11). Chefe dos publicanos e rico, é um homem de baixa estatura, mas que não o impede de subir num sicômoro para ver a passagem de Jesus. A motivação que o deixou tão interessado no profeta galileu não é divulgada. No entanto, o inesperado acontece: é Jesus que o chama e lhe diz que deve cear em sua casa. No versículo 5, a recorrência do uso do verbo impessoal *dei* ("é necessário"), com o qual faz-se referência à necessidade de cumprimento da vontade divina, bem como o uso do advérbio *sémeron* ("hoje"), que no evangelho lucano é muitas vezes associado ao motivo da salvação, preparam a compreensão do alcance da afirmação de Jesus: Zaqueu se sente agraciado com a salvação ao declarar que iria doar metade de seus bens aos pobres e restituir o quádruplo da soma fraudada.

A escolha do chefe dos publicanos responde às exigências postas pelo Batista antes de receber o batismo em vista da remissão dos pecados (cf. 3,12-13); a alegria com que Zaqueu acolhe Jesus em sua casa (v. 6) contrabalança a reação de tristeza que havia marcado a rejeição do jovem rico (cf. 18,23). Apesar de estar perdido (*apólolos*: cf. cap. 15), ele não perdeu sua condição de filiação abraâmica, e agora pode gozar da salvação que Cristo lhe concedeu.

> ## *EXCURSUS* – RIQUEZA E POBREZA
> Lucas é o evangelista mais sensível aos temas da riqueza e da pobreza. Não se trata, porém, de uma questão teórica que vise a exaltar a segunda e a desprezar a primeira. No terceiro evangelho fala-se mais concretamente de *pobres*, dos quais Deus cuida (1,48.52-53), aos quais é destinado o evangelho (2,8; 4,18; 7,22) e aos quais pertence o Reino de Deus (6,20). A sobriedade, além disso, deve ser o estilo que caracteriza os seguidores de Cristo: esses abandonaram tudo (5,11.28; 14,33), à imitação do mestre, que não tem onde repousar a cabeça (9,58), após ter renunciado seus vínculos de parentesco, dando vida a uma nova família baseada no acolhimento de sua palavra e dando cumprimento à vontade divina (8,21). Esses sabem que podem contar com a recompensa que provém da escolha de ter seguido a Cristo (18,28-30): receberão muito mais do que abandonaram no tempo *presente*, além da vida eterna no *futuro*. O rico, ao contrário, é culpado quando se mostra insensível ao grito do pobre (16,19-21) e se mostra incapaz de compartilhar o que possui com os mais necessitados (18,18-23); sua abundante riqueza não lhe garante a salvação (12,13-34). São paradigmáticos, ao contrário, os casos da viúva, que deposita tudo o que possui no cofre do templo (21,1-4), e de Zaqueu, que disponibiliza a metade de seus bens aos pobres (19,1-10). Se compartilhada, a riqueza representa um recurso para a comunidade (8,1-3; cf. At 2,42-47; 4,32-37), e consente a realização daquele ideal da comunidade escatológica abençoada por Deus que afirma: "Não haverá pobres entre vós" (Dt 15,4).

A Parábola das Moedas (19,12-27)

Com esta parábola encerra-se a seção da grande viagem para Jerusalém e faz-se a transição para a sequência narrativa do ministério jesuânico na cidade santa (19,29–21,38). A parábola é contada por Jesus para corrigir a convicção de seus discípulos de que o Reino de Deus logo haveria de manifestar-se. A descrição do homem de alta estirpe que deve deslocar-se para um país longínquo a fim de receber o título real e voltar[45] corresponde ao itinerário de morte, ressurreição e entrada na glória do Pai que Jesus deve realizar antes de regressar à terra para o juízo final. Também a hostilidade dos concidadãos à investidura real daquele homem é um retrato provável da oposição sofrida por Jesus da parte dos judeus. A entrega das dez "minas"[46] a dez servos, com o compromisso de investi-las e torná-las lucrativas, pode aludir à necessidade que paira sobre os membros da comunidade cristã de fazer frutificar os dons e as responsabilidades recebidas. É um lembrete à vigilância operosa na expectativa da *parusia*: os servos que se esforçaram e multiplicaram a mina recebida são premiados, ao passo que o servo perverso é duramente punido; ele não agiu, paralisado pelo medo de seu patrão; não soube devolver a confiança nele depositada com a mesma desenvoltura. A condenação é exemplar, assim como a recompensa: quem foi escolhido para anunciar o evangelho não pode esconder-se por medo ou preguiça, mas brilhar como uma lâmpada que ilumina (cf. 8,16-18).

O ministério em Jerusalém (Lc 19,28–21,38)

O *êxodo* de Jesus da Galileia se realiza em Jerusalém: aclamado pelas multidões em sua entrada como *rei* que vem em nome do Senhor (19,28-40), Jesus se comove ao ver a cidade santa, símbolo do povo de Israel, por não ter reconhecido o templo em que Deus a visitou para dar-lhe salvação (19,41-44), e realiza um gesto profético dentro do templo expulsando os vendilhões e afirmando a necessidade de que o lugar sagrado seja casa de oração (19,45-48). As discussões com os judeus (20,1–21,4) agravam a tensão entre Jesus e as autoridades religiosas, intencionadas a eliminá-lo. O discurso escatológico (21,5-38) sobre os eventos que caracterizarão o fim dos tempos serve de *trait d'union* [elo] com o relato da paixão.

---

45. Os estudiosos acreditam que esteja presente uma velada referência à viagem de Arquelau para Roma, a fim de obter o reconhecimento imperial e o título real das mãos de César Augusto, após a morte de seu pai, Herodes o Grande (4 a.C.). No relato de Flávio Josefo também se menciona a embaixada dos judeus, contrária à sua nomeação, que influenciou sobre sua nomeação de *etnarca*, ao invés de *rei*.

46. A mina (*mna*) era uma moeda que correspondia a 60 siclos.

A entrada de Jesus em Jerusalém (19,28-40)

A firme intenção de dirigir-se a Jerusalém (9,51) para levar à realização o projeto salvífico a Ele confiado pelo Pai é confirmada pela posição que Jesus assume no último trecho do percurso até a meta estabelecida: "Depois de assim falar, Jesus seguiu *adiante* (*émprosthen*), subindo para Jerusalém" (19,28). Seus discípulos estão presentes, mas *Lucas* prefere concentrar-se exclusivamente no protagonista de seu relato, enfatizando a determinação de sua decisão e a consciência de que sua entrada em Jerusalém corresponde à imagem profética do rei messiânico que, humilde, cavalga um asno, um jumentinho, filho de uma jumenta (Zc 9,9). O narrador descreve os discípulos no ato de preparar a montaria para nela Jesus montar, evocando a consagração real de Salomão em Gion (1Rs 1,33); também o gesto das multidões de estender seus mantos lembra o conhecido ritual de entronização real (2Rs 9,13). A referência à descida do Monte das Oliveiras (v. 37) lembra a mesma imagem utilizada para descrever o combate escatológico com o qual o Senhor, cujos "pés estarão sobre o Monte das Oliveiras" (Zc 14,4), deverá prevalecer sobre as nações e sobre os ídolos pagãos, e será aclamado como rei de toda a terra. Compreende-se bem, a esta altura, a insistência lucana no tema da realeza de Cristo: a multidão e os discípulos saúdam alegres sua passagem com as palavras do Sl 118,26: "Bendito o que vem em nome do Senhor", às quais é acrescentado pelo redator o título de *rei* (v. 38a). A segunda parte da aclamação popular, "paz no céu e glória nas alturas" (v. 38b), ressoa o coro angélico de 2,14.

As palavras proferidas pelas multidões de discípulos suscitam veementes protestos dos fariseus, mas agradam a Jesus: ninguém pode impedir as multidões de reconhecer em Jesus o sinal da realeza de Deus. Ainda que fossem obrigadas a calar, as pedras falariam por elas. Trata-se de uma possível alusão à passagem de Hab 2,11 ("A pedra do muro gritará"), com a qual se pretende fazer referência aos escombros de pedras a que será reduzida Jerusalém, após sua destruição no ano 70 d.C.

O choro de Jesus sobre Jerusalém e a expulsão dos vendilhões do templo (19,41-48)

Nesta perspectiva se compreende também o lamento que Jesus eleva sobre Jerusalém (19,41-44): obstinada em sua incredulidade, a cidade santa não soube aproveitar o *tempo* (*kairós*) em que Deus a visitou para dar-lhe salvação; sua futura destruição é vinculada por *Lucas* à rejeição do Rei-messias.

A descrição do episódio da expulsão dos vendilhões do templo é mais sóbria do que o texto marciano (Mc 11,15-18), embora repita a mesma dúplice citação escriturística: o templo deve ser "casa de oração" (Is 56,7) e não lugar de comércio e negócio, transformando-o assim num "covil de ladrões" (Jr 7,18); e também para não produzir nessa gente uma sensação de estar nas graças divinas, não obstante o comportamento abominável aos olhos do Senhor (cf. Jr 7,8-10). No relato lucano, apesar da clara oposição dos chefes dos sacerdotes e dos escribas, o templo se torna o espaço onde Jesus se instala[47] com autoridade para ensinar ao povo (19,47-48).

A controvérsia sobre a autoridade de Jesus e a Parábola dos Vinhateiros (20,1-19)

Na seção seguinte (20,1–21,4) *Lucas* relata as controvérsias enfrentadas por Jesus com seus opositores. Em primeiro lugar, lhe são pedidas explicações sobre a origem da autoridade (*exusía*) com a qual age e ensina (20,1-8). A réplica de Jesus é uma contrapergunta que exige que seus interlocutores – chefes dos sacerdotes, escribas e anciãos – se manifestem sobre a origem do batismo pregado e ministrado por João. Eles não acreditavam que João fosse um profeta enviado por Deus, mas temiam a reação da multidão caso expusessem tais desconfianças. Suas reticências indicam a própria indisponibilidade de superar os preconceitos que os impediam de compreender a matriz divina da missão daqueles que Deus escolhera para convidar Israel à conversão em vista da salvação.

Aquilo que não declarou abertamente, Jesus o torna conhecido através da Parábola dos Vinhateiros Homicidas (20,9-19), cujas reminiscências bíblicas orientam a compreensão da mensagem em maneira inequívoca. A imagem da vinha plantada por um homem remete ao canto de Is 5,1-7: Deus se identifica com o proprietário e a vinha é imagem da casa de Israel, assim como o reiterado envio dos servos para receber os frutos da colheita remete ao esquema deuteronomista do profeta enviado por Deus e rejeitado pelo povo. Os elementos originais do relato são constituídos: a) pela entrega da vinha aos camponeses, com os quais se identificam os escribas e os sacerdotes (cf. v. 19); b) pela prolongada ausência do dono da vinha, na qual se reflete a situação da comunidade cristã em expectativa da *parusia*; e, enfim, c) pelo

---

47. A construção perifrástica *en didáskon* ("estava ensinando") denota um tempo mais prolongado dedicado por Jesus à atividade de ensino no lugar sagrado.

mandato conferido ao filho – isto é, do filho *amado* (*agapetós*) – e o leitor lucano facilmente se lembrará que o mesmo atributo foi proferido pela voz celeste ao reconhecer em Jesus o seu *Filho amado* (cf. 3,22).

Também neste caso as remissões ao AT nas quais aparece o adjetivo *apapetós* se revelam decisivas na compreensão da tipologia cristológica: o filho *amado* é Isaac, que Abraão deveria imolar no monte, por ordem de Deus (Gn 22,2); o *amado* é o Servo que Deus escolheu para formar uma aliança com o povo e tornar-se luz das nações (Is 42,1.6). São as características que emergem também do retrato lucano de Jesus, fiel à vontade do Pai, por quem foi constituído como "luz para iluminar as nações e glória do seu povo Israel" (2,32). Assim como a trama dos vinhateiros para matar o filho, a expulsão da vinha e seu assassinato antecipam a descrição da morte de Jesus, fora dos muros de Jerusalém (cf. Hb 13,12; Jo 19,17). A entrega da vinha a outros e a imagem da pedra que, rejeitada pelos construtores, se torna pedra angular (Sl 118,22), indicam a constituição da comunidade eclesial que, edificada por Cristo e fundada na fé no ressuscitado, não substitui Israel, mas representa o cumprimento escatológico do Israel fiel.

Jesus discute com seus opositores (20,20-47)

Mantendo o esquema comum a todos os sinóticos, o debate entre Jesus e seus contestadores continua. Estes buscam de todas as formas pegá-lo em armadilhas ou percalços para poder remetê-lo à autoridade imperial e desacreditá-lo junto às multidões. A primeira questão versa sobre a liceidade do pagamento do imposto (*phóros*) a César (20,20-26): a imposição das taxas era o instrumento mais eficaz dos ocupantes romanos no exercício de seu domínio, sufocando qualquer ambição de rebelião com o uso das armas. No entanto, as ambições nacionalistas e messiânicas nunca ficaram totalmente adormecidas, e a recusa de versar a taxa ao imperador era vista como um gesto de contestação de quem se arrogava títulos e honras divinas[48]. A réplica de Jesus convida a não furtar-se ao dever de versar à autoridade humana o que lhe pertence, o dinheiro, no entanto, sem comprometer o primado de Deus, Único a quem é reservado o ato de fé e de adoração.

---

48. Nas moedas cunhadas no tempo de Jesus, o Imperador Tibério César era reconhecido como *filho do divino Augusto* e *pontífice máximo*.

Em seguida é a vez dos saduceus, membros da aristocracia sacerdotal, que fundavam a própria fé exclusivamente na *Toráh* de Moisés e negavam a existência da ressurreição (20,27-40). Em apoio à própria tese, apresentam o caso da mulher que, embora tendo estado ligada em vida a sete homens, não teve de nenhum deles descendência: De quem será essa mulher na ressurreição? Jesus corrige a falsa imagem que seus interlocutores têm da vida eterna e declara que os julgados dignos da eternidade não têm mais necessidade de unir-se da mesma fora que os vivos, já que são como anjos e filhos de Deus. A existência da ressurreição encontra confirmações nas Escrituras, pois atestam que "nosso Deus é o Deus dos *Vivos*" (cf. Nm 14,28; Sl 42,3; Is 37,17), e quem está em sua presença vive para Ele, como o evidencia a passagem de Ex 3,6, onde o Senhor se manifesta como o *Deus de Abraão, de Isaac e de Jacó*, cuja vida continua em sua presença.

O último contraste diz respeito à descendência davídica do messias (20,41-44). A entrada de Jesus em Jerusalém havia despertado em muitos a expectativa do cumprimento das promessas messiânicas feitas à descendência davídica. Aqui Jesus é vinculado à casa de Davi por via paterna (1,27), e afirma-se que Deus lhe concederá o trono de Davi, seu pai (1,32). *Lucas*, no entanto, comentando a passagem do Sl 110,1, indica que Davi se dirige ao messias em termos de *Kýrios*. Neste caso, entende-se reafirmar que a identidade messiânica está intimamente vinculada à sua divindade.

No final das controvérsias, Jesus reserva palavras de reprovação aos escribas, acusados de ostentar sua religiosidade para obter aplausos e admiração das multidões (20,45-47); ávidos por lucros, não mostram nenhum pudor em explorar as pobres viúvas, que deles esperavam a defesa de seus direitos.

A viúva e o discurso escatológico (21,1-38)

Justamente uma pobre viúva emerge como protagonista do episódio com que se abre o capítulo 21 (21,1-4), no qual Jesus convida seus discípulos a refletirem sobre a oferta versada pela mulher no tesouro do templo: diferentemente dos ricos que a precederam, ela versou tudo o que tinha. Não obteve a admiração presunçosa dos homens, já que seu óbolo lhes parecia insignificante demais, mas foi valorizada por Jesus porque depositou sua vida[49] nas mãos de Deus.

---

49. O termo grego *bíos* pode indicar tanto os "bens materiais" quanto a "vida".

O templo serve de cenário para o discurso apocalíptico que Jesus profere na presença de seus discípulos (21,5-38): a profecia da destruição do edifício sagrado suscita a curiosidade de seu auditório, interessado em conhecer quando isto acontecerá e o sinal indicador de sua chegada (v. 5-7). Jesus exorta principalmente seus discípulos a desconfiarem de impostores que se apresentarão em seu nome, gabando-se e dizendo-se messias, e preanunciando a iminência do fim (*télos*) dos tempos (*kairós*). Os sinais que precedem o fim ocorrerão na terra (guerras, revoluções, terremotos, carestias e epidemias) e no céu, mas ninguém deve apavorar-se, pois tudo está dentro do desígnio divino (v. 8-11). Os versículos 12-19 descrevem a situação que a comunidade cristã deverá enfrentar antes que se realize a *parusia*: por causa do evangelho os discípulos serão hostilizados e perseguidos pelos judeus (*sinagogas*) e pelos pagãos (*reis e governantes*). É o cenário que caracteriza o movimento cristão, comprometido em dar testemunho do senhorio de Cristo. Jesus garante aos discípulos que não precisam temer seus juízes e acusadores, pois a saberia que lhes concederá não permitirá que sucumbam. Entretanto, deverão suportar a vergonha da traição de familiares e amigos, mas, se perseverarem na fé[50], salvarão a própria alma.

Nos versículos 20-24 são esboçados o ataque e a destruição de Jerusalém pelas tropas romanas (70 d.C.). O Jesus de *Lucas* interpreta o castigo da cidade santa em correspondência com o cumprimento das Escrituras (v. 22): a calamidade e a ira que se abaterão sobre Jerusalém não pouparão ninguém, nem mesmo as mulheres grávidas e as que amamentam. A espada[51] dos inimigos se abaterá implacavelmente sobre os habitantes, serão presos e humilhados. *Os tempos das nações que devem completar-se* é uma expressão de cunho apocalíptico (Zc 12,3; Ap 11,2), e pode indicar também o domínio concedido por Deus aos estrangeiros para que exerçam o juízo de condenação sobre Israel, ou mesmo prefigurar a missão evangelizadora da Igreja aos pagãos após a rejeição dos judeus.

A destruição de Jerusalém não coincide com o fim dos tempos, como o texto de Mc 13,24-27 o deixa entender; na perspectiva lucana trata-se do evento que precede a vinda do filho do homem (v. 25-28). Grandiosos eventos que se verificarão no céu e na terra funcionam como prólogo da chega-

---

50. O substantivo *hypomoné* denota o esforço de resistência diante de uma situação opressiva.
51. Cf. Gn 34,26; Js 8,24; 19,47; Jz 1,8; Eclo 28,19.

da do filho do homem, que vem em uma nuvem com poder e glória. É a imagem do juiz apocalíptico de Dn 7,13-14. Em *Lucas*, no entanto, não existe nenhuma referência ao juízo, mas menciona-se o *resgate* (*apolýtrosis*) em vista da libertação final. A Parábola da Figueira (v. 29-33) vincula a chegada da parusia e a manifestação definitiva do Reino de Deus, garantindo assim o cumprimento das palavras proféticas proferidas por Jesus.

O discurso apocalíptico termina com um apelo sincero (v. 34-36) a não sobrecarregar o coração, sede do discernimento e do agir humano, em dispersões ou preocupações da vida, imitando a atitude das gerações de Noé e de Lot (17,26-29) que, inteiramente dedicadas aos negócios mundanos, foram pegas de surpresa na chegada da punição divina. Portanto, é necessário alimentar o tempo da espera com a oração: trata-se de um traço característico do relato lucano, que frequentemente retrata Jesus em oração tanto para consolidar sua relação com o Pai quanto para compreender o seu desígnio. O mesmo vale para seu discípulo: rezando estará em condições de discernir os sinais dos tempos e chegar preparado à presença do filho do homem.

A unidade literária relativa ao ministério de Jesus em Jerusalém termina com a referência à sua atividade de ensino desenvolvida no interior do templo durante o dia, ao passo que de noite se retira junto ao Monte das Oliveiras. Na teologia lucana o espaço sagrado representa o lugar onde o Cristo mestre instrui o povo (*laós*), que de bom grado o escuta: a palavra de salvação é destinada em primeiro lugar a Israel a fim de que a acolha e se converta.

O relato da paixão (Lc 22,1–23,56)

A seção da paixão (22,1–23,56) é enquadrada, a partir de um ponto de vista temporal, entre a Festa dos *Ázimos* (22,1)[52] e a celebração do sábado (23,56). Ela tem início com a entrega/traição de Judas (22,4 *paradídomi*) e culmina com a entrega/confiança de Jesus ao Pai (23,46: *paratíthemi*). A vida e o ministério público de Jesus alcançam seu cumprimento no sacrifício da cruz: perdoando seus algozes (23,34), Jesus remete sua vida nas mãos do Pai (23,46) e é reconhecido como o justo/inocente pelo centurião (23,47). Acusado e condenado injustamente pelos membros do sinédrio, que conseguem sua crucificação com o aval das autoridades romanas, Jesus não faz

---

52. A Festa dos Pães *Ázimos*, mencionada em Ex 12,8.15.17-20; 13,3-7; 23,15; 34,18; Dt 16,3.8.16, é celebrada entre o dia 15 e 21 de *Nisàn* de cada ano. O nome da festa é dado pelos pães não fermentados que ao longo de toda a festa devem ser usados.

questão de defender-se, mas se entrega voluntariamente: é a imagem do justo sofredor que assume os pecados dos outros para redimir a humanidade. O relato de *Lucas* apresenta diferenças significativas, em número e ordem dos episódios, dos outros sinóticos, como se percebe na sequência das cenas que podem ser reconstruídas: complô contra Jesus (22,1-6); preparação da ceia (22,7-13); ceia (22,14-38); no Monte das Oliveiras (22,39-53); negação de Pedro (22,54b-62); Jesus vigiado (22,54a.63-65); diante do sinédrio (22,66-71); diante de Pilatos (I) (23,1-7); diante de Herodes (23,8-12); diante de Pilatos (II) (23,13-25); no caminho da cruz (23,26-32); crucificação (23,33-43); morte na cruz (23,44-49); deposição e sepultamento (23,50-56).

Complô e traição de Judas (22,1-6)

Omitindo o relato da unção de Betânia (cf. Mt 26,6-13; Mc 14,3-9), *Lucas* coloca o complô das autoridades judaicas ao lado da decisão de Judas de trair seu mestre (22,1-6). É interessante notar a caracterização dos personagens: os *leader* do povo judaico buscam eliminar Jesus, mas temem suscitar uma revolta popular, em razão do consenso que se havia criado ao redor dele (cf. 21,38), mas encontram em Judas um aliado inesperado e combinam com ele uma determinada soma em dinheiro em troca da entrega de Jesus. O mestre oculto do acordo nefasto é, no entanto, satanás: ele se havia afastado de Jesus no deserto após tê-lo inutilmente lisonjeado com suas tentadoras propostas a fim de voltar "no momento oportuno" (4,13). O *kairós* chegou, e Judas busca a *eucharía*, a "ocasião propícia" para entregá-lo aos seus adversários.

A preparação da ceia (22,7-38)

Jesus enfrenta sua paixão com liberdade e consciência: a firmeza que o sustentou na decisão de subir a Jerusalém ao encontro de seu destino (9,51) e as instruções claras dadas aos discípulos, como já ocorrera por ocasião de sua entrada na cidade santa (19.29-31), denotam seu total domínio dos acontecimentos. Não sofre passivamente o desenrolar dos fatos, mas se dispõe a celebrar a *Páscoa*, consciente de que será a última celebrada com seus discípulos. Ele lhes revela que não a consumirá mais "até que ela se realize o Reino de Deus" (v. 16): para Jesus a celebração pascal sinaliza seu *êxodo* definitivo (cf. 9,31) da realidade terrena à celeste. O reino, que *já* se fez presente através de sua pessoa, de suas palavras proclamadas e gestos realizados, é a destinação final de seu itinerário de paixão, morte, ressurreição e glorificação.

No entanto, o banquete pascal que Jesus consuma com seus discípulos (22,14-38) é, além disso, a expectativa do reino que há de vir (v. 18) no fim dos tempos. Os versículos 19-20 descrevem a instituição da Eucaristia: o pão que Jesus parte, após ter dado graças ao Pai, e distribui aos discípulos, é seu corpo a eles doado; o cálice[53] é a nova aliança que Deus estabeleceu (cf. Jr 31,31-34) no sangue do Filho por eles derramado. A fórmula "por vós" (*hypér hymón*) indica o objetivo da oferta sacrificial que Cristo fará de si na cruz: é *para a salvação* daqueles que deixaram tudo para segui-lo (*vós*). Estes prefiguram o *Israel escatológico*, a comunidade cristã, englobando judeus e pagãos, para quem Jesus confere a incumbência de perpetuar o gesto em sua memória. O substantivo *anámnesis* corresponde ao hebraico *zikkarón* (cf. Ex. 12,14), com o qual se entende o rito memorial; isto é, a atualização do evento passado da libertação no presente da comunidade que celebra a festividade pascal. Neste sentido, o oferecimento de Cristo se atualiza cada vez que o banquete eucarístico é celebrado.

No banquete está presente também Judas, já indicado pelo narrador como aquele que haveria de trair Jesus (22,4-6). Mesmo que o que está para acontecer já esteja inscrito no desígnio divino (v. 22a), isto não exime o traidor de sua responsabilidade: o *ai* (cf. 6,24-26) a ele pronunciado soa como último apelo ao seu arrependimento (v. 22b). A profecia sobre sua delação cria desconcerto entre os presentes (v. 23), que se perguntam pela identidade do traidor.

A subsequente discussão sobre o primado da comunidade apostólica (22,24-27) coloca em evidência a necessidade de instruir os discípulos sobre o estilo que deve caracterizar as relações internas. Estes não devem conformar-se ao poder despótico dos poderosos da terra, mas exercer a autoridade a eles conferida na ótica daquele serviço (*diakonía*) que sempre caracterizou a vida de Jesus que, mesmo sendo *o maior*, fez-se *menor* para servir. A recompensa garantida aos discípulos que com Ele perseverarem até o fim nas provações é a possibilidade de entrar na glória de seu reino, participando do banquete escatológico e julgando as doze tribos de Israel (22,28-30).

---

53. Trata-se provavelmente do terceiro cálice da ceia pascal, denominado *cálice da bênção*.

Não somente Judas, mas também os outros discípulos passaram pelo escrutínio de satanás, que abalou fortemente a fidelidade dos seguidores de Cristo (22,32-34); é a Pedro que Jesus se dirige declarando ter rezado para que não falhe na fé. A oração de Jesus preserva o apóstolo de uma radical apostasia; não obstante sua próxima negação, a ele é confiada a tarefa de confirmar (*sterízo*) seus irmãos na fé. A hora da paixão surge, e Jesus, consciente de que para Ele se realizou a profecia do Servo Sofredor ("E se deixou contar entre os ímpios", Is 53,12), exorta seus discípulos a estarem prontos e bem preparados para enfrentarem as provações que os esperam (22,35-38). A negação por ocasião do primeiro envio missionário (9,3; 10,4) agora é parte integrante da batalha que devem enfrentar contra as forças que se oporão à sua pregação: a espada que eles devem empunhar é a oração perseverante, que caracteriza as últimas horas de Jesus antes de sua prisão.

A oração de Jesus no monte e a prisão (22,39-53)

Saindo do cenáculo, Jesus se dirige, como de costume (21,37), ao Monte das Oliveiras, acompanhado pelos discípulos (22,39-46). A oração é a arma à qual Jesus recorre para enfrentar a batalha (*agonía*) final, e o recurso do qual seus discípulos devem apropriar-se na hora da tentação (v. 40-46b). O narrador revela a profunda angústia e fragilidade humana de Jesus, que invoca do Pai a possibilidade que o cálice (cf. Is 51,17; Sl 75,9) do sofrimento seja afastado; sua oração é banhada de um suor feito gotas de sangue que enxarca seu rosto. No entanto, é na hora da fraqueza mais extrema que a familiaridade com o Pai atinge seu ápice: Jesus se dispõe a fazer a vontade do Pai (v. 42b); um anjo do céu aparece para trazer-lhe conforto, em vista da provação que deverá suportar (v. 43; cf. 1Rs 19,7-8).

No final da oração, com um gesto íntimo, um beijo, Jesus é entregue por Judas às autoridades religiosas, por ele conduzidas até Jesus (22,47-53). A confusão que se segue e o ferimento do servo do sumo sacerdote (que Jesus cura prontamente) são redimensionados por Jesus: mesmo protestando contra seus opositores, que armados se dirigem a Ele como se fosse um ladrão[54], Jesus não lhes opõe resistência: sabe que a hora das trevas chegou, e que o poder do maligno assumiu o controle.

---

54. O termo grego *lestés*, "malfeitor", é usado em Mt 27,38 para indicar os dois homens crucificados ao lado de Jesus.

A negação de Pedro e o processo no sinédrio (22,54-71)

Traído por Judas, conduzido à casa do sumo sacerdote, Jesus é agora negado por Pedro (22,54-62). Pressionado por uma criada, Pedro nega ter alguma vez estado com Jesus; àquele que o acusa de ser um de seus discípulos declara nunca ter feito parte deles; enfim, a quem o faz perceber que seu sotaque de galileu o incrimina como discípulo, finge não compreender o sentido da acusação contra ele. Note-se que aqui Pedro não nega apenas a Jesus, mas também o caminho de seguimento percorrido ao lado de seus discípulos e, em última análise, nega suas origens. A dureza com que é descrito o comportamento do apóstolo é mitigada na última cena: somente *Lucas* imortaliza o olhar de Jesus sobre Pedro após o canto do galo; as lágrimas que regam seu rosto exprimem seu profundo arrependimento.

Antes de ser introduzido na presença do sinédrio, Jesus é submetido aos ultrajes e espancamentos dos soldados que o vigiavam (22,63-65): a hora das trevas (v. 53) se manifesta em sua dimensão mais obscura e feroz. Na manhã seguinte é conduzido primeiro ao sinédrio (22,66-71), suprema assembleia legislativa e judiciária, composta por 71 membros, encarregada de discutir sobre os litígios relativos à observância da lei. Para *Lucas* é o inteiro *presbytérion*, composto pelos anciãos do povo, pelos sumos sacerdotes e pelos escribas, que interrogam Jesus sobre sua messianidade (v. 67): "Se és o Cristo, diga-nos". Somente a fé consente ter acesso ao mistério de Cristo (cf. 9,20); Jesus tem plena consciência de que seus acusadores não têm nenhuma intenção de acreditar nele. Portanto, não pretende nem responder nem debater, mas lhes indica sua iminente glorificação: a imagem do "filho do homem sentado à direita do poder de Deus" (v. 69) funde duas passagens do AT: Dn 7,13-14, onde se anuncia a chegada do filho do homem sobre as nuvens do céu e sua chegada ao "trono do ancião", de quem recebe poder, glória e um reino sem fim; e o Sl 110,1, que descreve a entronização do messias à direita do Senhor.

O título "Filho", vinculado às instâncias messiânicas e real, induz os membros do sinédrio a fazer a pergunta decisiva: "Tu, portanto, és o filho de Deus?" (v. 70). Até o presente momento a identidade divina de Jesus apenas havia sido revelada aos que pertencem à esfera divina: o anjo (1,35), a voz de Deus no céu (3,22) e a nuvem (9,35). Também os demônios, dotados de conhecimento sobrenatural, não ignoram a relação filial que liga Jesus ao Pai[55].

---

55. Cf. 4,3.9.34.41; 8,28.

A resposta de Jesus não deixa espaços para mal-entendidos: a fórmula "Eu" (o) sou" ressoa a manifestação da identidade divina a Moisés em Ex 3,13-15.

Jesus perante Pilatos e Herodes (23,1-25)

Sua declaração é suficiente para levá-lo à presença de Pilatos (23,1-5), e obter a condenação[56]. As acusações apresentadas pelos membros do sinédrio são de caráter político: de fato, Jesus é acusado de sublevar o povo (cf. 19,47-48; 20,19), de impedir o pagamento do imposto imperial (cf. 20,22-26) e, enfim, de pretender ser o messias-rei, contrapondo-se frontalmente ao poder imperial (cf. 19,38). O que assusta o procurador romano é o título real que os denegridores atribuem a Jesus, deturpando sua autoproclamação messiânica (22,67-69). Pilatos toma a palavra e interroga Jesus: "És o rei dos judeus?" (v. 3). A resposta de Jesus (v. 4a) corresponde à primeira parte da réplica aos membros do sinédrio (22,70): em ambos os casos, Jesus convida seus interlocutores a assumir a própria responsabilidade pelas declarações que fazem. No entanto, se no primeiro caso Jesus confirma sua filiação divina, no segundo, em 23,3b, não confirma ser o rei do povo de Israel. Por essa razão Pilatos considera Jesus inocente (v. 4), antecipando o veredicto de inocência que será pronunciado por Deus com a ressurreição de seu Filho; e mesmo antes, aos pés da cruz, esta afirmação já havia sido feita pelo centurião (23,47).

As insistentes acusações dos membros do sinédrio induzem Pilatos a enviar o acusado ao tetrarca Herodes Antipas (23,6-12), na presença do qual Jesus não pronuncia uma única palavra, segundo o modelo do Servo sofredor que se cala diante de seus perseguidores (Is 53,7). Entregue pela segunda vez a Pilatos (23,13-16), é novamente reconhecido como inocente, já que as culpas atribuídas não parecem tão relevantes a ponto de invocar a pena capital (v. 15). Os sumos sacerdotes, os chefes e o povo não dão trégua e propõem permutar a vida de Jesus pela de Barrabás: o narrador sublinha que este tinha sido preso por sublevação popular e homicídio. Aquilo que representa uma acusação digna de morte para Jesus – isto é, a agitação popular – é tolerado para Barrabás. De nada serve a insistente tentativa de Pilatos de tão somente castigá-lo severamente. A multidão invoca a crucifi-

---

56. *Lucas* não menciona a acusação de blasfêmia proferida contra Jesus. Cf., contrariamente, Mc 14,64 e Mt 26,65.

cação (v. 21.23), e assim Pilatos decreta sua condenação à morte (v. 24-25). Desta forma Jesus é entregue à vontade homicida de seus perseguidores (cf. Is 23,26-31).

A caminho da cruz (23,26-31)

Lucas omite a referência à flagelação e à coroação de espinhos de Jesus, atenuando a dramaticidade dos outros sinóticos. Ele focaliza mais o relato de sua subida ao calvário, mencionando a imposição do *patibulum*, o eixo horizontal da cruz, a Simão de Cirene, que acompanha Jesus (v. 26) e se torna modelo de discípulo que assume a cruz e se coloca nas pegadas do mestre (cf. 9,23). A originalidade lucana consiste em relatar o pranto fúnebre das mulheres jerosolimitanas (v. 27). As palavras colocadas na boca de Jesus (v. 28-30) são livremente inspiradas no oráculo profético de Zc 12,10-30: Deus promete derramar sobre Jerusalém um espírito de graça e de consolação a fim de que o olhar de cada um recaia sobre aquele que trespassaram e se cubram de luto e pranto assim como se chora a morte de um filho único ou do primogênito. As mulheres de Jerusalém, no entanto, são convidadas a chorar não sobre Jesus, mas sobre seus filhos, em razão da grande catástrofe que se abaterá sobre a cidade santa, justamente por não ter sabido reconhecer o tempo em que foi visitada (cf. 13,34-35; 19,41-44). Também neste caso a referência à destruição de Jerusalém e a invocação dirigida às montanhas e às colinas para que cubram os habitantes fadados ao extermínio (cf. Os 10,8) esboça a imagem do extremo desespero, que culmina com a profecia da punição da árvore seca (o *Israel incrédulo*) que conhecerá um castigo pior daquele que paira sobre a árvore verde (*Jesus inocente*).

A crucificação (23,32-38)

Jesus é condenado juntamente com dois malfeitores, ambos crucificados, um à sua direita e outro à sua esquerda (v. 33), segundo a profecia de Is 53,12 já invocada por ocasião da Última Ceia (22,37). Ele havia declarado ter vindo ao mundo para chamar os pecadores à conversão (5,31). Agora, crucificado injustamente, suplica o perdão do Pai a seus algozes, invocando a defesa e a ignorância que os induziu à semelhante perversidade. A repartição das vestes e o sorteio evocam as palavras do Sl 22,19, onde o orante descreve sua situação de perigo à mercê dos adversários.

Lucas não coloca no mesmo nível a reação do povo e a reação dos chefes: de fato, enquanto o primeiro segue a evolução dos acontecimentos de maneira passiva, os *leader* ridicularizam Jesus (cf. Sl 22,8) e ironizam sua capacidade de salvar-se a si mesmo, não obstante ter feito o melhor para salvar os outros. Para seus detratores esta é a prova mais evidente de que Jesus não é o Cristo que pretendia ser, nem o Eleito, visto que foi abandonado na cruz como um exilado por Deus (cf. Dt 21,23). Ao coro do escárnio se unem também os soldados, que oferecem ao crucificado vinagre (v. 36; cf. Sl 69,22): inspirando-se na cártula da cruz, zombam do rei dos judeus, incapaz de salvar-se a si mesmo.

O terceiro evangelista é o único a relatar o conteúdo do diálogo entre Jesus e os malfeitores crucificados ao seu lado (23,39-43). Os dois são expressão das possíveis abordagens do mistério do Cristo: de um lado, aquele que quer uma libertação espetacular da parte de Jesus para demonstrar sua efetiva messianidade; de outro, a atitude daquele que não faz exigência, mas, consciente das próprias culpas, se dirige a Deus para obter sua ajuda. A fórmula "lembra-te de mim" evoca a atitude do israelita piedoso que se dirige a Deus para obter ajuda (cf. Jz 16,28; Jr 15,15; Sl 24,7^{LXX}; *2Esdras* [apócrifo] 15,19; 23,14.22.31): neste sentido, as palavras do malfeitor exprimem a consciência de que a salvação de Deus é mediada por Jesus. Portanto, a cruz é descrita como o lugar do perdão e da salvação: Jesus implorou de Deus o perdão por seus crucificadores, e a um dos dois malfeitores, que admitiu suas culpas e reconheceu a inocência de Jesus e sua realeza divina, é prometida *hoje* a salvação.

A morte de Jesus (23,44-49)

Uma indicação cronológica exata ("a hora sexta"), a referência ao eclipse solar e à progressiva escuridão que se difunde sobre a terra até a hora nona, e a cisão do véu do templo (v. 44-45) servem de prelúdio para a descrição da morte de Jesus (v. 46). O eclipse do sol e a escuridão, para os quais diferentes explicações foram propostas, podem invocar as trevas que envolveram o Egito por três dias antes que o povo de Israel abandonasse para sempre o cativeiro (Ex 10,22; Os 8,9). A lembrança da história do exílio confere à morte de Jesus o sentido de uma libertação: da escravidão da morte para a vida eterna. Valor simbólico adquire também o rasgão profundo do véu (*katapétasma*) do santuário, que em *Lucas* acontece antes da morte: segundo uma possível intepretação, a linha de demarcação entre judeus e pagãos no acesso a Deus é definitivamente removida, sinalizando a passagem para a nova economia da aliança, baseada não mais na multiplicação de holocaustos de animais, mas no único sacrifício do Cristo[57]. Trata-se da imagem da Igreja como comunidade do novo pacto na qual judeus e pagãos são irmanados pela fé em Cristo. O grito de Jesus na cruz não denota desesperada solidão, mas entrega confiante nas mãos do Pai (v. 46); as palavras do Sl 31,6 prefiguram o resgate[58] do orante da parte do Deus fiel daquele que confiou em sua causa. O centurião, vendo a morte, atesta a inocência de Jesus, declarando-o "justo" (v. 47).

EXCURSUS – A MORTE DO JUSTO

A presença de um centurião romano junto à cruz de Jesus é atestada pelos três evangelhos sinóticos. No entanto, na versão lucana o conteúdo da confissão de fé atribuída ao funcionário imperial é substancialmente diferente das passagens paralelas. Em Mc 15,39 o centurião é o primeiro personagem humano do relato a reconhecer em Jesus o filho de Deus; no Evangelho de *Mateus* sua profissão de fé na filiação divina de Jesus (Mt 27,54) é posterior à de Pedro (16,16); no relato lucano, ao contrário, Jesus é reconhecido como *díkaios*. O significado do adjetivo grego oscila entre "justo" e "inocente". Assim procedendo, *Lucas* pretende alcançar dois objetivos: em primeiro lugar, evitar colocar na boca de um pagão uma confissão de fé tão comprometedora antes do início da missão junto aos pagãos descrita no Livro dos *Atos;* além disso, explorando o valor ambivalente do termo *díkaios, Lucas* alude tanto à *inocência* de Jesus sob a ótica jurídica quanto à sua *justiça,* em consonância com a figura do Servo sofredor de Is 53,11 (cf. tb. At 3,14; 7,52; 22,14).

Sua morte também suscita forte arrependimento da parte das multidões (v. 48). O olhar do narrador percebe em seguida a presença das mulheres que o seguiam da Galileia, e de todos os seus conhecidos que o observavam

---

57. A "hora nona" era o tempo em que se imolavam os cordeiros para a celebração da Festa da Páscoa.

58. Nos LXX o verbo empregado é *lytróomai* e serve para indicar a ideia do pagamento de uma soma em resgate de um escravo.

a distância (v. 49), possível referência aos discípulos que, na versão lucana, não fugiram, mas testemunharam a crucificação de Jesus, mas mantendo-se a distância: o escândalo da cruz abalou seriamente a fraca fé de seus discípulos (22,31). Será necessário esperar o evento pascal e a efusão do Espírito para que essa possa ser corroborada e consolidada em vista do testemunho evangélico.

O sepultamento de Jesus (23,50-56)

O relato da paixão termina com a descrição do sepultamento de Jesus (23,50-56), garantido por um nobre membro do sinédrio, contrário à sua condenação: trata-se de José de Arimateia, um homem bom e justo que aguardava o Reino de Deus. Em base às descrições de Dt 21,22-23, o cadáver de um homem pendurado no madeiro, considerado um amaldiçoado por Deus, devia ser sepultado antes do anoitecer para evitar que contaminasse a terra santa. O corpo de Jesus é colocado num sepulcro entalhado na rocha, no qual ninguém ainda havia sido sepultado. Era a *Parasceve* – isto é, a sexta-feira que precedia o repouso sabático –, e as luzes da aurora que preanunciavam o sábado já espreitavam o horizonte. A seção termina com as mulheres observando o lugar onde Jesus tinha sido colocado e, de volta às suas casas, preparam os aromas e os óleos perfumados para voltar à tumba após o repouso sabático (v. 55-56).

Os relatos de ressurreição (Lc 24,1-53)

Lucas apresenta uma versão muito mais ampla do relato da ressurreição que *Mateus* e *Marcos*. De fato, a parte do episódio do descobrimento do sepulcro vazio pelas mulheres (24,1-12) e o encontro do Ressuscitado com os discípulos a caminho de Emaús (24,13-35) são um *unicum* da tradição evangélica, embora Mc 16,12-13 faça um pequeno aceno. Também a aparição do Ressuscitado aos Onze com a atribuição missionária (24,35-49), assim como a ascensão ao céu (24,50-53), é mais ampla e responde à exigência de *Lucas* de favorecer em seu leitor um percurso de progressivo *reconhecimento* das vicissitudes do Cristo, à luz das Escrituras e na perspectiva da missão apostólica[59].

---

[59]. Cf. LANDI, A. Dal riconoscimento alla testimonianza – Il racconto della risurrezione di Gesù in Lc-At. In: LANDI, A. (org.). *Il paradosso della risurrezione di Gesù* (Studi Biblici). Bolonha: EDB, 2019, p. 61-87.

As mulheres no sepulcro (24,1-12)

As mulheres, que tinham visto o sepultamento de Jesus, voltam ao sepulcro no primeiro dia depois do sábado, ao amanhecer: os perfumes que haviam preparado serviriam para ungir o corpo de Jesus, mas a pedra rolada e o sepulcro vazio geram nelas incerteza e perplexidade, já que ignoram o que possa ter acontecido e onde estaria o corpo de Jesus[60]. A aparição de dois homens de vestes fulgurantes revela às mulheres, apavoradas, o que havia acontecido: o Vivente, título tradicionalmente atribuído a Deus nos LXX, não estava entre os mortos (v. 5). Os seres divinos pedem às mulheres para que acionem a memória relativa ao ensinamento de Jesus sobre sua paixão, morte e ressurreição (cf. 9,22.44; 18,32b-33): realizou-se a vontade de Deus prevista por Ele (24,6-7)[61].

A lembrança gera o anúncio (v. 8-11): as mulheres[62] relatam aos apóstolos e a todos os outros o que aconteceu, mas suas palavras são consideradas pouco dignas de fé. Por outro lado, o direito judaico não concedia valor jurídico ao testemunho das mulheres. O túmulo vazio revela uma ausência, mas não pode fornecer ulteriores esclarecimentos. Dada sua ambiguidade, a fé no evento pascal não pode ser fundada, nem historicamente nem teologicamente, no sepulcro privado do corpo de Jesus. A visita de Pedro ao sepulcro, que não gera a fé, serve como transição entre o encontro do sepulcro vazio e a aparição do Ressuscitado a caminho de Emaús.

O Ressuscitado encontra os discípulos a caminho de Emaús (24,13-35)

O grupo que seguiu Jesus da Galileia é composto não apenas pelos Doze, mas inclui um número de seguidores muito mais amplo (em 10,1-12 Jesus envia em missão setenta e dois discípulos). Ao grupo mais amplo pertencem Cléofas e o outro discípulo, cujo nome não é mencionado, que voltam para Emaús. Entretidos numa conversa entre si sobre os fatos acontecidos, não se dão conta de que, nas aparências de um viajante comum, o Ressuscitado colocou-se ao lado deles perguntando a razão de suas con-

---

60. *Lucas* intencionalmente não usa o termo *ptóma* para indicar o "cadáver" e recorre ao termo *soma*, antecipando o tema do "corpo" ressuscitado, como o confirma o uso do título *Kýrios*. Cf. tb. 24,23.

61. Cf. o uso do verbo impessoal *dei*.

62. Só agora são indicados os nomes de Maria de Magdala, Joana e Maria de Tiago e outras. Cf. Mc 16,1, onde também Salomé aparece.

versações (v. 14-17). Estes não o reconheceram não apenas em razão da tristeza que os invadia, mas também porque era necessário que se lhes revelasse o sentido das Escrituras.

Os dois começam a expor os fatos acontecidos na vida de Jesus de Nazaré, descrito como "profeta poderoso em obras e palavras, diante de Deus e dos homens" (v. 19). Sua morte, no relato de *Lucas*, fora decretada pelos sumos sacerdotes e pelos chefes do povo, ao passo que *Lucas* não faz nenhuma referência às autoridades romanas. Com sua morte também a esperança de libertar Israel desapareceu. Os dois discípulos estavam presentes quando as mulheres falaram sobre o sepulcro vazio e sobre a visão angélica, na qual se atestava que Ele estava vivo (cf. 24,5). Para eles o relato termina com a verificação do túmulo vazio, narrado por alguns discípulos. Não ter visto o Ressuscitado, no entanto, levanta mais dúvidas do que certezas. A intervenção de Jesus (v. 25-31) consente aos discípulos passar do ceticismo à fé na ressurreição, mostrando a coerência do percurso do Cristo à luz do desígnio divino (cf. o uso de *édei* em 24,26) e das Escrituras. A fração do pão, que representará um elemento constitutivo da comunidade cristã (cf. At 2,42.46; 20,7), dissipa definitivamente qualquer dúvida sobre a real identidade do viandante: é o Ressuscitado (v. 29-31). Regressados a Jerusalém, os discípulos de Emaús comunicam aos outros discípulos ter encontrado o Ressuscitado, e, por sua vez, são confortados pela notícia de que Ele também apareceu vivo a Simão (v. 33-35).

O Ressuscitado aparece aos discípulos em Jerusalém (24,36-49)

A manifestação aos Onze em Jerusalém e a entrega do mandato missionário sinaliza a última e decisiva passagem para o reconhecimento da realidade da ressurreição. Se o sepulcro vazio se mostrou um indício insuficiente para crer que Jesus estava vivo, a aparição do Ressuscitado abre o coração dos discípulos à inteligência das Escrituras, colocando-os em condições de compreender o sentido de sua paixão, morte e ressurreição à luz dos oráculos proféticos (v. 44-46). A ingestão de alimentos na presença de seus discípulos é uma ulterior prova que confirma a dimensão corpórea de sua nova condição de ser vivente (v. 37-43). Enfim, a missão dos apóstolos, encarregados de testemunhar a realização das promessas proféticas e a salvação em Jesus Cristo, é legitimada pelo Ressuscitado, cujos fundamentos se encontram nas Escrituras. No entanto, será preciso aguardar a efusão do Espírito do alto para que essa missão possa ter início em Jerusalém e dilatar-se até os confins da terra (At 1,8), destinando-se primeiramente à conversão dos judeus e, em seguida, dos pagãos (v. 47-49).

> ### *EXCURSUS* – OS RELATOS DAS APARIÇÕES DO RESSUSCITADO
>
> A versão lucana dos relatos pascais é decisivamente mais ampla do que os textos paralelos de *Mateus* (28,1-20) e *Marcos* (16,1-20). O relato da aparição do Ressuscitado aos dois discípulos a caminho de Emaús (24,13-36) é exclusivo de *Lucas*, assim como outros pormenores de ordem lexical, temática e narrativa revelam o cuidadoso trabalho redacional feito pelo terceiro evangelista em cima de um material à sua disposição. De modo particular emerge a vontade do evangelista de colocar o leitor em condições de passar do *reconhecimento* do Crucificado-Ressuscitado ao *testemunho* do *kérygma*, centrado no mistério da morte e da ressurreição de Cristo. O túmulo vazio (24,1-12) é a primeira etapa do itinerário: trata-se, no entanto, de um indício que se revela insuficiente porque mostra a ausência do corpo e nada diz em relação ao ocorrido. Urge, portanto, ouvir o anúncio pascal ("ressuscitou"), e, sobretudo, fazer *memória* (24,6.19.44) do que Jesus havia profetizado ainda em vida: sua paixão, morte e ressurreição já tinham sido profetizadas nas *Escrituras* de Israel (24,25-27.32.44.45), e correspondem ao desígnio divino da salvação (24,7.26.44.46), das quais os apóstolos (e o leitor) são constituídos em *testemunhas*.

A assunção de Jesus ao céu (24,50-53)

A cena da assunção[63] de Jesus (24,50-53) conclui o relato lucano através de uma significativa inclusão com a cena de abertura do mesmo evangelho: subindo ao céu, Jesus abençoa seus apóstolos, ao passo que Zacarias, tornado mudo, não conseguiu transmitir a bênção sacerdotal ao povo (1,21-22); a revelação do nascimento de João é ambientada no templo, em Jerusalém

---

63. É preferível falar de *assunção* e não de *ascensão*, respeitando a opção do evangelista que usa o verbo *anaphérein* no imperfeito médio passivo para enfatizar a ação divina, como o confirma o aoristo passivo *diéste* ("foi arrebatado") em 24,51 e o aoristo passivo *epérthe* ("foi elevado") em At 1,9.

(1,8), onde os discípulos, cheios de alegria pela ressurreição, se dirigem para louvar a Deus, no último versículo do Evangelho de *Lucas* (v. 53).

Estrutura da narração dos *Atos dos Apóstolos*

O relato dos *Atos* começa onde havia terminado o terceiro evangelho: a assunção de Jesus ao céu e a promessa da efusão do Espírito são as premissas para a missão dos apóstolos (1,1-14). Segundo o programa evocado em 1,8, a primeira etapa do caminho testemunhal dos discípulos é Jerusalém (1,15–8,3), onde o anúncio da salvação ressoará, sobretudo nos discursos de Pedro e de Estêvão, no templo e na presença do sinédrio e do povo jerosolimitano. O apedrejamento de Estêvão e a primeira perseguição contra os seguidores do *Caminho* assinalam a passagem da palavra de Jerusalém para a Samaria (8,4–12,25) e o redimensionamento da missão para os pagãos: proclamando o evangelho na casa de Cornélio, Pedro reconhece que Deus não faz distinção de pessoas, mas concede a salvação a quem acreditar nele. As etapas sucessivas da narração são centradas nas viagens de Paulo, narradas em duas fases (13,1–15,35 e 15,36–21,14), que culminam com sua prisão em Jerusalém. Na última sequência o protagonista do relato é Paulo: mesmo aprisionado, consegue chegar a Roma e continuar sua pregação com franqueza e sem obstáculos (21,15–28,31).

1,1-14: Prólogo
1,15–8,3: O testemunho em Jerusalém
8,4–12,25: O redimensionamento da missão para os pagãos
13,1–15,35: O caminho de Paulo e da palavra
15,36–21,14: A segunda e terceira viagens de Paulo
21,15–28,31: Paulo, na prisão, dá testemunho em Roma

EXCURSUS – O TEXTO DOS ATOS DOS APÓSTOLOS

De nenhum livro bíblico temos a cópia original. O texto dos *Atos dos Apóstolos*, no entanto, representa um caso único para o NT, comparável somente à dupla recensão do Livro de *Ester*, cuja versão em língua grega é diferente da versão massorética em termos de amplitude e conteúdo teológico. De fato, os manuscritos que relatam a história dos *Atos* se dividem em duas versões diferentes: o texto ocidental, presente em alguns códices da versão latina e siríaca, os mais antigos dos quais remontam ao século III, é cerca de 8,5% mais longo do que o texto alexandrino, que por sua vez é atestado em códices igualmente antigos, datáveis, também esses, do século III, bem como nos principais códices unciais, como o vaticano, o sinaítico e o alexandrino. A maioria dos estudiosos está convencida de que é possível delinear uma evolução da tradição alexandrina para a ocidental, detectando nos manuscritos pertencentes à família ocidental a intenção de fazer um esforço de aprimoramento estilístico (cf. 12,4-5), de corrigir informações relatando-as de maneira mais detalhada (cf. 16,10-11; 18,2) e de eliminar dados aparentemente contraditórios (cf. 3,11; 10,25; 15,34; 16,35-40). É plausível sustentar que os acréscimos e as correções apresentadas no texto ocidental sejam atribuíveis a uma teologia posterior, em relação àquela que encontramos no texto alexandrino, onde se destacam temas como o antijudaísmo, o primado petrino e o papel do Espírito Santo.

Guia de leitura dos *Atos dos Apóstolos*

O prólogo (At 1,1-14)

Lucas se revela não apenas um historiógrafo cuidadoso, mas também um narrador competente e um escritor elegante. Recorrendo à técnica do enredo narrativo, já em uso junto aos escritores de seu tempo[64], introduz a segunda parte de sua obra remetendo à conclusão de seu evangelho (Lc 24,44-53)[65]. O prólogo contém a promessa do Espírito e a entrega da missão aos discípulos (1,1-8) e se conclui com o relato da assunção de Jesus ao céu (1,9-14).

Na dedicatória inicial (1,1-2) Lucas se dirige ao seu destinatário, Teófilo, fazendo referência ao conteúdo de sua primeira obra, centrada na gesta e nos ensinamentos de Jesus, do início à sua assunção ao céu.

---

64. Cf. LUCIANO DI SAMOSATA. *Come si scrive la storia*, p. 55.

65. Observe a composição concêntrica de Lc 24,47-49 e At 1,4-8: a) anúncio *a todas as nações*, partindo de *Jerusalém* (Lc 24,47); b) os apóstolos são *testemunhas* dessas coisas (Lc 24,48); c) Jesus enviará *aquele que meu Pai prometeu* (Lc 24,49a); d) espera *na cidade* para ser revestidos do poder do alto (Lc 24,49b); (d¹) ordem de ficar em *Jerusalém* (At 1,4a); (c¹) espera pela *promessa do Pai* (At 1,4b.8a); (b¹) os apóstolos serão *testemunhas* do Ressuscitado (At 1,8b); (a¹) de *Jerusalém*, para Judá e Samaria, *até os confins da terra* (At 1,8c).

O relato da prolongada aparição do Ressuscitado, por quarenta dias (1,3-8), é um dado novo em relação a Lc 24: antes de conferir-lhes a tarefa missionária, Jesus instruiu os seus sobre o Reino de Deus, convidando-os a aguardar em Jerusalém o dom do Espírito Santo, que seria derramado sobre eles, a fim de que se tornassem suas *testemunhas* "em Jerusalém, em toda a Judeia e Samaria, até os confins da terra" (v. 8). Os destinatários da missão apostólica são, portanto, judeus e pagãos (cf. Lc 24,47)[66].

Descrevendo a assunção do Ressuscitado (1,9-14), Lucas omite o gesto de abençoar (Lc 24,50-51) e confia à voz do anjo o anúncio da volta do Senhor glorioso (cf. Lc 21,17), dando assim resposta à questão posta pelos discípulos a Jesus sobre o restabelecimento do reino de Israel. Estes são convidados a viver o tempo do testemunho do reino, partindo de Jerusalém, lugar símbolo do judaísmo, onde o grupo apostólico se estabelece e persevera unanimemente na oração, junto com algumas mulheres, com Maria e os irmãos de Jesus.

EXCURSUS – O CAMINHO DA PALAVRA

O título do segundo tomo da obra lucana, *Práxeis Apostólon*, pode induzir em equívocos acerca do conteúdo da narração. De fato, os protagonistas do Livro dos *Atos* não são os apóstolos, mas a *palavra* do evangelho. O objetivo do narrador não é expor a vida dos sucessores de Cristo, nem exaltar suas virtudes heroicas; Pedro e Paulo, assim como Estêvão e Filipe e todos os demais, são testemunhas da realização da salvação de Deus em seu Filho Jesus. Lucas apenas se detém nas histórias biográficas que dizem respeito a cada um dos apóstolos para realçar a plena conformação de suas vidas a Cristo, através de um procedimento chamado *sýnkrisis*. Ele evita relatar a morte das principais testemunhas, Pedro e Paulo, para que o leitor não perca de vista o verdadeiro objetivo da narração: a difusão da palavra evangélica de Jerusalém até Roma. Não por acaso estas são as duas cidades que emolduram o relato dos *Atos*, e representam, respectivamente, o mundo judaico e pagão, aos quais é destinada a proclamação da salvação. Na perspectiva lucana, é evidente que o *kérygma* só pode tornar-se conhecido através das *testemunhas*, cujos itinerários se entrelaçam, mas não se sobrepõem nem conflitam, já que sustentadas pelo único e mesmo Senhor.

---

66. A fórmula *héos eschátu tés ghés* ("até os confins da terra") ecoa a passagem de Is 49,6, onde se faz referência às nações estrangeiras; a intenção lucana da citação de Isaías deve ser entendida em sentido *étnico*: a mensagem evangélica é destinada aos *judeus* e aos *pagãos*.

O testemunho em Jerusalém (At 1,15–8,3)

Com a assunção de Jesus à direita do Pai inaugura-se o tempo da missão da Igreja: esta tem início em Jerusalém, onde se constitui a primeira comunidade, caracterizada pela escuta da pregação apostólica, pela partilha dos bens, pela fração do pão e pela pregação (1,15–2,47). Não faltam, porém, conflitos: o sinédrio se opõe firmemente à difusão da mensagem evangélica, e em ao menos dois casos tenta reprimir a atividade missionária com a prisão dos apóstolos (4,1-22; 5,17-41). A repressão não produz os efeitos esperados; aliás, os missionários prosseguem seu caminho e continuam difundindo a palavra de salvação (8,1-4). A Igreja de Jerusalém também deve enfrentar as tensões internas à comunidade, como o caso de Ananias e Safira (5,1-11) e as reclamações das viúvas dos helenistas (6,1-6): inspirada pelo Espírito, porém, conserva a comunhão e dá continuidade a seu compromisso missionário.

A reconstituição do grupo dos Doze (1,15-26)

A primeira sequência do relato dos *Atos* é ambientada em Jerusalém[67]: é aqui que tem início a missão testemunhal dos apóstolos, como solicitara o Ressuscitado (cf. 1,8). Primeiramente faz-se necessário reconstituir o grupo apostólico dos doze, e por duas razões: o número corresponde às doze tribos de Israel, cujo restabelecimento definitivo é previsto para o fim dos tempos (cf. Is 40–55), e também porque remete à promessa feita por Jesus aos discípulos de sentar-se no trono e exercer o domínio sobre as doze tribos de Israel (Lc 22,30).

No lugar do traidor Judas, cujo suicídio é descrito com detalhes assustadores, (1,18-19)[68], é eleito Matias. O critério da escolha é tríplice: em primeiro lugar, cristológico, já que aquele que será eleito deverá ser escolhido dentre os que seguiram a Jesus do batismo de João até sua ascensão; em segundo lugar, eclesial, visto que será chamado a dar testemunho do evangelho junto aos outros apóstolos; enfim, por último, teológico, pois será Deus a indicar quem, entre Matias e José Barsabás, assumirá o lugar de Judas (1,21-26).

---

67. O narrador sublinha que o número dos presentes é de (aproximadamente) *cento e vinte*, salientando a notável ampliação da comunidade em vista da missão que deverá enfrentar.

68. Lucas incorpora uma tradição diferente em relação a Mt 23,7-10.

A efusão do Espírito e o discurso de Pedro (2,1-41)

Reconstituído o grupo apostólico, o esperado dom do alto (Lc 24,49; At 1,4-8) desce de repente sobre eles, quando todos estavam reunidos no mesmo local (2,1-13). Não é casual que o Espírito se tenha difundido no Dia de Pentecostes: é a festa na qual os hebreus fazem memória do dom da lei no Sinai e, antes ainda, o dia em que celebravam a ação de graças ao Senhor pelo dom das colheitas. Neste sentido a comunidade dos discípulos representa a primícia do Espírito que renova a aliança entre Deus e seu povo, não mais inscrita em tábuas de pedra, mas no coração (Jr 31,31-34; Ez 36,24-27). O barulho que vem do céu, o vento impetuoso e as línguas de fogo são símbolos teofânicos. O Espírito é descrito enquanto se divide e pousa sobre cada um dos presentes: é o sinal de que cada um dos discípulos recebe a força (*dýnamis*) em igual medida para proclamar até os confins da terra a mensagem da salvação.

O evento pentecostal favorece o afluxo de inúmeros peregrinos a Jerusalém: Lucas sublinha que em Jerusalém viviam "judeus observantes de todas as nações que há debaixo do céu" (v. 5), preparando assim o cenário para o primeiro discurso missionário de Pedro. A palavra da salvação é anunciada em Jerusalém e, em primeiro lugar, ao povo judeu, assim como havia preanunciado o Ressuscitado (Lc 24,47; At 1,8). Os povos mencionados em 2,9-11a indicam, por um lado, o judaísmo disperso na diáspora, a quem será destinada a missão paulina e, por outro, a proclamação do evangelho também junto às nações estrangeiras, prefigurando a inclusão dos pagãos entre os beneficiários da salvação divina.

O discurso proferido por Pedro (2,14-36), porta-voz do grupo apostólico, religa a efusão do Espírito ao oráculo de Jl 3,1-5: o espírito de profecia é dado sem medida por Deus em vista do anúncio evangélico, para que "todo aquele que invocar o Senhor" possa ser salvo. O *kýrios* é Jesus de Nazaré, crucificado pelos homens, mas redimido por Deus: a ressurreição é descrita como um evento paradoxal, mas previsto pelas Escrituras (cf. a citação do Sl 15,8-11). A toda a casa de Israel é testemunhado que Jesus é o messias esperado pelo povo e o Senhor (cf. Sl 109,1) a quem submeteu os seus inimigos. O apelo de Pedro à conversão (*metánoia*, literalmente: "mudança de mentalidade") e o pedido de fazer-se batizar são acolhidos por cerca de três mil pessoas (2,37-41). Também neste caso insiste-se que o crescimento da comunidade não deve ser atribuído a uma estratégia humana, mas ao agir divino[69].

A vida da primeira comunidade cristã (2,42-47)

A vida da primeira comunidade de fiéis, plasmada pelo Espírito e sustentada pela solícita ação divina, é marcada pela escuta do ensinamento apostólico (*didaché*), pela partilha dos bens (*koinonía*), pela fração do pão (*klásis*) e pela oração (*proseuchái*). Neste primeiro sumário do Livro dos *Atos* são englobadas as quatro colunas angulares do edifício eclesial: a proclamação da palavra pelos apóstolos suscitando no coração dos fiéis o desejo de viver juntos, a condivisão do que cada um possui, a partilha do pão memorial da Última Ceia e a frequentação do templo. Os seguidores de Cristo não se concebem uma religião alternativa ao judaísmo, mas reconhecem que em Jesus se realizaram as promessas de salvação feitas aos antigos pais.

A cura de um paralítico e o discurso de Pedro no templo (3,1-26)

A cura do paralítico junto à Porta Formosa do Templo de Jerusalém (3,1-10) revela o poder eficaz e curador da palavra evangélica: à pobreza material que caracteriza os discípulos de Jesus corresponde a riqueza da graça que se manifesta nos sinais e prodígios que estes realizam (cf. 2,43), demonstrando que através deles é Deus que age e que confirma a palavra dos apóstolos. A descrição do ato prodigioso realizado ecoa, segundo a técnica da *sýnkrisis*[70], a cura do paralítico operada por Jesus em Cafarnaum (Lc 5,17-26): em ambos os casos, a ênfase é posta sobre a remissão dos pecados e sobre a salvação concedidas aos enfermos. Pedro não cura a título pessoal, mas invoca o nome de Jesus o Nazareno. É uma característica típica da teologia lucana: a proclamação do *nome* (*ónoma*) torna presente a pessoa invocada. Nos *Atos* o batismo acontece em nome do Senhor[71], assim como os missionários dão testemunho e curam em seu nome[72].

---

69. O verbo *prosetéthesan* pode ser entendido como um passivo teológico: é Deus que faz crescer o número dos fiéis.

70. A *comparação* (*sýnkrisis*) entre dois personagens com o objetivo de fazer emergir a superioridade de um sobre o outro é conhecida na literatura antiga. Cf. PLUTARCO. *Vite parallele*. No Livro dos *Atos* o paralelismo entre Jesus e seus discípulos tem principalmente um objetivo duplo: 1) caracterizar a figura do discípulo sob o modelo do mestre; 2) enfatizar a continuidade entre o ministério apostólico e o jesuânico no horizonte do desígnio divino da salvação.

71. Cf. 2,38; 8,16; 10,48; 19,5; 22,16.

72. Cf., respectivamente, 4,17-18; 5,28.40; 9,27-28; e 3,6.16; 4,7.10.30; 19,11-20.

Pedro proclama o *kérygma* também junto ao Pórtico de Salomão, que se situava no lado oriental do perímetro do templo, lugar símbolo da religiosidade judaica (3,11-26): chegou o momento do povo de Israel reconhecer em Jesus o profeta escatológico, de cuja escuta depende a salvação. Pela fé posta em Jesus, condenado à morte pelos homens, mas ressuscitado por Deus, o aleijado foi curado de sua enfermidade. A salvação, portanto, é estendida a todos os que se convertem e decidem acolher o evangelho.

A reação hostil das autoridades judaicas (4,1-31)

A pregação apostólica suscita a reação veemente das autoridades espirituais do povo: Pedro e João são presos e encarcerados. Convocados a apresentar-se ao sinédrio, confessam com franqueza (*parresía*, v. 13) que a salvação, de que se beneficiou o aleijado, é concedida por Deus exclusivamente por meio de Jesus Cristo. De nada valem as ameaças dos membros do sinédrio: a verdade não pode ser calada (v. 19-20)[73], e os apóstolos prosseguem seu anúncio, que já havia registrado um notável incremento de fiéis. Retornados em liberdade, os dois apóstolos se juntam aos outros discípulos e juntos dirigem uma calorosa oração a Deus para que lhes conceda a graça de proclamar com coragem a palavra da salvação (v. 23-31). O leitor lucano pode perceber claramente a linha de continuidade que irmana o mestre e seus discípulos nos sofrimentos que estes devem enfrentar para proclamar o evangelho, sempre sustentados pela força do Espírito Santo.

A partilha dos bens (4,32–5,11)

Os diferentes membros da Igreja jerosolimitana dão testemunho do Ressuscitado aceitando compartilhar tudo o que possuem, como está escrito no segundo sumário que o evangelista propõe aos seus leitores (4,32-35). No relato lucano, a *koinonía* dos bens não é obrigatória, mas é inspirada pelo Espírito Santo que impregna a comunidade apostólica e leva à realização a bênção divina prometida ao Israel escatológico (Dt 15,4: "Não haverá nenhuma necessidade entre vós"). Dessa forma são suprimidas todas as diferenças so-

---

73. A declaração que Lucas atribui a Pedro e João: "Julgai vós mesmos se é justo diante de Deus obedecermos mais a vós do que a Deus; não podemos deixar de falar do que vimos e ouvimos" (4,19-20), além de reiterar o estatuto testemunhal da missão apostólica, marca uma clara tomada de distância do sinédrio, órgão máximo de garantia da ortodoxia judaica. São colocadas as bases para a futura separação entre judaísmo e cristianismo.

ciais entre os fiéis, e a comunidade eclesial se edifica sob o signo da unidade. A linguagem lucana, além disso, se aproxima dos mitos dos relatos de fundação e o ideal da *philía* antiga. Quem garante a unidade da comunidade cristã, no entanto, não é a partilha de um valor ou de uma virtude, mas a fidelidade a Cristo e a recíproca assistência nas necessidades.

Seguem o exemplo virtuoso de José, cognominado Barnabé[74], que deposita aos pés dos apóstolos toda a soma conseguida com a venda de um terreno (4,36-37), e a história dramática do casal Ananias e Safira, que reservam para si parte da venda de seus bens (5,1-11). Eles não eram obrigados a fazê-lo, mas com essa atitude mentiram ao Espírito Santo e a Deus, e sua morte é um claro sinal de que a ética da comunidade pode ser gravemente abalada pelo uso privativo dos recursos econômicos[75].

Terceiro sumário e ulteriores ameaças (5,12-42)

Ao drama de Ananias e Safira Lucas faz seguir o último grande sumário dos *Atos*, no qual põe em evidência o poder taumatúrgico que Deus concedeu aos apóstolos (5,12-14). Em particular, Pedro é descrito com traços característicos que remetem à atividade curadora de Jesus: o narrador modela a figura do apóstolo em perspectiva cristológica, indicando a origem da missão petrina juntamente com a continuidade que liga o ministério de Jesus e o de Pedro na história da salvação (5,15-16).

A ameaça, no entanto, está sempre à espreita (5,17-42): por vontade do sumo sacerdote e dos saduceus, os apóstolos são encarcerados, mas um anjo enviado pelo Senhor os liberta e os exorta a pregar publicamente no interior do templo. O desconcerto é enorme entre os membros do sinédrio, que, com muito mais cautela, prendem novamente os discípulos. As palavras de Pedro e dos outros reiteram que é necessário obedecer a Deus antes que aos homens. A lembrança da execução de Jesus, atribuída por Pedro ao sinédrio, desencadeia a ira dos presentes, que falam em condenar à morte os apóstolos. É um fariseu, Gamaliel, que convida todos à moderação e ao discernimento atento quanto à origem do movimento apostólico, lembrando de uma série de personagens anteriores que se pretendiam enviados por Deus

---

74. Mesmo que a etimologia seja incerta, parece que o nome *Barnabé*, traduzido pela expressão "filho da consolação", busca sublinhar uma característica do personagem; isto é, a de infundir coragem.

75. Em 5,3 aparece o verbo *nosphízo*, que significa "separar para si", "aproveitar-se".

e acabaram no anonimato. Também neste caso, afirma Gamaliel, trata-se de uma veleidade humana: terá vida breve, mas, se oriunda de Deus, não convém fazer-lhe oposição.

A instituição dos sete diáconos e o testemunho de Estêvão (6,1–8,3)

A comunidade não deve enfrentar problemas apenas externamente, mas internamente também. Lucas continua descrevendo, no capítulo 6, outra situação desagradável que apareceu entre os discípulos. Trata-se do protesto dos helenistas (6,1-6), judeus de língua grega que tinham aderido à fé em Cristo, em razão da negligência sofrida por suas viúvas no serviço cotidiano. Esta observação, evidentemente considerada justa, induziu os apóstolos a escolher sete homens, de provada fé e cheios do Espírito, a fim de que pudessem ocupar-se do serviço das mesas. Dentre esses figuram Estêvão e Filipe que, embora não pertencendo ao grupo apostólico, assumiram um papel preponderante na difusão do evangelho em Jerusalém e na Samaria. A solução funcionou a contento, visto que um ulterior e brevíssimo sumário (v. 7) informa que a comunidade crescia sempre mais em número, alcançando também muitos sacerdotes.

Torna-se, portanto, protagonista do relato Estêvão, que cheio do Espírito realiza prodígios e grandes sinais entre o povo. Sua pregação inspirada bate de frente com a hostilidade da sinagoga dita dos libertos, composta por judeus provenientes da diáspora judaica, que lhe imputavam ter dito coisas blasfemas contra Moisés e Deus. Tentam também colocar o povo contra ele, convocando falsas testemunhas: através de Estêvão continua o processo instaurado contra Jesus, objetivando desprestigiar a pregação evangélica e acusá-la de irreverência (6,8-15). Um longo discurso de Estêvão (7,2-25), interrogado pelo sumo sacerdote e pelos membros do sinédrio (7,1), reconstrói as grandes etapas da história bíblica, com o objetivo de inocentar-se das acusações que pesavam contra si. As inúmeras referências aos eventos históricos de Israel e as citações bíblicas revelam a notável competência com que Estêvão relê a história da salvação, segundo o convite que o Ressuscitado havia feito mais vezes aos Doze, e que agora encontra ampla ilustração. O discurso termina com a acusação final aos judeus que, da mesma forma que seus pais no deserto, fazem resistência à ação do Espírito e persistem em sua recusa de crer em Jesus[76].

---

76. Mesmo que Estêvão nunca mencione o nome de Jesus, o adjetivo *díkaios* remete à confissão do centurião junto à cruz (Lc 23,47).

As palavras de Estêvão não levam os espectadores à conversão, mas à irritação (7,54). E assim, enquanto contempla os céus abertos e a glória do filho do homem, é conduzido para fora da cidade e apedrejado, segundo prevê a lei mosaica em caso de blasfêmia (Lv 24,14-16; Nm 15,35-36; Dt 17,2-7). Seu destino evoca o de Jesus: também ele morre, inocente, implorando a Deus o perdão por seus assassinos e, rezando, se entrega ao Senhor (7,55-59). A eliminação de Estêvão, primeira testemunha a derramar o sangue pela causa do evangelho, é o prólogo de uma perseguição mais difusa e violenta perpetrada contra a Igreja (*ekklesía*) jerosolimitana (8,1-3). Dentre os principais perseguidores está Saulo, já introduzido por Lucas por ocasião do apedrejamento de Estêvão (7,58). Aos seus pés as testemunhas depõem seus mantos em uma transferência ideal de poder: caberá agora a Saulo continuar a feroz represália, sobretudo dos fiéis provenientes do judaísmo helenístico.

A guinada em direção aos pagãos (At 8,4–12,25)

A perseguição contra os membros da Igreja jerosolimitana (8,1-3) favorece a difusão do evangelho em territórios da diáspora, segundo o programa delineado pelo Ressuscitado (1,8). A Samaria é a primeira etapa da missão evangelizadora garantida pela pregação de Filipe (8,5-25), que converte também um eunuco etíope (8,26-40), símbolo da abertura da salvação aos gentios, que culmina com a proclamação do evangelho na casa do centurião Cornélio, por obra de Pedro (10,1–11,18). No contexto do anúncio aos pagãos, Lucas insere o relato do chamado de Saulo/Paulo (9,1-31): caberá a ele percorrer os territórios da diáspora judaica até Roma para dar testemunho do Ressuscitado. A fundação da comunidade cristã em Antioquia, à margem do Rio Orontes, representa o modelo de Igreja que não contrapõe, mas integra, à luz do evangelho, judeus e pagãos (11,19-26). Enfim, a morte do tirano Herodes simboliza o triunfo de Deus sobre as potências humanas que se opõem ao caminho da palavra (12,1-25).

A evangelização por obra de Filipe (8,4-40)

A primeira onda de perseguições poupa os apóstolos, mas a dispersão representa um evento providencial porque consente a difusão da palavra na Samaria, onde assume como protagonista do relato Filipe (cf. 6,5), cuja pregação, corroborada por gestos prodigiosos, atrai muitos fiéis que se fazem batizar.

Os apóstolos decidem enviar Pedro e João, que invocam o dom do Espírito sobre os novos fiéis e continuam a obra de evangelização, repelindo o pedido de Simão o Mago de querer adquirir o dom do Espírito de Deus com dinheiro (8,5-25). Lucas mostra muita determinação ao descrever a rejeição de Pedro ao pedido de Simão, sinal da gravidade do risco inerente à mercantilização dos dons carismáticos. No entanto, mesmo que não seja excluída a possibilidade de Simão querer apropriar-se do Espírito para aumentar seus dotes mágicos, a descrição lucana parece deixar entender que a real intenção do mago fosse a de *imitar* os gestos dos apóstolos, e o episódio se conclui com o arrependimento do mago da Samaria.

O encontro de Filipe com o eunuco etíope (8,26-40) se adapta perfeitamente ao projeto teológico lucano, que prevê a integração dos marginalizados por motivos de ordem étnica, social e religiosa: de fato, em Israel os eunucos eram comparados a árvores secas e, no templo, não podiam ultrapassar o recinto do pátio dos pagãos. No entanto, Lucas pretende sugerir que chegou o momento da realização da profecia de Is 56,3-5 que prevê a integração do estrangeiro e do eunuco ao povo de Deus. A Filipe é solicitada a explicação do sentido da passagem de Is 53,7-8; na descrição do destino humilhante do Servo sofredor se refletem a história de Jesus e a do eunuco. Em ambos os casos, a única esperança é posta em Deus, que livrará suas vidas da humilhação. O episódio é importante também porque constitui um claro exemplo de como, segundo a comunidade cristã das origens, era necessário passar pela interpretação da Escritura para anunciar, em plenitude, a novidade de Jesus.

De perseguidor a perseguido: a vocação de testemunha evangélica de Paulo (9,1-31)

Lucas é bastante hábil em sua tentativa de entrelaçar as histórias dos protagonistas de seu relato ao buscar envolver o leitor em sua narração sobre os eventos relativos à difusão do evangelho. Até agora os pregoeiros da palavra divina foram os apóstolos e, sucessivamente, Estêvão e Filipe. Portanto, o episódio da conversão/vocação de Saulo no caminho de Damasco é paradoxal (9,1-19a). Aquele que antes se havia revelado um obstinado e ferrenho opositor dos adeptos do *Caminho* (*hodós*), termo com o qual eram designados os fiéis[77], é escolhido pelo Senhor para proclamar seu nome perante as nações, aos reis e aos filhos de Israel, enfrentando provações e sofrimentos (9,15-16). Sublinhe-se o papel que Lucas atribui, no relato, ao cristão Ananias, personagem de caráter bem definido, que embora não escondendo suas próprias dúvidas ao Senhor que lhe aparece, torna-se essencial para agregar Saulo à comunidade, mediante o batismo.

A linguagem e o estilo adotado por Lucas correspondem aos relatos de vocação da tradição bíblica: portanto, é mais correto afirmar que Saulo foi chamado para contribuir na propagação da mensagem que antes buscava obstaculizar[78]. Assim, após ter permanecido alguns dias junto aos fiéis de Damasco, Saulo começa sua pregação, primeiramente nas sinagogas damascenas, para em seguida transferir-se para Jerusalém, após uma tentativa de assassinato da qual conseguiu livrar-se. Mesmo em Jerusalém, no entanto, é obrigado a afastar-se após os conflitos que surgiram com os judeus de língua grega (9,19b-30). A contraposição a Saulo não altera o clima de paz que favorece a prosperidade e a difusão da comunidade eclesial, testemunha da palavra da salvação, nos territórios da Judeia, da Galileia e da Samaria, segundo o esquema geográfico de 1,8.

A missão pastoral de Pedro e a primeira abertura do evangelho aos pagãos (9,32–11,18)

Por ocasião da Última Ceia Jesus havia conferido a Pedro a tarefa de confirmar seus irmãos na fé (cf. Lc 22,23); o apóstolo desempenha o mesmo encargo fazendo visitas às comunidades cristãs que durante esse tempo haviam surgido em território palestinense[79]. Em Lida, Pedro cura um paralítico de nome Eneas (9,32-35), ao passo que em Jope devolve à vida uma discípula chamada Tabita (9,36-43). Os milagres feitos pelo apóstolo remetem aos gestos prodigiosos realizados por Jesus (Lc 5,17-26; 7,11-17; 8,49-56): através de Pedro, é o Ressuscitado que continua realizando obras portentosas (cf. 9,34).

---

77. Cf. 9,2; 19,9.23; 22,4; 24,14.22.

78. Sobre as motivações que permitem interpretar a cristofania de Damasco no sentido da *vocação* de Paulo ao apostolado, cf. LANDI. *La testimonianza necessaria*, p. 112-117.

79. O papel de Pedro no Livro dos *Atos* foi examinado em PALAZZO. *La figura di Pietro*.

De grande importância é o episódio narrado por Lucas, com amplitude de detalhes e repetições, nos versículos sucessivos. O encontro entre Pedro e Cornélio (10,1-48), um centurião romano residente em Cesareia, descrito como piedoso e temente a Deus, representa a primeira guinada significativa do caminho da palavra em direção aos pagãos. O narrador prepara a visita do apóstolo na casa de Cornélio através de uma dupla visão: um anjo de Deus aparece ao centurião comunicando-lhe que sua piedade agrada ao Senhor e, sem apresentar qualquer motivação, é instruído a enviar alguns homens à procura de Pedro. Pedro, por sua vez, antes que chegassem até ele os enviados de Cornélio, em visão percebe uma grande toalha contendo todos os quadrúpedes, répteis e aves da terra que desce do céu por três vezes, e uma voz celeste lhe ordena que se alimente. O apóstolo tenta opor-se, mas a mensagem é clara: "Não chames de impuro o que Deus purificou" (v. 15).

O sentido do ocorrido permanece desconhecido a Pedro até sua entrada na casa de Cornélio, onde pôde constatar que Deus não faz distinção de pessoas[80], mas concede o dom da reconciliação a todos os que o temem e creem em seu filho (v. 34-43). O discurso de Pedro é selado pela efusão do Espírito que pousa sobre Cornélio e todos os que com ele moram, antes que Pedro ministre o batismo: é a prova inconfundível que o Senhor concedeu também aos pagãos a possibilidade de acolher a palavra da salvação (v. 44-48). De volta a Jerusalém, Pedro deve enfrentar a desconfiança dos judeu-cristãos que questionam seu sentar-se à mesa com incircuncisos (11,1-8). O apóstolo expõe os fatos ocorridos, retomando mais concisamente o que o evangelista já havia narrado, objetivando persuadir seus contestadores de que sua conduta foi ditada pela vontade de Deus a fim de conceder aos pagãos o dom do Espírito, que por ocasião de Pentecostes havia sido derramado sobre eles. Também aos pagãos, portanto, é oferecida a possibilidade de converter-se e obter a vida eterna.

---

80. O adjetivo usado por Lucas, *prosopolémptes*, alude ao gesto que o rei realiza diante de seus súditos, erguendo o rosto daquele que se prostrou diante dele para mostrar sua aceitação. Cf. o termo *prosopolempsía* em Rm 2,11; Ef 6,9; Cl 3,25.

EXCURSUS – PEDRO DIFUNDE O EVANGELHO ENTRE OS PAGÃOS

O âmbito da missão cristã não é circunscrito ao ambiente judaico, mas se estende ao mundo pagão. Segundo o relato dos *Atos*, o pioneiro do anúncio aos de fora de Israel é Pedro, que na casa do centurião Cornélio, em Cesareia, proclama o *kérygma* e testemunha a efusão do Espírito sobre cada membro da casa. O apóstolo (e com ele o leitor) pode constatar que "Deus não faz distinção de pessoas", e que Ele garante a salvação a cada pessoa que o tema e realize sua justiça (10,34). A guinada em direção aos pagãos não depende da rejeição do evangelho por parte do judaísmo: de fato, a missão aos judeus continua inclusive depois de Pedro sair de cena. A evangelização dos pagãos é decretada por Deus, e Pedro só se convence disso após ter ouvido o relato da conversão de Cornélio (10,30-33). Além disso, o Espírito que irrompe na casa de Cornélio (10,44-48) não foi invocado, mas desceu do alto para selar a pregação petrina (10,34b-43). O anúncio da salvação na casa de Cornélio coloca Pedro, e a Cristandade, em contato direto com o mundo imperial, do qual o centurião é um de seus expoentes.

A Cristandade em Antioquia e Jerusalém (11,19–12,25)

Com o relato da fundação da comunidade de Antioquia (11,19-30), o narrador se reconecta com a dispersão dos fiéis verificada após a perseguição suscitada contra os seguidores de Jesus em Jerusalém (cf. 8,1-4) e recoloca em cena dois personagens: Barnabé, enviado pela comunidade de Jerusalém, e Saulo, chegado a Tarso sob iniciativa de Barnabé. Os dois missionários se entretiveram nessa grande cidade da Síria, na qual os discípulos, pela primeira vez, são denominados *christianói*. Os dois missionários ali permaneceram e instruíram as multidões ao longo de um ano. A carestia que se abateu sobre a Judeia tornou-se ocasião da Cristandade antioquena manifestar solidariedade à comunidade jerosolimitana. O ideal de partilha dos bens vivido pelos primeiros fiéis (cf. 2,42-47; 4,32-35) se estende agora às relações entre as comunidades cristãs.

A hostilidade contra a comunidade cristã não acabou. A dar-lhe vigor se encarrega Herodes Agripa I, que reinou entre 41 e 44: tendo mandado assassinar à espada Tiago, apóstolo irmão de João, Herodes decreta a prisão de Pedro (12,1-5). Lucas diz tratar-se dos dias dos ázimos, que precedem a festividade pascal; portanto, o mesmo período em que Jesus foi preso (Lc 22,1.7.54). Trata-se de outra característica que serve para moldar a história de Pedro em base à vida de Jesus. De fato, também a libertação milagrosa da prisão (12,6-11) e o reconhecimento de Pedro na casa de Maria (12,12-19) são escritos com a finalidade de fazer ecoar o relato de Ex 12 (saída do povo de Israel da terra do Egito) e para suscitar na memória do leitor o relato da paixão e da ressurreição de Jesus (Lc 22–24).

É óbvia a vontade lucana de ilustrar a continuidade do agir divino na história da salvação: o Rei Herodes, da mesma forma que, em seus idos, o faraó egípcio, não podem prevalecer sobre aqueles que Deus escolheu; não são estes, mas aqueles, que sucumbem (12,20-23). Enquanto isso, a Palavra de Deus cresce e se difunde, ao passo que Barnabé e Saulo voltam para Antioquia (12,24-25).

O caminho de Paulo e da palavra (At 13,1-15,35)

Paulo e Barnabé, escolhidos pelo Espírito (13,2), são os protagonistas da missão cristã que se difunde pelos territórios da diáspora e se dá por objetivo o anúncio da salvação primeiramente aos judeus e, sucessivamente, aos pagãos (13,46-47). As sinagogas são os lugares onde os dois missionários concentram seus esforços a fim de persuadir os judeus de que em Cristo é possível obter a plena e definitiva reconciliação com Deus (13,38-39). Não obstante os esforços dispensados, Paulo e Barnabé são violentamente hostilizados pelos judeus, que rejeitam sua mensagem, da mesma forma que nem sempre é feliz ou exitoso o encontro com o mundo pagão. Não faltam, no entanto, mesmo entre os pagãos, adesões ao evangelho. Emerge assim o problema relativo aos critérios a adotar na organização do acolhimento na comunidade eclesial dos estrangeiros, tema sobre o qual se manifestará a assembleia de Jerusalém (15,1-35).

A missão de Barnabé e Saulo (13,1-52)

É de Antioquia que tem início a primeira viagem de Paulo[81] e Barnabé (13,1–14,28), escolhidos diretamente pelo Espírito, que lhes confia a

---

81. No relato dos *Atos*, o ex-perseguidor é denominado *Sáulos* (7,58b; 8,1a.3; 9,1.11.22.24; 11,25.30; 12,25; 13,1.2) ou *Saul* (9,4.17; 22,7.13; 26,14), segundo o *nomen* aramaico. A partir de 13,9, com o início da missão junto aos pagãos, o autor recorrerá quase que exclusivamente ao *cognomen* de origem greco-romana, *Páulos*, a fim de indicar a definitiva abertura universal do evangelho.

"obra" (o termo *érgon* está incluído na sequência narrativa: 13,2; 14,26; cf. tb. 13,41) de difundir o anúncio do evangelho nos territórios da diáspora judaica. A primeira localidade alcançada pelos dois apóstolos é Chipre, onde Paulo, cheio do Espírito Santo, obtém a conversão do procônsul Sérgio, após seu triunfo sobre o mago e falso profeta judeu (v. 4-12). De forma quase paradigmática, Lucas descreve imediatamente a missão cristã forçada a enfrentar o ambiente pagão, no qual a magia e a religiosidade eram profundamente entrelaçadas e podiam representar uma séria ameaça à difusão do evangelho.

Em Antioquia da Pisídia, Paulo é convidado a fazer uso da palavra por ocasião da liturgia do sábado (13,13-41). Sua intervenção homilética é ilustrativa do anúncio cristão realizado na bacia oriental do Mediterrâneo. Na primeira parte de seu discurso, Paulo refaz as principais etapas da história de Israel, do êxodo até Jesus (v. 16b-25), detendo-se na figura de Davi, de cuja descendência, segundo a promessa divina (cf. 2Sm 7,12-16), Deus concedeu a Israel um salvador (*sotér*: cf. Lc 2,11; At 5,31): Jesus. O efeito que Paulo pretende alcançar em seu auditório é fazer culminar a história do povo eleito com a vinda de Jesus. A segunda parte tenciona duas argumentações de índole *querigmática*: nos v. 26-31 Paulo sintetiza os eventos da paixão, morte e ressurreição de Jesus. É o esquema já adotado nos discursos petrinos, atribuído agora a Paulo: o inocente condenado à morte foi ressuscitado por Deus e apareceu aos seus apóstolos, que agora são suas testemunhas diante do povo. Nos v. 32-37 o evento da ressurreição é descrito como a realização da promessa feita aos antigos pais; as citações diretas das passagens escriturísticas confirmam a argumentação paulina em base à qual afirma-se que Jesus é o filho de Deus (Sl 2,7); sua carne não foi submetida à decomposição (Sl 16,10), como fora prometido à descendência davídica (Is 55,3).

A alocução termina com o apelo final (v. 38-41): citando a passagem de Hb 1,5, Paulo exorta seu auditório a não assumir a atitude incrédula e de desdém que caracterizou a geração do profeta. A obra que Deus realizou em Jesus Cristo tem um alcance salvífico universal: de fato, a todo aquele que crer, é concedida a remissão dos pecados e a justificação. É evidente a progressão na caracterização dos destinatários: se os componentes pagãos do auditório paulino são duas vezes descritos como "tementes a Deus", os judeus são inicialmente saudados como "israelitas" e, em seguida, como "filhos da estirpe de Abraão"; na primeira ocorrência, o adjetivo "israelita" evoca o nome do povo que Deus escolheu, *Israel* (13,23.24), a cujos pais, dentre os quais

Abraão, foi feita a promessa da salvação. No entanto, a designação mais significativa é representada pelo adjetivo *adelphói* (irmãos): os judeus e os pagãos, em virtude da promessa feita a Abraão[82], têm em comum, por vontade de Deus, o fato de beneficiar-se da salvação concedida através de Jesus Cristo. A distinção étnica, sobre a qual se baseava a convicção dos judeus do exclusivo privilégio salvífico concedido por Deus a Israel, cede espaço ao princípio da *inclusão cristológica*: embora salvaguardando o primado do anúncio aos judeus, como o atesta a práxis da pregação paulina descrita no Livro dos *Atos*, ninguém é excluído da salvação. Portanto, a fraternidade e a solidariedade em Cristo são o pressuposto que liga Paulo ao seu auditório, de origem judaica e pagã.

A sequência do relato (13,42-52) descreve a reação à pregação paulina, inicialmente bastante positiva: os espectadores estão dispostos a ouvir suas palavras também no sábado seguinte, e não faltam as primeiras conversões. No entanto, a grande mobilização que se cria ao redor de Paulo e Barnabé, que envolve quase toda a cidade, gera a inveja dos judeus[83]. Na declaração dos dois pregadores relatada nos v. 46-47 está contido o programa da missão paulina: o plano divino prevê que a palavra da salvação seja proclamada primeiramente aos judeus, mas a reação de hostilidade que tiveram sinaliza a guinada em direção aos pagãos. Na realidade, a rejeição da mensagem evangélica pelos judeus é apenas uma oportunidade para dirigir-se aos pagãos; a inclusão deles no desígnio salvífico já tinha sido decretada por Deus e ratificada nas Escrituras (cf. Is 49,6)[84].

À rejeição dos judeus corresponde a alegre acolhida dos pagãos antioquenos (v. 48-49). No entanto, a perseguição é a dimensão que caracteriza o testemunho missionário, e assim Paulo e Barnabé são obrigados a fugir para Icônio (v. 50-52).

A missão em Icônio e em Listra e a volta para Antioquia (14,1-28)

Na pequena cidade frígia os dois missionários se detêm com o objetivo de pregar e fazer milagres (14,1-7). Também neste caso a presença deles

---

82. Cf. "Em ti serão abençoadas todas as famílias da terra" (Gn 12,3).

83. O termo *zélos* (13,45) indica o ardor religioso que animava os judeus que se contrapunham à pregação dos dois missionários.

84. Lucas utiliza a citação de Is 49,6 ("Coloquei-te como luz das nações para que minha salvação atue até os confins da terra") tanto em referência a Jesus (Lc 2,32) quanto a Paulo (At 13,47), visando a sublinhar a continuidade do plano histórico-salvífico entre o mestre e o discípulo.

na cidade gera divisão e, em face da enésima ameaça, encontram abrigo em Listra, onde a cura concedida a um paralítico suscita clamor e entusiasmo entre a população local, convencida de que Paulo e Barnabé representam respectivamente Hermes e Zeus, descidos sobre a terra (14,8-18). A intenção de oferecer em homenagem aos dois um sacrifício de animais revela, por um lado, a dificuldade como a Cristandade deve encarar o mundo pagão, marcado por uma religiosidade politeísta e, por outro, a pretensão dos missionários cristãos de afirmar a existência de um único Deus, "que fez o céu, a terra, o mar e tudo o que neles se encontra", convidando os habitantes da cidade a se converterem.

Após terem sofrido um violento apedrejamento da parte de alguns judeus em Listra, Paulo e Barnabé se dirigiram a Derbe para proclamar o evangelho e, em seguida, retornaram às cidades anteriormente visitadas (14,19-22). Antes de concluírem a viagem e voltarem novamente para Antioquia, às margens do Orontes (14,23-28), os dois apóstolos nomearam em cada comunidade alguns presbíteros/anciãos (*presbýteroi*), confiando-os ao Senhor, cientes de que "é necessário passar por muitas adversidades para entrar no Reino de Deus" (v. 22): neste sentido, o caminho dos missionários se parece com a trajetória de Jesus.

A assembleia de Jerusalém (15,1-35)

A pregação de Paulo e Barnabé marca a definitiva abertura da fé aos pagãos[85]. Entretanto, em Antioquia chegam até eles alguns judeu-cristãos provenientes da Judeia intencionados em persuadir os fiéis locais, de ambiente pagão, de que a circuncisão é indispensável para obter a salvação. À obrigação da circuncisão dos pagãos que aderiram à fé em Cristo se opõem claramente Paulo e Barnabé. Decide-se então que a controvérsia[86] nascida em Antioquia deve ser resolvida em Jerusalém, na presença dos apóstolos e dos anciãos (v. 2-6).

Lucas relata que Pedro é o primeiro a intervir: ele foi testemunha de que, na casa de Cornélio, Deus concedeu também aos pagãos o dom do Espírito, afastando assim qualquer discriminação deles, que são purificados não em

---

85. Cf. a imagem da "porta da fé" em 14,27.

86. Lucas utiliza os termos *stásis e zétesis* para indicar que a questão entre os dois grupos assumiu ares de um conflito e de um debate.

base à observância da lei, mas pela fé. A salvação, portanto, é destinada a todos os que, judeus ou pagãos, obtiverem a graça por meio de Jesus Cristo. Lucas não descreve o conteúdo da intervenção de Paulo e Barnabé, mas busca dar maior espaço à firme intervenção de Tiago[87], que dirime a questão tanto em base ao testemunho petrino (v. 14) quanto escriturístico: as referências ao texto de Jr 12,15 e Is 45,21 têm por cenário redacional o texto de Am 9,10-11; a tenda de Davi que Deus prometeu reconstruir é o povo que Ele escolheu para si; isto é, judeus e pagãos irmanados pela mesma fé em Cristo.

Considera-se, portanto, não sobrecarregar os pagãos que optam pelo evangelho, desobrigando-os assim da observância total da *Toráh* e da circuncisão; apenas se lhes pede que se abstenham das *contaminações dos ídolos*[88], da *imoralidade*, da (*carne*) *sufocada* e, enfim, do *sangue* (v. 19-21). No decreto apostólico endereçado à comunidade antioquena (v. 23b-29), a normativa adotada em benefício dos pagãos convertidos é descrita como aprovada pela comunidade eclesial e ratificada pelo Espírito Santo. O regulamento proposto aos pagãos lhes consente ser considerados em pé de igualdade com qualquer temente a Deus, e não como idólatras, tanto pela Igreja jerosolimitana quanto pelos demais piedosos jerosolimitanos, delineando assim um estilo de vida compartilhado pelos cristãos de origem judaica e pagã. A divulgação do conteúdo da carta junto à comunidade de Antioquia gera entusiasmo, e permite a Paulo e Barnabé continuarem a obra de evangelização sem maiores perturbações.

A segunda e a terceira viagens de Paulo (At 15,36-21,14)

O rompimento com Barnabé, seu mentor junto aos apóstolos (9,27) e companheiro durante sua primeira viagem (13,1–14,28), não impede Paulo de retomar seu itinerário missionário dirigindo-se aos territórios da Grécia e da Ásia Menor: filipenses (16,11-40), tessalonicenses (17,1-9), atenienses (17,16-34), coríntios (18,1-17) e efésios (19,1-41) representam as etapas principais de sua pregação, antes de dirigir-se a Jerusalém. Não faltam as adversidades que teve que enfrentar por causa do evangelho: encarcerado em

---

87. Tiago é introduzido pela primeira vez no relato em 12,17, sem qualquer outra informação. É plausível considerar que ele tenha assumido a condução da comunidade cristã de Jerusalém após o deslocamento de Pedro para o território siro-fenício (9,32-15).

88. Entende-se aqui os alimentos destinados aos ídolos ou consumidos nos banquetes dos ritos pagãos.

Filipos, apedrejado em Bereia, ridicularizado em Atenas, rejeitado pelas sinagogas de Corinto e de Éfeso, Paulo não desanima e continua sua atividade missionária nas casas e "na escola de um homem chamado Tirano" (19,9). Os sinais e os prodígios que realiza, curando os doentes (19,11-12) e trazendo de volta à vida o jovem Êutico (20,7-12), são as provas mais evidentes do suporte que Deus lhe concedeu. Lucas o retrata como pastor ideal (20,18-35), incansável em sua missão de testemunhar o Senhor ressuscitado.

O conflito com Barnabé e os preparativos da segunda viagem de Paulo (15,36–16,10)

A segunda viagem não nasceu da forma mais desejada: constata-se uma forte tensão entre Barnabé, intencionado em levar consigo também João Marcos, e Paulo, que se opõe firmemente à escolha do companheiro (15,36-41). Seus caminhos se dividem: enquanto no relato Barnabé sai definitivamente de cena, Paulo emerge como protagonista absoluto da narração lucana, dirigindo-se primeiro com Silas para a Síria e a Cilícia, e em seguida para Derbe e Listra, onde escolhe por companheiro de estrada Timóteo, filho de uma judia convertida e de pai grego. Antes de partir, para evitar problemas com os judeus residentes na região da Licônia, o fez circuncidar (16,1-5).

O itinerário dos missionários não é planejado conforme as exigências de caráter humano: é o Espírito que indica o caminho. Pela primeira e única vez no relato, o Espírito impede a Paulo e a Timóteo a via de acesso à Ásia e à Bitínia, forçando-os a dirigir-se a Trôade (16,6-8). A visão noturna de um homem que lhe pede para passar pela Macedônia para prestar-lhe auxílio, revela a Paulo o plano divino de evangelizar em território macedônio (16,9-10). Em 16,10 tem início a primeira *seção-nós* dos *Atos*: subitamente, o relato passa a conjugar os verbos na primeira pessoa do plural: "Depois da visão, *procuramos* partir logo para a Macedônia..."

A missão em Filipos (16,11-40)

Filipos é a primeira etapa grega da segunda viagem paulina: a conversão de Lídia, negociante de púrpura, é indício da relevância que a mulher assumiu na Cristandade lucana e do fascínio que o evangelho exerceu também sobre os estratos social e economicamente mais elevados (16,11-15).

O exorcismo de uma escrava vidente, que apontava Paulo e Silas como servos do Deus altíssimo e pregoeiros da salvação, suscita a reação negativa dos patrões da escrava que obtinham ganhos consideráveis de seus oráculos (16,16-24). Conduzidos à presença dos magistrados locais, os dois missionários são acusados de semear a desordem na cidade e, enquanto judeus, indiciados por propagar costumes que aos cidadãos romanos não é lícito nem acolher nem praticar. A situação tende a agravar-se também por causa da multidão que se formou e que invocava severas penas aos dois pregadores.

Na mira da acusação, na verdade, está a mensagem evangélica: é em nome de Jesus Cristo que Paulo exorcizou o espírito de adivinhação que consentia à mulher profetizar; no banco dos réus, os dois são reconhecidos como judeus que difundem costumes (*éthe*) incompatíveis com a cultura e a religiosidade romana.

Aqui se entrecruzam dois motivos particularmente caros à teologia lucana: a matriz judaica da Cristandade e a vontade de credenciar-se como *religio licita* em relação ao poder imperial. De fato, a milagrosa libertação da prisão de Paulo e Silas (16,25-34) não é interpretada como fuga, mas como soberano ato divino que estabelece a inocência dos missionários e suscita a conversão do carcereiro e de toda a sua família. A pergunta do carcereiro é emblemática: "O que devo fazer para ser salvo?" (v. 30). É a fé em Jesus Cristo que propicia a salvação, também a um soldado romano.

Enfim, os magistrados também se dão conta da inocência de Paulo e Silas, julgando insensatas e infundadas as acusações contra eles. Dessa forma são liberados e acolhidos na casa de Lídia (16,35-40). Nestes versículos, Lucas também oferece a seus leitores a notícia de que Paulo era um cidadão romano: é o próprio apóstolo que afirma seu direito diante dos guardas da prisão.

A difusão do evangelho em Tessalônica e em Bereia (17,1-15)

A evangelização do território macedônio continua, e Tessalônica representa a etapa sucessiva (17,1-10a). A estratégia de Paulo é consolidada: o anúncio evangélico é destinado primeiramente aos judeus, e a sinagoga representa o contexto mais adaptado. As conversões não faltam, e não apenas entre os judeus; de fato, passam a converter-se um grande número de gregos tementes a Deus e mulheres influentes que frequentam a assembleia sinagogal. Tudo isso não deixa indiferentes os judeus hostis à pregação evangélica, que desencadearam uma violenta reação contra Paulo e Silas, deflagrada sobretudo pelas poliarquias[89] locais, acusando-os de criar desordem por toda

---

89. O título *politarchés* indica o magistrado não romano da cidade.

parte e de agir contra os decretos de César ao atribuir a autoridade real a Jesus e não ao imperador[90]. As alegações, também neste caso, são graves, embora infundadas; o conflito, de fato, termina com uma sanção pecuniária aplicada a Jasão, que havia hospedado em sua casa os dois missionários.

O deslocamento para Bereia (17,10b-15) consente que Paulo e Silas proclamem a boa notícia na sinagoga local a um auditório bem-disposto ao acolhimento e ao confronto. Entretanto, a chegada de contestadores judeus de Tessalônica cria transtorno e confusão, de forma que Paulo, acompanhado por alguns irmãos na fé, se dirige para Atenas.

Paulo em Atenas: uma missão fracassada? (17,16-34)

Chegado na cidade de Ática, a visão dos inúmeros altares dedicados aos ídolos pagãos suscita desdém e irritação em Paulo. No entanto, fiel ao seu *iter* missionário, o Apóstolo se dirige primeiramente à sinagoga local, para conversar com os judeus, sem, no entanto, menosprezar os lugares públicos mais frequentados em sua proclamação da mensagem do evangelho (17,16-21).

O discurso de Paulo no Areópago de Atenas (17,22b-31) tem um valor programático e, pelos conteúdos nele expostos, representa o modelo de evangelização do mundo pagão. Sua intervenção é precedida por um acirrado confronto com judeus e gregos simpatizantes no interior da sinagoga da cidade. Paulo não foge ao diálogo com filósofos epicureus e estoicos, mesmo que as opiniões não lhe sejam favoráveis. Definido como um *spermológos*, literalmente "coletor de sementes", é tido por um vendedor de ideias e conceitos sem sentido aparente. No entanto, isso não evita que alguns atenienses se disponham a ouvir a mensagem da qual Paulo é portador (17,16-21).

A intervenção de Paulo corresponde ao gênero retórico deliberativo, cujo objetivo é persuadir o auditório sobre a beneficência dos valores propostos pelo orador. O *exórdio* (v. 22b-23) tem por objetivo dispor os destinatários a acolher o conteúdo da intervenção; os atenienses são definidos como "extremamente religiosos", em razão dos inúmeros altares dedicados a outras tantas divindades. Na verdade, o adjetivo *deisidáimon* pode ser entendido também no sentido de "supersticioso": a ambiguidade inicial parece ser deliberadamente proposital; na sequência da alocução paulina emergirá claramente

---

90. A *Lex Iulia de maiestate* pune com a morte o crime de lesa-majestade.

a inconsistência da religiosidade pagã. Existe também um altar dedicado ao Deus *desconhecido*: é a melhor deixa para Paulo anunciar o Deus cristão.

A argumentação que segue (v. 24-29) é caracterizada por três etapas: o Deus que Paulo entende fazer conhecer aos atenienses é Aquele que criou todo o universo e é Senhor do céu e da terra; por essa razão, sua presença não pode ser confinada a edifícios construídos por mãos humanas, nem necessita de submissão humana (v. 24-25). A sincera vontade de colocar em diálogo a fé bíblica com a cultura grega se concretiza no esforço de recorrer a conceitos e/ou locuções comuns aos dois ambientes. Nesta perspectiva, a fórmula *ex henós*, com a qual Paulo coloca Deus na origem da humanidade, pode denotar tanto o Adão bíblico quanto o princípio divino identificado pelos estoicos. A ambivalência é extensiva também às considerações sucessivas: a busca de Deus irmana o fiel bíblico e o especulador grego. Não se trata de um objetivo inatingível, já que Ele está próximo de qualquer ser humano (v. 26-27). É Deus, de fato, que garante ao ser humano vida, movimento, existência. Citando o poeta Arato [de Solos] (*Frammenti* 5), Paulo afirma o princípio da estirpe divina dos seres humanos. Isso, no entanto, não deve gerar confusão: o ser humano, mesmo sendo de origem divina, não pode pretender representar o divino servindo-se de materiais humanos (v. 28-29).

O discurso termina com uma *peroração* (v. 30-31), centrada no tema da ignorância religiosa e da conversão em previsão do juízo final. A referência cristológica é bastante discreta: a ressurreição de Jesus, nunca mencionada explicitamente, é a garantia universal escolhida por Deus para julgar o mundo. A referência à ressurreição suscita risos do auditório grego, acostumado a discutir sobre a imortalidade da alma, e não sobre a redenção do corpo. O discurso é assim interrompido, mas um grupo, embora minoritário, acolhe a mensagem paulina e decide aderir à fé em Cristo (v. 32-34).

Paulo em Corinto e a conclusão da viagem (18,1-28)

Corinto, situada no istmo que liga o território da Ática com a Península do Peloponeso, representa uma etapa igualmente significativa da missão paulina (18,1-17): numa cidade repleta de cultos pagãos e sempre agitada pelos frequentes intercâmbios comerciais, Paulo encontra Áquila e Priscila, judeus provenientes de Roma, pois o decreto de Cláudio obrigava todos os judeus a saírem de Roma (42 ou 49 d.C.). Paulo condivide com eles o ofício de curtidores de peles ou fabricantes de tendas, empenha-se ativamente na proclamação do evangelho e, diante da oposição dos judeus[91], abandona a sinagoga, sacode a poeira em sinal de radical separação e declara sua intenção de dirigir-se aos pagãos.

Não se trata de uma separação definitiva: transferindo-se para a casa de Tício Justo, um pagão convertido e temente a Deus, dá continuidade à sua atividade evangelizadora. Numa visão noturna, Paulo recebe conforto do Senhor, que o encoraja a perseverar "pois, nesta cidade, um povo numeroso me é destinado" (v. 10). A formulação *laós estín moi* (me é destinado) evoca o episódio da assembleia de Jerusalém, quando Tiago intervém e retoma o testemunho de Pedro, que "explicou como desde o início Deus visitou as nações para tirar (dentre as nações pagãs) um povo para o seu nome (*laón to onómati autú*)" (15,14). É Deus que assume o curso dos eventos, e não deixa de dar suporte à missão inclusive diante da convocação de Paulo perante o tribunal de Galião, procônsul da Acaia.

As acusações feitas pelos judeus se referem ao conteúdo da pregação paulina, considerado contrário ao *nómos* judaico. A reação de Galião é indício da indisponibilidade da autoridade romana de dirimir um litígio de foro interno, de ordem religiosa, portanto, irrelevante para a ordem pública. Também nesta ocasião Lucas entende, primeiramente, reiterar a inconsistência das acusações atribuídas a Paulo e, subsequentemente, a liceidade da mensagem evangélica perante o juízo romano.

A segunda viagem termina com uma passagem por Éfeso (18,18-22)[92]: antes de despedir-se da sinagoga local, promete, se Deus assim o permitir, voltar novamente. Desta forma é preanunciada aquela que será a principal etapa da terceira viagem, precisamente essa cidade da Ásia Menor, onde, por hora, Paulo deixou Áquila e Priscila. Após passar por Jerusalém e voltar para Antioquia, seu itinerário missionário recomeça imediatamente pela Galácia e pela Frígia, para onde se dirige visando a confirmar na fé todos os discípulos que precedentemente haviam acolhido o evangelho (v. 23). Pouco antes da chegada de Paulo a Éfeso, o narrador se concentra na obra de evangelização

---

91. Com a expressão "vosso sangue recaia sobre vossas cabeças" (18,6) o pregador toma distância de seus interlocutores, considerando-os os únicos responsáveis pela própria incredulidade.

92. No v. 18 Lucas faz referência ao corte do cabelo realizado por Paulo em Cencreia, por causa de um voto que tinha feito. É possível que o Apóstolo tenha desejado com o gesto agradecer a Deus pela proteção até aqui conferida durante os seus deslocamentos.

aqui desenvolvida por Apolo (18,24-28), um judeu alexandrino, culto e profundo conhecedor da Escritura. No entanto, sua competência era parcial, já que apenas conhecia o batismo de João. São Áquila e Priscila que lhe ilustram com maior precisão o ensinamento evangélico[93], antes que se transfira para a Acaia.

Paulo em Éfeso (19,1-40)

A apresentação de Apolo consente a Lucas introduzir a situação do cristianismo dos efésios, que apenas conhecem o batismo de João e ignoram o dom do Espírito ligado ao batismo em Cristo (19,1-3). Os que ouviram a pregação de Paulo decidiram fazer-se batizar (19,4-7). Trata-se de uns doze homens, sobre os quais se renova a efusão do Espírito que caracterizou as principais etapas do caminho da palavra: após as menções em 2,1-4 e 10,44-46, em 19,6 Lucas apresenta o "terceiro Pentecostes", que marca a integração do grupo dos joanitas à comunidade cristã. Paulo continua sua pregação na sinagoga local e, após ter proclamado a palavra por três meses, é questionado (19,8-9a), e assim decide transferir-se, juntamente com os discípulos, para a escola de um certo Tirano, acolhendo por dois anos quem quer que fosse, judeu ou grego, desde que manifestasse disposição de ouvir a mensagem evangélica (19,9b-10). Esse evento atesta a popularidade que rapidamente a pregação paulina alcançou, bem como sua capacidade de dialogar com a cultura pagã.

O poder do evangelho se manifesta nas curas e nos prodígios que acontecem através de Paulo (19,11-12). Sua autoridade e sua fama ulteriormente cresceram, sobretudo depois do episódio com os exorcistas ambulantes judeus, que tentavam exorcizar um espírito maligno "em nome daquele Jesus que Paulo pregava" (19,13-16), mas foram postos em fuga pelo espírito maligno porque não haviam recebido nenhuma autoridade divina para impor-se sobre eles. A notícia do ocorrido alastrou-se rapidamente, e os que haviam aderido à fé e, simultaneamente, exerciam as práticas divinatórias, decidiram queimar os rolos que continham as fórmulas mágicas. É um gesto que atesta a superioridade da fé cristã sobre os ritos mágicos, muito difundidos em Éfeso. E assim a palavra do Senhor se difunde, cresce e se consolida (19,17-20).

---

93. Em 18,26 usa-se a expressão "o caminho de Deus".

Numa breve passagem (19,21-22) Lucas informa sobre a decisão de Paulo de voltar a Jerusalém, mas também sobre seu desejo de dirigir-se a Roma. O evangelista antecipa assim, ao menos no plano narrativo, o auge da missão paulina, que se concluirá na capital do império (cf. 28,16-31). Enquanto isso, em Éfeso explode a revolta dos ourives ligados ao culto de Ártemis (19,23-41). A pregação de Paulo, que nega a existência de divindades esculpidas por mãos humanas, inferiu um duro golpe à economia local, que explorava a devoção popular e produzia notáveis benefícios. Rapidamente o tumulto assumiu ares de revolta, envolvendo tanto a população pagã quanto judaica; somente às duras penas a multidão, reunida no estádio da cidade, é acalmada, sobretudo a partir da ameaça de que todos poderiam ser acusados de rebelião junto ao tribunal imperial.

De Éfeso a Mileto (20,1-38)

Antes de ir para Jerusalém, Paulo faz uma visita às comunidades fundadas na Grécia (20,1-6). Em Trôade traz à vida o jovem Êutico que, sentado no parapeito da janela, no terceiro andar da casa em que Paulo havia parado para partir o pão e conversar com os irmãos (20,7-12)[94], adormecera e caíra. Em Mileto se despede dos anciãos (*presbýteroi*) que fez chamar de Éfeso, dirigindo-lhes um emocionado discurso de adeus, e que pode ser considerado o testamento pastoral do Apóstolo (20,18-b-35).

Na primeira parte de sua intervenção (v. 18b-27) Paulo faz memória de sua conduta por ocasião da evangelização da província da Ásia: não obstante as provações e as artimanhas dos judeus, ele não deixou de dedicar-se ao serviço de Deus dispondo-se com humildade ao ministério que lhe foi confiado, também regado por lágrimas. O zelo pela difusão do evangelho não lhe faltou: nas praças e nas casas, aos judeus e aos gregos, Paulo chamou todos à conversão e à fé no Senhor Jesus Cristo. Sua vida é solidamente ancorada na vontade divina: é o Espírito que traça o itinerário de Paulo, marcado por prisões e tribulações. O sofrimento que ele suporta contribui para torná-lo sempre mais conforme a Cristo, pelo qual foi escolhido para dar-lhe testemunho. O tom do discurso faz-se particularmente dramático quando o Apóstolo comunica aos presentes que não verão mais seu rosto: está consciente dos

---

94. Nos v. 5-15 Lucas volta a escrever na primeira pessoa do plural: é a segunda *seção nós* dos *Atos*.

riscos que corre por causa do evangelho, embora isso não o assuste; só não se sente responsável por aqueles que poderiam abandonar a fé.

A segunda parte (v. 28-35) é centrada no cenário futuro previsto para a comunidade de Éfeso, após a partida do Apóstolo. Paulo faz um apelo sobretudo à vigilância: os *presbíteros*, escolhidos pelo Espírito como vigilantes[95], têm por tarefa vigiar sobre o rebanho para evitar que a presença de lobos vorazes possa provocar danos. A alusão é aos falsos mestres, que ensinam doutrinas contrárias à fé autêntica objetivando seduzir os discípulos. Paulo, além disso, confia a custódia da comunidade ao Senhor, para que, com sua graça, edifique e conceda a herança aos que foram santificados ao acolher a palavra evangélica. Ele é paradigma do pastor ideal, que não obteve lucro com sua atividade missionária e providenciou seu sustento com o suor do próprio rosto (18,3; cf. 1Cor 9,11-15) e sem deixar de socorrer os fracos e os pobres, na convicção de que "maior felicidade é dar do que receber" (v. 34: a sentença é definida como "palavras do Senhor Jesus, que disse...", das quais, porém, não existem vestígios nos evangelhos). O adeus se consuma entre lágrimas dos presbíteros efésios, que acompanham Paulo até o navio.

Em viagem de Mileto para Jerusalém (21,1-14)

A viagem de Paulo prossegue, mas doravante não é mais o missionário que, conduzido pelo Espírito, evangeliza, funda comunidades, reforça e consolida a fé dos irmãos. Lucas descreve, na primeira pessoa do plural (em 21,1 tem início a terceira *seção nós*), as etapas da viagem a Jerusalém, com os cristãos que exortam Paulo a não subir à cidade santa, onde o esperam prisões e tribulações (20,23). É relatada inclusive a profecia de Ágabo: "Isto diz o Espírito Santo: assim será amarrado pelos judeus em Jerusalém o homem a quem pertence este cinto e o entregarão nas mãos dos pagãos" (v. 11). Mas Paulo não tem medo: está disposto a morrer pelo Senhor Jesus (v. 13; cf. 9,16), e igualmente Filipe e os outros cristãos de Cesareia – última cidade alcançada pelo Apóstolo antes de chegar a Jerusalém –, que concordam que "seja feita a vontade do Senhor" (v. 14).

---

95. O termo utilizado, *epískopoi*, denota os que foram *postos acima* com o objetivo de vigiar.

Paulo, acorrentado, dá testemunho em Ruma (At 21,15–28,31)

O Paulo missionário, retratado em 13,1–21,14, cede passagem ao Paulo prisioneiro. O narrador descreve detalhadamente a história processual do Apóstolo, delineando as etapas principais (Jerusalém – Cesareia – Roma), e indica as acusações feitas contra ele por seus denegridores, associadas substancialmente a duas vertentes: traição dos valores da religião judaica (21,28; 24,6) e ameaça à estabilidade política e social garantida pela autoridade imperial (24,3-5). Paulo se defende, afastando todas as acusações que lhe são imputadas, e declara dividir com seus acusadores o zelo por Deus (22,3) e a fé na ressurreição dos mortos (23,6; 24,15; 26,6-7). Defendendo a si mesmo, Paulo não abandona o anúncio do *kérygma* na presença de seu auditório: ele diz ter respondido a uma vocação divina e ter sido constituído testemunha do Ressuscitado. Seu testemunho chegará, não sem adversidades e perigos (27,1–28,15), a Roma; isto é, ao coração do império (28,16-31).

Paulo em Jerusalém e no templo (21,15-39)

Em Jerusalém Paulo é acolhido festivamente pelos irmãos (21,15-17). O encontro com Tiago (cf. 11,30; 15,13-21) torna-se ocasião propícia para expor, na presença também dos *presbýteroi*, tudo aquilo que, por seu intermédio, o Senhor havia realizado entre os pagãos (21,18-19). A reação ao relato de Paulo traz novamente à tona a questão ligada aos judeu-cristãos (21,20-26): dadas as notícias que dele chegaram a Jerusalém, existe o risco real do Apóstolo ser acusado de persuadir os judeus da diáspora a renunciar a lei mosaica, sobretudo com a alegação da não necessidade de circuncidar os filhos homens e o abandono dos costumes que caracterizam o povo judeu, como, por exemplo, a observância das festas, dos ritos sociais e dos costumes alimentares.

É então sugerido a Paulo que demonstre com os fatos a fidelidade ao *nómos* mosaico: para tanto, deve dirigir-se ao templo com os quatro homens que fizeram um voto[96], pagando a soma necessária para que eles pudessem cortar os cabelos e submeter-se aos ritos de purificação, já que moraram em terra estrangeira (Nm 19,12).

---

96. Provavelmente deve se tratar do voto de *nazierato*, que durava trinta dias. Cf. Nm 6,14.

Paulo não recusa o conselho, e se dirige ao templo segundo a indicação recebida (21,27-39). No entanto, é reconhecido pelos judeus da província da Ásia (cf. 19,8-9) que gritam contra ele e chamam a atenção de todos os presentes afirmando ser ele que, em toda parte, ensina contra o povo, contra a lei e contra o templo. São as acusações que vão marcar o processo que Paulo deverá suportar de Jerusalém a Roma.

A acusação mais grave, porém, é a de ter introduzido no pátio do templo reservado aos israelitas um pagão, profanando assim a santidade do local. A gravidade da violação é evidente em virtude da sanção imposta: Paulo é passível de morte. É então arrastado para fora do templo e, atrás dele, são fechadas as portas: sinal evidente de que o judaísmo jerosolimitano exclui Paulo do culto e o considera, de fato, um pagão. Naquela circunstância não é um anjo divino que salva o Apóstolo, mas o comandante da Fortaleza Antônia: compete a ele aplacar a concentração popular contra Paulo e eximi-lo de um possível linchamento. Além disso, concede-lhe a possibilidade de dirigir ao povo reunido um discurso: é a primeira apologia (*apologhía*) que Paulo faz no livro.

Paulo fala em sua defesa ao povo de Jerusalém (21,40–22,29)

Após ter recebido a palavra, Paulo, que naturalmente fala em hebraico (v. 40), suscitando espanto no povo (v. 1-2), começa seu longo discurso (22,3-21) apresentando-se como um judeu, nascido em Tarso da Cilícia, mas crescido e formado em Jerusalém, na escola do *rabbi* Gamaliel II (v. 3-5). De rígida formação farisaica e impregnado de selo legal, assim como os seus atuais acusadores, faz referência ao seu feroz passado de perseguidor do movimento cristão. Concentra-se, em seguida, na exposição dos fatos (v. 6-21) que o induziram a repensar sua conduta de vida. Nos versículos 6-11 descreve o que aconteceu ao longo do caminho de Damasco, quando sua marcha de aproximação da capital síria foi bruscamente interrompida por uma grande luz que o derrubou por terra, cegando-o. Uma voz revelou-lhe que estava diante de Jesus, a quem perseguia, que o intimava a entrar em Damasco, onde haveria de receber informações exatas sobre o que fazer.

Aqui Paulo recupera novamente a visão graças à intervenção de Ananias (v. 12-16), um devoto observante da lei, que também lhe revelou o projeto que Deus tinha em mente: ele havia sido escolhido para conhecer sua vontade, ver o Justo e ouvir sua voz. O destino de Paulo sofreu uma reviravolta radical: uma vez recebido o batismo, de perseguidor foi constituído em *testemunha* do Cristo diante de todos os homens.

O último episódio ao qual Paulo faz referência é o arrebatamento verificado no Templo de Jerusalém (v. 17-21): ele afirma ter recebido numa visão do Senhor Jesus[97] o convite de sair de Jerusalém, pois lá seu testemunho não seria acolhido; é destinado, portanto, aos pagãos.

Em geral, existem diferenças significativas com a descrição do narrador em 9,1-19: se a ênfase dos elementos judaicos da história é bastante compreensível em razão do auditório e do contexto, pode grandemente impressionar a notícia do arrebatamento no templo, ao qual, até então, nenhuma referência havia sido feita. Seja como for, são justamente estas últimas palavras que provocam a reação feroz do povo; para o auditório judaico, o que Paulo declarou era um ultraje: defender que Jesus, o blasfemo condenado à morte de cruz, tenha aparecido no templo, a casa de Deus, era a maior das blasfêmias. Assim como a referência de que a ordem de anunciar o evangelho a todas as nações tenha sido decretada no lugar santo por excelência dos judeus, em igual medida era ofensiva. Paulo não merece mais viver: os judeus querem matá-lo (v. 22).

Conduzido sob ordem do tribuno para dentro da fortaleza, Paulo revela ao centurião encarregado de chicoteá-lo sua cidadania romana (22,23-29); o direito romano proibia flagelar ou torturar um *civis romanus* (cf. 16,37). Diferentemente do tribuno, que admite ter obtido a alto preço a cidadania (*politéia*) romana, Paulo se diz romano de berço, em virtude da concessão que o General Marco Antônio havia feito aos habitantes de Tarso, objetivando premiar a fidelidade deles por ocasião da batalha em Filipos (42 a.C.).

Paulo interrogado perante o sinédrio (22,30–23,11)

Na manhã seguinte, na presença do sinédrio, o tribuno interroga Paulo sobre as motivações da revolta popular desencadeada contra ele. Após uma inicial discussão com o sumo sacerdote, Paulo aproveita a divisão interna do sinédrio entre fariseus e saduceus relativamente à questão da ressurreição dos mortos, atribuindo à esperança da ressurreição o motivo de sua convocação em juízo. A discussão entre as duas facções corre o risco de

---

97. Em 21,18 o pronome pessoal *autón* pode se referir a *Deus* ou a *Jesus*; é preferível a segunda solução, em razão da indicação cristológica do v. 14.

degenerar e o tribuno dissolve a sessão. Enquanto isso, numa visão noturna, o Senhor aparece a Paulo e lhe manifesta a etapa sucessiva de seu testemunho: Roma (v. 11).

> ### EXCURSUS – DE PERSEGUIDOR A TESTEMUNHA: A FIGURA DE PAULO NOS ATOS
>
> Os critérios promulgados por Paulo para a eleição do décimo segundo apóstolo no lugar de Judas eram claros: a escolha deveria recair sobre um dos discípulos que haviam seguido a Jesus do batismo à sua assunção ao céu a fim de tornar-se *testemunha* de sua ressurreição. No entanto, Paulo, ao longo de sua vida terrena, nunca se havia encontrado face a face com Jesus; aliás, perseguira com orgulho os seguidores do *Caminho*[98]. Neste sentido, então, poderia ser considerado um *mártys*? Também ele, como os Doze, foi escolhido pelo Senhor; recebeu a tarefa de proclamar a mensagem evangélica aos judeus e aos pagãos (9,15; 22,14-15; 26,15-16); foi revestido do Espírito Santo (9,17); e sua vida, bem como sua missão, é guiada pelo poder divino[99]. Paulo não está subordinado ao grupo apostólico, nem é descrito por Lucas como o *décimo terceiro apóstolo*. Ele desempenha um papel exclusivo na história da salvação. De fato, se a pregação dos apóstolos foi conduzida em forma colegiada, é somente com Paulo que assistimos à individualização do anúncio do evangelho. Além disso, o tema do *sofrimento* contribui na caracterização da figura de Paulo sob o modelo de Jesus: na vida da testemunha será reverberada a paixão do mestre (cf. Gl 2,20).

O complô contra Paulo, que comparece perante o Governador Félix (23,12–24,27)

O Ressuscitado havia pedido à sua testemunha para que não se deixasse levar pelo desânimo (23,11), e o motivo é logo revelado pelo narrador: alguns judeus comprometeram-se com o juramento solene de matar Paulo, e pretendiam levar a termo o propósito tentando levar o prisioneiro da fortaleza ao sinédrio com o pretexto de ser ouvido novamente. O complô foi

---

98. Cf. 8,3; 9,1-2; 22,4-5; 26,9-11; Gl 1,23; Fl 3,6.
99. Cf. 13,2; 16,6-7; 19,21; 20,22; 21,11.

frustrado graças ao neto de Paulo que, dirigindo-se ao tribuno, o informou sobre as intenções homicidas dos adversários do Apóstolo. Decidiu-se então que Paulo fosse transferido, à noite, em grande segredo, para Cesareia, à presença do Governador Félix.

Na carta que acompanha a chegada de Paulo a Cesareia (23,26-30), o tribuno Cláudio Lísias expõe o *casus Pauli*. Vale a pena sublinhar que, para o funcionário imperial, as acusações contra Paulo não merecem prisão ou morte; trata-se de questões relativas à lei judaica em relação às quais a autoridade romana não tem nenhuma competência. Também nesta circunstância o narrador deixa seu leitor entender que a mensagem cristã não representa uma real ameaça à estabilidade imperial. E assim, uma vez lida a missiva, Félix manda proteger Paulo no pretório de Herodes até que seus acusadores cheguem (23,31-35).

Chegado em Cesareia, Paulo deve responder às acusações feitas contra ele por uma delegação judaica. A alegação de Tértulo (24,1-9) tenta alavancar exatamente a periculosidade subversiva do evangelho para a *pax* imperial, da qual todo mundo se beneficia. O Apóstolo é acusado de ser o chefe da seita dos nazarenos e de fomentar revoltas, atentando de fato contra a ordem pública. O advogado judeu busca, desta forma, apelar para a sensibilidade política do governador a fim de obter a condenação de Paulo. Interrogado, Paulo (24,1-21) demonstra ser infundadas as acusações contra ele e, reconstruindo os fatos acontecidos no interior do templo, declara sua inocência. A audiência é adiada enquanto aguarda a chegada do tribuno Lísias, provavelmente para dispor de ulteriores indícios e examinar o caso com maior equilíbrio (24,22-27).

A figura do Governador Félix é ambígua: se, por um lado, se entretém conversando com Paulo, por outro, sua venalidade é revelada quando o narrador revela que ele esperava que o prisioneiro pagasse para obter sua liberdade.

Paulo recorre a César (25,1-12)

Félix, na qualidade de governador da Judeia, é substituído, dois anos depois, por Pórcio Festo. Este, chegado a Jerusalém, é pressionado pelas insistentes exigências dos judeus, que pedem que Paulo seja transferido de Cesareia para Jerusalém, planejando, sigilosamente, um atentado ao longo do trajeto. Festo não satisfaz suas vontades, e os convida a acompanhá-lo até Cesareia, onde Paulo está sob custódia.

Chegado ao tribunal, o Apóstolo declara mais uma vez sua inocência, confirmando não ter cometido nenhum delito contra a lei dos judeus, o templo ou o imperador (v. 8). Aqui estão resumidas todas as acusações que pesavam contra Paulo e, em última análise, contra o movimento cristão. Em sua dupla obra, Lucas tentou mostrar que não apenas tais acusações eram destituídas de qualquer fundamento, mas também colocou em evidência a continuidade entre a fé cristã e as expectativas de Israel, que se realizaram com a morte e a ressurreição de Jesus Cristo. A Cristandade, além disso, se esforçou para acolher os pagãos, e dentre eles não faltam representantes do poder imperial romano, revelando assim seu caráter de *religio licita*, não subversiva.

Paulo não aceita voltar para Jerusalém e, valendo-se do direito que lhe foi conferido por sua cidadania romana, apela a César (v. 11). A *Lex Iulia de vi publica* permitia ao imputado subtrair-se ao julgamento do tribunal provincial, permitindo assim que seu caso fosse encaminhado para a sede de Roma. Não se trata de um subterfúgio ou de uma tentativa da parte de Paulo visando a retardar os efeitos de uma sentença que parecia voltar-se a seu favor; teria sido estabelecido por vontade divina que ele devia testemunhar em Roma (cf. 19,21; 23,11), e o apelo ao imperador (*appellatio ad Caesarem*) é apenas um meio (jurídico) que possibilitaria sua ida à capital do império.

Paulo perante o Rei Agripa (25, 12–26,32)

A terceira apologia (26,2-23) é feita por Paulo na presença do Rei Agripa II, que havia chegado a Cesareia junto com sua irmã Berenice (25,13-22). Informado por Festo sobre o caso de Paulo, manifesta o desejo de ouvi-lo. O discurso de Paulo é precedido das palavras do Governador Festo (25,23-27), que considera o acusado substancialmente inocente, já que não havia nenhuma acusação grave contra ele; portanto, ele está convencido de que Paulo não mereça a morte. No entanto, antes que partisse para Roma, achou por bem pedir a opinião do rei, e por isso intimou Paulo, dando-lhe a possibilidade de defender-se (26,1).

O Apóstolo não responde diretamente às acusações feitas contra ele, mas centra sua exposição no novo rumo que sua vida tomou a partir do evento de Damasco: evocando sua vida pregressa, declara ter militado no movimento farisaico, expressão de lealdade à lei e de sua busca intensa do sentido das Escrituras (v. 4-5). Alega ser incompreensível sua atual prisão, visto que, com seus denegridores, compartilha a esperança na ressurreição dos mortos (v. 6-8). Paulo se revela particularmente hábil em fundamentar a fé que o irmana aos fariseus para demonstrar a insustentabilidade das acusações contra ele. No entanto, o objetivo de Lucas não é apenas tornar claro ao leitor o caráter de seu protagonista, mas sobretudo mostrar a matriz judaica da mensagem evangélica.

O zelo farisaico havia induzido Paulo a perseguir ferozmente os discípulos de Cristo, em Jerusalém e nas sinagogas espalhadas nas outras cidades, convicto de estar agindo segundo a vontade de Deus (v. 9-11), até ser fulgurado por uma luz ofuscante no caminho de Damasco (v. 12-18). A voz do Senhor que ele ferozmente perseguia em seus discípulos lhe revela sua nova identidade: é constituído *servidor* (*hyperétes*) e *testemunha* (*mártys*) de tudo aquilo que o Senhor Jesus lhe permitiu e lhe permitirá ver. Paulo recebe o mesmo *status* dos discípulos da primeira hora: esses são *testemunhas* por terem acompanhado Jesus desde o início de seu ministério público na Galileia até sua ressurreição (cf. 1,21-23). Paulo é escolhido pelo Ressuscitado com a função de levar a mensagem da salvação aos gentios, a fim de fazê-los passar das trevas à luz[100], obter o perdão dos pecados e tomar parte da herança que Deus concede aos que nele creem.

O encontro com o Ressuscitado transforma completamente suas convicções (v. 19-23): chega a Damasco não mais para perseguir, mas para proclamar o evangelho da salvação; retorna a Jerusalém não mais para arrastar para as prisões os fiéis, mas para continuar sua tarefa de divulgar o evangelho aos judeus e, em seguida, às nações. É esta a motivação que gera e alimenta o ódio dos judeus contra ele: a abertura aos pagãos é o tema de fundo que determina a rebelião desencadeada contra ele no interior do templo. Sua vida, milagrosamente subtraída das ameaças de morte, é inteiramente dedicada à causa de Cristo, cuja morte e ressurreição foram profetizadas nas Escrituras, assim como a extensão da salvação às nações. O discurso de Paulo é bruscamente interrompido pelo Governador Festo, que apostrofa o prisioneiro com duras palavras, acusando-o de insanidade em razão de seu demasiado estudo (v. 24). A réplica de Paulo não tarda: o aprofundamento pontual dos textos

---

100. Trata-se de uma imagem muito difundida na Antiguidade para indicar a conversão em âmbito filosófico e religioso. No entanto, o modelo de referência é sobretudo a figura do Servo sofredor de Is 42,7.16; 49,6. Cf. At 13,46-47.

sagrados não o induziu a perder o juízo, mas, ao contrário, o tornou mais sensato. Dessa forma, tenta atrair o Rei Agripa para o seu lado, contando com seu conhecimento dos fatos ocorridos e com sua competência no âmbito das Escrituras de Israel (v. 25-29). A sessão termina sem um veredicto oficial, mas as palavras de Agripa dirigidas a Festo não deixam nenhuma dúvida: Paulo seria posto em liberdade se não tivesse recorrido a César.

A viagem de Paulo a Roma e o naufrágio (27,1–28,15)

A descrição da viagem que o prisioneiro Paulo realiza de Cesareia para Roma – que ocupa um capítulo e meio dos *Atos* – é rica em reviravoltas, capazes de criar suspense no leitor. Aqui o relato volta a ser narrado na primeira pessoa do plural (é a quarta *seção-nós* do livro). Na primeira parte da viagem (27,1-44), após alguns deslocamentos sem contratempos até Creta, o navio a bordo do qual o Apóstolo é levado preso para Roma é tragado por uma violenta tempestade, que obriga os tripulantes a livrar-se da carga e, após três dias, dos equipamentos marítimos. Paulo havia alertado sobre a perigosa travessia, mas suas palavras não foram levadas em consideração pelo centurião (v. 10-11). A borrasca não dá trégua à tripulação à deriva. A situação a bordo é dramática: os passageiros, ao extremo de suas forças por não se alimentarem há muito tempo, são encorajados pelo Apóstolo a recobrar coragem, em razão de uma visão angélica noturna recebida, que lhe dava garantias de que chegaria a Roma para apresentar-se ao imperador.

Paulo não se apresenta como mediador da salvação que Deus concede a todos os passageiros: diante do plano de fuga dos marinheiros ou diante da vontade dos soldados de matar os prisioneiros por medo de que fugissem, Paulo assume o controle da situação, e sua presença se revela salutar a todos, inclusive pelo fato de o centurião, dessa vez, ter-se dignado a ouvir as palavras do Apóstolo. Assim, no momento em que o navio se aproxima de um litoral desconhecido, o centurião evita que os prisioneiros sejam eliminados (como era a intenção dos soldados), "querendo salvar Paulo" (v. 43), e autoriza todos os membros da tripulação a desembarcar e colocar-se assim a salvo.

A ilha junto à qual os náufragos aportaram é identificada como Malta, onde um grupo permaneceu por três meses (28,1-10): na tradição bíblica, os habitantes das ilhas representam as nações estrangeiras que esperam a proclamação da salvação de Deus (cf. Is 42,4). De fato, Paulo se torna protagonista de dois gestos prodigiosos, fugindo ileso do veneno de uma cobra que lhe havia picado a mão (v. 3-60) e curando o pai de Públio, descrito como o homem mais proeminente da ilha (v. 708).

Desta forma ele supera os preconceitos dos ilhéus, convencidos de que a mordida da víbora seria um claro sinal de condenação imposto pela deusa *Díke (Justiça)*. Paulo, no entanto, não sofre dano algum, e isso parece apontar para sua inocência. Com um hábil estratagema literário, Lucas confirma o juízo de inocência do Apóstolo, atribuindo aos habitantes da ilha a convicção de que Paulo seria uma divindade, como o confirma a afluência de doentes que a ele acorriam em busca de curas.

Malta não é a linha de chegada, mas apenas uma etapa do caminho percorrido por Paulo até sua chegada a Roma (28,11-15). A tripulação, embarcada num navio alexandrino com o emblema dos dióscoros, título com o qual se identificavam os filhos de Zeus, Castor e Pólux – divindades protetoras dos navegantes e dos inocentes –, aporta antes em Siracusa e, após uma pausa de três dias, se desloca para Régio, para em seguida dirigir-se a Putéoli, onde Paulo é acolhido pelos irmãos por uma semana, antes de seguir viagem para Roma. Chegados em Foro de Ápio (65km de Roma) e em Três Tavernas (49km de Roma), alguns irmãos foram ao encontro do Apóstolo e o acompanharam até a capital. Não obstante a prisão e o processo que o esperava no tribunal imperial, Paulo sabe não estar sozinho: é acolhido como personalidade importante e escoltado até a entrada da cidade.

Paulo em Roma (28,16-31)

Em Roma lhe é dada a possibilidade de residir numa casa alugada, tendo um soldado como guarda, até o dia de sua convocação ao tribunal (v. 16). Paulo se beneficia das condições previstas pelo regime de *custodia militaris*, dado que não é considerado um sujeito perigoso. Aliás, também lhe é concedida a possibilidade de receber em casa todos os que quisessem visitá-lo. Desta forma convida os judeus mais iminentes de Roma para expor-lhes o seu caso, declarando sua inocência e sua intenção de não querer fazer acusações contra o seu povo (v. 17-20). Lucas pretende evidenciar que, apesar da violenta oposição sofrida, Paulo pretende continuar sua tarefa de proclamar a palavra evangélica primeiramente aos judeus, com os quais afirma compartilhar a mesma esperança. O leitor não terá dificuldade de lembrar o que Paulo afirmou em 23,6: é a esperança na ressurreição dos mortos que o irmana. A formulação *elís tu Israél* ("esperança de Israel") e a falta de missivas ou de comunicações oficiais sobre sua pessoa (v. 21) suscitam a curiosidade dos judeus romanos que querem conhecer o que Paulo tem a relatar sobre a doutrina cristã[101].

De fato, o Apóstolo usufrui da possibilidade de dar seu testemunho, expondo a um grupo ainda mais numeroso de judeus, reunido em sua casa, tudo aquilo que concerne ao Reino de Deus e a Jesus, sempre tendo por base as Escrituras. A divisão que a pregação de Paulo suscita no auditório simboliza a reação do judaísmo ao anúncio cristão: alguns acreditam e outros não (v. 24-25). O adjetivo *asýmphonoi* exprime o desacordo que se estabelece entre os judeus, ao passo que o testemunho paulino está em sintonia com o Espírito Santo e com as Escrituras ao atestar a dureza de coração do povo. Ressoa mais uma vez aqui (v. 26-27) a palavra de Is 6,9-10, mais vezes citada nos evangelhos (cf. Mt 13,14-15; Mc 4,12; Lc 8,10; Jo 12,40), que serve de explicação para o endurecimento de Israel. Nesse contexto Paulo declara que é vontade divina abrir as portas da salvação também aos pagãos (v. 28).

O relato dos *Atos* termina com um sumário relativo à atividade evangelizadora de Paulo, que acolhe em sua casa e anuncia com ousadia a todos, judeus e pagãos, a realeza divina e o senhorio de Jesus Cristo (28,30-31). Por qual motivo Lucas teria omitido ao leitor o desfecho do processo paulino? Será que Lucas havia sido informado da morte do Apóstolo, como é possível intuir do discurso de despedida aos presbíteros de Éfeso? (20,25).

O objetivo do relato não é biográfico, mas teológico: o que interessa ao narrador é ter repercorrido o caminho do evangelho de Jerusalém a Roma. Paulo sai de cena de repente, assim como Pedro (12,17): estando ambos a serviço do evangelho, nenhum impedimento pode obstaculizar o caminho da palavra. Não é por acaso que o narrador lucano termina sua dupla obra com o advérbio *akolýtos*, termo utilizado nos documentos legais para indicar o sentido de "livre de obstáculos, de impedimentos", também em relação à liberdade de culto.

A Cristandade não representa um perigo para a cultura greco-romana, com a qual se coloca em diálogo objetivando a fazer conhecer o verda-

---

101. O movimento cristão é definido no v. 22 *háiresis* (24,5.14), um *grupo*, em pé de igualdade com os saduceus (5,17) e fariseus (15,5; 26,5); implicitamente, sustenta-se que isso deva ser considerado uma realidade *interna* ao judaísmo.

deiro Deus que em Jesus Cristo revelou-se único salvador. No entanto, o destinatário privilegiado da pregação evangélica continua sendo o povo de Israel; os missionários cristãos, Paulo incluído, não cessam de proclamar a salvação aos judeus a fim de que também eles reconheçam em Jesus o messias e Senhor.

EXCURSUS – UM FINAL RETICENTE?

Chegado à conclusão do Livro dos *Atos*, o leitor espera saber o desfecho do processo que Paulo teve que enfrentar na presença do tribunal imperial (cf. 25,11-12.21; 26,32; 27,24). Além disso, no discurso aos presbíteros de Éfeso, o narrador havia dissimulado a eventual iminente morte do Apóstolo (cf. 20,25). Há muito tempo os estudiosos se debruçam sobre o sentido da página final dos *Atos*, evidenciando suas reticências: Por que Lucas se cala sobre o processo e sobre a morte de Paulo? Seria Roma "os confins da terra" que o Ressuscitado indicou (1,8) como última etapa do caminho da palavra? Enfim, que desfecho a evangelização de Israel tem?

A motivação pela qual Lucas não está interessado em informar seu leitor sobre a ação judicial relativa a Paulo vincula-se ao objetivo de seu relato: ele não pretende expor uma *biografia* de Paulo, que culmina com sua morte; está antes interessado em fazer emergir os traços que irmanam o Apóstolo ao Cristo Senhor, por quem foi constituído *testemunha*. A causa de Paulo é a causa do evangelho e, antes disso ainda, a causa de Cristo. O processo de *cristologização da testemunha* consente ao narrador indicar ao seu leitor que o evangelho foi efetivamente proclamado a todos (28,28.30-31), judeus e pagãos. O duplo encontro com a delegação judaica de Roma (28,17-22.23-28) é emblemático da reação de Israel diante do anúncio da salvação: o povo eleito está dividido entre si, pois uma parte aderiu ao chamado evangélico, ao passo que a maioria permaneceu incrédula. No entanto, a palavra segue seu caminho, sem obstáculos nem impedimentos inclusive da autoridade imperial.

Síntese teológica
O Deus de todos e de cada um

O quadro de referência dos eventos descritos no díptico lucano é o *projeto divino da salvação*: de Jerusalém (Lc 1), lugar onde se abre o relato do terceiro evangelho, até Roma (At 28), onde termina a narração dos *Atos*. Do tempo em que o anjo anuncia o nascimento de João até a casa na qual Paulo, embora prisioneiro, continua sua pregação, o curso dos acontecimentos é pontuado pela constante intervenção de *Deus*.

Através da mediação dos anjos Deus intervém na vida dos desavisados Zacarias (Lc 1,5-10) e Maria (Lc 1,26-38), aos quais concede tornar-se, respectivamente, pai do precursor e mãe de seu Filho; conforta Jesus na hora da paixão (Lc 22,43); liberta os apóstolos da prisão (At 5,19; 12,7-10) e dos perigos (At 27,23); delineia o caminho da Palavra para que também os excluídos a ouçam (At 8,26); irrompe no relato com sua voz autorizada ao declarar que Jesus é o Filho amado (Lc 3,22), que deve ser ouvido (Lc 9,35). Na pregação apostólica descrita no Livro dos *Atos*, é aquele que credenciou Jesus através de milagres e sinais "que Deus mesmo realizou entre vós por sua obra" (At 2,22); ele continua operante no meio dos homens graças ao constante empenho dos missionários (At 14,27).

Na obra lucana Deus é caracterizado como aquele que subverte os paradigmas socioculturais do tempo e inverte os iníquos veredictos humanos: os soberbos são dispersados pela perversão do próprio coração, os poderosos derrubados de seus tronos e os ricos despedidos de mãos vazias. A predileção divina, ao contrário, é concedida aos fracos, aos humildes e aos pobres (Lc 1,51-53; 6,20-26). A esses é destinada a alegre notícia do ano de graça do Senhor (Lc 4,18-19): realiza-se para eles o ano jubilar com as dívidas perdoadas, e a salvação é estendida a todos os que foram jogados à margem da comunidade civil e religiosa. Nos discursos querigmáticos dos *Atos*, o veredicto de condenação de Jesus é derrubado pela intervenção de Deus, que ressuscita o Filho: nas fórmulas de contraste que marcam as intervenções de Pedro e de Paulo[102], Lucas reformula segundo um vocabulário que lhe é próprio uma homologia tradicional: Deus ressuscitou aquele que o *establishment* religioso judaico, com a cumplicidade da autoridade imperial, havia crucificado.

---

102. Cf., para Pedro: At 2,23-24; 3,13-15; 4,10; 5,30-31; 10,39b-40a; para Paulo: At 13,27-30.

Isto não determina o repúdio do povo judeu: Deus continua sendo o Deus de Israel que o socorreu (Lc 1,54-55), "visitando e redimindo o seu povo", garantindo a salvação em memória ao juramento feito a Abraão (Lc 1,68-75). No entanto, como o demonstram os casos de Elias e Eliseu mencionados em Lc 4,25-27, a benevolência divina não exclui as nações: na casa do centurião romano Cornélio, Pedro constata que Deus não faz distinção nem preferência de pessoas, mas oferece a salvação a todos os que o temem e praticam a justiça (At 10,34-35). A assembleia de Jerusalém estabelece que não se deve impor a circuncisão e a observância integral da Lei mosaica aos pagãos que se convertem, pois "desde o início Deus cuidou de escolher dentre os pagãos um povo para o seu nome" (At 15,14).

O redirecionamento da missão cristã para as nações, portanto, não é determinado pelo repúdio do evangelho dos judeus da diáspora, aos quais Paulo se dirige por ocasião de suas viagens missionárias (cf. At 13,46-47; 18,6; 19,9-10). Paulo foi escolhido pelo Ressuscitado para tornar-se sua testemunha diante das nações, dos reis e dos filhos de Israel (At 9,15; cf. 22,15.21; 26,17.23). A cena final do relato dos *Atos* retrata Paulo acolhendo todos os que, judeus e pagãos, se dirigem à sua casa em Roma – onde reside em prisão domiciliar – para ouvir a pregação do evangelho (At 28,30-31). Também na última confrontação com os judeus romanos Paulo reitera que Deus destinou aos pagãos também a salvação (At 28,28).

Jesus, o Salvador de Israel e das nações

O cumprimento do projeto salvífico divino se realiza em Jesus: para o leitor lucano é um fato que "em nenhum outro há salvação, pois nenhum outro nome foi dado sob o céu pelo qual nós, homens e mulheres, possamos ser salvos" (At 4,12). Na perspectiva lucana Jesus é apresentado primeiramente como o *Salvador*, que oferece alegria e reconciliação ao povo de Israel, sobretudo aos que são relegados à margem da vida social e comunitária (Lc 2,11). No terceiro evangelho o binômio *hoje-salvação* indica o valor salvífico do encontro com Jesus: disso fazem experiência os pastores que, chegados a Belém, constatam a efetiva realização dos acontecimentos que Deus lhes concedeu ver (Lc 2,8-20). Em Nazaré, os frequentadores da sinagoga são testemunhas da realização das Escrituras proféticas na pessoa de Jesus, ungido pelo Pai para evangelizar os pobres e proclamar um ano de graça do Senhor (Lc 4,18-21). O benefício que Jesus propicia aos enfermos não é apenas de ordem física, mas também de ordem moral e espiritual: ao paralítico é concedida não apenas a cura, mas também a remissão dos pecados. Assim todos podem comprovar que *hoje* aconteceram coisas paradoxais (Lc 5,17-26).

Jesus não é apenas o arauto da mensagem salvífica, mas *é a salvação* que entra inclusive na casa do publicano Zaqueu: também ele é filho de Abraão e pode fazer a experiência de que ninguém é excluído da salvação de Deus (Lc 19,1-10). O diálogo com os dois malfeitores na cruz é relatado apenas no terceiro evangelho: a quem reconhece sua inocência e pede que se lembre dele em seu reino, Jesus responde: "Ainda hoje estarás comigo no paraíso" (Lc 23,43). Também na pregação apostólica é proclamada a dimensão salvífica da identidade de Jesus: ressuscitando dos mortos seu Filho, Deus o constituiu chefe e salvador para que Israel se converta e obtenha o perdão (At 5,31); sua descendência é de origem davídica, e é palavra definitiva de salvação destinada por Deus ao seu povo (At 13,23-26).

Jesus é o *messias* (*Christós*) que Deus ungiu por meio de seu Espírito (Lc 4,18). Como tal é reconhecido por Pedro (Lc 9,20), mesmo que as esperanças messiânicas que o apóstolo compartilha com os outros discípulos sejam diferentes do destino que paira sobre ele. De fato, as três profecias com as quais Jesus preanuncia sua paixão, morte e ressurreição não são compreendidas pelos discípulos (Lc 9,22.43b-45; 18,31-34): as três predições permanecem misteriosas até a aparição do Ressuscitado, que abrirá a mente incrédula de seus discípulos a fim de que compreendam o sentido e a coerência da história de Jesus Cristo à luz das Escrituras (Lc 24,26.46-47; cf. tb. At 2,31). Por ocasião de uma discussão com os escribas em Jerusalém, Jesus demonstra que o Cristo não pode ser filho de Davi, já que, no Sl 110,1, é Davi que o define como Senhor (Lc 20,41-44).

A autêntica dimensão messiânica de Jesus se revelará em sua paixão (cf. tb. At 3,18; 17,3; 26,23). Levado à presença de Pilatos, é acusado pela multidão dos judeus de instigar o povo a não pagar os tributos devidos ao imperador, e de ter se proclamado messias-rei: é evidente que nessa circunstância o título *Christós* assume uma conotação político-real, com o objetivo de desacreditá-lo e de obter sua condenação. Na boca dos chefes do povo hebreu (Lc 23,35) e de um dos malfeitores (Lc 23,39), o título é usado em tom de chacota e provocação: a Jesus é solicitado demonstrar sua condição messiânica salvando-se a si mesmo. Não atendendo ao pedido de seus denegridores,

Jesus revela o sentido mais autêntico da messianidade: sua aceitação incondicional da vontade divina passa através do cálice da paixão e do escândalo da cruz, mas alcança seu pleno cumprimento em sua ressurreição.

A constituição do Ressuscitado em Senhor e Cristo (At 2,36) permite aos apóstolos continuarem sua missão: é "em nome do Cristo" que Pedro exorta os judeus a arrepender-se e a batizar-se a fim de obter a remissão dos pecados e a efusão do Espírito (At 2,38); é em seu nome que a salvação se torna possível aos que creem (At 4,10); é em seu nome que acontece a cura a Eneias (At 9,34); é em seu nome que é proclamada a mensagem da paz (At 10,36), que é concedido o batismo no Espírito (At 10,48), que os discípulos entregam a própria vida (At 15,26), que Paulo exorciza a escrava tomada por um mau espírito (At 16,18). O nome de Cristo, portanto, exerce um poder terapêutico e exorcista, e pode propiciar salvação a todos os que o invocam.

No *Evangelho segundo Lucas*, Jesus é apresentado pela primeira vez pelo Anjo Gabriel como *Filho do Altíssimo* (Lc 1,32), a quem Deus concederá o trono de Davi seu pai; Maria, revestida do Espírito do alto, engendrará o *filho de Deus* (Lc 1,35; cf. 3,38). Na sequência do relato, o reconhecimento da filiação divina de Jesus será apanágio exclusivo de uma inspiração divina, como no caso de Isabel que saúda Maria como "mãe do meu Senhor" (Lc 1,43); ou da voz de Deus, que intervém por ocasião do batismo e da transfiguração, atestando que Jesus é o *Filho do Pai* (Lc 3,22; 9,35); ou do conhecimento sobrenatural de que os demônios dispõem (Lc 4,3.41; 8,28). Somente em duas circunstâncias é o próprio Jesus que manifesta a consciência de sua identidade filial: aos pais, que o procuram angustiadamente, declara: "Não sabíeis que devo ocupar-me com as coisas (ou: estar nas) de *meu Pai?*" (Lc 2,49). Interrogado pelo sinédrio, declara: "Vós é que dizeis que eu sou *(filho de Deus)*" (Lc 22,70).

Intencionalmente Lucas se recusa a colocar na boca do centurião a confissão da filiação divina de Jesus: é possível que o terceiro evangelista queira esperar o redirecionamento da missão aos pagãos para que também eles possam confessar a fé em Jesus filho de Deus (cf. At 10–11). Não é menos provável, no entanto, que, na perspectiva lucana, o reconhecimento da filiação divina possa ter acontecido só depois da ressurreição, que Lucas interpreta como o ato soberano com o qual Deus liberta seu Filho dos laços da morte. Não é por acaso que, nos *Atos*, parte da frase *filho de Deus* ocorra apenas uma vez, em 9,20, e proferida por Paulo, que prega nas sinagogas de Damasco: é o encontro com o Ressuscitado que abre sua consciência ao reconhecimento de que o Jesus que ele perseguia em seus seguidores é o filho de Deus.

Jesus é o *Senhor* (*Kýrios*): nos relatos da infância é reconhecido enquanto tal por Isabel (Lc 1,43) e pelo anjo (Lc 2,11); na pesca milagrosa Pedro se convence de que aquele que está à sua frente, Jesus, é um homem divino, a quem se dirige com o título *Kýrios* (Lc 5,8). A confissão de fé petrina tem por objetivo antecipar a futura missão do apóstolo: no Livro dos *Atos* é sobretudo Pedro que proclama o senhorio de Jesus, revelado plenamente na ressurreição[103]. Também Paulo proclamará que, crer no *Senhor Jesus*, é a condição necessária para obter a salvação (At 16,30-31; cf. tb. 18,8; 20,21). A correlação estreita entre senhorio e ressurreição é enfatizada também em Lc 24,3, relativamente à visita das mulheres ao sepulcro: entrando na tumba, não encontram o corpo do *Senhor* Jesus. O sepulcro é apenas a primeira etapa do reconhecimento: o Senhor vivente já não está mais entre os mortos.

Na obra lucana Jesus é apresentado também como *filho de Davi*, cujo trono assumirá para reger o destino da casa de Jacó (Lc 1,32). A Ele se dirige cordialmente o cego de Jericó para obter a cura (Lc 18,38-39), provavelmente baseando-se na tradição que atribuía ao filho de Davi – isto é, ao Rei Salomão – poderes particularmente taumatúrgicos. Em Lc 20,41-44 e At 2,25-31 são retomadas duas passagens escriturísticas, respectivamente Sl 110,1 e 16,8-11, com as quais se demonstra que Cristo não pode ser filho de Davi, já que Davi o proclama Senhor, e o libertado dos laços da morte por Deus não é patriarca, mas Cristo.

Jesus é aclamado *rei* pelas multidões ao entrar em Jerusalém (Lc 19,38, com citações do Sl 118,26). No entanto, sua realeza é mal-interpretada por Pilatos (Lc 233,2-3) e pelos soldados (Lc 23,37-38), que testemunham sua morte de cruz associando-a ao exercício de um poder mundano. O único a reconhecer sua autêntica realeza é um dos malfeitores, que pede a Jesus que se lembre dele quando entrar em seu reino (Lc 23,42). Mas a qual *basileia* [reino] está aludindo? A resposta está no versículo 43: o paraíso é o Reino dos Céus, onde Jesus ressuscitado se sentará à direita do Pai (At 2,33).

Enfim, Jesus é caracterizado também como *profeta* escatológico que Deus suscitará no fim dos tempos, da forma como foi anunciado por Moisés

---

103. Cf. At 2,21.30-33; 5,14; 9,42; 10,35-36.

(cf. Dt 18,15): a Ele se deve prestar ouvido (Lc 9,35; cf. At 3,22-23; 7,37). A dimensão profética da identidade de Jesus é várias vezes reiterada na obra lucana: sua missão é a do profeta ungido pelo Senhor (Lc 4,18-19, com a citação de Is 61,1-2; 58,6); também Ele, como Elias e Eliseu, é destinado por Deus aos estrangeiros e aos marginalizados (Lc 4,25-27). A ressurreição de um menino em Naim suscita admiração entre as multidões, que, por sua vez, glorificam a Deus aclamando: "Um grande *profeta* nasceu entre nós" (Lc 7,16a). Entretanto, seu estatuto profético é colocado em dúvida por Simão, o fariseu, que, tendo convidado Jesus em sua casa, percebeu que Ele se havia deixado tocar impunemente por uma pecadora, durante o banquete (Lc 7,39): na realidade, o olhar profético de Jesus vai além do pecado e oferece o perdão àquela que soube amar mais.

O Espírito Santo na obra lucana

Junto às figuras de Deus e de Jesus, também o Espírito Santo está sempre presente no díptico lucano: a concepção virginal de Maria é tornada possível graças ao Espírito divino que desce sobre ela, à imagem da nuvem que pousava sobre a tenda de reunião (cf. Ex 40,35; Nm 9,18.22; 10,34); para Moisés trata-se do sinal de sua convocação para entrar na tenda a fim de conversar com Deus. Neste sentido, Maria, pela encarnação do Cristo, palavra eterna e definitiva, torna-se tenda da nova aliança entre Deus e seu povo. O Espírito cumula com sua presença também os que foram escolhidos por Deus a realizar uma missão: é o caso de João, a quem é confiada a tarefa de reconduzir os filhos de Israel ao Senhor Deus (Lc 1,15-16); de Isabel, que reconhece em Maria a mãe do Senhor (Lc 1,41-45); de Zacarias, que profetiza a missão de João (Lc 1,67); de Simeão, que reconhece em Jesus a salvação de Deus e prediz sua condição de "sinal de contradição" (Lc 2,25-32).

No Espírito Santo e no fogo se realizará o batismo que somente Cristo poderá administrar (Lc 3,15-17). A imagem do fogo exprime a ideia de juízo e divisão: quem acolher a alegre mensagem será salvo, mas quem a rejeitar será destinado à perdição. Por essa razão Lucas insiste na estreita relação entre Jesus e o Espírito: este não apenas desce sobre Ele durante o batismo (Lc 3,22), mas o acompanha e o apoia ao longo de toda sua missão pública (Lc 4,14.18), consentindo-lhe resistir às tentações demoníacas (Lc 4,1-13). A força que lhe advém do Espírito lhe consente fazer milagres e sinais prodigiosos que o credenciam aos olhos das multidões como um homem enviado por Deus para curar as feridas do corpo e do espírito e reconciliar os pecadores com o Pai[104].

O Espírito é concedido por Deus a todos os que o pedirem (Lc 11,13); o testemunho que Ele dá sobre a origem divina de Jesus é tão importante que a blasfêmia contra o Espírito não pode ser perdoada (Lc 12,10); aos discípulos perseguidos por causa do evangelho Jesus sugere não preparar previamente a própria defesa, "porque nessa hora o Espírito Santo vos ensinará o que deveis dizer" (Lc 12,12). Além disso, o dom prometido do Espírito serve como *trait d'union* [elo] entre o final do Evangelho de Lucas (Lc 24,49) e o início do relato dos *Atos dos Apóstolos* (At 1,4-5.8): de fato, o autêntico protagonista dos *Atos* é o Espírito, que cadencia os tempos e a modalidade do caminho da palavra de Jerusalém até Roma. Derramado sobre os apóstolos, os eleva em testemunhas do evangelho (At 2,1-4; 6,3.5) até os confins da terra, inspirando-os em suas ações (At 4,8; 5,32; 8,39; 11,24) e consolidando a comunidade e cada um de seus membros em suas provações (At 4,31; 7,55; 9,31).

No discurso proferido no Dia de Pentecostes, Pedro cita a profecia de Jl 3,1-5 não apenas para prestar contas do prodígio ao qual as multidões assistiram, que ouviram proclamar as grandes maravilhas de Deus na própria língua materna (At 2,7-13), mas também para indicar o início de uma nova época, em que o Espírito será derramado sobre cada pessoa, sem distinção de ordem étnica e social (At 2,17-21). O dom do Espírito é garantido a todos os que se converterem e se fizerem batizar (At 2,38; 19,1-6); não é um dom que se possa comerciar com dinheiro (At 8,14-24). É a irrupção do Espírito Santo na casa de Cornélio que decreta o redirecionamento definitivo da missão cristã às nações: Pedro não pode fazer outra coisa senão constatar que o Espírito Santo, assim como tinha sido derramado sobre os apóstolos, foi destinado por Deus também aos pagãos (At 10,47; 11,17; 15,8). De modo particular, o caminho de Paulo é marcado pela presença do Espírito: sobre Paulo, Ananias invoca a vinda do Espírito (At 9,17); é o Espírito que o escolhe, juntamente com Barnabé, e lhe confia a tarefa de proclamar o evangelho entre os judeus e os pagãos da diáspora (At 13,2.4.9); seu itinerário missionário é constantemente orientado pelo Espírito, impedindo-lhe, inicialmente, o caminho para a região da Ásia e, posteriormente, para a Bitínia (At 16,6-7); é o Espírito que o impulsiona a tomar o caminho de Roma (At 19,21) e lhe confirma a necessidade de seu sofrimento em razão da fidelidade à causa

---

104. Cf. Lc 4,36; 5,12.17; 6,19; 8,46; 9,1; 10,19; At 3,12.16; 4,7.

evangélica (At 20,22-23; 21,11). Impondo as mãos, Paulo obtém o dom do Espírito em favor dos cristãos de Éfeso, que só haviam recebido o batismo de João (At 19,1-7). Enfim, Paulo invoca o Espírito como testemunha, juntamente com as Escrituras, a fim de colocar seus interlocutores judeus diante da própria incredulidade (At 28,25-28).

A ética do discipulado

A proclamação do Evangelho coloca o auditório diante da necessidade de uma opção: acolher e aderir à mensagem evangélica ou rejeitá-la. Na verdade, a divisão entre fé e incredulidade já foi vaticinada por Simeão no ato de apresentação de Jesus no templo: a criança é definida como *seméion antilegómenon*, literalmente, "sinal de contradição" (Lc 2,34), pois sua pessoa e sua missão marcarão uma nítida separação entre os que o acolherão e os que o repudiarão. Os discípulos que Jesus escolhe ao longo de seu ministério público representam a reação positiva ao seu anúncio: abandonaram tudo para segui-lo (Lc 5,11; 18,28); acompanharam Jesus durante o ministério público na Galileia e em Jerusalém (cf. At 1,21-22); assistiram, mesmo que a distância, sua crucificação (cf. Lc 23,49); junto às mulheres, os discípulos foram testemunhas da ressurreição antes de sua assunção aos céus (Lc 24; At 1,1-14). Lucas não tende à idealização dos discípulos, mas evidencia seus limites humanos, que emergem em alguns momentos pontuais, como na incompreensão diante das predições da paixão (Lc 9,45; 18,34), por ocasião da discussão entre eles sobre quem seria o maior (Lc 9,46-48; 22,24-30), em face da traição de Judas (Lc 22,3-6.21-23.47-53), diante da defecção de Pedro (Lc 22,31-34.54b-62).

A ética do *discipulado* é bem sintetizada na declaração de Jesus em Lc 9,23-27: quem quiser seguir a Jesus deve renunciar a si mesmo, assumir a própria cruz e segui-lo. Trata-se de passar de um estilo de vida autocentrado e autorreferencial para uma abertura total e incondicional à vontade de Deus, em sinal de doação de si mesmo. Neste sentido a vida doada não é perdida, mas, na perspectiva da salvação, encontrada. Por essa razão o discípulo não teme enfrentar provações e tribulações, sempre confortado pela certeza de ser coadjuvado pelo Espírito divino (cf. Lc 12,12). A renúncia aos bens terrenos é feita sob a ótica da partilha, princípio sobre o qual estrutura-se a comunidade cristã das origens, que vivia em "um só coração e uma só alma" (At 4,32), compartilhando em plena liberdade os bens, de forma que ninguém sofresse indigência (cf. Dt 15,4).

Não apenas os discípulos, mas também outros personagens no interior do relato podem assumir um valor paradigmático no *seguimento* de Cristo: se, por um lado, uma pessoa de alta estirpe e financeiramente bem situada não quer seguir a Cristo por se sentir demasiadamente ligada às suas riquezas (Lc 1,18-23), por outro, Zaqueu acolhe Jesus em sua casa e declara estar pronto a doar a metade de seus bens aos pobres e restituir o quádruplo do que fraudou (Lc 19,1-10). Ser discípulo implica uma clara renúncia ao uso particular dos bens, que comporta o fechamento ao próximo e leva à perdição, como no caso do proprietário de terras protagonista da parábola de Lc 12,16-21, ou do rico de Lc 16,19-31. Paradoxalmente, também pessoas consideradas injuriosas no mundo judaico são propostas por Jesus como figuras-modelo: é o caso do samaritano que, diferentemente do sacerdote e do levita, se demora junto ao homem assaltado por ladrões (Lc 10,29-37); ou do samaritano curado da lepra, que volta para agradecer a Jesus (Lc 17,11-19).

Na perspectiva lucana o discipulado é caracterizado em chave *testemunhal*, e abrange não apenas os que seguiram Jesus de perto ao longo de seu ministério terreno, mas também os que foram escolhidos por Ele, como Paulo, e os que, como o leitor, terão recebido o anúncio do evangelho e ouvido a solidez e a coerência dos ensinamentos evangélicos: o final aberto do Livro dos *Atos* soa como um apelo ao leitor para que continue seu empenho na proclamação da mensagem de salvação. A declaração programática do Ressuscitado relatada em At 1,8 projeta a missão cristã para além dos confins do texto, estendendo-a aos confins da terra.

Qual relação entre Igreja e Israel?

Em *Lucas-Atos* é central a questão do anúncio do evangelho e da resposta de *Israel*: Teriam os judeus perseverado em seu ostracismo à missão cristã? Teria Deus rejeitado o seu povo da antiga aliança, substituindo-o pela comunidade da nova aliança, a Igreja? Como poderia salvar-se o Israel incrédulo? São interrogações que, presumivelmente, Lucas herda da tradição paulina à qual ele mesmo pertence, às quais ele pretende oferecer respostas não em forma conceitual, mas narrativa. Jesus é para Israel um "sinal de contradição", já que, para alguns, é pedra de tropeço e, para outros, motivo de soerguimento (Lc 2,34). A cena inaugural do ministério público de Jesus em Nazaré é emblemática: sua pregação é rejeitada com violência por seus conterrâneos presentes na sinagoga, a ponto de intencionarem matá-lo; "mas Jesus, passando por entre eles, foi embora" (Lc 4,30).

O lamento sobre Jerusalém, que mata os profetas e apedreja os enviados do Senhor (Lc 13,34-35), é indicativo do sofrimento que Jesus sente em relação a uma cidade, símbolo do povo israelita, que renegou a proteção amorosa oferecida a quem foi enviado para reinar sobre a casa de Jacó (Lc 1,33) e oferecer salvação à casa de Davi (Lc 2,11). Em razão da incredulidade, Jerusalém não soube reconhecer o caminho que leva à paz: a destruição que paira sobre ela é motivada pela indisponibilidade de reconhecer o tempo em que foi visitada; isto é, beneficiada pela presença divina (Lc 19,41-44; cf. 20,20-24). A vontade do sinédrio – órgão religioso supremo do povo hebraico – de obter de Pilatos sua condenação é atendida (cf. Lc 22,66–23,25): a crucificação de Jesus parece marcar a definitiva separação entre Jesus e Israel.

Não obstante tudo, a missão cristã tem início em Jerusalém: do lugar onde se consumou o repúdio do Cristo, parte a pregação evangélica, sob indicação exata do Ressuscitado (Lc 24,47; At 1,8). O perdão concedido pelo Crucificado a seus algozes (Lc 23,34) é prelúdio do apelo à conversão e da proclamação da salvação protagonizada pelos apóstolos primeiramente aos israelitas. Neste sentido são emblemáticas as palavras de Pedro no discurso feito no Dia de Pentecostes à multidão dos judeus que haviam assistido ao prodígio da fala em línguas (*xenolalía*): "Arrependei-vos e cada um de vós seja batizado em nome de Jesus Cristo para o perdão dos pecados, e recebereis o dom do Espírito Santo. Pois a promessa é para vós, para vossos filhos e para todos os de longe que o Senhor nosso Deus chamar para si" (At 2,38-39).

Os apóstolos continuam a frequentar o Templo de Jerusalém para a oração (Lc 24,53), e a morada santa é o lugar onde a cura do paralítico nas imediações da Porta Formosa oferece a oportunidade a Pedro e a João de proclamar o *kérygma* evangélico (At 3,1-26). Não obstante a hostilidade do sinédrio (At 4–5), a palavra do evangelho prossegue seu caminho. A missão paulina, descrita em At 13–21, se baseia no primado do anúncio a Israel: em cada cidade onde Paulo e seus companheiros de viagem se dirigem, as sinagogas são os primeiros lugares onde a mensagem da salvação é proclamada. Apesar de, em três oportunidades, Paulo distanciar-se dos judeus incrédulos (At 13,46-47; 18,6; 19,9), o redirecionamento da missão para os pagãos não será uma ruptura definitiva com Israel. O próprio Israel é descrito como dividido diante da proclamação do evangelho: alguns estão propensos a aderir à mensagem paulina, outros, ao contrário, permanecem incrédulos (At 28,24). A imagem do Paulo que, em Roma, acolhe em sua casa a *todos*, é símbolo de uma Cristandade que não fechou as portas ao Israel que se coloca à escuta e pretende acolher a salvação que Deus realizou através de Jesus Cristo.

Bibliografia comentada

Comentários

Os comentários dedicados à obra lucana são muitos, e preferimos indicar então os volumes disponíveis em língua italiana, sublinhando somente as principais publicações produzidas em outras línguas. A impostação metodológica dos comentários produzidos até os inícios do século XXI é prevalentemente diacrônica, e inclui volumes de valor absoluto para a análise detalhada e minuciosa (cf. F. Bovon, J. Ernst, H. Schürmann para *Lucas*; e R. Fabris, J.A. Fitzmyer, R. Pesch e J. Zmijewski para os *Atos*, dentre as obras disponíveis em italiano). De grande valor é a tentativa realizada por G. Rossé de conjugar as abordagens diacrônicas e sincrônicas comentando o terceiro evangelho e os *Atos*.

Evangelho segundo Lucas

BOCK, D.L. *Luke* (Baker Exegetical Commentary of the New Testament), I-II. Grand Rapids: Baker Academic, 1994; 1996.

BOVON, F. *Il vangelo di Luca* (Commentario Paideia. Nuovo Testamento 3), I-III. Bréscia: Paideia, 2005; 2007; 2013 [orig. em alemão, 1989; 1996; 2001; 2009].

ERNST, J. *Il vangelo secondo Luca* (Il Nuovo Testamento commentato), I-II. 3. ed. Bréscia: Paideia, 2000 [orig. em alemão, 1977].

FITZMYER, F.A. *The Gospel According to Luke* (Anchor Bible, 28A), I-II. Nova York: Doubleday, 1981; 1985.

JOHNSON, L.T. *Il vangelo di Luca* (Sacra pagina 3). Turim: Elledici, 2004 [orig. em inglês, 1991].

GRASSO, S. *Il vangelo di Luca – Commento esegetico e teológico*. Roma: Città Nuova, 2019.

GREEN, J. *The Gospel of Luke* (The New International Commentary on the New Testament). Grand Rapids: Eerdmans, 1997.

NOLLAND, J. *Luke* (World Biblical Commentary 35A-C), I-III. Waco: Word Books, 1989; 1993.

ROSSÉ, G. *Il vangelo di Luca – Commento esegetico e teológico*. 3. ed. Roma: Città Nuova, 2001.

SCHÜRMANN, H. *Il Vangelo di Luca – Testo greco e traduzione* (Commentario teologico del Nuovo Testamento), I-II. Bréscia: Paideia, 1983; 1998 [orig. em alemão, 1969].

WOLTER, M. *The Gospel according to Luke* (Baylor/Mohr Siebeck Studies in Early Christianity), I-II. Waco: Mohr Siebeck, 2016; 2017 [orig. em alemão, 2008].

Atos dos Apóstolos

BARRETT, C.K. *The Acts of the Apostles* (International Critical Commentary), I-II. Londres/Nova York: T&T Clark, 1994; 1998.

BOCK, D.L. *Acts* (Baker Exegetical Commentary on the New Testament). Grand Rapids: Baker Academic, 2007.

FABRIS, R. *Atti degli Apostoli*. 2. ed. Roma: Borla, 1984.

FITZMYER, J.A. *Gli Atti degli Apostoli. Introduzione e commento* (Commentari biblici). Bréscia: Queriniana, 2003 [orig. em inglês, 1998].

JOHNSON, L.T. *Atti degli Apostoli* (Sacra Pagina 5). Turim: Elledici, 2007 [orig. em inglês, 1992].

KEENER, C.S. *Acts – An Exegetical Commentary*. I-IV. Grand Rapids: Baker Academic, 2012-2015.

MARGUERAT, D. *Gli Atti degli Apostoli* (Testi e commenti), I-II. Bolonha: EDB, 2011; 2015 [orig. em francês, 2007; 2015].

PESCH, R. *Atti degli Apostoli*. 2. ed. Assis: Cittadella, 2005 [orig. em alemão, 1986].

ROSSÉ, G. *Atti degli Apostoli – Commento esegetico e teológico*. Roma: Città Nuova, 1998.

ZMIJEWSKI, J. *Atti degli Apostoli*. Bréscia: Morcelliana, 2006 [orig. em alemão, 1994].

Concebidos de maneira mais simplificada em termos de conteúdos, existem comentários que oferecem aos leitores algumas chaves de leitura para uma correta interpretação da obra lucana:

Evangelho segundo Lucas

ASSOCIAZIONE BIBLICA DELLA SVIZZERA ITALIANA. *Luca – Nuova traduzione ecumenica commentata*. Milão: Terra Santa, 2018.

ATTINGER, D. *Evangelo secondo Luca – Il cammino della benedizione* (Spiritualià biblica). Magnano: Qiqajon, 2015.

BROCCARDO, C. *Vangelo di Luca* (Nuovo Testamento. Comemento esegetico e spirituale). Roma: Città Nuova, 2012.

CRADDOCK, F.B. *Luca* (Strumenti. Commentari). Turim: Claudiana, 2002 [orig. em inglês, 1990].

CRIMELLA, M. *Vangelo secondo Luca – Introduzione, traduzione e commento* (Nuova versione della Bibbia dai testi antichi 39). Cinisello Balsamo: San Paolo, 2015.

GRASSO, S. *Luca* (Commenti biblici). Roma: Borla, 1999.

MEYNET, R. *Vangelo di Luca – Analisi retorica* (Retorica biblica 7). Bolonha: EDB, 2003 [orig. em francês, 1998].

Atos dos Apóstolos

ATTINGER, D. *Atti degli Apostoli: la Parola cresceva...* (Spiritualità biblica). Magnano: Qiqajon, 2010.

BARBI, A. *Atti degli Apostoli* (Dabar; Logos; Parola – Lectio divina popolare), I-II. Pádova: Messaggero, 2003; 2007.

BIANCHI, F. *Atti degli Apostoli* (Nuovo Testamento. Commento esegetico e spirituale). Roma: Città Nuova, 2003.

BOSSUYT, P.; RADERMAKERS, J. *Lettura pastorale degli Atti degli Apostoli – Testimoni della Parola di grazia* (Lettura pastorale della Bibbia). Bolonha: EDB, 2007 [orig. em francês, 1995].

CRIMELLA, M. (org.). *Atti degli Apostoli* (Parole di Vita). Pádova: Messaggero, 2013.

ROSSÉ, G. *Atti degli Apostoli – Introduzione, traduzione e commento* (Nuova versione della Bibbia dai testi antichi 41). Cinisello Balsamo: San Paolo, 2010.

Outros estudos

O díptico lucano foi objeto de inúmeros estudos doutorais, realizados prevalentemente em ótica narrativa. Dentre as monografias publicadas em língua italiana, sublinhamos sobretudo:

BROCCARDO, C. *La fede emarginata – Analisi narrativa di Lc 4–9* (Studi e ricerche. Sezione biblica). Assis: Cittadella, 2006.

CARREGA, G. *La "Vetus Syra" del vangelo di Luca – Trasmissione e ricezione del testo* (Analecta Biblica 201). Roma: Gregorian & Biblical Press, 2010.

CRIMELLA, M. *"Marta, Marta!": quattro esempi di "triangolo drammatico" nel "grande viaggio di Luca"* (Studi e Ricerche. Sezione Biblica). Assis: Cittadella, 2009.

LANDI, A. *La testimonianza necessária – Paolo, testimone della salvezza universale a Roma in At 28,16-31* (Analecta Biblica 210). Roma: Gregorian & Biblical Press, 2015.

MELE, S. *A causa della speranza d'Israele – Il finale del libro di Atti (At 28,17-31) alla luce della predicazione ad Antiochia di Pisidia (At 13,13-52) e a Corinto (At 18,1-18)* (Studi e Ricerche. Biblica). Assis: Cittadella, 2014.

MIRIZZI, D. *Il Gesù-esegeta di Luca – Analisi narrativa di brani scelti* (Studi e Ricerche. Sezione Biblica). Assis: Cittadella, 2016.

PALAZZO, R. *La figura di Pietro nella narrazione degli Atti degli Apostoli* (Rivista Biblica. Supplementi 52). Bolonha: EDB, 2011.

PELLEGRINO, C. *Maria di Nazaret, profezia del Regno – Un approccio narrativo a Lc 1,34* (Analecta Biblica 206). Roma: Gregorian & Biblical Press, 2014.

PLACENTINO, M. *Cominciando dal Tempio – Gesù e il Tempio nel vangelo di Luca* (Studi e Ricerche. Sezione Biblica). Assis: Cittadella, 2018.

ROSSI, L. *Pietro e Paolo testimoni del Crocifisso-Risorto – La synkrisis in Atti 12,1-23 e 27,1–28,16: continuità e discontinuità di un parallelismo nell'opera lucana* (Analecta Biblica 205). Roma: Gregorian & Biblical Press, 2014.

TOSCO, R. *Pietro e Paolo ministri del giudizio di Dio – Studio del genere letterario e della funzione di Atti 5,1-11 e 13,4-12* (Rivista Biblica. Supplementi 19). Bolonha: EDB, 1989.

TREMOLADA, P. *"E fu annoverato fra iniqui" – Prospettive di lettura della passione secondo Luca alla luce di Lc 22,37 (Is 53,12d)* (Analecta Biblica 137). Roma: Pontificio Istituto Biblico, 1997.

Para conhecer de maneira mais aprofundada as dinâmicas literárias e as concepções teológicas que caracterizam a obra lucana, selecionamos apenas algumas monografias (dentre as tantas), que representam contribuições úteis para quem quiser saborear o duplo relato de Lucas.

ALETTI, J.-N. *L'arte di raccontare Gesù Cristo – La scrittura narrativa del vangelo di Luca* (Biblioteca Biblica 7). Bréscia: Queriniana, 1991 [orig. em francês, 1989].

ALETTI, J.-N. *Il racconto come teologia – Studio narrativo del terzo vangelo e del libro degli Atti degli Apostoli* (Collana Biblica). Bolonha: EDB, 2009 [orig. em francês, 1996].

ALETTI, J.N. *Il Gesù di Luca* (Epifania della Parola). Bolonha: EDB, 2012 [orig. em francês, 2011].

BETORI, G. *Affidati alla Parola – Ricerche sull'Opera di Luca* (Rivista Biblica. Supplementi 42). Bolonha: EDB, 2003.

BOCK, D.L. *A Theology of Luke and Acts – God's Promised Program, Realized for All Nations* (Biblical Theology of the New Testament). Grand Rapids: Zondervan, 2012.

BOTTINI, G.C. *Introduzione all'opera di Luca: Aspetti teologici – Edizione riveduta e corretta* (Analecta). Jerusalém/Roma: Terra Santa, 2011.

BUCKWALTER, D. *The Character and Purpose of Luke's Christology* (Society for New Testament Studies. Monograph Series 89). Cambridge: Cambridge University Press, 1996.

CONZELMANN, H. *Il centro del tempo – La teologia di Luca* (Piemme Theologica). Casale Monferrato: Piemme, 1996 [orig. em alemão, 1954].

DUPONT, J. *Nuovi studi sugli Atti degli Apostoli* (Parola di Dio. Seconda serie 2). Cinisello Balsamo: San Paolo, 1985 [orig. em francês, 1984].

DUPONT, J. *Il testamento pastorale di San Paolo – Il discorso di Mileto (Atti 20,18-36)*. 3. ed. Cinisello Balsamo: Paoline, 1992 [orig. em francês, 1962].

DUPONT, J. *Teologia della Chiesa negli Atti degli Apostoli*. Nuova edizione (Studi Biblici, 71). Bolonha: EDB, 2015 [ed. orig. 1984].

FITZMYER, J.A. *Luca teólogo – Aspetti del suo insegnamento* (Biblioteca Biblica 6). Bréscia: Queriniana, 1991 [orig. em inglês, 1989].

FUSCO, V. *Da Paolo a Luca – Studi su Luca-Atti* (Studi Biblici, 124; 139), I-II. Bréscia: Paideia, 2000; 2003.

GREEN, J.B. *La teologia del vangelo di Luca* (Teologia del Nuovo Testamento). Bréscia: Paideia, 2001 [orig. em inglês, 1995].

GRILLI, M. *L'opera di Luca – I: Il Vangelo del viandante* (Biblica). Bolonha: EDB, 2012.

LANDI, A. *La preghiera della comunità nel libro degli Atti degli Apostoli*. Cinisello Balsamo: San Paolo, 2020.

LANDI, A. *Il Vangelo fino ai confini della terra – Testimonianza e missione negli Atti degli Apostoli* (Studi sull'Antico e sul Nuovo Testamento). Cinisello Balsamo: San Paolo, 2020.

MARGUERAT, D. *La prima storia del cristianesimo – Gli Atti degli Apostoli*. Cinisello Balsamo: San Paolo, 2002 [orig. em francês, 1999].

MARGUERAT, D. *Il Dio dei primi cristiani* (Nuove vie dell'esegesi). Roma: Borla, 2011 [orig. em francês, 2011].

MARGUERAT, D. *Paolo negli Atti e nelle lettere* (Strumenti. Biblica 71). Turim: Claudiana, 2016 [orig. em inglês, 2013].

MARGUERAT, D. *Lo storico di Dio – Luca e gli Atti degli Apostoli* (Strumenti. Biblica 78). Turim: Claudiana, 2019 [orig. em francês, 2018].

MONLOUBOU, L. *La preghiera secondo Luca* (Studi biblici, 7). Bolonha: EDB, 1979 [orig. em francês, 1976].

PRETE, B. *La passione e la morte di Gesù nel racconto di Luca* (Studi Biblici, 112; 115), I-II. Bréscia: Paideia, 1996; 1997.

TANNEHILL, R.C. *The Narrative Unity of Luke-Acts: A Literary Interpretation – I: The Gospel of Luke; II: The Acts of the Apostles*. Mineápolis: Fortress, 1986; 1990.

VALENTINI, A. *Vangelo d'infanzia secondo Luca – Riletture pasquali delle origini di Gesù* (Testi e commenti). Bolonha: EDB, 2017.

V

Temáticas teológicas relevantes
(P. Mascilongo e A. Landi)

Unidade e pluralidade dos evangelhos *(A. Landi)*

Os dados relativos ao nascimento dos evangelhos sinóticos e sua recíproca dependência já foram apresentados na *Introdução geral*. Agora é o momento de perguntarmo-nos sobre a razão pela qual a Igreja antiga considerou oportuno canonizar quatro evangelhos ao invés de um. O teria levado os responsáveis pelas comunidades eclesiais a resistir à proposta marcionita de optar por um relato evangélico exclusivo ou à tentativa de Taciano de fazer no *Diatessaron*, através de cuidadosa seleção de textos supostos dos quatro relatos canônicos, um único evangelho?

Como já vimos, a tensão unidade-pluralidade situa-se na origem da pregação missionária[1]. As etapas que precederam a redação dos evangelhos foram de fato caracterizadas pela *pluralidade* dos testemunhos e das tradições que por um período bastante longo representaram o vínculo de transmissão do único *euanghélion* de Jesus. A este respeito, pode ser elucidativo o prólogo de Lucas em sua (dupla) obra (Lc 1,1-4): o evangelista parece revelar uma certa insatisfação com os que, antes dele, tentaram redigir um relato (*diéghesis*) ordenado dos eventos relativos a Jesus. Quem são os *pollói* ("muitos") aos quais faz referência Lc 1,1? O narrador atesta, além disso, que os acontecimentos sobre os quais pretende concentrar sua pesquisa fo-

---

1. Cf. tb. o parágrafo posterior, sobre *Testemunho, memória, escritura*.

ram transmitidos por "aqueles que, desde o início, foram testemunhas oculares e se tornaram ministros da palavra" (Lc 1,2).

Os indícios fornecidos por Lucas, e não somente em seu evangelho, mas também nos *Atos dos Apóstolos*, são suficientes para salientar que os personagens mais autorizados são acima de tudo os *discípulos* (cf. Pedro e João), que acompanharam Jesus ao longo do seu ministério público, que assistiram sua morte e o viram ressuscitado. A estes se somaram os que foram escolhidos, pelo Senhor ou sob encargo da comunidade, para difundir o evangelho (cf. Paulo, Estêvão, Filipe)[2].

A mesma tensão entre unidade e pluralidade está presente também nos relatos de *Marcos, Mateus* e *João*. Também estes, de fato, mostram a exigência de reunir as tradições, orais ou já escritas, transmitidas pelos apóstolos e pelos primeiros discípulos missionários das comunidades cristãs, com o objetivo de dar vida a um projeto unificador em termos informacionais e edificante no tocante à fé dos fiéis. Essa afinidade de propósitos permite identificar como fator determinante de unidade, em todos os evangelhos, o substrato *cristológico* de cada um deles[3]. Apesar disso, o objetivo que cada evangelista pretende alcançar é peculiar: o leitor do *Evangelho segundo Marcos* é chamado a reconhecer a identidade messiânica e a filiação divina de Jesus, preanunciadas no início do relato (Mc 1,1); em *Mateus* o leitor é comparado ao discípulo do Reino dos Céus, que deve ser capaz de extrair de seu tesouro "coisas novas e antigas" (Mt 13,52); *Lucas* se dirige a Teófilo com a finalidade de mostrar a credibilidade histórica e a coerência, em termos de desígnio divino, dos acontecimentos ocorridos (Lc 1,4); para *João*, os sinais que foram relatados têm por objetivo levar o leitor à fé, para que, crendo, tenha a vida eterna (Jo 20,30-31).

Além disso, a pluralidade das tradições que convergem na redação dos evangelhos está ligada às comunidades no interior das quais esses nasceram, compostas por grupos de cristãos situados geograficamente entre as regiões da Judeia, da Síria e da Ásia Menor. Em cada documento evangélico é possível intuir as expectativas comunitárias que influenciam na narração; cada evange-

---

2. Vale ter presente que, em At 6,1-6, Estêvão e Filipe, com outros cinco membros da comunidade, foram eleitos pelo grupo apostólico para o serviço das mesas. No entanto, no desenvolvimento do relato estes são descritos como *evangelizadores*: o primeiro em Jerusalém (At 6–7), o segundo na Samaria (At 8).

3. A este respeito é útil consultar ALETTI. *Unità del Nuovo Testamento*, esp. p. 167-214.

lho foi escrito com a finalidade de ser normativo para as comunidades que se reconhecem em seu conteúdo, e é plausível que este conteúdo, ao menos no início, não tenha sido destinado a um auditório mais vasto daquele previsto pelos evangelistas, mesmo se as opiniões dos estudiosos, neste particular, tendem a divergir. Não poucos autores recentes propuseram a hipótese de que seria preferível considerar os evangelhos, em princípio, como obras escritas em vista de uma difusão e de um uso mais amplo, não circunscrito a uma comunidade específica e a um lugar determinado[4]. Isso foi dito, por exemplo, a propósito de *Marcos*: "Considerando o caráter narrativo da obra, é preferível, portanto, considerá-la destinada a um largo público antes que estritamente ligada a esta ou àquela comunidade específica"[5]. A questão permanece em aberto.

A diversidade dos evangelhos, no entanto, foi sentida também como um problema, sobretudo em razão das divergências e discordâncias presentes nos relatos. Mesmo que posteriormente a solução apresentada pelo Bispo Marcião tenha sido taxada de herética, no contexto do século II não pode ser considerada subversiva sua ideia de escolher um evangelho, o menos contaminado pela doutrina judaica e o mais fiel à mensagem jesuânica, que revelou o verdadeiro rosto do Deus misericordioso. Na região da Síria, a referência a um único documento evangélico é também confirmada pela *Didaqué*, que faz alusão presumivelmente a um texto de autoria anônima. Não por acaso, também Taciano, autor de uma harmonização dos quatro evangelhos (*Diatessaron*), pertence ao cristianismo de matriz síria.

Esta solução foi, porém, rejeitada pela maioria dos expoentes da Igreja nascente, que considerava preferível manter a pluralidade do testemunho evangélico, sentida como um dado irrenunciável e uma riqueza positiva. De fato, os evangelhos apresentam retratos peculiares de Jesus, que são diferentes e, ao mesmo tempo, complementares. Para Justino, trata-se das *memórias* redigidas pelos apóstolos e pelos discípulos[6], também denominadas

---

4. Vale lembrar dos estudos de Tolbert (*Sowing the Gospel – Mark's World in Literary-Historical Perspective*. Mineápolis: Fortress, 1989), de Bauckham (*The Gospel for All Christians*) e de Hengel (*The Four Gospels*).

5. FOCANT. *Marco*, 51. Com base na interessante análise de D. Marguerat (Quattro vangeli per quatro lettori. *Teologia*, 33, p. 14-36, 2008), é possível reconhecer estas estratégias e falar, portanto, de leitor "perplexo" para *Marcos*, "edificado" para *Mateus*, "enraizado na história" para *Lucas-Atos* e "iniciado" para João.

6. JUSTINO. *Dialogo con Trifone*, 103,8.

evangelhos[7]. É possível que ao se referir aos apóstolos como autores estivesse pensando em *Mateus* e em *João*, ao passo que por discípulos do grupo apostólico devêssemos pensar em *Marcos* e *Lucas*, ligados respectivamente a Pedro e a Paulo. Irineu, bispo de Lyon, por sua vez, usou a expressão *tetramórphon euanghélion*, "evangelho quadriforme"[8], para indicar a pluralidade do único evangelho. Também já foi afirmado que o uso habitual da titulação *euanghélion katá*, "Evangelho segundo..."[9] pode ter servido para expressar o conceito de unidade da mensagem evangélica.

Vale também recordar que, ao menos até o século II, não existia ainda uma clara separação entre evangelhos canônicos e apócrifos; o impulso decisivo para a canonização dos quatro evangelhos procede de Irineu[10], e tem correspondência com o *Cânon muratoriano*, que representa a primeira tentativa de confirmar não apenas a relevância exclusiva dos quatro evangelhos canônicos pela comunidade cristã, mas também sua estreita unidade. Irineu considerava que era típico dos heréticos reconhecer como normativo um único evangelho: assim, para os ebionitas, o texto de *Mateus* era preferível aos outros; os marcionitas privilegiavam *Lucas*; *Marcos* era adotado pelos docetistas; e, enfim, *João* teria sido o evangelho preferido dos valentinianos. A necessidade de reconhecer como vinculantes para a fé quatro evangelhos e não um único foi legitimada por Irineu em base às inúmeras analogias em termos cosmológicos e histórico-salvíficos: de fato, assim como na criação estão presentes quatro regiões do mundo e quatro ventos, e a história da salvação é regulada por quatro sucessivos pactos de aliança estipulados por Deus com Adão, Noé, Moisés e Jesus, do mesmo modo também é necessário que os evangelhos sejam quatro. Além disso, com base em Ez 1,10 e Ap 4,7, a cada evangelista é atribuída uma figura simbólica apta a manifestar sua índole literária: *Marcos* corresponde à águia, *Mateus* ao homem, *Lucas* ao touro e *João* ao leão[11].

Os critérios a partir dos quais se canoniza somente os *quatro* evangelhos atribuídos a *Mateus, Marcos, Lucas* e *João* são os mesmos utilizados para re-

---

7. JUSTINO. *Prima apologia dei cristiani*, 1,66.

8. IRENEO DI LIONE. *Contro le eresie* 3,11,18.

9. Cf. a *Introdução geral* desta obra.

10. IRENEO DI LIONE. *Contro le eresie* 3,11,8-9.

11. Ibid. 3,11,7-8.

conhecer a canonicidade dos outros documentos do NT[12]: em primeiro lugar, a conformidade com a *regula fidei* – isto é, a coerência do documento com a tradição cristã fundamental reconhecida como normativa da Igreja; em segundo lugar, a *apostolicidade* – isto é, a possibilidade de atribuir a paternidade literária de um evangelho a um dos apóstolos ou, ao menos, demonstrar sua dependência da pregação apostólica; enfim, a ininterrupta *práxis litúrgica* – isto é, sua aceitação e seu emprego ininterruptos na Igreja em geral.

Concluindo: foi a vida de fé da comunidade que determinou a elaboração dos relatos evangélicos. Nesse sentido, a teologia abrange e justifica a pluralidade dos relatos, muito embora às vezes contrastantes. A canonização dos quatro evangelhos, portanto, "foi e continua sendo um ato de honestidade intelectual da Igreja, que no mínimo tem o dever constante de honrar o dado originário da multiplicidade"[13].

As divergências entre os evangelhos canônicos não são indícios de erros ou de contradições, mas denotam as diferentes modalidades em que a memória das palavras e da gesta de Jesus foi transmitida às sucessivas gerações. Nesta perspectiva não é sensato pensar que uma tradição possa ser considerada mais autêntica do que outra, mas, ao contrário, em cada tradição é possível identificar um núcleo histórico veraz como consequência direta da influência que as ações e o ensinamento de Jesus continuaram a exercer sobre os discípulos e sobre seus sucessores.

Testemunho, memória, escrita *(A. Landi)*

É habitual considerar que a redação dos evangelhos tenha sido precedida por uma dupla fase oral, atribuível à pregação de Jesus e, sucessivamente, aos apóstolos. Portanto, especulou-se que a redação por escrito teria sido o auge de um processo de progressiva evolução. Isto não deve ser entendido em termos esquemáticos: nos estudos mais recentes foi demonstrado que não é possível demarcar de maneira tão rígida as etapas da formação dos evangelhos escritos. Também depois da redação dos relatos canônicos a tradição oral não deixou de existir, assim como a canonização do *evangelho quadriforme* não decretou a extinção dos documentos apócrifos.

---

12. Cf. METZGER, *Il canone del Nuovo Testamento*, p. 219-222.

13. PENNA, *La formazione del Nuovo Testamento*, 131.

Desse modo, mesmo que seja inegável que a fase oral tenha precedido a fase escrita, é preferível identificar três dimensões características, mais do que três etapas que se sucederam em rígida ordem temporal. A redação dos evangelhos se baseia no *testemunho* daqueles que viram e ouviram o que Jesus disse e fez, do início de seu ministério público até sua morte na cruz, em Jerusalém, e sua ressurreição. O que as testemunhas relatam é acolhido e custodiado pelas primeiras comunidades cristãs: é a *memória* dos indivíduos e das comunidades que se empenham em legar o patrimônio da tradição apostólica. A *escrita* representa o ponto de convergência em que os relatos das testemunhas e a memória preservada no interior das comunidades cristãs se entrelaçaram: os evangelhos escritos não são crônicas detalhadas, mas uma transposição em forma de relato do *kérygma* originário.

O *testemunho* dos apóstolos e dos discípulos[14] coincide com a missão que o Ressuscitado lhes confiou: revestidos do Espírito do alto, estes deverão propagar aos confins da terra aquilo de que se constituíram testemunhas, relativamente à morte e à ressurreição de Jesus, bem como anunciar a reconciliação e a salvação que, em seu nome, é concedida a todos (Lc 24,44-49; Jo 20,22-23; At 1,8). Portanto, a missão testemunhal dos discípulos surge no contexto da especial relação que caracterizou a relação entre Jesus e seus discípulos, e que se perpetua através do dom do Espírito Santo (Jo 14,15-31; 16,5-15).

São os discípulos os principais garantes e as fontes mais autorizadas da transmissão da mensagem de Jesus. Eles, portanto, podem ser considerados os primeiros divulgadores do evangelho, e em nome deles começaram a circular as primeiras tradições. Duas circunstâncias das quais fala o Apóstolo Paulo em suas cartas podem ser indicativas: relatando as palavras da Última Ceia, Paulo declara ter transmitido aquilo que recebeu (1Cor 11,23). Trata-se de uma tradição, provavelmente difundida entre as comunidades cristãs da região antioquena (cf. Lc 22,14-20), que remete ao testemunho dos apóstolos, já que únicos presentes na última refeição consumada por Jesus. Subindo a Jerusalém após uma revelação, Paulo expôs o evangelho prega-

---

14. Segundo o autor da obra lucana, o seguimento de Cristo é composto desta forma: primeiramente, existem os *Doze*, que Ele chamou e escolheu pessoalmente (Lc 6,12-16; 9,1-6; At 1,13); a estes são acrescentados os *setenta e dois*, que Jesus designa durante o seu ministério público na Galileia (Lc 10,1-12); ao aguardo do Espírito Santo estão aproximadamente *cento e vinte* irmãos (At 1,15), dentre os quais é escolhido Matias, que assume o lugar de Judas (At 1,26).

do pelas pessoas mais autorizadas da comunidade, "para saber se corria ou tinha corrido em vão" (Gl 2,2). Somente em Gl 2,9 revelará a identidade dessas testemunhas: trata-se de Tiago, Cefas e João, considerados as colunas da comunidade jerosolimitana; isto é, os garantidores mais confiáveis da fé.

A sedimentação dos testemunhos e a vontade de perpetuar a memória com o objetivo de transmiti-la às novas gerações de cristãos favorece nas primeiras comunidades a formação das primitivas tradições orais, nas quais a rigidez se combina com a flexibilidade, e a estabilidade não exclui a diversidade. Dessa forma, mesmo que não possa ser considerada a única motivação plausível, se explicam as variações de ordem lexical, temporal e espacial e, enfim, o cenário narrativo e teológico que emerge ao confrontarmos os textos evangélicos.

É possível supor que as comunidades cristãs palestinas representem o primeiro contexto em que foram recolhidas as mais antigas tradições sobre o Jesus terreno. O tema nos remete à índole substancialmente sectária dos grupos cristãos presentes em Israel. De fato, enquanto os discípulos dispersos diáspora afora mostravam uma maior disposição de integrar-se ao ambiente em que viviam, os cristãos palestinos demonstravam a progressiva necessidade de construir a própria identidade à luz dos ditos e gestos de Jesus, que interpretaram de maneira radicalmente nova em relação ao judaísmo. Por isso tiveram que conservar cuidadosamente a tradição oral da memória de Jesus, fator essencial para a formação da própria identidade cristã.

Além disso, é difícil pensar que nos inícios existisse um bloco querigmático sólido e compacto, somente mais tarde enriquecido por ulteriores tradições que o teriam expandido e, em alguns casos, adulterado. A pluralidade e, de alguma forma, a divergência dos dados transmitidos, são coextensivos ao processo de transmissão das lembranças ligadas à vida de Jesus[15]. Supor que o fluxo das informações tenha sido regulado de maneira rígida e inflexível implica não levar suficientemente em consideração a pluralidade de indivíduos e grupos, de formas (verbais e escritas) e contextos geográficos que precederam a redação dos evangelhos. Além disso, isso não autoriza a

---

15. Nesse sentido, é aceitável a seguinte afirmação de Destro e Pesce (*Il raconto e la Scrittura – Introduzione alla lettura dei vangeli*. Roma: Carrocci, 2014, p. 47): "É incorreta tanto a ideia de uma transmissão linear ininterrupta e fiel quanto a que afirmar que as variações consistem somente em pequenos acréscimos e modificações de valor limitado, que não mudam o significado do que é transmitido".

pensar que a memorização das palavras e das ações de Jesus tenha acontecido de maneira improvisada e fragmentária; a presença dos apóstolos e, mais geralmente, das primeiras testemunhas oculares pôde exercer um significativo controle sobre o fluxo dos dados e das informações que circulavam nas primeiras comunidades[16].

A *redação* dos evangelhos provavelmente nasceu durante a segunda geração dos cristãos, com a intenção de preservar a memória de Jesus de maneira adequada, garantindo-lhe a autenticidade apostólica diante do progressivo desaparecimento dos primeiros discípulos[17] e da proliferação, às vezes incontrolada, de tradições em clara discordância com o núcleo originário do *kérygma* transmitido pelos apóstolos. Nesse sentido, compreende-se perfeitamente a opção da Igreja das origens pelos evangelhos sucessivamente atribuídos a *Marcos, Mateus, Lucas* e *João*: somente nestes se refletiria o conteúdo autêntico do evangelho proclamado por Jesus e transmitido fielmente por seus discípulos.

Na redação dos evangelhos posteriormente reconhecidos como canônicos, as lembranças das palavras e da gesta de Jesus não foram reunidas e transmitidas de maneira isolada, mas inseridas no interior de um quadro biográfico, com o objetivo de compreender melhor sua identidade. Nesse sentido, a questão posta por Jesus aos discípulos em Cesareia de Filipe assume um papel relevante na narração dos evangelhos sinóticos: "E vós, quem dizeis que eu sou?" (Mc 8,29 e par.). O *bíos* de Jesus em sua íntegra, da pregação na Galileia até sua morte de cruz em Jerusalém e sua ressurreição, representa o percurso mais seguro oferecido aos cristãos da segunda geração em diante a fim de que essas gerações pudessem conhecer que Jesus é o *Cristo* e o *filho de Deus* (cf. Mc 1,1).

Enfim, mesmo se é inegável a ligação entre cada um dos evangelhos e a comunidade de referência de seus autores, existe, como já acenamos, um

---

16. Bauckham (*Gesù e i testimoni oculari*, p. 8) afirma que "os textos dos evangelhos são muito mais próximos da forma com que as testemunhas oculares relataram suas histórias ou transmitiram suas tradições sobre o que é comumente confirmado pelos atuais estudos científicos". Cf. DUNN, J.D.G. On History, Memory, and Eyewitnesses: In Response to Bengt Homberg and Samuel Byrskog. *Journal of Study of the New Testament*, 26, p. 473-487, 2004.

17. Bauckham (*Gesù e i testimoni oculari*, p. 414) está convencido de que "os evangelhos assumem o papel vacante que as testemunhas oculares haviam deixado em razão da própria morte".

dado que evidencia a consciência dos evangelistas de redigir obras que assumissem rapidamente um caráter sagrado e vinculante para todos os que se professam crentes em Jesus Cristo. Trata-se da frequência com que Israel recorre ao uso das Escrituras: nos relatos evangélicos estas não são apenas interpretadas por Jesus enquanto mestre autorizado, mas são utilizadas pelos evangelistas como chave de leitura que permite compreender a vida e a mensagem de Jesus. Como afirmamos em relação ao capítulo 24 de *Lucas*, a "inteligência das Escrituras" é necessária para que só através delas fosse possível compreender o sentido e a coerência do mistério de sua morte e ressurreição no projeto divino de salvação para todos os povos.

Para uma leitura canônica: a relação dos sinóticos e dos *Atos* com o Antigo Testamento e o resto do Novo Testamento *(P. Mascilongo)*

A exegese canônica, como vimos na *Introdução geral*, é uma das abordagens recentes desenvolvidas pela pesquisa. Ela sublinha a importância de ler e interpretar cada livro bíblico contido no cânon em seu contexto teológico. Seguindo esta interessante intuição, nos presentes parágrafos serão evidenciados os vínculos que os sinóticos mantêm com o resto da Escritura. O ponto de partida é o reconhecimento, comum a toda exegese contemporânea, da vastidão e da importância para a teologia de tais vínculos:

> Os sinóticos atribuem ao Jesus histórico ou ao Senhor ressuscitado uma referência às Escrituras (Lei, Profetas, Salmos) necessária para compreender sua pessoa e sua missão, em particular para compreender a dramática conclusão de sua vida. Somente neste contexto canônico se revela o significado salvífico de sua missão e de sua morte e ressurreição[18].

Em particular, por conseguinte, é grande a dívida para com o AT[19], mas será útil também descrever brevemente os vínculos com o resto do NT.

---

18. SEGALLA. *Teologia*, 550.

19. Rigorosamente falando, em âmbito teológico, não é correto falar de "Antigo Testamento" para o tempo de Jesus, enquanto – assim como para o Novo – tal denominação é um produto da sucessiva reflexão cristã. Cf. P. Stefani (Per una lettura giudaica degli scritti neotestamentari. *Rivista Biblica*, 61, p. 7-44, 2013) que, entre outras coisas, afirma: "a expressão 'Antigo Testamento' qualifica-se como cristã tanto quanto a denominada 'Novo Testamento'. Por sua vez, os escritos que serão destinados a formar o NT são considerados historicamente judaicos" (p. 11). Conservamos a expressão "Antigo Testamento" pelo fato de ser a mais difundida.

Evangelhos sinóticos e Antigo Testamento: alguns dados

Para cada hebreu do tempo de Jesus, as Escrituras não eram apenas uma coleção de interessantes textos religiosos, mas um dom graças ao qual Deus se revelara a Israel para que cada fiel pudesse honrar o seu Senhor, vivendo na justiça e na verdade. Mas quais livros bíblicos aparecem no NT e *como* são citados?

A situação, do ponto de vista linguístico, é complexa. De fato, a língua das Escrituras, em sua quase totalidade, é o hebraico, que, no entanto, no tempo de Jesus, na Palestina, não era mais falado correntemente, e era substituído, portanto, pelo aramaico. Nesta última língua foram traduzidos, em forma escrita, muitos textos bíblicos, dando origem ao *Targúm* (no plural: *Targumím*). Tais traduções, geralmente não literais, eram provavelmente conhecidas pelos autores do NT, que conheciam e tinham à disposição também a tradução grega da Escritura, a Septuaginta (LXX), amplamente difundida naquela época.

Os evangelhos foram escritos exatamente em grego, e em grego são também escritas as passagens do AT citadas nos evangelhos. No entanto, a análise mostra que nem sempre se trata do grego da LXX; às vezes o texto parece uma tradução direta do hebraico (da parte do evangelista ou da tradição anterior) e não faltam afinidades com os *Targumím*. Além disso, não devemos esquecer que, na Antiguidade, a modalidade de conhecimento, de leitura e de citação dos textos era muito diferente de hoje: prevalecia consideravelmente a escuta da leitura, e o texto era citado de cor, não através de capítulos e versículos. Desta forma, muitas expressões tipicamente bíblicas passaram a fazer parte da linguagem religiosa comum, conhecidas dos evangelistas, que podem ter sido usadas de uma forma quase inconsciente.

Diante de uma citação bíblica presente nos evangelhos, portanto, não é possível saber *a priori* qual texto tenha sido utilizado, e os estudiosos devem avaliar caso por caso, não sem dificuldades; mas é fator de grande relevância, inclusive teológica, estabelecer nos termos mais exatos possíveis o modo com que o NT se serve do AT.

As passagens da Escritura citadas explicitamente nos evangelhos são 57: 26 referentes à Lei, 16 aos Escritos (incluída uma passagem de *Daniel*) e 15 aos Profetas[20]. Isto reproduz a literatura de Qumran, onde os escritos maiormente citados são exatamente os *Salmos, Isaías* e *Deuteronômio*. Invertendo a perspectiva, as citações explícitas dos sinóticos e dos *Atos* são 54 em *Mateus*, 27 em *Marcos*, 25 em *Lucas* e 40 nos *Atos dos Apóstolos*. Às citações explícitas some-se as alusões e os ecos; os estudiosos distinguem, em geral, as *citações*, a *alusão*, o *recurso*, o *empréstimo* de vocabulário e linguagem, o uso de *imagens, figuras* ou *gêneros*, a *referência* a *eventos*, e é possível, em muitos casos, falar de *tipologia*. Não raro, os evangelhos recorrem a mais citações unidas, com o método da fusão dos textos.

Também o uso é múltiplo: vai do recurso ao AT para argumentar uma afirmação (como Jesus o faz em Mt 4,4.7.10, ou os apóstolos nos discursos dos *Atos*), ao uso de um relato como exemplo (o caso dos "pães de Davi" em Mt 12,3-5), ou como fundamento de um ensinamento (os textos de *Gênesis* sobre o matrimônio em Mt 19,3-9). Em outros casos a Escritura oferece um quadro interpretativo mais amplo, ou serve como harmonização ou exortação.

Em seguida faz-se necessário avaliar o contexto e os responsáveis pelas citações: existe diferença se a citação é obra do narrador ou se, ao contrário, fica ao encargo dos personagens e, em particular, do protagonista Jesus. Além disso, a maioria das citações nos evangelhos é feita em discurso direto, quase sempre do próprio Jesus: 16 vezes sobre 20 citações em *Marcos*, 30 sobre 45 em *Mateus*, 16 sobre 25 em *Lucas*. Também este dado é importante: ele nos devolve a convicção de que a intepretação escriturística típica do NT foi iniciada e introduzida pelo próprio Jesus.

Enfim, os evangelistas adotam modalidades diferentes de introduzir as citações. Particularmente interessante é o caso de *Mateus*, que se diferencia pelas *citações de cumprimento*. Os verbos *pleróo* e *teléo* ("cumprir") e o substantivo *télos* ("cumprimento") aparecem 13 vezes em *Mateus*, 5 em *Lucas* e apenas 2 em *Marcos*; possível indício de uma sensibilização que

---

20. Utiliza-se, portanto, a tríplice partição do AT, própria da Bíblia hebraica. Para a *Lei*: 11 *Deuteronômio*, 8 *Êxodo*, 3 *Gênesis*, 3 *Levítico*, 1 *Números*. Para os *Profetas*: 7 *Isaías*, 2 *Oseias* e 1 *Jeremias, Jonas, Miqueias, Zacarias* e *Malaquias*. Para os *Escritos*: além de uma citação de *Daniel*, todas as demais são citações dos *Salmos*. Os dados numéricos, reportados aqui e abaixo, podem variar segundo os estudos, enquanto dependem dos critérios progressivamente adotados; não existe unanimidade na definição do que possa ser exatamente uma "citação".

cresceu par e passo com o desenvolvimento da reflexão teológica da comunidade cristã das origens.

Evangelhos sinóticos e Antigo Testamento: uma avaliação

Por qual motivo os evangelhos e os *Atos* atribuem à Escritura tamanha importância? Uma primeira explicação é bastante óbvia: o contexto religioso de Jesus e de seus primeiros seguidores era o da religião de Israel; daí a referência àqueles textos, proclamados na liturgia e vividos em cada ambiente social como algo totalmente normal. A comunidade cristã, bem como seu mestre, encontrou na Escritura uma linguagem adequada para exprimir as próprias ideias e convicções.

Entretanto, esta observação de tipo sociorreligioso não é suficiente para captar plenamente a profundidade da situação que os evangelhos testemunham. O que emerge, de fato, é bem mais: para os primeiros cristãos a Escritura representou o contexto hermenêutico não apenas para descrever, mas também para compreender e interpretar a história de Jesus. Aliás, em base aos evangelhos, foi o próprio Jesus o primeiro a utilizar a Escritura em tal sentido, mesmo que os estudiosos se interroguem se isto corresponde à realidade histórica, ou se trate uma reelaboração por obra das tradições sucessivas e dos evangelistas.

> A Igreja primitiva está convencida de que o próprio Jesus recorreu, em geral, às Escrituras do AT para interpretar sua pessoa, sua missão e o modo misterioso do desfecho da vida de Jesus: sua morte violenta. Disto nos fala Lucas, referindo-se ao Senhor ressuscitado, que explica aos discípulos, em base às Escrituras, como Cristo devia sofrer e desta forma entrar em sua glória (Lc 24,26-27.32.45). O Evangelista João atribui, de fato, ao Jesus terreno esse uso das Escrituras (Jo 5,39; 10,35; 17,12). Seria exata essa afirmação de que o Jesus terreno recorreu algumas vezes ao AT para interpretar sua pessoa e sua obra? A tendência parece permitir-nos falar afirmativamente[21].

---

21. SEGALLA, G. *La cristologia del Nuovo Testamento* (Studi Biblici 71). Bréscia: Paideia, 1985, p. 23. Dentro desta convicção de fundo, muito frequentemente se sublinhou que Jesus teve uma abordagem da Escritura diferente em relação à de seus correligionários hebreus, mestres ou doutores da lei. Em particular, Jesus não cita outros mestres antes dele, não comenta detalhadamente passagens bíblicas particulares, não exige o estudo bíblico de seus discípulos.

Assim, em continuidade com a postura de seu mestre, a Igreja primeva, por sua vez, pôde religar o evento Jesus à luz do que está contido nos escritos de Israel. Nesse processo, cada evangelista seguiu um percurso próprio, mas, no nível tradicional, segundo os estudiosos, o uso do AT está profundamente sedimentado. Além disso, a Escritura foi utilizada amplamente para compreender o núcleo mais antigo da tradição: o escândalo da cruz.

Dentre os evangelistas, *Marcos* representa um estágio mais primitivo, e resolve por primeiro o paradoxo da rejeição de Jesus mediante a tipologia do justo perseguido. Em sua perspectiva geral, este evangelista antepõe a premissa principal da reflexão cristã posterior: a necessidade de conjugar a novidade de Jesus com a continuidade do AT. Com *Mateus*, a reflexão alcança um nível mais sistemático: todo o AT é utilizado para religar a história de Jesus. Este primeiro evangelho se mostra mais próximo dos métodos exegéticos próprios do judaísmo, além de confrontar a história de Jesus com os grandes acontecimentos de Israel e os grandes personagens bíblicos, em particular mediante uma tipologia mosaica. A obra lucana, em seu conjunto, se preocupa muito em sublinhar a continuidade com a história da salvação, já pelo próprio fato de privilegiar uma língua bastante vizinha ao grego da LXX. Em particular nos *Atos* (nos longos e importantes discursos dos apóstolos e discípulos), o evangelista conseguiu mostrar a conformidade da história de Jesus com as antigas promessas.

Uma interessante confirmação destas observações procede do uso do verbo "cumprir" (*pleróo*), que significativamente aparece, em cada sinótico, entre as principais palavras públicas proferidas por Jesus (Mt 3,15; Mc 1,15; Lc 4,21): para *Mateus*, trata-se de "cumprir a justiça", nas palavras dirigidas ao Batista; para *Marcos*, é o "tempo" vindouro que se cumpre na pregação de Jesus; em *Lucas*, mais explicitamente, é "a Escritura" que está se realizando. A pessoa de Jesus, em cada caso, leva à realização um processo já iniciado e descrito no AT. As três citações, além disso, estão em consonância com o que já foi observado para cada evangelho: emerge o caráter ético em *Mateus*, a novidade da vinda de Jesus em *Marcos* e a realização das Escrituras segundo uma tipologia profética em *Lucas*.

Implicações hermenêuticas e teológicas

A Escritura não é, portanto, um pano de fundo comum aos evangelistas, mas é assumida como uma verdadeira chave interpretativa do evento

Jesus, e constitui o centro da mais antiga e fundamental reflexão teológica na comunidade. Este dado sempre questionou a teologia, que tem por tarefa compreender suas consequências e valor para a fé cristã.

Uma primeira observação interessante é que o recurso à Escritura, estando presente em todos os escritos neotestamentários, se torna um elemento de unidade para a interpretação do evento Jesus. Todos os escritos do NT, de fato, compartilham este mesmo princípio hermenêutico, e isto lhes confere uma recíproca pertença.

Mas como entender a relação entre a Escritura, por um lado, e Jesus e os evangelhos, por outro? Em outros termos: como avaliar aquilo que, com a linguagem de hoje, poderíamos chamar de relação entre os dois testamentos em termos de continuidade, descontinuidade, ruptura, cumprimento?

Em nível histórico é possível identificar quatro modelos que se sucederam à reflexão teológica cristã: *conflitivo, tipológico-alegórico, promessa-realização e histórico-salvífico*. Nenhum destes é totalmente satisfatório, já que todos correm o risco de não conservar de modo adequado a possibilidade de distinguir as "vozes diferentes dos dois testamentos", em diálogo entre si, sem esquecer a "identidade cristã"[22]. O diálogo entre AT e NT é necessário para, por um lado, evitar o risco de colocar entre parênteses a novidade trazida por Jesus, em nome da autonomia da mensagem da Escritura (hebraica) e, por outro, para não desvalorizar a revelação atestada pelo AT, em razão da novidade radical do NT.

Como regra geral, a teologia utiliza o conceito de "cumprimento" (que é propriamente bíblico) para indicar a relação entre os dois testamentos. Também isso, no entanto, não está isento de riscos, sendo necessária, portanto, a devida cautela em sua interpretação:

> Se o Novo é "cumprimento", o Antigo corre o risco de ser "esvaziado" de sua importância e de sua verdade, enquanto esta é percebida apenas em relação ao Novo. A tal problemática uma resposta satisfatória nos veio recentemente com o documento da Pontifícia Comissão Bíblica denominado *O povo hebraico e suas Sagradas Escrituras na Bíblia cristã* (2001). No n. 19 o documento encara o problema, reiterando que o AT e o NT são inseparáveis: de fato, "é à luz do Antigo Testamento que o Novo compreende a vida, a morte e a glorificação de Jesus". Portanto, nos é dado o pressuposto

---

22. GRILLI. *Quale rapporto?*, p. 196-197.

teológico de base com o qual os cristãos fizeram essa releitura do AT; isto é, que "o desígnio salvífico de Deus que culmina em Cristo é unitário, mas se realizou progressivamente no tempo" (n. 21). Reaparecem a dimensão sincrônica e diacrônica da revelação. O documento, no entanto, aprofunda mais, afirmando em primeiro lugar como a dinâmica do "cumprimento" já está presente nos textos do AT: "Fazendo uma contínua releitura dos eventos e dos textos, o próprio AT se abre progressivamente a uma perspectiva de cumprimento último e definitivo". O documento reconhece a complexidade da categoria "cumprimento", seja dando valor aos textos do AT em seu significado contemporâneo à época em que foram escritos (cf. n. 21), seja insistindo no fato de que o "cumprimento" em Cristo é uma superação do significado das profecias antigas"[23].

É necessário, portanto, não eliminar nenhuma das duas partes do jogo, mantendo o diálogo aberto entre elas. Podemos falar a justo título de "circularidade hermenêutica", pois a relação é biunívoca: de Jesus às Escrituras, mas também das Escrituras a Jesus. A comunidade cristã interpreta as Escrituras a partir e em razão da própria fé em cristo, mas, ao mesmo tempo, as Escrituras fornecem as categorias e o horizonte hermenêutico necessário para compreender e proclamar aquele evento.

Dentro das várias posições dos estudiosos, sobre um ponto existe sempre mais consenso: a relação não é tanto entre dois conjuntos de textos, mas entre as Escrituras e a *pessoa* de Jesus: "O que o AT produz não é outro *corpus* literário, o NT, mas o próprio Cristo, testemunhado nesse *corpus*"[24]. Por

---

23. BENZI, G. Teologia bíblica. In: PENNA, R.; PEREGO, G.; RAVASI, G. (orgs.). *Temi teologici della Bibbia*. Cinisello Balsamo: San Paolo, 2010, p. 1.394. Sobre a complexidade do conceito de "cumprimento" também se manifestou a *Verbum Domini*, n. 40: "É preciso, porém, observar que o conceito de realização das Escrituras é complexo, pois comporta uma tríplice dimensão: um aspecto fundamental de *continuidade* com a revelação do Antigo Testamento, um aspecto de *ruptura* e um aspecto de *cumprimento* e *superação*".

24. CARBAJOSA. *Fede e esegesi*, p. 279-280. Também E. Castellucci (Una lettura cristiana delle Scritture di Israele – La complessa categoria di "compimento". In: SALVARANI, B. (org.). *I cristiani e le Scritture di Israele*. Bolonha: EDB, 2018, p. 101) é muito claro: "É importante, portanto, esclarecer desde o início que a complexa relação de 'cumprimento' na leitura cristã diz respeito à relação entre as Escrituras de Israel e a 'pessoa' de Jesus e não entre as Escrituras de Israel e as Escrituras da Igreja. Para aqueles que creem em Jesus messias e Filho de Deus, morto e ressuscitado, é Ele mesmo a 'cumprir' em sua carne as antigas Escrituras; o cumprimento das expectativas hebraicas registradas nos escritos sagrados de Israel, em outros termos, não se encontra registrado em uma nova carta, mas está inscrito em uma carne viva".

esse motivo, dentro do círculo hermenêutico, os teólogos estão propensos a identificar como elemento primário o evento cristológico. Em outros termos, o ponto de partida dos autores neotestamentários não é nunca o texto do Antigo Testamento, mas sempre e somente a nova fé cristã. Não se partiu do Antigo para construir a fé do Novo, mas, ao contrário, partiu-se de uma novidade para muitos versículos inauditos a fim de posteriormente fundamentá-la no Antigo. Aquilo que era primário no plano objetivo da história da salvação se torna secundário no plano subjetivo da empresa hermenêutica[25].

Permanece – a esta altura – uma última dificuldade, que deriva do último assunto abordado: como manter juntas a leitura cristã e a leitura hebraica, para os textos bíblicos em comum, portanto, para grande parte do nosso AT? A teologia contemporânea não pode mais satisfazer-se em declarar adequada uma leitura e inadequada outra, e, aliás, ela ainda se interroga se a leitura religiosa e cristológica feita pelos evangelistas e pela Igreja pode ser considerada verdadeiramente respeitosa do texto bíblico e de seu significado, que o mundo hebraico continua lendo e interpretando fora do horizonte cristológico.

A questão é complexa. Um ponto de partida para a solução é oferecido pela reflexão hermenêutica contemporânea: é possível a coexistência de mais leituras diferentes de um texto, e, portanto, a alusão maior a um significado também é possível. A própria leitura hebraica, em sua longa história secular, já havia oferecido exemplos de releituras sucessivas de textos mais antigos. Da mesma forma, é possível considerar a releitura cristã como uma ulterior modalidade de interpretar aqueles textos antigos (em comparação com as leituras "internas" ao AT), que legitimamente podemos associar a outras interpretações, sempre possíveis: "O evento Jesus de Nazaré, que inaugurou uma nova era, trouxe à luz ulteriores significados que ultrapassavam o desenvolvimento hermenêutico da própria tradição hebraica"[26].

Em conclusão: parece útil, e até necessário, manter o duplo movimento interpretativo entre AT e NT, sem eliminar qualquer polaridade. Obviamente,

---

25. PENNA, R. Appunti sul come e perché il Nuovo Testamento si rapporta all'Antico. *Biblica*, 81, p. 1.000, 2000.

26. GRECH, P. Ermeneutica intrabiblica. In: PENNA, R.; PEREGO, G.; RAVASI, G. (orgs.). *Temi teologici della Bibbia*. Cinisello Balsamo: San Paolo, 2010, p. 421.

o equilíbrio não é simples, e os estudiosos às vezes sublinham tanto a continuidade quanto a descontinuidade, com acentos diferentes[27].

A relação entre sinóticos e *Atos* e o restante do Novo Testamento

É útil agora dizer algumas palavras sobre a relação entre os evangelhos sinóticos e o restante do NT. É óbvio que existem mais diferenças do que semelhanças, tanto em termos de conteúdo quanto formais (basta pensar na distância de gênero literário entre relatos evangélicos e cartas). Seria útil, portanto, determo-nos apenas nos elementos de continuidade e proximidade, quando presentes. Em particular, confrontaremos os sinóticos com a obra de Paulo[28].

Desde os primeiros estudos críticos sobre o NT foi realçada a diferença, às vezes também em termos de oposição, entre evangelhos (em geral, e sinóticos em particular) e cartas de São Paulo. Não é raro encontrar, entre os estudiosos, posições extremas em que Paulo e Jesus são considerados portadores de dois "evangelhos" totalmente diferentes.

> Muito frequentemente, na história da pesquisa, falou-se do Apóstolo como "inventor" ou "fundador do cristianismo", como "helenizador do cristianismo", "propugnador de uma mensagem que pouco ou nada, em última instância, teria a ver com as intenções de Jesus. Esta visão [...] só recentemente começou a dar sinais de arrefecimento"[29].

---

27. A título de exemplo trazemos aqui duas posições recentes, de J. Dunn e G. Lohfink, com acentos que nos parecem opostos, acompanhados, porém, de muita prudência. Para Lohfink, Jesus "não se limitou simplesmente a reproduzir e a repetir o Antigo Testamento. E *tampouco nunca o ampliou com conteúdos completamente novos*, mas identificou com surpreendente sensibilidade e capacidade de discernimento nesse enorme material de sua Bíblia, nessa experiência secular, nesse novelo de sabedoria e história, o fio condutor da vontade de Deus" (LOHFINK. *Gesù di Nazaret*, p. 227). Para Dunn, "O Antigo Testamento é primeiramente escritura *hebraica*; é escritura *cristã* apenas em sentido derivado e discutido. Não foi escrito pelos cristãos. É pré-cristão [...]. Em seu conjunto não representa para nós uma palavra de Deus independente do Novo Testamento e de Jesus. Para os cristãos, o *Antigo Testamento continua exercendo uma autoridade normativa só quando lido à luz da revelação de Cristo, e isto significa estar dispostos a reconhecer que alguns dos ensinamentos e algumas das obrigações presentes nele não têm mais valor prescritivo*. O Antigo Testamento permanece naturalmente indispensável para a compreensão do Novo, do qual representa o fundamento" (DUNN. *Parola viva*, p. 67, 88).

28. Para um rápido confronto com *João*, cf. na *Introdução geral*, o item Relação entre sinóticos e João.

29. WALT, L. *Paolo e le parole di Gesù – Frammenti di un insegnamento orale* (Antico e Nuovo Testamento 20). Bréscia: Morcelliana, 2013, p. 32.

Confrontando os textos, é inegável que nas cartas existe pouco material que traia um conhecimento do Jesus narrado nos evangelhos. Naturalmente, os estudiosos colocam a elaboração das cartas (ao menos as consideradas autenticamente paulinas) antes da redação dos sinóticos e, portanto, uma primeira explicação é que Paulo não conhecia aqueles textos. No entanto, essa razão não parece suficiente: a solução deve ser buscada na teologia do Apóstolo. A atenção de Paulo recai principalmente sobre os efeitos salvíficos da morte e da ressurreição de Cristo e se concentra apenas em alguns eventos culminantes, não sobre os detalhes de sua vida ou de seu ensinamento. A distância, portanto, é considerável, razão pela qual é mais interessante ainda observar os elementos em comum.

Em primeiro lugar, as cartas apresentam alusões às ações e às palavras de Jesus. Analisando-as é possível reconstruir um traço mínimo de sua vida: o nascimento de uma mulher sob a lei (Gl 4,4); a instituição da Eucaristia (1Cor 11,23); sua entrega (1Cor 11,23); e naturalmente a crucificação (Gl 2,20; 3,1; Fl 2,8; 1Cor 2,2.8), a morte (1Cor 15,3), o sepultamento (1Cor 15,4), a ressurreição (1Cor 15,5) e a subida ao céu (Rm 10,6). Existem também contatos com os ditos do Nazareno[30]: dentre esses podemos lembrar o uso de "Evangelho de Deus" (comum em Paulo, presente em Mc 1,14); a questão da pureza (com semelhança entre Mc 7 e Rm 14); um exemplo próprio está ligado às tradições sobre a ceia, onde Paulo relata (em 1Cor) uma tradição semelhante à de *Lucas*, incluindo alguns detalhes. De fato, é justamente a relação com a obra lucana que deve ser particularmente estudada[31].

Enfim, embora não seja possível falar de uma opinião compartilhada entre os estudiosos, é possível redimensionar o parecer relativo à excessiva distância entre Paulo e o Jesus dos sinóticos, que muitos autores do passado haviam encontrado:

> Deveríamos, pois, falar de um abismo entre Jesus e Paulo? Não. Deveríamos deduzir que Paulo distorceu a alegre notícia que Jesus havia deixado ou dela havia discordado? Não. Deveríamos concluir que Paulo transformou a mensagem de Jesus em algo que para ele teria passado despercebido? Não. [...] Paulo, embora jamais possa ter ou-

---

30. Cf. 1Ts 4,2.15; 5,2.13.15; 1Cor 7,10-11; 9,14; 11,23-25; 13,2; Rm 12,14.17; 13,7; 14,13.14; 16,19.

31. Cf. MARGUERAT. *Paolo negli Atti*.

vido ou visto Jesus, pode, não obstante isso, ser indicado como *um dos mais verdadeiros discípulos de Jesus* – não simplesmente do Senhor Jesus Cristo exaltado, mas também do Jesus de Nazaré[32].

O problema teológico do Jesus histórico *(P. Mascilongo)*

Já foi falado, na *Introdução geral*, da história da pesquisa sobre os evangelhos e do problema do "Jesus histórico". Vale a pena aprofundar agora a mesma questão sob o ponto de vista teológico, pois trata-se de um tema decisivo para a cristologia e para a teologia do NT.

As implicações teológicas da história da pesquisa

A pesquisa sobre o Jesus histórico pode ser subdividida em três fases[33]: a *primeira fase* nasce do paradigma cultural, ou da pré-compreensão filosófica, do Iluminismo. Tal paradigma permanece incontestado até o início do século XX, marcando tanto os esforços do cristianismo liberal quanto os estudos decisivos de J. Weiss e de A. Schweitzer, que decretaram seu fim.

O paradigma seguinte, que se impõe na *segunda fase* da pesquisa, pode, ao contrário, ser definido como querigmático, a partir dos trabalhos de R. Bultmann. Aqui a própria possibilidade da pesquisa é posta em discussão (alguns autores preferem falar de *no Quest*, de uma "não fase"), e para o exegeta alemão existe um fosso entre a história da Igreja e a história de Jesus. Esta longa fase sofreu uma drástica evolução, a partir dos anos 50 do século XX, com a tomada de posição de E. Käsemann, que colocou no centro do debate os esforços de reconstruir a figura histórica de Jesus, embora sem mudar o paradigma cultural de fundo. Em outros termos: permaneceu estabelecida a separação entre o Jesus histórico e o Cristo da fé, mas considerou-se possível estabelecer pontos que consentissem remontar ao Jesus histórico a partir dos evangelhos[34]. Também Käsemann defendeu que a pesquisa histórica, sozinha, é insuficiente, e que só a fé pode fazer descobrir em Jesus o Cristo, mas,

---

32. DUNN. *Dal Vangelo ai Vangeli*, p. 194-195.

33. A distinção da pesquisa em três fases é a dominante, mas não é compartilhada por todos nem há qualquer entendimento sobre como considerar a fase atual do estudo (para muitos, já se trata de uma quarta fase).

34. Com este propósito são desenvolvidos os diferentes critérios de historicidade, utilizados ainda hoje por muitos exegetas. Cf., na *Introdução geral*, o item *Critérios para a verificação da historicidade dos evangelhos*.

diferentemente de Bultmann, não lhe nega nenhum valor, considerando-a importante para a própria fé.

A situação muda novamente nos anos seguintes, também em razão das novas descobertas arqueológicas da segunda metade do século XX (a começar pelas escavações de Qumran). Nasce assim o paradigma judaico pós-moderno da *terceira fase* da pesquisa: essa se caracteriza por uma ampla diversidade de abordagens e de resultados, com uma fragmentação típica da Pós-modernidade. É possível identificar

> três elementos característicos do paradigma da Terceira pesquisa: 1) o novo material judaico de confronto; 2) a confiança maior na historicidade dos evangelhos; 3) a importância do Jesus histórico também sob o aspecto teológico, em contraste com a escola bultmanniana e pós-bultmanniana[35].

O elemento de maior impacto dessa fase é exatamente o confronto entre Jesus e o mundo judaico, favorito também nas obras de estudiosos de matriz hebraica como D. Flusser, G. Vermes ou J. Neusner. Isso provou um evidente aperfeiçoamento do conhecimento de Jesus e de seu mundo, permitindo superar também preconceitos e esquematismos às vezes presentes nas fases anteriores, mas não sem riscos de tendência oposta[36].

Seja como for, a situação hodierna é extremamente complexa e variada, e é possível reconhecer diversas orientações, particularmente a partir da imagem do Jesus que emerge dos próprios autores[37]. Descobre-se assim que, para alguns estudiosos, Jesus teria sido, acima de tudo, um *reformador social* (o *Jesus seminar*, J.D. Crossan e, na Itália, M. Pesce); para outros (dentre os quais G. Vermes, M. Smith e D. Flusser) deveríamos falar de um *pregador*

---

35. SEGALLA. *La ricerca*, p. 141-142.

36. "A 'terceira pesquisa' sobre o Jesus da história, embora divirja do resultado desses trabalhos, tem o grande mérito de nos levar a revisitar a imagem do judaísmo do segundo templo. Ela permitiu diferenciar nosso conhecimento histórico do ambiente de Jesus de suas caricaturas, restituindo ao judaísmo antigo sua acolhedora diversidade. Valorizar a judeidade de Jesus tem esse preço. Simultaneamente, a 'terceira pesquisa' comete um *erro simétrico ao de seus predecessores: imergindo sem* matizações *no Jesus em seu ambiente, ela perde de vista sua singularidade, que explica a rejeição da qual foi objeto. Se quisermos levar em consideração a totalidade do 'fenômeno Jesus de Nazaré', é absolutamente necessário pensar conjuntamente a judeidade* e a *singularidade* do Nazareno" (MARGUERAT, D. Giudaicità e singolarità di Gesù di Nazaret. In: CIOLA; PITTA; PULCINELLI (orgs.). *Ricerca storica su Gesù*, p. 125).

37. Cf. BERTALOTTO. *Il Gesù storico*.

carismático; para outros, ainda, de um *revolucionário antirromano* (R. Horsley, P. Frediksen); não poucos autores sublinham o vínculo com a apocalíptica judaica (E. Sanders fala de *mestre apocalíptico*, J.P. Meier de um *judeu marginal*); enfim, alguns estudiosos (como P. Sacchi ou o *Enoch Seminar*) falam de *messias enóquio*. Este modesto elenco já mostra a variedade das posições, que leva a resultados claramente contrastantes entre si, sem esquecer a clara impressão de estarmos voltando ao que A. Schweitzer, há um século, havia declarado como falência da primeira fase da pesquisa sobre Jesus justamente em razão da impossibilidade de chegar a resultados unânimes.

Nestes primeiros anos do terceiro milênio, no entanto, parece estar se abrindo uma nova temporada, que tenta superar essa fragmentação, seguindo duas direções principais. Por um lado, alguns trabalhos caracterizados pelo grande volume de dados reunidos e interpretados; pense-se nos volumes de J.P. Meier ou na obra coletiva coordenada por T. Holmén e S.E. Porter. Trata-se de obras importantes, de caráter estritamente analítico, que estudam passagens específicas (ou temas) dos evangelhos, manifestando um juízo de historicidade caso a caso, sem propor soluções gerais. Mais animada é a segunda vertente, que suscitou amplo interesse, e não poucas controvérsias, a partir das obras de R. Bauckham e de J. Dunn. Esses dois autores se caracterizam por uma renovada confiança na possibilidade de usar as fontes evangélicas como testemunhas confiáveis para remontar ao Jesus histórico ou, ao menos, à primeiríssima tradição sobre ele[38]. Para Bauckham, o interesse recai sobre as testemunhas oculares e sobre seus traços deixados nos evangelhos, com o emprego da categoria hermenêutica *testemunha*. Para Dunn, ao contrário, os evangelhos podem dar acesso de forma confiável à *memória de Jesus*, ao Jesus lembrado por seus discípulos, que estão nas origens das tradições sobre Ele, que em última análise confluíram nos evangelhos. A abordagem global desses dois autores permite, provavelmente, superar um certo ceticismo presente nas obras precedentes. Seja como for, a situação é

---

38. Para a novidade da abordagem destes últimos autores, alguns falam explicitamente de quarta pesquisa. Cf. BAASLAND, E. Fourth Quest? – What Did Jesus Really Want? In: HOLMÉN; PORTER. *Handbook*, p. 31-56. • PENNA, R. Una quarta ricerca sul Gesù storico? – La proposta di Ernst Baasland. In: DURANTE MANGONI, B.; GARRIBBA, D.; VITELLI, M. (orgs.). *Gesù e la storia: Percorsi sulle origini del cristianesimo – Studi in onore di Giorgio Jossa* (Oí chrístíanoí 20). Trapani: Il pozzo di Giacobbe, 2015, p. 29-41. • TESTAFERRI, F. Una "quarta ricerca" del Gesù storico? *Teologia*, 38, p. 382-400, 2013.

tão complicada quanto fecunda, e não faltam interessantes desenvolvimentos e aberturas relativas à cristologia, à teologia, à hermenêutica.

Uma precisão terminológica

Antes de prosseguir, é necessário definir melhor alguns termos empregados na pesquisa recente. A contraposição clássica era entre o "Jesus histórico" e o "Cristo da fé" (ou o "Cristo bíblico"). Trata-se de uma contraposição clara: a pessoa de *Jesus* é ligada à história, o *Cristo*, ao contrário, é ligado à fé da primeira comunidade cristã, responsável pelos evangelhos. Com o desenvolvimento da pesquisa, no entanto, esta simples dicotomia foi percebida como limitada e limitante, acima de tudo pela ambiguidade do adjetivo "histórico", há muito considerado equivalente ao "verdadeiro" Jesus "terreno", visto hoje como inacessível.

O adjetivo "histórico" em si deveria ser de fato reservado à figura do Jesus que pode ser reconstruído com os instrumentos históricos:

> O Jesus histórico é o Jesus que podemos recuperar ou reconstruir aplicando os instrumentos da moderna pesquisa histórica de que dispomos hoje. Em outros termos: o Jesus histórico é uma moderna construção acadêmica ou um modelo hipotético. Ou, da forma mais simples possível, o Jesus histórico é o Jesus reconstruído pelos historiadores modernos[39].

Em vez do termo "histórico", no sentido que ele assumiu na pesquisa do século XX, é possível usar a expressão "Jesus real", com a qual se indica a totalidade da figura do Nazareno, concretamente vivida há dois mil anos, na plenitude de sua personalidade[40].

Também os termos "Cristo bíblico" e "Cristo da fé" são cada vez menos utilizados na pesquisa. Seu uso, de fato, supõe uma separação considerada demasiadamente clara entre a figura real de Jesus e o protagonista

---

39. MEIER, J.P. La distinzione tra cristologia e ricerca sul Gesù storico. In: CIOLA; PITTA; PULCINELLI (orgs.). *Ricerca storica su Gesù*, p. 206. Em italiano [e também em português], em sentido específico, seria melhor utilizar o adjetivo "historiográfico": de fato, o adjetivo "histórico" é em si ambíguo, já que especificamente deveria se referir ao Jesus "historiográfico"; isto é, aquele delineado pelos historiadores, ao passo que para caracterizar a dimensão objetiva do personagem vivido naquele tempo e naquela terra se deveria falar, ao contrário, do "Jesus da história", do Jesus "real" ou do Jesus "terreno" (PENNA, R. Ricerca e ritrovamente del Gesù storico. *La Scuola Cattolica*, 144, p. 507, 2016).

40. MEIER. *Un ebreo marginale*, I, p. 25-33.

da narração bíblica. Em seu lugar, um percurso interessante está fazendo a expressão "Jesus dos evangelhos", para indicar a imagem que os evangelhos transmitem do Nazareno, cujo mérito é usar o mesmo termo ("Jesus") para indicar sua pessoa. Naturalmente, quanto ao que foi afirmado até o presente momento, permanece a distinção: o Jesus dos evangelhos não coincide nem com o Jesus histórico/historiográfico nem com o Jesus real, definidos acima.

A relação entre história e fé

Outro elemento de dificuldade reside na não imediata compreensão dos dois fatores em jogo, normalmente contrapostos: história e fé. Em particular, como deveria ser entendida, hoje, a "história"? A reflexão do século XX certamente trouxe algumas importantes novidades em relação ao quadro precedente, marcado pelo racionalismo iluminista, dentro do qual a moderna pesquisa crítica nasceu:

> A história, também a de Jesus, é construída por três elementos fundamentais. Na origem da história estão os *eventos passados*, que não devem ser confundidos com a própria história, que é sua reconfiguração; os eventos passados deixaram *traços* que sobrevivem aos eventos já passados e são sua prova; e, entre os traços e o evento passado, situa-se o historiador, com seu método crítico que estuda os traços e sua relação com o evento originário, formulando um *relato narrativo*, precisamente uma história, no qual confluem os fatos apurados com a crítica e sua configuração mediante uma imaginação criativa[41].

De forma sempre mais clara, portanto, compreende-se que a ação do historiador não é uma pesquisa neutra ou passiva, mas a ativa interpretação dos eventos e traços do passado à luz da própria visão de mundo. A história é o resultado da atividade criativa do historiador que – sujeito conhecedor – estabelece uma relação entre o passado evocado e o presente que é seu"[42].

Hoje o historiador tem consciência de que seu conhecimento do passado procede de documentos que devem ser interpretados. Também no caso dos evangelhos, é evidente que estamos diante de relatórios não neutros, já ape-

---

41. SEGALLA. *La ricerca*, p. 20-21.
42. MARROU, H.-I. *La conoscenza storica*. Bolonha: Il Mulino, 1997, p. 46.

nas por sua multiplicidade, sinal de um complexo processo interpretativo por obra dos evangelistas e das suas comunidades.

Em outros termos: a fé, ou a interpretação religiosa, exerceu um papel decisivo para o nascimento das testemunhas sobre Jesus, e isto o historiador deve levar em conta. Ao nos depararmos com os evangelhos não estamos diante de Jesus, mas de um testemunho sobre Ele. Nem a reconstrução historiográfica, nem os próprios evangelhos, portanto, permitem aceder a um Jesus "não interpretado". Em certo sentido, Jesus permanece necessariamente além de um conhecimento direto e imediato, mas, ao mesmo tempo, sempre mais estudiosos reconhecem que isto não representa um obstáculo à pesquisa, e sim um necessário elemento de partida, que precisa ser levado em conta, como o veremos melhor no parágrafo abaixo. Esclarecedor é este juízo de um historiador:

> Enquanto os exegetas consideram um obstáculo o dado, de fato, que o Jesus por nós conhecido seja quase exclusivamente aquele lembrado (*remembered*) pelos discípulos, transmitido por seus escritos e filtrado através de sua fé e de sua dedicação, devemos afirmar com clareza que, para os historiadores, a circunstância não é de particular importância. Uma vez constatado o fato de modo a tê-lo devidamente em conta, descobrimos que se trata de um dado comum à grande maioria das fontes à disposição do historiador antigo [...]. A ideia que uma fonte não militante seja *a priori* mais confiável do que outra é totalmente discutível. A fonte militante, aliás, tem uma vantagem: a de ter uma estreita conexão com o personagem de que trata ou com pessoas de seu estreito *entourage* [entorno], e de ter, portanto, acesso às melhores fontes de informações possíveis [...]. Esta tipologia de fontes pode ser acusada de querer esconder informações ou de querer divulgá-las enganosamente, mas é parte justamente do trabalho do historiador detectar e neutralizar as omissões e as distorções[43].

O entrelaçamento entre fé e história emerge também de outro ponto de vista. Segundo muitos autores a própria fé (dos discípulos), de fato, deve ser considerada à semelhança de um fato histórico, e como um dado a ser ana-

---

43. BARZANÒ, A.; BAZZI, C. Le implicazioni storiografiche della ricerca sul Gesù storico. In: BAZZI; BIGUZZI (orgs.). *Cantiere aperto*, p. 28.

lisado dentre outros. Isto acontece acima de tudo porque é somente graças a essa fé, concretamente vivida pelos discípulos, que nasceram os primeiros testemunhos sobre Ele, e, portanto, também a possibilidade de nosso conhecimento histórico sobre Jesus. Além disso, a forma desses testemunhos é uma narração, e, portanto, ligada à história (e não, como para os rabinos, p. ex., em forma de ditos). Enfim, para um número sempre maior de estudiosos é possível falar de "fé" em Jesus mesmo antes do evento pascal, quando os discípulos, na convivência com Jesus, se depararam com algo novo e inesperado.

Após decênios diante do fato que história e fé pareciam elementos distantes, quando não opostos, hoje a reflexão exegética e teológica já compreendeu que para uma correta interpretação do Jesus histórico e, mais especificamente, como condição de continuidade entre o Jesus terreno e o Jesus pascal, é importante perceber a relação entre estas duas dimensões que são próprias ao cristianismo. Como foi afirmado: "desde a origem a *fé* cristã, enquanto tal, não pôde e tampouco podia ignorar a *história* de Jesus, de modo que, no cristianismo, história e fé foram e continuam inseparavelmente entrelaçadas"[44].

Investigação histórica e dimensão de fé

A esta altura, após termos tentado compreender em termos menos conflitivos a relação entre história e fé, é possível enfrentar outra questão ligada às precedentes; isto é, a relação entre investigação histórica e dimensão da fé. O historiador dos evangelhos pode ser um crente? Deve sê-lo? Mais genericamente: Que relação existe entre investigação histórica e teologia?

A distância entre métodos históricos e métodos teológicos é hoje uma das principais preocupações de muitos estudiosos. A tradição eclesial sempre afirmou a necessidade da "leitura no espírito" da Escritura, reservando, de alguma forma, a possibilidade de compreender os evangelhos somente ao estudioso que professa publicamente sua fé. A investigação crítica moderna, ao contrário, reivindicou a autonomia do estudioso que, por sua pesquisa, deve explicitamente ir além de uma eventual dimensão de fé. A conciliação de tais posições não é fácil, pois, se é totalmente compreensível, em nível teológico, a exigência expressa pela tradição eclesial, não é certamente pensável que um estudioso não crente deva renunciar à indagação sobre a história de Jesus, ou que, por outro lado, deva necessariamente chegar à fé. Desse modo, de

---

44. PENNA. Ricerca e ritrovamento, p. 520-521.

forma particular a problemática diz respeito ao estudioso crente, que é chamado a ler os evangelhos partindo do duplo ponto de vista: científico e de fé.

Sobre este tema manifestou-se, há alguns anos, a *Verbum Domini*, que enquadrou o problema exatamente no contexto mais amplo da relação entre *fé* e *razão*:

> É necessário convidar a *alargar os espaços da própria racionalidade*. [...] A unidade dos níveis de trabalho interpretativo da Sagrada Escritura pressupõe, em última análise, uma *harmonia entre a fé e a razão*. Por um lado, é necessária uma fé que, mantendo uma adequada relação com a reta razão, nunca degenere num fideísmo, o qual, em relação à Escritura, se tornaria defensor de leituras fundamentalistas. Por outro lado, é necessária uma razão que, investigando os elementos históricos presentes na Bíblia, se mostre aberta e não rejeite aprioristicamente tudo aquilo que exceder a própria medida[45].

Justamente por fazer uso de instrumentos de investigação diferentes, exegese e teologia devem pôr-se em diálogo, sem confundir os respectivos métodos, mas buscando articulá-los da melhor maneira possível. Se, normalmente, no passado, havia um conflito entre posições opostas, hoje é mais fácil considerar com maior serenidade a distinção dos planos, sem deixar de enfatizar a diferença dos resultados obtidos na pesquisa. Mais e mais historiadores e exegetas se conscientizam da não exaustividade de seus trabalhos, que deve abrir-se a uma releitura teológica, e sempre mais os teólogos reconhecem a necessidade de integrar os estudos críticos em suas reflexões[46].

O problema, na verdade, não está tanto em nível teórico, mas em termos práticos:

> A discussão, no âmbito da teologia católica, não diz respeito, obviamente, à necessidade *de princípio* do nexo entre exegese bíblica e teologia crente. A questão diz respeito ao seu exercício *efetivo*. Ou seja, o modo com que esta soldagem deve ser teoricamente ar-

---

45. *Verbum Domini*, n. 36.

46. Assim, um teólogo pode pedir que "se chegue a uma mais orgânica assunção das instâncias críticas no próprio centro da leitura de fé das SS. Escrituras" (BOVATI. Ricerca esegetica e cammino della comunità credente, p. 234), ao passo que um historiador pode admitir que "a reconstrução do historiador é muito mais simples e modesta que aquela do teólogo, insuficiente, portanto, do ponto de vista da fé" (JOSSA, G. Storia e teologia nella ricerca del Gesù storico. *Rassegna di Teologia*, 60, p. 136-137, 2019).

ticulada e metodologicamente executada. Em outros termos: Como interpretar o texto bíblico como uma escritura de revelação que justifica o ponto de vista teológico que, por sua vez, a justifica? E onde se coloca, nesta interpretação, a hermenêutica constitutiva da fé, ou seja, a hermenêutica que se baseia corretamente na normatividade do texto escriturístico como referente fundador do saber da fé – e não vê simplesmente nele um venerável documento de sua tradição antiga?[47]

O estudo do Jesus histórico, campo de discussão animado e fecundo, é provavelmente o terreno mais favorável para ulteriores desenvolvimentos e uma aproximação entre mundos desde há muito contrapostos. A riqueza da história de Jesus e as perguntas que ela suscita (tanto em nível histórico quanto teológico) convida a identificar caminhos de encontro a fim de favorecer uma compreensão sempre mais rica e articulada, acessível tanto a quem parte da fé em sua pesquisa quanto para quem, ao contrário, não precisa dela. Diante da figura de Jesus transmitida pelos evangelhos, o exegeta pode abrir-se a perguntas que superam o simples conhecimento histórico e exigem uma resposta, e uma metodologia, de tipo teológico, partindo do respeito da mensagem que os evangelhos veiculam. Ao mesmo tempo, também os teólogos, sem abdicar da própria função de uma interpretação fiel, iluminada pela fé, deveriam sempre mais compartilhar a convicção de que "aquela [interpretação] da fé cristã fundada nos evangelhos canônicos, mesmo sendo para eles a interpretação normativa, não é, entretanto, a única interpretação possível da figura de Jesus"[48].

Jesus histórico e cristologia

Mudando ligeiramente a perspectiva, passemos agora a um último e breve esboço sobre o vínculo existente entre o estudo do Jesus histórico e a cristologia que, de fato, é a parte da teologia em primeiro lugar e diretamente implicada no estudo dos evangelhos. Por muito tempo a exegese moderna considerou a cristologia como algo estranho ao Jesus da história, que entrava em cena apenas no nível do Cristo da fé; esta suposição foi a base da clássica divisão da pesquisa.

---

47. SEQUERI, P. Prefazione. In: CARBAJOSA. *Fede e esegesi*, p. 7.
48. JOSSA. *Voi chi dite che io sia?*, p. 332.

Hoje, ao contrário, um número sempre maior de estudiosos concorda em afirmar que o nascimento da cristologia deve ser situado antes da Páscoa. Em outros termos: se reconhece em Jesus mesmo a origem da cristologia, ou melhor, de cristologias diferentes, geradas pela fé nele depositada. Consequentemente, é possível reduzir bastante, senão anular, o alegado abismo existente entre fase jesuânica e cristologia pós-pascal. O ponto de partida, no entanto, é sempre a relação entre história e fé, como foi bem observado:

> o nexo *história-fé* é fundamental tanto no interior da *pesquisa histórica*, para não reduzir a pessoa de Jesus quanto na *cristologia eclesial (sistemática)*, a qual se move no terreno da fé do crente, mas bem-enraizada num evento verificável no marco da história[49].

Na forma narrativa dos evangelhos podemos identificar um traço de união entre as duas dimensões: os *relatos* sobre Jesus são, por um lado, radicados na história humana e concreta do protagonista, mas, por outro, abrem-se à interpretação querigmática e teológica. O historiador e o teólogo estudam os mesmos relatos a partir de dois pontos de vista diferentes, mas de magnitude semelhante. A cristologia, portanto, e mais especificamente uma cristologia propriamente *narrativa*, poderia revelar-se o lugar do desejado encontro entre dimensão histórica e dimensão da fé, favorecendo aquela proximidade de que se falou nas páginas precedentes. Mais uma vez, faz-se necessária uma adequada polaridade:

> O texto bíblico pede para ser colocado sem sofrer contradições sobre todo o arco estendido entre os dois polos da linguagem e da história [...]. Uma das características mais específicas da forma do relato evangélico está – p. ex., – exatamente em restituir-nos uma história literária e teologicamente configurada. [...] Nesta sua correlação o relato é sempre um escrito de verdade salvífica articulado sob o duplo registro da mediação histórica e linguística. A adequada percepção e a correta articulação desta dupla dimensão são absolutamente indispensáveis[50].

---

49. CIOLA, N. La rilevanza del nesso *storia-fede* per la cristologia sistematica: alguni punti fermi. In: CIOLA; PITTA; PULCINELLI (orgs.). *Ricerca storica su Gesù*, p. 166.

50. VIGNOLO, R. Metodi, ermeneutica, statuto del testo bíblico – Riflessioni a partire da *L'interpretazione della bibbia nella Chiesa* (1993). In: ANGELINI, G. (org.). *La rivelazione attestata – La Bibbia tra testo e teologia*. Milão: Glossa, 1998, p. 60-61.

Bibliografia comentada

Unidade e pluralidade dos evangelhos

O estudo de O. Cullmann marcou uma etapa fundamental na história da pesquisa dos evangelhos: a ideia de que a canonização de quatro relatos evangélicos, e não de um, corresponde à necessidade de respeitar a pluralidade das tradições reconhecidamente de inspiração apostólica e historicamente confiáveis confirma que a tensão entre a *unidade* da mensagem evangélica e a *pluralidade* das formas narrativas (cf. R.J. Bauckham, M. Hengel e R.A. Piper) é um dado que pertence ao cristianismo das origens. Cada evangelho, no entanto, é concebido em vista de um auditório específico (cf. D. Marguerat) e responde a expectativas comunitárias específicas (cf. V. Fusco e R. Penna).

ALETTI, J.-N. *Gesù Cristo: unità del Nuovo Testamento?* Roma: Borla, 1995 [orig. em francês, 1994].

BAUCKHAM, R.J. (org.). *The Gospel for All Christians*. Grand Rapids: Eerdmans, 1997.

BLANCHARD, Y.M.; FOCANT, C.; GERBER, D.; MARGUERAT, D.; SEVRIN, J.M. (orgs.). *Ritratti di Gesù* (Spiritualità biblica). Magnano: Qiqajon, 2009 [orig. em francês, 2008].

CULLMANN, O. Die Pluralität der Evangelien als theologischen Problem im Altertum. *Theologische Zeitschrift*, 1, p. 23-42, 1945.

FUSCO, V. *Le prime comunità Cristiane – Tradizioni e tendenze nel cristianesimo delle origini* (La Bibbia nella Storia, 8). Bolonha: EDB, 1996.

HENGEL, M. *The Four Gospels and One Gospel of Jesus Christ: An Investigation of the Collection and Origin of the Canonical Gospels – Translation J. Bowden*. Londres/Harrisburgo: SCM/Trinity Press International, 2000.

JOSSA, G. *Quale Gesù?* (Studi Biblici, 203). Turim: Paideia/Claudiana, 2021.

METZGER, B.M. *Il canone del Nuovo Testamento – Origine, sviluppo e significato* (Introduzione allo studio della Bibbia. Supplementi 3). Bréscia: Paideia, 1997 [orig. em inglês, 1989].

PENNA, R. *La formazione del Nuovo Testamento nelle sue tre dimensioni* (Guida alla Bibbia). Cinisello Balsamo: San Paolo, 2011.

REDALIÉ, Y. *I vangeli – Variazioni lungo il racconto: Unità e diversità nel Nuovo Testamento* (Piccola Biblioteca Teologica, 104). Turim: Claudiana, 2011.

THEISSEN, G. *La religione dei primi cristiani – Una teoria del cristianesimo delle origini* (Strumenti. Biblica 16). Turim: Claudiana, 2004 [orig. em alemão, 2000].

Testemunho, memória, escrita

A *redação* dos evangelhos foi precedida por duas etapas: o *testemunho* e a *memória*. Sobretudo graças às contribuições de J.D.G. Dunn e R. Bauckham, foi aprofundado o valor do testemunho de seus discípulos e dos primeiros evangelizados no processo de transmissão da fé. Essa pregação revelou-se não apenas respeitada, mas também garantiu a autenticidade dos conteúdos, transmitidos oralmente no início (cf. S. Byrskog) e memorizados junto às comunidades (cf. R. Bauckham e G. Theissen), que conservaram as informações sobre os ditos e gestos de Jesus antes de serem transmitidos em forma de evangelho (cf. S. Guijarro).

BAUCKHAM, R. *Gesù e i testimoni oculari* (Realia). Chieti: GBU, 2010 [orig. em inglês, 2006].

BYRSKOG, S. *Story as History: History as Story – The Gospel Tradition in the Context of Ancient Oral History* (Wissenschaftliche Untersuchungen zum Neuen Testament 2. Reihc 123). Tubingen: Mohr Siebeck, 2000.

DUNN, J.D.G. *Cambiare prospettiva su Gesù* (Studi Biblici, 166). Bréscia: Paideia, 2011 [orig. em inglês, 2005].

DUNN, J.D.G. *Dal Vangelo ai Vangeli* (Parola di Dio. Seconda serie 40). Cinisello Balsamo: San Paolo, 2012 [orig. em inglês, 2011].

EHRMAN, B.D. *Gesù non l'ha mai detto – Millecinquecento anni di errori e di manipolazioni nella traduzione dei vangeli* (Oscar Saggi). Milão: Mondadori, 2008 [orig. em inglês, 2005].

GUIJARRO, S. *I Vangeli – Memoria, biografia, Scrittura* (Antico e Nuovo Testamento 23). Bréscia: Morcelliana, 2015 [orig. em espanhol, 2012].

THEISSEN, G. *Lokalkolorit und Zeitgeschichte in den Evangelien – Ein Beitrag zur Geschichte der synoptischen Tradition* (Novum Testamentum et Orbis Antiquus 8). Friburgo: Universitätsverlag, 1989.

Para uma leitura canônica

Muitos são os estudos que abordam a relação entre AT e NT. A obra de referência para a abordagem canônica da Escritura é a de B.S. Childs, publicada há tempo também em italiano. Outra obra que se revelou extremamente preciosa é o verdadeiro e próprio "comentário" de todas as citações do AT presentes no NT, organizado por G.K. Beale e D.A. Carson: para cada evangelho, um especialista redigiu e comentou o elenco dos textos significativos. Muito válido também o amplo e recente ensaio de R.B. Hays, ainda não disponível em italiano. Úteis também são alguns estudos presentes no volume organizado por E. Norelli (em particular dois ensaios de V. Fusco), que se estendem para além da época do NT, bem como muito esclarecedoras são as reflexões de M. Grilli e as contidas na obra coletiva organizada por F. Belli e outros; e, enfim, as mais recentes de J.-N. Alletti, que versam sobre o importante papel da *tipologia* nos evangelhos.

Finalmente, também indicamos as obras de G. Segalla, um estudo completo de teologia do NT, muito amplo e articulado, que contém muitas reflexões úteis para as questões ligadas à abordagem canônica, bem como um breve ensaio de J.D.G. Dunn, sempre interessante em suas análises.

ALETTI, J.N. *Senza tipologia nessun Vangelo – Interpretazione delle Scritture nei vangeli di Matteo, Marco e Luca* (Lectio 12). Roma/Cinisello Balsamo: Gregorian & Biblical Press/San Paolo, 2019 [orig. em francês, 2019].

BEALE, G.K.; CARSON, D.A. (org.). *L'Antico Testamento nel Nuovo* (Biblioteca del Commentario Paideia 4-5-6), III. Turim: Paideia, 2017 [orig. em inglês, 2007].

BELLI, F.; CARBAJOSA, I.; JÓDAR ESTRELLA, C.; SÁNCHEZ NAVARRO, L. *L'Antico nel Nuovo – Il ricorso alla Scrittura nel Nuovo Testamento* (Epifania della Parola). Bolonha: EDB, 2008.

CHILDS, B.S. *Teologia Biblica – Antico e Nuovo testamento*. Casale Monferrato: Piemme, 1998 [orig. em inglês, 1992].

DUNN, J.D.G. *Parola viva* (Studi Biblici, 190). Turim: Paideia, 2017 [orig. em inglês, 2009].

GRILLI, M. *Quale rapporto tra i due Testamenti? – Riflessione critica sui modelli ermeneutici classici concernenti l'unità delle Scritture* (Epifania della Parola). Bolonha: EDB, 2007.

HAYS, R.B. *Echoes of Scripture in the Gospels*. Waco: Baylor University Press, 2016.

NORELLI, E. (org.). *La Bibbia nell'antichità cristiana – I: Da Gesù a Origene*. Bolonha: EDB, 1993.

SEGALLA, G. *Teologia Biblica del Nuovo Testamento – Tra memoria escatologica di Gesù e promessa del futuro regno di Dio* (Logos 8/2). Turim: Elledici, 2006.

O problema teológico do Jesus histórico

Os estudos sobre o Jesus histórico apresentam uma bibliografia extensa. Destacamos aqui apenas algumas obras significativas por seu caráter enciclopédico ou manualístico, úteis, portanto, para aprofundar todas as temáticas conexas, ou outras obras recentes que reúnem intervenções e contribuições mais amplas[51].

Em se tratando do Jesus histórico, não podemos não partir da monumental obra de J.P. Meier, hoje em seu quinto (mas não último) volume. O autor estadunidense superou um desafio sem comparação, na tentativa de responder, para cada aspecto da história de Jesus, à pergunta sobre sua historicidade. Algo semelhante foi assumido pelos autores T. Holmén e S.E. Porter, que reuniram em quatro volumes, com mais de 3.500 páginas e quase 100 autores, a série praticamente completa das problemáticas relativas à figura histórica de Jesus. Essa obra, porém, não está disponível em italiano.

HOLMÉN, T.; PORTER, S.E. (eds.). *Handbook for the study of the historical Jesus.* I-IV. Leiden/Boston: Brill, 2011.

MEIER, J.P. *Un ebreo marginale: Ripensare il Gesù storico* – I: *Le radici del problema e della persona* (Biblioteca di Teologia Contemporanea, 117). Bréscia: Queriniana, 2001 [orig. em inglês, 1991].

MEIER, J.P. *Un ebreo marginale: Ripensare il Gesù storico* – II: *Mentore, messaggio e miracoli* (Biblioteca di Teologia Contemporanea, 120). Bréscia: Queriniana, 2002 [orig. em inglês, 1994].

MEIER, J.P. *Un ebreo marginale: Ripensare il Gesù storico* – III: *Compagni e antagonisti* (Biblioteca di Teologia Contemporanea, 125). Bréscia: Queriniana, 2003 [orig. em inglês, 2001].

MEIER, J.P. *Un ebreo marginale: Ripensare il Gesù storico* – IV: *Legge e amore* (Biblioteca di Teologia Contemporanea, 147). Bréscia: Queriniana, 2009 [orig. em inglês, 2009].

MEIER, J.P. *Un ebreo marginale: Ripensare il Gesù storico* – V: *L'autenticità delle parabole* (Biblioteca di Teologia Contemporanea, 186). Bréscia: Queriniana, 2017 [orig. em inglês, 2016].

De caráter mais amplo e completo, mas editados em forma de manual, úteis são os trabalhos de G. Barbaglio, G. Theissen e A. Merz, um pouco

---

51. Cf. tb. a bibliografia da *Introdução geral*.

"ultrapassados", mas que ainda podem ser utilmente consultados para uma primeira introdução. De corte menos enciclopédico, mas igualmente interessante, e muito ampla, é a obra de J.D.G. Dunn, em mais volumes (aqui apresentamos apenas o primeiro), todos traduzidos em italiano, que abordam muitas questões ligadas ao nascimento dos evangelhos e à transmissão da memória de Jesus na época do NT.

Indicamos também alguns ensaios mais recentes que ajudam a reconstruir as diversas fases da pesquisa histórica sobre Jesus, dentre as quais as compilações organizadas por C. Bazzi, G. Biguzzi, B. Estrada e N. Ciola, fruto de alguns congressos, que testemunham a vivacidade do debate atual. Muito úteis são as sínteses propostas por G. Sagalla, escritas há alguns anos, e a recente de G. Jossa, estudioso sempre atento à temática do Jesus histórico.

BARBAGLIO, G. *Gesù ebreo di Galilea* (La Bibbia nella Storia). Bolonha: EDB, 2002.

BAZZI, C.; BIGUZZI, G. (orgs.). *Cantiere aperto sul Gesù storico*. Cidade do Vaticano: Urbaniana University Press, 2012.

BERTALOTTO, P. *Il Gesù storico – Guida alla ricerca contemporanea* (Quality Paperbacks, 299). Roma: Carocci, 2010.

CIOLA, N.; PITTA, A.; PULCINELLI, G. (org.). *Ricerca storica su Gesù – Bilanci e prospettive* (Studi Biblici, 81). Bolonha: EDB, 2017.

DUNN, J.D.G. *Gli albori del cristianesimo – I: La memoria di Gesù* (Introduzione allo studio della Bibbia. Supplementi 29-30-31). Bréscia: Paideia, 2006 [orig. em inglês, 2003].

ESTRADA, E.; MANICARDI, E.; PUIG I TÀRRECH, A. (orgs.). *The Gospels: History and Christology – The search of Joseph Ratzinger-Benedict XVI = I Vangeli: storia e cristologia: La ricerca di Joseph Ratzinger-Benedetto XVI*. I-II. Cidade do Vaticano: Libreria Editrice Vaticana, 2013.

JOSSA, G. *Voi chi dite che io sia? – Storia di un profeta ebreo di nome Gesù* (Studi Biblici, 195). Turim: Paideia, 2018.

MARGUERAT, D. *Vida e destino de Jesus de Nazaré*. Petrópolis: Vozes, 2021 [orig. em francês, 2019].

SEGALLA, G. *La ricerca del Gesù storico* (Giornale di Teologia 345). Bréscia: Queriniana, 2010.

THEISSEN, G.; MERZ, A. *Il Gesù storico – Un manuale* (Biblioteca Biblica, 25). Bréscia: Queriniana, 1999 [orig. em alemão, 1996].

Coleção Introdução aos Estudos Bíblicos

- *Livros Proféticos*
Patrizio Rota Scalabrini

- *Introdução geral às Escrituras*
Michelangelo Priotto

- *Cartas paulinas*
Antonio Pitta

- *Livros Históricos*
Flavio Dalla Vecchia

- *Livros Sapienciais e Poéticos*
Tiziano Lorezin

- *Cartas deuteropaulinas e cartas católicas*
Aldo Martin, Carlo Broccardo e Maurizio Girolami

- *Pentateuco*
Germano Galvagno e Federico Giuntoli

- *Literatura joanina*
Claudio Doglio

- *Evangelhos sinóticos e atos dos apóstolos*
Paolo Mascilongo e Antonio Landi

Conecte-se conosco:

f facebook.com/editoravozes

⊙ @editoravozes

🐦 @editora_vozes

▶ youtube.com/editoravozes

🟢 +55 24 2233-9033

www.vozes.com.br

Conheça nossas lojas:
www.livrariavozes.com.br

Belo Horizonte – Brasília – Campinas – Cuiabá – Curitiba
Fortaleza – Juiz de Fora – Petrópolis – Recife – São Paulo

EDITORA VOZES LTDA.
Rua Frei Luís, 100 – Centro – Cep 25689-900 – Petrópolis, RJ
Tel.: (24) 2233-9000 – E-mail: vendas@vozes.com.br